皮书系列为
"十二五""十三五"国家重点图书出版规划项目

中国社会科学院创新工程学术出版项目

河北蓝皮书

BLUE BOOK OF
HEBEI

河北经济社会发展报告（2018）

ECONOMIC AND SOCIAL DEVELOPMENT REPORT OF HEBEI
(2018)

主　编／康振海
副主编／杨思远　彭建强　孟庆凯

社会科学文献出版社
SOCIAL SCIENCES ACADEMIC PRESS（CHINA）

图书在版编目（CIP）数据

河北经济社会发展报告.2018／康振海主编.--北

京：社会科学文献出版社，2018.1

（河北蓝皮书）

ISBN 978 - 7 - 5201 - 1996 - 2

Ⅰ.①河… Ⅱ.①康… Ⅲ.①区域经济发展 - 研究报

告 - 河北 - 2018②社会发展 - 研究报告 - 河北 - 2018

Ⅳ.①F127.22

中国版本图书馆 CIP 数据核字（2017）第 312640 号

河北蓝皮书
河北经济社会发展报告（2018）

主　　编／康振海

副 主 编／杨思远　彭建强　孟庆凯

出 版 人／谢寿光

项目统筹／高振华

责任编辑／高振华　丁　凡

出　　版／社会科学文献出版社·区域与发展出版中心（010）59367143

　　　　　　地址：北京市北三环中路甲 29 号院华龙大厦　邮编：100029

　　　　　　网址：www.ssap.com.cn

发　　行／市场营销中心（010）59367081　59367018

印　　装／北京季蜂印刷有限公司

规　　格／开　本：787mm×1092mm　1/16

　　　　　　印　张：20.25　字　数：307 千字

版　　次／2018 年 1 月第 1 版　2018 年 1 月第 1 次印刷

书　　号／ISBN 978 - 7 - 5201 - 1996 - 2

定　　价／89.00 元

皮书序列号／PSN B - 2014 - 372 - 1/3

《河北经济社会发展报告（2018）》

编 委 会

主编简介

康振海 男，1963 年 9 月出生，中共党员，汉族，河北南和人。1982 年毕业于河北大学哲学系，获哲学学士学位；1987 年 9 月至 1990 年 7 月在中央党校理论部中国现代哲学专业学习，获哲学硕士学位。

三十多年来，康振海同志长期工作在思想理论战线。1982 年 8 月至 1984 年 10 月在南和县人事局工作；1984 年 10 月至 1990 年 11 月在邢台地委宣传部工作；1990 年 11 月至 2016 年 3 月在河北省委宣传部工作，历任干事、主任科员、副处长、调研员、处长、助理巡视员、副巡视员、副部长；2016 年 3 月至 2017 年 7 月任河北省作家协会党组书记、副主席；2017 年 6 月任河北省社会科学院党组书记、院长、省社科联第一副主席。

康振海同志长期在社科理论界工作，在《人民日报》、《光明日报》、《经济日报》、《河北日报》、《河北学刊》、《社会科学论坛》、河北人民出版社等重要报刊和出版社发表、出版论著多篇（部），主持并完成"《宣传干部行为规范》可行性研究和草案初拟研究"等多项国家级、省部级立项课题。主要代表作有著作：《中国共产党思想政治工作九十年》、《春风化雨——人文关怀和心理疏导读本》、《艾思奇传》、《恽代英传》等。论文：《以绩效管理推动企业思想政治工作科学化》、《在服务群众中加强党的基层建设》、《以"塞罕坝精神"再造绿水青山》、《新时代：我国发展新的历史方位》、《勇于推进实践基础上的理论创新》、《试论邓小平的马克思主义观》、《努力建设社会主义文化强国》等。

摘　要

　　《河北经济社会发展报告（2018）》是河北省社会科学院深入贯彻落实党的十九大精神、中央经济工作会议精神、省委九届历次全会精神，紧密围绕新时代建设经济强省、美丽河北的具体实践，从宏观形势分析入手，就河北经济社会发展的热点和难点问题进行研究的年度报告。全书主要包括总报告、经济篇、社会篇、案例篇四个部分，在深度分析 2017 年河北经济社会运行态势的基础上，就 2018 年的发展形势进行预测，旨在为新时代全面建设经济强省、美丽河北新征程提出对策建议。全书注重研究的前瞻性、原创性、实用性和可操作性，力求提出的发展思路、对策建议能够为各级党委政府决策提供参考，为社会各界提供有价值的信息资讯。

　　党的十九大创造性地提出一系列重大理论观点和重大战略思想，为党和国家的事业进一步发展指明了前进方向。习近平总书记在中央经济工作会议上的重要讲话深刻阐释了新时代中国特色社会主义经济思想，深入阐述了我国经济已由高速增长阶段转向高质量发展阶段的重大意义，精辟分析了当前经济形势，明确提出了明年经济工作的总体要求、政策导向和重点任务，为我们做好当前和今后一个时期的经济工作指明了方向、提供了遵循。面对大好机遇和良好政策环境，河北省委、省政府认真贯彻落实国家宏观调控政策，科学务实，积极作为，自觉践行新的发展理念，主动适应经济新常态，以供给侧结构性改革为主线，坚定走动能转换、提质增效与改革创新之路，使全省宏观经济运行健康平稳，动能增强显现良好态势，经济强省建设取得积极进展，"十三五"实现良好开局。

　　本书两篇总报告，分别对河北省经济和社会形势进行了整体性分析与预测。《改革创新　砥砺前行——2017～2018 年河北省经济形势分析及预测》

指出：从宏观走势看，河北经济运行总体态势继续保持稳中有升的基本面，但随着未来全省经济转型的正式开启，河北经济将逐步迎来由"降速周期"进入到"提质增效"的新阶段。报告预测2018年，河北省GDP增速将会继续延续近两年趋"稳"总基调，继续保持6%~7%的增速空间，"大稳定、小起伏"将是宏观运行格局的总趋势、总特征。《2017~2018年河北省社会发展形势分析与预测》指出：2017年，河北省财政支出结构更加优化，城乡居民人均可支配收入持续增长，社会消费能力明显提升，就业形势保持总体稳定，社会保障水平不断提高，基本公共服务均等化稳步推进，大气环境趋于好转，精准扶贫加快推进，社会形势总体和谐稳定。报告认为，2018年全省经济社会发展形势将持续向好，两翼发展构筑区域发展新格局，脱贫攻坚进入冲刺期，公共服务水平将稳步提高，农业转移人口市民化和城乡统筹发展将会加速。

经济篇，主要针对河北承接非首都功能疏解和产业转移、区域创新载体建设、制造业转型升级、科技型中小企业融资支撑体系构建以及固定资产投资项目融资渠道等重点问题展开了系统性研究，指出未来河北转型发展的思路和方向。在全面建成小康社会决胜阶段、中国特色社会主义进入新时代的关键时期，要建设新时代经济强省、美丽河北，必须认真贯彻党的十九大精神和党中央决策部署，深入贯彻落实习近平总书记对河北提出的"四个加快"、"六个扎实"、"三个扎扎实实"等一系列重要指示精神，以习近平新时代中国特色社会主义思想为统领，坚持稳中求进工作总基调，坚持新发展理念，大力推进供给侧结构性改革，努力提高供给体系质量，使全省经济发展进入一个新起点、新境界和新高度。同时，本书对河北省积极融入"一带一路"建设的路径、破解农村电商"低成本烦恼"等问题给予了重点关注。

社会篇，围绕新时代建设经济强省、美丽河北新征程的奋斗目标，深入分析了河北省市场监管体制改革、行政审批局改革、科研人员收入分配与激励机制、特色小镇建设等社会热点问题，相关理论和建议为营造良好的社会氛围提供了理论支撑。同时，本书还对雄安新区建设过程中生态环境保护、人才战略、健康养老等问题进行了分析并提出了相应的对策建议。此外，还特别关注了塞罕坝精神的时代内涵对培育和践行社会主义核心价值观的实践价值以及十八大以来社会主义核心价值观在河北的实践，提出了新时代如何把社会主义核心价值观凝聚成建设经济强省美丽河北、实现中国梦的强大正能量的对策建议。

案例篇，重点对唐山市路南区"村转社区"的成功和如何打造最优营商环境的河北模式进行了案例剖析，以期从剖析中获得经验借鉴。唐山市路南区在对西北片区进行整体拆迁中，创造了河北省单次拆迁规模最大、安置居民最多、拆迁时间最短的纪录。总结其成功经验，对河北其他地区同类工作的开展提供重要启示与借鉴。营商环境就是生产力。通过剖析河北省营商环境现存的深层次问题，提出了打造最优营商环境的有效对策。"理论"和"实践"有机结合的"案例"提供了思考样板，在促进发展和提供具体咨询方面发挥了独特作用。

新一年，新起点。2018 年是贯彻党的十九大精神的开局之年，是改革开放 40 周年，是决胜全面建成小康社会、实施"十三五"规划承上启下的关键一年。同时，京津冀协同发展深度推进、雄安新区高起点规划高标准建设、北京冬奥会扎实筹办，河北省正处于重要的历史性窗口期和战略性机遇期，前景十分光明，挑战十分严峻。河北省社会科学院作为省委省政府的"思想库"、"智囊团"，作为"河北中心智库"，将以习近平新时代中国特色社会主义思想为指导，认真贯彻党的十九大精神和中央经济工作会议精神，深入落实省第九次党代会和省九届六次全会精神，紧紧贴近省委省政府中心工作、围绕"十三五"河北省经济社会发展主要目标，针对全局性、战略性、前瞻性问题提出思路与举措，为实现河北省创新发展、绿色发展、高质量发展，为决胜全面建成小康社会、开启全面建设社会主义现代化国家新征程、谱写中华民族伟大复兴中国梦的河北篇章而不懈奋斗。

Abstract

Economic and Social Development Report of Hebei (2018) is a yearly report completed by Hebei Academy of Social Sciences by carrying out the spirits of the CPC 19th National Congress, the central economic working conference, all of the sessions of the CPC Ninth Hebei Provincial Committee, focusing on practices of building "An Economically Strong Province, and a Beautiful Hebei" in the new era, starting from the macro-situation analysis, and proceeding to make studies of hot and difficult issues in Hebei's economic and social development. This book falls into the four parts of General Reports, Economic Reports, Social Reports, and Reports of Case Studies, and based on an in-depth analysis of Hebei's economic and social operation situations in 2017, it forecasts the development situations in 2018, with a view to putting forward solution proposals for the new march of building "An Economically Strong Province, and a Beautiful Hebei" in an all-round way in the new era. This book lays stress on these studies being forward-looking, original, practicable, and workable, in order for its development ideas, and solution proposals to be able to serve as references for decision-making at all levels of CPC committees and governments, and valuable information for other organizations concerned.

The CPC 19th National Congress creatively generates a series of significant theoretical viewpoints and strategic ideas which pinpoint orientation of advancement for further development of the Party and the nation. President Xi Jinping's important speeches at the central economic working conference profoundly expounds the economic thought on Socialism with Chinese Characteristics for a New Era, deeply states significances of China's economy shifting from a high-speed growth to a high-quality development, incisively analyzes the present economic situation, and specifies overall requirements, policy orientation and priority tasks of the next-year economic work, which points out orientations and what should be adhered to for the economic work at present and in next periods. Facing highly favorable opportunities and fine policy environment, the CPC Hebei Provincial Committee and Hebei Provincial Government well carry out policies of state's macro-regulation, perform work in a scientific, down-to-earth and positive manner, conscientiously fulfill the new philosophy of development, take the initiative to adapt to the new normal of the economy, center around supply-side structural reforms, adhere to the path of kinetic energy conversion, quality & performance improvement and reform & innovation, which has resulted in the healthy and steady operation of the provincial economy, a growing and for-the-better kinetic energy, a good advancement in building an economically strong province, and a fine opening in implementing "Thirteenth Five-Year Plan".

The two General Reports of this book is respectively an overall analysis and forecast of Hebei's economic and social situations. "Forge Ahead with Reform and Innovation—An Analysis and Forecast of Hebei's Economic Situation (2017 – 2018)" points out that: From the perspective of the macro-trend, the steady and for-the-better basic situation of Hebei's economic operation remains unchanged, but with official commencement of the provincial economic transition in future, Hebei's economy will gradually enter the new phase of "speed-decline cycle" turning toward "quality & performance improvement". The Reports forecast that Hebei's GDP will continue to keep a 6 – 7% growth in 2018 and the "steady" overall situation over the last two years, and "big stability and small fluctuation" will be the overall trend and feature of the macro-operation. "An Analysis and Forecast of Hebei's Social Development Situation (2017 – 2018)" points out that: In 2017, Hebei's structure of fiscal expenditure has a further improvement, the per-capita disposable income of urban and rural residents keeps growth, the social consumption capacity markedly improves, the employment situation keeps overall stability, the social security level constantly improves, the basic public service equalization steadily advances, the atmospheric environment tends to be better, the precision poverty-alleviation moves forward in an accelerated way, and the social situation keeps overall harmony and stability. The Reports conclude that in 2018 the provincial economic and social development situation will keep the for-the-better, the two-wing development will build up a new pattern of regional development, solving hard problems in the poverty alleviation will enter the last dash-period, the public service level will improve steadily, and the agricultural population transfer turning into urban residents and the urban-rural integrated development will speed up.

Economic Reports focus on systematic studies of such key issues as Hebei's undertaking non-capital function dispersal and industrial transfer, regional innovation carrier development, manufacturing industry transformation and upgrading, building the financing support system for small & medium-sized sci-tech enterprises and financing channels of fixed assets investment projects, and put forward approaches and orientations of Hebei's future transitional development. During the decisive stage in building a moderately prosperous society in all respects and at a critical moment as socialism with Chinese characteristics has entered a new era, building "An Economically Strong Province, and a Beautiful Hebei" in the new era necessitates carrying out the spirits of the CPC 19th National Congress and decisions and arrangements by the Party Central Committee, and a series of important instructions made by President Xi Jinping for Hebei such as "four 'accelerate' ", "six 'solid'" and "three 'solid and solid'", taking Xi Jinping's Thought on Socialism with Chinese Characteristics for a New Era as the overall command, adhering to the overall work keynote of seeking advancement while ensuring stability and the new philosophy of development, vigorously advancing supply-side structural reforms, and striving to improve quality of supply systems, with a view to pushing forward Hebei's economic development up to a new starting point, new circumstances and new levels. Meanwhile, this book pays special attention to such issues as approaches to Hebei's vigorously integrating into "The Belt and Road" strategy and removing "the low-cost annoyance" of rural e-commerce.

Social Reports, centering around goals of the new march of building "An Economically Strong Province, and a Beautiful Hebei" in the new era, make an in-depth analysis of such hot social issues as Hebei's market regulation restructuring, administrative examination & approval bureau reform, income distribution and incentive mechanisms of scientific researchers and distinctive town development, and put forward relevant theories and proposals that provide theoretical support for creating a fine social atmosphere. Meanwhile, this book makes an analysis of eco-environment conservation, strategies of human resources, health care & old-age service and the like in the construction of Xiongan New Area, and puts forward corresponding solution proposals. In addition, it also pays special attention to practical value of contemporary connotation of Saihanba's spirits for fostering and fulfilling the socialism core-values and Hebei's practices of the socialism core-values since the CPC 18th National Congress, and puts forward solution proposals on making the socialism core-values a strong positive energy for building " An Economically Strong Province, and a Beautiful Hebei" and realizing the Chinese Dream in the new era.

Reports of Case Studies focus on case analysis of the successful transition of "villages-to-communities" of Lunan District, Tangshan City and Hebei modes for building the best business environment, with a view to acquiring references of experience. Lunan District, Tangshan City, has created a record of the biggest size, the most residents of resettlement and the shortest time for a single-time demolition across Hebei in the integrated demolition of buildings of the northwest. Summarized experience of its success can serve as important enlightenments and reference for performing similar work in other parts of Hebei. Business environment is productivity. By deeply analyzing deep-seated problems existing in Hebei's business environment, workable solutions on building the best business environment are put forward. "Cases" well integrating "theories" and "practices" provide typical examples of thinking to play a distinctive role in promoting development and providing specific consultative services.

A new year is a new starting point. The year 2018 is an opening year of carrying out the spirits of the CPC 19th National Congress, the 40th anniversary of the reform and opening up, and a critical year to secure a decisive victory in building a moderately prosperous society in all respects and implement the "Thirteenth Five-Year Plan" that connects the preceding and the following. Meanwhile, Hebei Province is just in an important historical "window phase" and a strategic opportunity period—the in-depth advancement of Beijing-Tianjin-Hebei collaborative development, the high starting-point planning and high-standard construction of Xiongan New Area, and the solid preparation for Beijing Winter Olympic Games. The prospect is bright, and challenges are severe. Hebei Academy of Social Sciences, as a "think tank" and "brain trust" of the CPC Hebei Provincial Committee and Hebei Provincial Government, as well as "Hebei's Central Think-Tank", will take Xi Jinping's Thought on Socialism with Chinese Characteristics for a New Era as the guideline, carry out the spirits of the CPC 19th National Congress, the central economic working conference, and the CPC Ninth Provincial Congress and the Sixth Plenary Session of the CPC Ninth Hebei Provincial Committee, lean close to central work of the CPC Hebei Provincial Committee and Hebei Provincial Government and center around main goals of Hebei's economic and social development during the period of "Thirteenth Five-Year Plan", put forward ideas and moves on overall, strategic and forward-looking issues, and make unremitting efforts to realize innovative development, green development and high-quality development, and thus make Hebei's chapter of securing a decisive victory in building a moderately prosperous society in all respects, initiating the new march of building a socialist modern nation in all respects, and realizing the Chinese Dream of national rejuvenation.

目 录

Ⅲ 社会篇

Ⅳ 案例篇

皮书数据库阅读**使用指南**

CONTENTS

I General Reports

II Economic Reports

III   Social Reports

Ⅳ   Reports of Case Studies

总 报 告

General Reports

B.1

改革创新 砥砺前行

——2017～2018年河北省经济形势分析及预测

王亭亭*

摘 要： 2017年，在全球经济持续遇冷与国内新旧矛盾相互交织带来许多变数的大背景下，工业增速放缓，驱动要素减弱，消费需求乏力，区域发展不平衡、不充分仍然是河北目前经济社会难以攻克的难题。在这严峻的历史关口，如何以党的十九大会议精神为指南，把供给侧改革引向纵深，助推河北实体经济"浴火重生"跃上新台阶，就成为本文研究的重点与核心内容。鉴于当前亟待解决的主要矛盾，本文围绕全面深化改革，聚焦民生福祉，提出了有益于河北"十三五"实现全

---

* 王亭亭，河北省社会科学院经济研究所研究员、区域研究室主任。研究方向为区域经济理论与实践、省域宏观经济分析与政策研究。

面建成小康社会的新思路与政策举措。

关键词： 河北 经济形势 "大稳定、小反弹" 实体经济

2017 年以来，面对国内外复杂的经济社会发展环境，在河北省委、省政府的正确领导下，全省上下认真贯彻落实国家宏观调控政策，科学务实，积极作为，自觉践行新的发展理念，主动适应经济新常态，以供给侧结构性改革为主线，坚定走动能转换、提质增效与改革创新之路，使全省战略性新兴产业迅猛发展，新动能快速成长、新业态加速集聚、新的经济模式大量涌现。全省宏观经济运行健康平稳，动能增强显现良好态势，经济强省建设取得积极进展。基本实现"十三五"时期良好开局。初步核算，2017 年前三季度，全省实现生产总值 25603.5 亿元，按可比价格计算，比上年同期增长了 6.7%。其中，第一产业增加值为 2309.8 亿元，比上年同期增长了 3.4%；第二产业增加值 12650.3 亿元，比上年同期增长了 3.9%；第三产业增加值为 10643.4 亿元，比上年同期增长了 11%。产业结构继续优化，经济增长平稳有进。

一 河北省宏观经济形势毫无悬念，"大稳定、小反弹"仍显常态

2017 年以来，从全省宏观走势看，河北经济运行总体态势依然保持稳中有升的基本面，但主要经济指标仍显滞后且低于全国平均水平，国内增速倒数第五的位置连续三年都没有发生变化，这与河北同属一个"阵营"，依靠"一煤独大"且多年深陷经济困境，却较上年同期增速提高 3.1 个百分点的山西相比有了不小的差异。东北地区也不甘示弱，该区域虽排倒数三位，但 2017 年辽宁、黑龙江的经济已经有了明显的回暖迹象。相形之下，河北若不快马加鞭，实现奋力赶超，努力摆脱当前经济现状的"平淡"与"平庸"，其发展前景堪忧，主要分析如下。

（一）从供给角度分析

1. 农业喜迎春华秋实，五谷丰登

2017 年前三季度，农业生产在夏粮稳步增长的基础上，秋粮有望再获丰收。全省夏粮总产量达 1474.7 万吨，比上年同期增加了 26 万吨，达到历史新高。蔬菜生产平稳发展，其总产量达到 5754.1 万吨，比上年同期增长了 0.8%，而畜牧业生产保持稳定增长。

2. 工业转型"肿痛"未消，负累前行

2017 年前三季度，全省规模以上工业增加值同比增长 3.7%，比上半年的 5% 下跌了 1.3 个百分点，在全国 31 个省市比较中排名倒数第 6，比上年下跌了一个位次。总体来看，河北传统工业经济的"元气"仍未恢复。分行业看，装备制造业依然是全省的领军产业或支柱产业，其可比价增加值占规模以上工业比重保持 26.9% 的高位遥遥领先。但传统工业如从三大门类看，采矿业增加值同比下降了 4.2%，六大高耗能行业增加值也下降了 0.7%。降幅比上半年增加了 0.5 个百分点。一则说明河北去产能的责任与决心；二则反映出河北"转身"艰难，仍未从困境中真正走出。

3. 服务业持续走旺，独领风骚

前三季度，服务业继续领跑全省经济，其增加值以 11% 的速度超过第二产业，同比增长 2 个百分点，比上半年提升 0.6 个百分点，快于河北省生产总值增速 4.3 个百分点，其增加值增速对全省经济贡献度有绝对"话语权"。其中，金融业增加值增长 11.2%，交通运输、仓储和邮政业增加值增长 8.6%，批发和零售业增加值增长 9.8%，住宿和餐饮业增加值增长 10.5%。其中，生产性租赁服务业增加值增长最快，以 46.2% 的增速超过商务服务业 1.7 个百分点。节能与环保服务以 42.4% 的速度紧随其后，而人力资源管理与培训服务更以 15.4% 的速度加快推进。另外，生活性服务业增速也在提升。其中，居民住房服务、健康服务、养老服务以及旅游游览和娱乐服务，在前三季度也有不俗表现。

（二）从需求角度分析

1.固定资产投资稳中有缓，不同领域喜忧参半

2017年前三季度，全省固定资产投资（不含农户）24787.9亿元，同比增长5.1%，增速比1~8月份提高0.3个百分点，比全国平均水平的11.7%低了6.6个百分点，国内排第24位，比上年下移了两位。1~8月份，全省规模以上工业企业实现利润总额1902.5亿元，同比增长18.7%；主营业务收入利润率为5.7%，比上半年和上年同期分别提高了0.3个和0.2个百分点；但规模以上工业亏损企业亏损额为142.5亿元，同比下降了35.1%。可喜的是，民间投资增长最快，完成投资19156.7亿元，同比增长5.9%，分别比上半年和前8个月增长了1.7个和0.6个百分点，占全省投资比重的77.3%，依然是河北固定资产投资增长的重要骨干力量。另外，前三季度全省基础设施投资6253.2亿元，同比增长16.7%。其中，属河北短板领域且薄弱环节的生态保护和环境治理投资、城市市政公用事业和水利管理业分别增长了41.9%、35.4%和9%，三大业类分别快于固定资产投资36.8个、30.3个和3.9个百分点。这些领域比重的大幅度提升，说明河北宏观经济运行、转型升级、质量效益和民生改善等方面正在发生利好与可喜变化。

2.传统消费类整体加速，新型业态迎来拐点

2017年前三季度，河北社会消费品零售总额实现10938.7亿元，同比增长10.8%，增速同比增长了0.7个百分点，比一季度及上半年分别增长了1.1个和0.2个百分点。消费需求对全省经济增长的贡献率超过60%。其中，城镇市场零售额为8481.4亿元，增长10.8%；乡村市场零售额为2457.3亿元，增长11%。乡村市场零售额增速快于城镇市场0.2个百分点，说明乡村消费旺盛，城乡市场共同繁荣。另外，新型消费类商品也在加快增长。在限额以上批发和零售商品大类中，汽车类、通信器材类、石油及制品类、建筑及装潢材料类、家用电器和音像器材类分别增长8.5%、12.0%、18.0%、37.5%和7.5%，已成为目前全省消费品类市场的主体支撑。特别

值得关注的是，与居民生活密切相关的健康、养老、体育服务、居民与家庭服务、旅游游览和娱乐、居民住房服务也展示出了勃勃生机，预示了河北低层次的物质消费转向新常态下高层面的精神追求正在渐入佳境，由消费升级引领的经济增长在不久的将来便会扑面而来。

3. 进出口略有好转，但反转概率并不高

2017 年前三季度，全省进出口总值 2541.6 亿元，同比增长 13.5%。其中，出口总值为 1592.8 亿元，增长了 6.6%；进口总值为 948.8 亿元，增长了 27.2%。一般贸易进出口实现平稳增长，增长了 11%。机电产品出口比重不断提高，增长了 17.9%，占出口总值的 29.7%，同比提高了 2.9 个百分点。表面上看，河北进出口已经实现了两位数的同比增长，但比上年排名 16 的位次下移了 3 位。不过，河北外资利用情况良好。前三季度，全省实际利用外资为 64.7 亿美元，比上年同期增长了 11.9%。

（三）从提质增效的角度分析

1. 传统工业继续放缓，新动能加速孕育

全省战略性新兴产业实现快速增长。2017 年前三季度，工业战略性新兴产业增加值同比增长了 10.8%，比规模以上工业提高了 7.1 个百分点。战略性新兴产业增速快于传统产业，进一步催生了新业态、新模式脱颖而出。与此对应的是，"去""降""补"全力推进，动能转换按下"快捷键"。前三季度，生铁产量同比下降了 0.8%，水泥产量下降了 9.4%，原煤产量下降了 5.3%，焦炭产量下降了 6.4%。另外，去库存也成效明显。9 月末，商品房待售面积同比减少了 536.9 万平方米，下降了 30.1%。去杠杆的效果也继续显现。8 月末，规模以上工业企业资产负债率为 55.1%，同比下降了 0.7 个百分点。节约资源有效推进，能源消耗强度大幅下降。

2. 财政收入博得"上位"，但增速慢热并不给力

2017 年上半年，全省财政总收入 2866.2 亿元，同比增长 17.4%。全省财政收入国内排名第 9，比上年同期前进了一位。一般公共预算收入达到 1804.8 亿元，比上年同期增长了 12.5%，情况相当不错。但从增速的角度

看，似乎不尽如人意。2017 年全省国内增速第 18 的位次比上年同期排名的第 3 整整退后 15 位。深层分析原因有二：第一，当前河北省财政收入增速放缓，可能与我们处在新常态背景下经济发展周期有关。必须承认，河北正处于产业结构的深度调整期，实体经济不振应该是财政增速放缓的真实诱因。第二，财政收入稳定但增速下滑不平衡现状，更可能与政府近期实施的为企业主动减负让利的政策性因素有关。

3. 居民收入稳而不高，城乡差距依然较大

2017 年前三季度，全省居民人均可支配收入 15776 元，同比名义增长 9.3%，扣除价格因素，实际增长了 7.7%，收入增速比 GDP 增速高了 1 个百分点。按常住地域分，城镇居民人均可支配收入为 22358 元，同比增长了 8.2%，比上年同期的 13585 元提高了 8773 元，比国内城镇居民人均可支配收入增长 9.1% 低了 0.9 个百分点。农村居民人均可支配收入 9749 元，同比增长 8%，比上年同期虽提高了 489 元，但 7.9% 的增速同比上年的 8.2% 下跌了 0.3 个百分点，增速国内排名第 26，城乡差异仍然较大。

（四）从京津冀区域发展的角度分析

1. 京津冀协同取得重大进展，交通领域率先垂范

近 3 年，北京注重"提效增质"，天津聚焦"强身聚力"，而河北锁定"强身健体"。京津冀协同发展正在有序、有力、有效地向前推进，初步实现良好开局。目前，三省市紧紧围绕贯彻实施《京津冀协同发展规划纲要》，把交通一体化作为骨骼系统中的先行领域，率先突破。如廊坊区域发展新高地的北三县正与北京深度对接；太行山高速、京张铁路、崇礼铁路、承平高速、延崇高速、京北公路交通建设也已全面开工。以北京为中心的"半小时通勤圈"正在逐步扩大，京津保 1 小时交通圈的构建也初步完成，而京津冀近 800 公里的"断头路"基本打通，交通一卡通覆盖京津冀 13 个地级以上城市的设想初步实现。

2. 雄安新区"横空出世"，区域经济再续新章

2017 年 4 月 1 日，中央、国务院决定设立具有全国意义的与深圳、浦

东比肩的河北雄安新区。这一消息，不仅使白洋淀这颗"华北明珠"熠熠生辉，而且，也让其周边地区受到万众瞩目。这一具有全国战略意义的新区，可以作为京津冀协同发展的"黏合剂"，促使京津冀一体化更加圆融而统一，其后续发展对未来国内区域性人口疏解、企业承接有着积极意义和示范作用。更重要的是，它还可以成为打造京津冀城市群的新引擎，让全省借力借势，快速实现以点带面率先崛起的又一新的区域增长极。

二　未来经济运行面临躲不过、绕不开的三大"主题"

现阶段，新常态是国内经济全新的历史坐标，而近两年河北经济一直稳定在中高速发展阶段。此阶段的经济特征与历史使命不再追求 GDP，而是以稳健的姿态与发展的质量和效益反馈社会、惠及于民。未来全省城乡居民小康生活与幸福指数是否能够得偿所愿，如期实现，完全取决于全省各级政府在改革、创新、消费"三大命题"中的信念坚守、推进强度以及政策的执行能力。

（一）改革是当前全省各级政府勇于担当、齐力唱响的"主旋律"

改革是宏观经济的主旋律。2017 年是河北省转型升级的关键一年。河北传统工业正处于整体衰退期，要振兴全省经济、焕发企业活力、建设经济强省，必须突破性解决改革中的三大难题。①锁定改革方向。在新常态下，振兴实体经济是改革角力的"主战场"，而制造业则是改革的重中之重。其中，国企改革必须摆在优先治理的位置，而混改作为国企改革的突破口，理应成为全省各级政府彰显魄力与创造性的重要举措。近年来，全省国企改革效果并不理想，国企出让股权收益能力、国企治理结构等方面一直存在问题，加上民间资本实际参与混改的热情并不高，更增加了此项改革的实际难度。因此，如何健全正向激励机制，以国企混改试点设立的推广方式，切实做好"三供一业"分离的移交工作，去除行政垄断、弥合经济短板，就成为全省实施混合所有制改革的政策重点与主要方向。②锁定改革重点。近年来，全省供给侧结构性改革扎实推进，"三去一降一补"成效明显。然而，在实际工作中，全省改革的工作侧重点有待调整，如在"去"字上，河北结合本省实际，提出了坚持"去"字为先、钢铁为重，强化政策引导，严格排查核验，成效显著。但在"降"与"放"两字上，需要改革、改进、改善的空间依然较大。现阶段，河北应将供给侧改革的重点逐步转向降成本、补短板这两个关键点上。降成本一定要在减税、降费以及降低要素成本上加大工作力度，重点一定要锁定制度性交易成本，以此激活劳动力市场的灵敏度。补短板一定要从严重制约经济社会发展的重大领域与关键环节、从人民群众迫切需要解决的切身利益着手，既要硬短板、软短板两手抓，又要补发展短板、补制度短板两手硬。③锁定责任担当。2017 年省政府工作报告为全省描绘的"九件大事"，其终极目标就是要抓好产业升级与动能转换的"牛鼻子"，以供给侧为动力，尽快形成具有持续竞争力的现代产业支撑体系。以此增进人民福祉，加快实现全面建成小康社会的目标。未来全省经济社会发展的路子是否走得顺、行得远，则完全取决于省委、省政府改革的精神气质、力度、信念与决心。所以，检验与考察河北改革是否成功、是否有成效，必须着眼于四个方面：第一，要看河北最高决策层是否具备创新思维、改革魄力与气势担当，在改革进程中是否放得"开"、抓得"稳"、瞄得"准"、下手"狠"；第二，要看河北的实体经济是否赢利，企业是否真正获得经济效益；第三，要看河北的项目审批在时间效率和手续繁简程序上，是否敢于和改革先行地区的江苏、浙江和广东"过招""比拼"；第四，要看省委、省政府全面深化改革释放的红利，是否让百姓受益，让百姓真正拥有幸福感与安全感。

（二）创新是关乎全省经济社会发展全局、亟待强化的核心战略

近年来，省委、省政府高度重视科技创新，省委八届五次全会曾明确提出了"解放思想、改革开放、创新驱动、科学发展"的总要求，把创新驱动置于发展的核心地位。河北在加快落实创新驱动发展战略的实践中，一定要注意把握以下几点：①思路要创新，着力解决旧式传统的思维

定式问题，它是唤醒与勃发生命力的基础性前提。应该看到，河北不少地方的领导干部在推动经济发展上，长期以来形成的重投入、看规模的传统思维方式没有发生根本转变，尤其是对科技革命和产业变革带来的影响没有引起足够重视，甚至一直不适应。所以，落实创新驱动发展战略，各级领导肩负重要职责，必须要把解决领导干部的传统思维定式问题作为重点，要"软硬"一起抓。②手段要创新，着力解决创新驱动发展中的路径问题。加快实施创新驱动发展战略，"创新"是着力点，"发展"是落脚点，关键是要尽快建立实现"驱动"的体制机制。这就要求全省要以科技创新为核心，全方位推进产品的创新、品牌的创新、产业的组织创新和商业模式的创新。同时，还要消除一切阻碍创新的制约因素，着力改变要素价格扭曲状况，走出知识产权"侵权易、维权难"的困境，逆转"靠垄断赚钱易，靠创新获益难"的不利局势，使创新这一要素真正成为经济社会发展的核心动力。③政策要创新，着力解决市场配置过程中创新资源的决定性作用问题。长期以来，企业在创新决策中被边缘化，有些政府主导的事情没做到位，无形中给市场可供干预的事情较多，导致企业创新动力和活力不足，这是科技与经济"两张皮"的主要症结。据相关资料显示，全省规模以上企业，有研发机构的比例为5.61%，研发支出占企业主营业务收入的比重为0.45%，不到全国平均水平的一半。所以，河北要改变现状，必须通过深化改革，厘清政府和市场的定位，让市场在创新资源配置中起决定性作用。

（三）消费是新常态下保持全省中高速增长的"稳定器"与重要抓手

消费与改革、创新要素虽不属于同一层面的概念，但它在推动全省下一轮经济向中高速增长中的作用，与二者相比却具有同一性。如果说，工业化初期的经济增长有赖于全要素的投资拉动，那么，新常态下工业化中后期的增速水平则是由消费经济来带动。这是因为，①从理论上讲，在未来一段时间内，国内的需求结构正在从物质需求阶段转向以服务产品为主导的发展阶段。其中，与人力资本相关的文化、教育、医疗卫生等服务业，其消费支出将大幅度增长。而消费作为未来第一社会生产力将主导着经济，牵动着经济，并成为国内经济增长的新亮点。然而，从现实情况看，2017 年上半年，全省城镇居民消费结构处于"底端"，加上居民自身"家底"积累不足，高质量消费体量不够强大，导致全省经济与消费之间的依附关系和连带效应并不紧密，全省消费结构转型升级的前景并不乐观。②从实践上讲，消费增长会带动结构调整，特别在促就业、稳增长过程中将发挥超前的引领作用。"十三五"时期是国内全面建成小康社会的决胜时期，更是消费需求增长、消费增速换挡、消费结构升级的重要阶段，这就要求河北未来经济工作的主要任务，一定要围绕消费结构升级的新趋势、新变化，坚持需求与供给并举，积极培育新的消费增长点。发达国家和地区的转型经验告诉我们，城镇居民消费结构的变动趋向已明显表现为住房、交通等物质需求增长逐步见顶，而教育、文娱、医疗保健等服务性精神消费需求不断上升。可以预见，河北要在短时间内实现由投资拉动到以消费为引领的结构性变迁，还有待时日。③从理念上讲，要努力打造"消费升级版"，以消费结构升级作为维持中高速发展的原动力，推动经济模式逐步实现由传统投资主导向消费主导的战略性转变。2016 年，河北省社会消费品零售总额增速为 10.1%，2017 年为 9.7%，下降了 0.4 个百分点，比全国平均增速 10% 低了 0.3 个百分点。看起来差距不大，但从消费结构内部看，全省的消费结构与层次仍停留在传统消费品类总量偏大的物质层面，这与新型消费业态阶段性的需求层次，如以电商、电器为主导的消费阶段逐步演进为以文化、科技、教育等高端消费为内涵的发展阶段还差两个档次。要完成以消费拉动经济企稳回升的战略转型与重大变革，全省还面临阶段性的两大历史任务：一个是要尽快完成以投资拉动为主导向消费驱动的战略转型，另一个则是要大力推进传统制造业向服务业领域的全面进发。所以，河北省未来宏观经济的政策层面上，必须在调整中寻机遇，在提升中求发展，主动融入消费结构升级的时代潮流，在消费驱动战略转型中寻求新的经济增长点，切切实实把以消费引领创新、以创新引领供给、以内需引领增长的各项工作做到实处。

三　全球经济持续低迷、分化趋势明显，国内
经济上扬温和、缓慢

（一）影响世界经济走势的综合因素分析

国际金融危机之后，力求经济复苏、走出低谷是世界各国宏观政策的目标。自2016年第四季度以后，全球经济增速开始加快，并一直维持至今。特别是近几个月，发达经济体和新兴经济体的增长态势均已显现。然而，这一趋势并非普遍性、整体性、全局性。世界经济虽温和上涨，但依然面临诸多困境与多重挑战，区域不平衡特征仍是主流趋势，直接表现在：①世界经济加剧分化，据IMF分析报告显示，2017年前三季度，新兴经济体的表现符合预期。其中，中国、印度经济将分别增长6.9%和6.2%，增速继续在主要经济体中处于领先位置，而发达经济体增速已由2016年的1.7%升至2017年的2.0%，2018年前三季度，美欧日经济有可能实现同步向好。受全球大宗货物价格回稳的利好影响，俄罗斯和巴西经济将分别增长1.4%和0.2%，经济正在逐步走出困境。但欧洲方面的英国，退欧谈判给本国带来的不确定性有可能增大。相形之下，德法联盟关系愈加紧密且经济复苏保持强劲态势，欧元区政治风险有所下降预示了较好的经济前景。②"贸易保护主义日趋加剧"和"美联储加息步伐快于预期"双重因素的负面影响对全球金融市场和大宗商品价格以及对我国汇率造成的冲击较大。美、德、法等历经大选后的政治、经济及其宏观政策正在面临重大战略性调整，而外部风险和不确定性因素将会通过投资、贸易、金融等多种渠道直接影响我国经济的平稳发展。特别是随着美国再工业化战略在本国的持续推进，对以制造业为主、对外工业品贸易依存度较高的河北来说，无疑形成巨大压力。值得关注的是，国际金融危机爆发十余年来，各国出台相关贸易保护措施3000余项。贸易保护主义日益加剧将不可避免地使全球经济增长因贸易和跨境投资减少而放缓。如2016年英国公投"脱欧"、特朗普当选美国总统后，全球化进

程的难度进一步加大,多边贸易体系屡遭挫败就是一个典型例证。新经济体特别是中国已明显感受到外部环境带来的出口增长或明或暗的挤压与"反制"。③值得欣慰的是,2008年全球金融危机以来,世界经济虽复苏乏力,但2017年上半年,全球复苏变得普遍而稳固。特别是发达经济体与新兴市场经济体的增长都已明显提速,这一趋势或可成为国际金融危机后的重要拐点。据世界银行发布的《全球经济展望》预计,2017年全球经济增速将会从2016年的2.4%回升至2.7%。2017年初国际货币基金组织(IMF)预计,2017年全球经济增长率为3.4%,随后调高为3.5%,并预计2018年全球经济增长率为3.6%。而中国作为世界经济增长的重要引擎与闪亮标签,以总量大、增速快、贡献高的现有实力,在世界经济舞台上展示出了自己独有的风采。据最新资料显示,中国经济新增量在世界经济新增总量中的贡献度已达33.2%,约占全球增量的1/3而居世界首位。

(二)影响国内宏观形势的综合因素分析

近两年,国内宏观形势已显示出新常态背景下经济发展向更高阶段迈进的战略机遇。尽管国内经济面临的减速压力依然较大,但随着制造业过剩产能的不断化解、动能转换持续推进以及工业生产企稳回升慢热迹象的逐渐明朗,总体上国内经济将会保持长期中高速增长,并逐步迈向中高端水平的新阶段。值得注意的是,由于我国经济仍处在结构调整的过关期,所以,主观上对于低位运行的态势可以保持冷静与信心,但绝不能低估和盲目乐观。这是因为:①国内经济新常态特征仍很明显,长期积累的深层次矛盾并未得到实质性改变,经济下行的隐性压力依然存在,民间投资增长仍然乏力,消费增长仍在放缓。为拉动经济快速增长,国内依靠信贷扩张助推基础设施、房地产投资,短期内虽实现了一定程度的稳增长,但并不能弥合民间投资增速大幅下滑的客观现实。未来两年国内房地产市场将再次面临调整,建设规模和投资增速有可能继续下滑。预计2017年国内增速水平有可能会由2016年的6.7%下滑到6.4%,到2018年继续放缓到6%,发展前景不容乐观。②我国未来实体经济如果不能短时间内迅速崛起，或仍寄希望于房地产投资增长，那么经济增长将存在较大变数。与此对应的是，基础设施投资虽然在一定程度上可以缓解投资增速压力，但民间投资增长快速反弹的期望值与可能性在新常态背景下并不被看好，从而成为影响劳动生产率增速下滑的直接诱因。这一后果将不可避免地抑制城镇居民收入的实际增长，而居民收入的缩水会直接阻碍以消费拉动经济增长的再生性与可能性。③预计2017~2018年中国对外贸易形势依然严峻，而贸易保护政策给国内造成的出口增长压力将持续发酵。特别是受美联储加息再次推迟、美元走弱等因素影响，人民币升值概率增大，并不利于出口。据海关统计，2017年上半年，中国货物贸易进出口总值同比增长19.6%，但对外直接投资有所放缓。可喜的是，中国倡导的"一带一路"享誉全球，获得了越来越多国家的参与和肯定，不仅为世界经济注入了活力，也为全球贸易带来新的增长空间。

四　2018年河北省经济形势分析及预测

2018年河北省经济总体运行不会太坏，GDP增速将会延续近两年趋"稳"总基调，6%~7%的增速不会有太大悬念。随着未来雄安新区各项规划落实到位以及大规模基础设施建设的向前推进，由投资拉动的经济增长可能会在一段时间内超出预期，经济运行企稳的基础或许有所增强。但由于河北经济领域内产能依然过剩，供需错位的主要矛盾仍然存在，区域发展不平衡与不充分的困局并未走出，制约民间投资的问题没有得到妥善解决。所以，2017~2018年河北宏观经济仍然存在下行压力，周期性的跳跃起伏将是常态，经济增长依然保持"高冷""低调"。但总体来说，随着未来全省经济转型的大门正式开启，河北经济将逐步迎来"提质增效"的新阶段，预计2018年，"大稳定、小反弹"格局将是河北省经济运行的总趋势与总特征，其内在根据有以下几点。

第一，上半年全省第二季度的经济反弹已经显现，经济周期内生演进忽高忽低已是常态。根据前两季度周期的经济观察，2017年下半年全省经济有可能面临新一轮"短周期回落＋长周期企稳"的局面。河北经济由1978～2012年年均两位数以上的高速增长转为现实的中高速增长，值得深思。如果说，过去两位数增速是一个均衡点，那么，现今的经济回落实际上是一个全新意义上的二次均衡。这次均衡，河北实际上是在新常态背景下，通过动力转换、结构升级、体制改革等一揽子系统性调整获得的，难能可贵。另外，由于未来中长期潜在经济增长速度的内在规定，以及短期内经济周期不确定因素的干扰，投资需求何时触底，去产能何时到位，经济增长新动能何时崛起，一直是全省经济未来宏观运行中的不确定因素与长期困惑。预计"十三五"时期全省潜在经济增长率可能不会超过7%，如果有突发事件的干扰，也可能会继续探底，但转型中的低位运行与再均衡的宏观形势，在工业化中后期仍具主导性。

第二，京津冀协同发展，特别是不久的将来以雄安新区为引领的各项规划的落地与大规模基础设施建设的深入推进，也许一定程度上可以缓解河北投资增速回落局面。但事实上，由于近两年工业规模投资回报率持续下滑，即便雄安新区建设"一哄而起"，也未必能挽回全省宏观经济受挫的困局，况且受建设周期性影响，投入产出的经济效益将会在较长一段时间后显现，指望在短期内扭转全省经济发展不利局面并不切合实际。目前，全省新技术、新产品、新业态等新的增长模式虽然会保持良好态势，但从现实的经济收益看，难以替代房地产、传统制造业的支撑作用。一般情况，就国民经济投资的比重而言，高增长的途径主要依仗基础设施（20%～25%）、房地产（25%以上）、制造业（30%以上）三大产业全要素投资力度的强劲推动，但当前河北新产业、新技术和新业态的投资比例还不足20%，现有经济增速主要靠亿元的投资项目来拉动，这一制约因素已成为影响河北工业经济内涵效益型增长的最大牵绊。由于动能转换举步维艰，新经济、新业态和新动能未能成功"转身"，突出"重围"，经济惯性走低足以让河北在较长时间内饱尝难以承受的压力。另外，值得注意的是，由经济增长减速导致的全省居民收入下滑对消费增长的抑制效应，也初显端倪，2017年上半年，河北省财政收入全国第九和10%的增长水平虽好过GDP增速，但可惜的是，河北城镇的居民收入与增速水平并没有实现"齐步走"。近两年，城镇居民消费增速缓慢下滑是一个非常不好的信号，这与十九大习近平总书记提出"决胜全面建成小康社会"的总目标差距较大且不太吻合。基于上述全省经济社会各项指标的综合性分析，2018 年，河北经济增长预期目标仍然处于6% ~7% 区间的可能性较大。

五　提振河北宏观经济的总体思路及对策建议

2017 年是党的十九大召开之年，也是供给侧结构性改革的深化之年，更是全面落实河北省第九次党代会精神的开局之年。在这新的历史节点上，全省一定要以党的十九大会议精神为指南，紧紧围绕"十三五"全面建成小康社会这一宏伟主题，按照十六大、十七大、十八大提出的全面建成小康社会各项要求，以全面深化改革为核心，以聚焦和发展实体经济为重点，以深入实施创新驱动发展战略为手段，以动能转换和培育新动能为抓手，以满足"人民对美好生活的向往，就是我们的奋斗目标"为动力，努力把提高供给体系质量作为主攻方向，推动河北产业优势再上新台阶。在这历史性变革的伟大时刻，建议省委、省政府应该以前所未有的战略自信和永不懈怠的精神状态，多谋民生之利、多解民生之忧，全方位增进民生福祉，为实现"十三五"全面建成小康社会目标，奋力谱写"经济强省，美丽河北"新篇章。

（一）全面深化改革，瞄准国企攻坚克难

要振兴全省宏观经济，就必须"下猛药"，全方位推进体制转型与结构改革，具体做法如下。①要按照"做优、除劣、提携中间"的思路分类推进国企改革。以企业类别划分，按照经营状况把全省众多国有企业分成三种类型分类改革。一是全省的新经济或优质企业，要做优、做大、做强；二是劣质企业或效率低下的粗放经济，应抓紧去除，妥善处理"僵尸企业"；三是传统的中端产业，要抓紧结构调整与升级。②按照省政府办公厅印发的

《关于处置"僵尸企业"的指导意见》，抓紧推进"僵尸企业"的出清与退出工作。要做到重点治理，以"先挖渠，后放水"的政策保障，加快这类企业的兼并、重组与改造。要兼顾相关人员的个人发展，解除其后顾之忧。③搞好制度设计，把国企和央企尽快纳入"混改"框架，加快推进地方国有企业改革，探索有效发展混合所有制经济的具体模式和有效路径。积极发展混合所有制经济，制定有利于国有资产"可控、可参、可退"的市场机制，为民间资本进入创造有利的发展空间。

（二）实施创新驱动发展战略，促使河北经济战略转型

实施创新驱动发展战略是一项浩大的系统工程，涉及面较广，为打好主动仗，下好先手棋，布好关键子，必须培育激活企业创新主体。①大力发展科技型中小企业，省委、省政府两办已下发了推进科技型中小企业成长计划，提出近几年的重点任务和发展目标，各地各部门要以此为依据，抓紧以苗圃工程、雏鹰工程和科技小巨人工程为重点的组织实施和跟进工作。②大力培育新经济技术创新联盟。积极推进以科技创新为主旨的全面创新，不断完善以市场为导向、企业为主体、产学研相结合的技术创新体系。围绕河北区域性、行业性重大技术的内在需求，实施多元化投资、多样化模式、市场化运作以及发展孕育多种形式的先进技术研发、成果转化与产业孵化机构。积极引导企业联合中小企业与科研院所、高校科学布局创新链，加强与北京中关村、天津滨海高新区的合作，新三板在线，建立一体化的产业技术联盟，开展多种形式的科技交流和产品推介，抓紧研发和转化一批省级与国内领先的科技成果，为全省科技企业提供信息、资本和全方位的技术支持。③着力抓好高新技术企业与创新型企业，加强研发费用加计扣除、高新企业减税、研发设备加速折旧等政策落实，切实做好调动企业科技研发投入积极性的各项工作。④加大政府扶持力度，完善全省支持企业创新的政府采购政策，研究制定首台（套）政策实施细则，进一步探索预约采购新的支持模式，扩大创新产品早期需求，不断增强创新发展的内生动力。

（三）多策并举，加快转型升级，推进实体经济形成强大动力支撑

当前，在经济下行隐性压力不减的状态下，河北省实体经济面临诸多困难，制造企业投资信心不足，新旧动能转换亟待提速的内在需求，特别需要省委、省政府尽快出台相关政策破解难题。①借鉴江苏发展先进制造业的经验，尽快研究制定并出台《关于加快发展河北省先进制造业振兴实体经济若干政策措施的意见》和《关于推进中国制造2025京津冀城市群试点示范建设实施意见》，以省委、省政府的名义进一步明确河北省发展先进制造业，以及推进京津冀城市群试点示范的相关政策和任务举措，在奖励制度设计环节上，要着重体现"有实招、有突破、有诚心"的政策引导。②加快科技创新成果的转化与应用。积极扶持重点院校、科研机构、制造业创新中心尽快建立创新成果产业化基金，推动省级重点产业知识产权运营基金市场化运作。③鼓励企业对标定位做优、做大、做强制造业领军企业。加快制订先进制造业领军企业评价标准以及重点企业规模与效益倍增计划，抓紧制定与完善领军企业直通车服务制度，建立领导挂钩的联系机制，有力地推动河北由制造业大省向制造业经济强省的战略性转变。

（四）拓宽居民收入来源渠道，推动消费结构质量升级

当前，国内居民消费支出结构、层次结构和形态结构均在向高级化方向发展，但河北升级过程中仍存在诸多问题，不利于以扩大内需拉动经济，建议省委、省政府应采取有效措施，以优化产业结构为重点，多渠道、多形式提高城镇居民的实际收入水平。①确定投资和消费合理比例。要实现外需拉动经济转为扩张式内需经济增长，必须做到两个关键点：一是要适当通过提高利率、控制贷款与投资规模，确保物价稳定，保障劳动者工资及时发放；二是要适度发展劳动密集型产业，降低微型及中小企业的税收，有效提高劳动要素的利用和分配能力，以扩大消费规模。②积极拓宽城镇居民收入渠道。要以提高城镇中低收入家庭与农村居民家庭的实际收入为政策重点，进一步拓宽社会保障体系和金融体系业务范围，不断提升城乡居民的社会消费

预期，鼓励信贷刺激消费。在繁荣金融市场的同时，鼓励居民参与证券交易，保证各项社保政策落到实处。③进一步调整收入分配制度，努力缩小城镇居民现实的收入差异。坚持按劳分配，明确公务员、国有企事业单位员工的工资标准，私营和外资企事业单位员工最低的工资标准。坚决抵制不合法或不合理的收入来源渠道，抓紧制定提升高收入群体税收的政策，有效增加对低收入群体的生活补贴，进一步缩小城镇居民贫富差距。

（五）采取务实举措，彰显与时俱进的人文关怀，暖心回应企业家情感与精神诉求

当前，省委、省政府宏观经济调控的首要任务就是要采取务实举措，给民营企业家以信心，以浓郁的人文关怀为取向，帮助民营经济尽快走出困局，解决当前宏观经济运行中的突出矛盾，实现民营经济国内投资、对外投资新平衡。①改善经济环境，营造拴心留人的政策气氛。民营经济不景气或大幅度下滑，相当程度上是民营企业家对宏观经济信心不足的心理反应。有鉴于此，建议省委、省政府必须坚定不移地坚持扩大开放，以真正的服务意识和务实的工作作风，提振民营企业家的信念与信心；以实实在在的政策条件与保障措施，全面深化改革，努力改善河北经济社会发展环境，努力让企业家以舒适而稳定的精神状态专心在自己的家园创造财富。②全省各级政府要切实做到公正诚信，坚持重心下移，对各种有碍发展全局的不利行为，鼓励民营企业打消顾忌，大胆投诉，切实做到依法保护企业家创新创业的积极性，以此提高全社会的文明程度与政府的办事效率。③各级党委政府要牢抓紧握民营经济发展，切实加强组织领导，促使全省机关各部门形成强大合力，以"钉子精神"推动各项措施落实到位，努力营造理解、关心民营企业（家）的社会氛围，让他们真正成为走向市场的主力军与急先锋。

B.2
2017～2018年河北省社会
发展形势分析与预测

王文录　侯建华　李　茂　王立源*

摘　要：　本报告对2017年河北省社会形势做出了基本判断，并对社会
　　　　　发展领域中的雄安新区建设、张承生态功能支撑区建设、脱
　　　　　贫攻坚、新型城镇化、太行古村镇文化带、文明城市创建等
　　　　　热点问题进行了分析探讨。报告认为，2018年全省经济社会
　　　　　发展形势持续向好，两翼发展构筑区域发展新格局，脱贫攻
　　　　　坚进入冲刺期，公共服务水平将稳步提高，农业转移人口市
　　　　　民化和城乡统筹发展将会加速。报告提出要协调推进两翼发
　　　　　展，加快推进大运河文化带、太行山文化带建设，提高环境
　　　　　治理的精准度，构建现代文明城市体系。

关键词：　雄安新区　生态涵养区　脱贫攻坚　新型城镇化　公共服务

　　2017年，河北省围绕雄安新区建设，走出了落实京津冀协同发展至
关重要的一步。雄安新区建设作为千年大计、国家大事，不仅在发展定
位、产业布局、城市建设上体现国际视野，而且在社会建设方面也将成为

---

*　王文录，河北省社会科学院社会发展研究所所长、研究员，研究方向为人口城镇化；侯建华，
河北省社会科学院社会发展研究所副研究员，研究方向为社会政策；李茂，河北省社会科
学院社会发展研究所副研究员，研究方向为社会保障；王立源，河北省社会科学院社会发展研
究所助理研究员，研究方向为环境与可持续发展。

体制创新的引领区,为河北省社会发展提供一系列可借鉴的样本。雄安新区共享社会建设、张承生态功能支撑区建设、河北省最贫困人口脱贫攻坚、县级新型城镇化发展,以及对标京津全面提升河北省公共服务水平等一系列重大社会发展政策和措施成为本年度的热点问题,在推动全省社会发展的同时,必将为河北省落实党的十九大精神、丰富人民群众美好生活增加重要支点。

一 2017年社会发展基本形势

(一)财政支出结构更加优化,节能环保项目支出增长较快

2017年1~7月,全省全部财政收入完成3361.7亿元,同比增长23.8%,一般公共预算收入2100.0亿元,同比增长17.7%,一般公共预算支出3723.7亿元,同比增长14.7%。其中,科学技术、城乡社区、公共安全、文化体育与传媒、农林水、社会保障和就业、节能环保、医疗卫生、教育支出均有增长,分别比上年同期增长7.3%、3.3%、9.5%、6.3%、2.7%、20.0%、45.6%、7.3%、20.6%(见表1),其中节能环保投入增长最快,教育占比最大,体现了河北省对教育的重视程度。

表1 2017年1~7月河北省财政收支情况

单位:亿元,%

财政收支	2017年1~7月	增长率
全部财政收入	3361.7	23.8
一般公共预算收入	2100.0	17.7
一般公共预算支出	3723.7	14.7
一般公共服务	335.4	15.6
公共安全	176.3	9.5
教育	697.9	20.6
科学技术	34.5	7.3

续表

财政收支	1～7月	增长率
文化体育与传媒	53.4	6.3
社会保障和就业	658.9	20.0
医疗卫生	372.8	7.3
节能环保	137.9	45.6
城乡社区	291.1	3.3
农林水	404.9	2.7
交通运输	182.9	36.2

资料来源：河北省统计局、国家统计局河北调查总队：《河北统计月报》，2017年7月上册。

（二）城乡居民人均可支配收入持续增长，农村居民人均可支配收入增长略慢

2017年1～2季度，全省居民人均可支配收入10478元，同比增长9.0%；城镇居民人均可支配收入14672元，同比增长8.0%；农村居民人均可支配收入6638元，同比增长8.0%。全省城乡居民人均可支配收入较上年同期有所提高，其中城镇居民人均可支配收入增加了1087元，农村居民人均可支配收入增加了489元。但全省居民人均可支配收入增长率较上年同期下降了1.2个百分点，原因主要是农村居民可支配收入增速降低，农产品生产价格指数（当季值）比上年同期下降了0.4个百分点（见表2）。

表2　2017年1～2季度河北省城乡居民收入情况

单位：元，%

居民生活	2017年		2016年	
	1～2季度	同比增长	1～2季度	同比增长
全省居民人均可支配收入	10478	9.0	9614	8.7
城镇居民人均可支配收入	14672	8.0	13585	8.1
农村居民人均可支配收入	6638	8.0	6149	8.2

资料来源：河北省统计局、国家统计局河北调查总队：《河北统计月报》，2017年7月下册。

（三）社会消费能力明显提升，消费者信心指数保持稳定

社会消费品零售总额又创新高。2017 年 1～8 月，限额以上企业（单位）社会消费品零售总额为 2540.1 亿元，同比增长 9.4%。其中，城镇社会消费品零售为总额 2441.2 元，同比增长 9.3%；乡村社会消费品零售总额为 98.9 亿元，同比增长 12.6%，乡村增长率高于城镇，限额以上批发和零售业零售额为 2477.2 亿元。

消费者三项指数基本稳定。2017 年第一和第二季度消费者信心指数、当期满意指数和未来预期指数与 2016 年第四季度相比均有波动但相差不大，表明消费者对整体经济发展的态度变化不大。受春节消费旺季的影响，2017 年第一季度的消费者信心指数和未来预期指数均较 2016 年第 4 季度有所上升（见图1）。第二季度，消费者信心指数为 96.4，环比提高 0.2%，其中城镇为 101.8，环比提高 0.7%，乡村为 82.8，环比下降 0.9%，表明在消费上城镇居民比乡村居民乐观（见表3）。

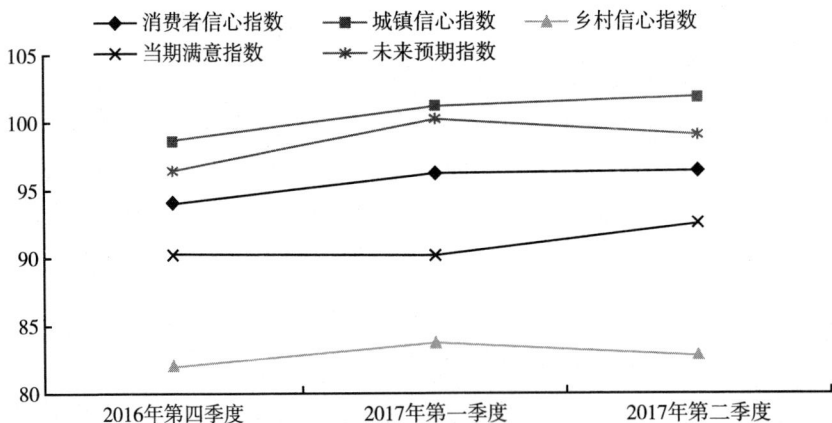

图1　河北省消费者信心指数

资料来源：河北省统计局、国家统计局河北调查总队：《河北统计月报》，2017 年 6 月上册。

表3 2017年1～2季度消费者信心指数

单位：%

消费者信心指数	2016年第四季度	2017年第一季度	比上季度增长	2017年第二季度	比上季度增长
消费者信心指数	94.0	96.2	2.2	96.4	0.2
城镇	98.7	101.1	2.4	101.8	0.7
乡村	82.0	83.7	1.7	82.8	-0.9
当期满意指数	90.3	90.1	-0.2	92.5	2.3
未来预期指数	96.4	100.2	3.8	99.0	-1.2

资料来源：河北省统计局、国家统计局河北调查总队：《河北统计月报》，2017年6月上册。

（四）就业形势总体保持稳定，社会保障水平不断提高

就业形势与上年同期相近。2017年1～9月，全省城镇新增就业77.6万人，比上年同期增加9.9万人，已完成当年目标额的101%。其中，失业人员再就业21.5万人，完成目标的97.6%，困难人员再就业8.1万人，完成目标的101%，零就业家庭动态清零。农村劳动力转移就业53.5万人，完成目标的107%。城镇登记失业率为3.63%。

城乡居民医疗保险一体化进程加快。2017年4月，省政府印发《关于建立统一的城乡居民基本医疗保险制度的意见》，城乡居民基本医疗保险制度在覆盖范围、筹资政策、保障待遇、基本医疗保险目录、定点管理、基金管理上实现了统一，医疗保障更加公平。截至2017年6月底，全省基本医疗保险参保人数6843.9万人，参保率为91.6%。建立起了"基本医保＋大病保险＋医疗救助"三重保障制度，建档立卡贫困人口在省、市、县三级医院住院的合规费用报销比例达到90%以上，贫困人口因病返贫问题得到有效缓解。

养老保险补助标准提高。实施了企业职工养老保险省级统筹制度改革，明确提出基金缺口由省、市、县三级分担，并确立了相关考核责任，到2017年6月底，基金征缴同比增长19.2%，为相关政策的落实奠定了财力基础。河北省企业退休人员养老金实现连续13年增长，由2012年的月人均

1417 元提高到 2750 元，城乡居民基础养老金也从月人均 55 元提高到 90 元。全省基本养老保险参保人数 4858.2 万人，社保卡持卡人数 5355 万人。

（五）基本公共服务均等化稳步推进，与京津对标提上议事日程

农村公共服务水平不断提升，城乡间非均衡状况有所缓解。公共教育方面，实施全面改薄工程，乡村中小学校舍、场地、师资、设备、图书等办学条件基本达标。2017 年，在 37 个贫困山区县建设义务教育阶段寄宿制学校 163 所，新改建中小学校舍 110 万平方米。医疗卫生方面，基层卫生院医疗条件明显改善，县级医院医疗卫生处理能力明显加强，随着医联体、医共体的出现，医疗卫生资源共享逐步走向现实。2017 年医保药品目录总数达 3112 种。在就业援助方面，为建档立卡贫困劳动力提供就业援助 29.6 万人次，培训 20 万人次，实现就业 35.5 万人。在补助标准方面，城乡居民医保补助标准由年人均 120 元提高到 380 元，失业保险金由月人均 608 元提高到 1010 元，1~4 级工伤职工"三项待遇"提高了 70%。但河北与京津公共服务仍存在较大差距，直接影响到高层次人才流动的积极性和主动性，对标京津基本公共服务指标，缩小与京津基本公共服务差距，成为河北基本公共服务领域改革的重要任务。

（六）大气环境趋于好转，第三季度末季节性反弹

河北省持续加大大气污染治理力度，在原来消减产能、淘汰小燃煤锅炉、搬迁污染企业、禁烧秸秆、倡导绿色出行的基础上，重点推动了散煤、焦化、露天矿山、道路车辆污染四个专项整治工作。非法污染企业关停工作正深入推进，"电代煤""气代煤"等清洁能源替代工程在农村全面铺开。2017 年第一季度，受采暖期空气质量较差影响，京津冀区域 13 个城市平均优良天气数比例为 52.1%，同比下降 7.5%。空气污染物 $PM2.5$、$PM10$、NO_2 浓度有所上升，分别为 26.7%、17.6% 和 7.4%，SO_2 浓度和 O_3 超标率同比有所下降，分别为 12.5%、0.2%。4 月，空气质量开始好转，京津冀区域 13 个城市平均优良天气数比例为 70.5%，同比上升 16.5 个百分点，$PM2.5$ 平均浓度同比下降 5.2%，$PM10$ 平均浓度同比下降 6.9%，SO_2 平均

浓度同比下降 3.7%，NO_2 平均浓度同比上升 4.5%[①]。从 9 月底开始，空气质量开始恶化，雾霾天气增多，但总体观察空气质量好于往年。空气质量在整体改善的情况下，雾霾天气的存在出现了一定的规律性，就是秋冬雾霾天气严重，春夏空气质量较好。主要有两个原因：一是秋冬风少，大气污染物扩散条件差。二是冬季为采暖期，煤炭消费增加使污染物增多。

（七）精准扶贫加快推进，脱贫攻坚全面决胜

近年来，河北省稳步推进脱贫攻坚工作，开展了产业和金融扶贫、易地扶贫搬迁、生态保护助力脱贫、教育扶贫、社保政策兜底、医疗保险和医疗救助、基础设施扶贫、"互联网＋扶贫"等 8 项行动，取得了明显的效果，2017 年河北省贫困人口从 310 万减少到了 183 万。在扶贫攻坚方面，河北省确定了坝上地区的康保、沽源、尚义、张北、丰宁、围场，深山区的阳原、阜平、涞源、隆化等 10 个深度贫困县，从中筛选了 206 个深度贫困村进行重点扶贫攻坚。深度贫困县实行"五包一"帮扶，深度贫困村实行"三包一"帮扶，贫困户实行"一包一"帮扶。在易地扶贫搬迁方面，科学划定搬迁村庄，系统规划设计，推进搬迁住房和配套服务设施双建设，2017年底可实现 12.6 万人的搬迁目标，启动 26.8 万人搬迁。在贫困人口精准识别方面，按照国家现行农村扶贫标准，对贫困人口重新识别认定，符合条件的全部纳入，不符合条件的全部清除，重新确定贫困人口进行精准扶贫。

二　社会发展重大热点问题

（一）雄安新区重大社会发展问题

1. 社会各界高度关注雄安新区建设

2017 年 4 月 1 日，中共中央、国务院决定设立雄安新区，包括河北省

---

① 《2017 年 3 月及第一季度 74 城市空气质量状况报告》《2017 年 4 月 74 城市空气质量状况报告》。

雄县、容城、安新3县及周边部分区域。这一决定受到了社会各界的高度关注，雄安新区成为高频词，省内高校和科研机构纷纷成立专门的研究机构或设立专门的研究课题，力求为新区的建设发展贡献智慧。各界普遍认为，新区成立对于集中疏解北京非首都功能，探索人口经济密集地区优化开发新模式，调整优化京津冀城市布局和空间结构，培育创新驱动发展新引擎，具有重大现实意义和深远历史意义。

2. 新区社会发展面临的问题

地方管理体制机制必须创新。目前，中央编办已经批复，新区管理机构为一办一部六局、185个编制。这种大部门制、扁平化的管理体制必然要求相应的聘任制和高效率，所以未来在审批流程、工作思路、工作方式方面必须进行大胆创新，让新区未来成为我国行政管理体制创新示范区，成为全国学习的典范。

对标北京公共服务水平差距明显。公共服务的均等化是非首都功能顺利疏解，新区吸引外来人才的关键。但现实情况是，新区目前的公共服务水平与北京差距巨大，例如，城乡居民养老保险，北京是当地的5.3倍，当地目前没有一所"双一流"院校，优质医疗资源严重不足等，是未来阻碍承接非首都功能的关键因素。

当地群众共享机制有待建立。未来从全国各地来到新区的大约有200万精英，而当地有120万原住民，这些人不能被边缘化，不能成为新区建设的旁观者。如果不能让120万当地群众有获得感，不能让他们在新区发展中实现同步的全面发展，最起码不是完整意义上的新区概念。所以必须尽快建立起以当地人跟随新区建设共同发展为目标的共享机制，将充分发挥本地人力资源优势与引进高精尖人才有机结合。

土地管理与住房政策有待突破。在巨量资本关注雄安新区土地与房地产的背景下，加强对土地与住房的管控是应有之意，如果这个问题管不住，未来将极大限制中央批准规划的有效实施。所以必须大胆创新，借鉴国外的先进做法，通过租赁、共享等政策突破来确保新区土地与住房价格可控。

新区建设与白洋淀保护之间的关系有待理顺。白洋淀是新区建设的环境支撑，也是新区之所以设立在此的决定性因素。但新区未来大规模建设和白洋淀保护之间必然产生一定的矛盾，另外由于白洋淀的范围还涉及任丘、高阳等新区之外的其他县（市），新区与周边地市对白洋淀保护的协调机制仍处于空白阶段，所以未来在加大生态保护力度的同时建立相应沟通机制势在必行。

3. 对策思路

加快雄安新区与北京公共服务一体化进程，应针对教育、医疗、社保等重点领域尽快实现突破，缩小发展差距。中央政府应加大对新区的财政投入力度，在高考制度和社会保障制度上寻求突破，寻求新区与北京的对等，在规划时注重各类资源统筹分配，避免重复建设；应积极寻求北京与新区公共服务领域的对接，在制度衔接以及资金上予以应有支持；河北省应当将新区公共服务均等化作为承接非首都功能的基础性工作，力争短期内将新区打造成省内公共服务政策高地；雄安新区在建设中应注重公共服务发展，保障投入，协调各方，寻求各方公共资源共享。

坚持绿色创新发展。一方面，新区发展必须是绿色发展，所有的建设都要体现绿色、环保、节能，加大白洋淀保护力度，建立起贯彻生态文明理念、保障绿色发展的一系列制度、政策和工作体系。另一方面，要坚持创新发展。结合未来国家的产业规划与当地产业实际，明确未来转型发展的定位与方向，处理好传统产业与高新技术产业之间的关系，紧紧把握创新发展、转型升级的内涵，真正把新区建设成"清新明亮水城"的世界级现代化城市，真正让其成为创新发展示范区，引领世界发展的潮流。

构建当地群众共享发展机制。通过就业带动，为绝大多数人提供良好的培训和再教育，提高其就业素质和能力，从而使其更好地创业、就业。推进共享公共资源，在社会保障、教育等方面，应赋予当地群众与外来人员同等的权利，增强他们的获得感。广开其他渠道，例如通过土地入股，让当地群众分享城市升值的红利，享受城市发展的成果，推动雄安新区成为全国共享机制建设的典范。

（二）张承生态涵养区建设问题

1. 张承生态涵养区建设扎实推进

河北省委省政府高度关注张承地区生态功能区建设。2016 年 9 月，河北省发改委、财政厅、林业厅、水利厅和农业厅等 5 部门联合印发了《河北省张承地区生态保护和修复实施方案》，明确指出，到 2017 年，张承两市森林覆盖率达 45% 以上，"三化"草原治理率达 30% 以上，基本遏制草原沙化趋势，草原植被盖度达到 50% 以上；到 2020 年，全面提高生态涵养能力，张承两市森林覆盖率达到 50% 以上，"三化"草原治理率达到 50% 以上，彻底遏制草原沙化趋势，草原植被盖度达到 60% 以上，重要水源地水质明显改善。

张家口借力"冬奥"大力建设首都水源涵养功能区和生态环境支撑区。持续推进"绿地行动"，截至 2017 年 6 月，安排造林 240 万亩，确保到 2022 年森林覆盖率提高到 50% 以上，草地植被盖度提高到 80% 以上，努力在张家口沿坝地区培育建成一个"塞罕坝"林场。深入开展"蓝天行动"，启动实施了空气质量提升行动计划。2017 年 1~8 月全市空气质量达标天数 172 天，空气质量继续保持京津冀地区最高水平。大力推进"碧水行动"，坚持以水定市、以水定产，建立和实行最严格的水资源管理制度，新增及改善节水灌溉 44 万亩以上，治理水土流失面积 200 平方公里以上。

承德积极建设生态文明先行示范区。首先，强化顶层设计，出台了 50 多项重大改革措施，完善一整套涵盖全市生态资源规划保护、开发利用、修复治理、约束考核的生态文明建设制度体系。其次，坚守"天蓝"底线，全力推进大气污染综合治理；坚守"山绿"底线，久久为功持续增绿护绿；坚守"水清"底线，多措并举确保京津饮水安全；坚守"地洁"底线，全面加强土壤保护与修护。最后，该市坚持绿色发展理念，把生态资源作为宝贵财富来看待，作为经济要素来谋划，作为支柱产业来培育，积极开发生态，科学经营生态。2016 年以来，全市引进实施亿元以上生态产业项目 618

个，总投资4341.3亿元，绿色产业增加值占GDP比重达到35%。

2. 张承生态涵养区建设面临的重大难题

自身生态脆弱。一方面，张承尤其是坝上地区，存在大量裸露沙丘、半移动沙丘、沙化荒滩、盐碱地等荒漠化土地，该区域土层薄、沙层厚，极易受到土地荒漠化和风沙危害。另一方面，地区年均降雨量400毫米，张家口草原区域降雨量全部低于400毫米，其中康保县降雨量仅为300毫米左右，降雨量少、蒸发量大，不少内陆河干涸断流，上百个天然湖淖水量逐年减少，盐渍程度增加。由于张承地区资源环境承载力较差，现居住的几百万常住人口和逐年增加的旅游人口，严重超过了可承载的人口规模，给生态带来了巨大压力。

建设资金缺乏。张承生态涵养区建设需要持续的资金投入，生态最为脆弱的坝上6县均为国家级贫困县，财力非常有限，张承两市的财政收入也较为有限，在建设过程中需要实施人口和村庄的整体搬迁，资金需求量大，资金缺口较大。

共建机制缺乏。生态环境治理是一个系统工程，张承生态涵养区涉及张承两个地级市，以及林业部门主管的塞罕坝机械林场等条块分割的区域，所以虽然山相连、水相通，但基于各自地域利益考虑，亟待建立区域统筹规划和共建机制，从而在规划制定、产业选择、水资源保护、人口搬迁等领域协调推进，以起到事半功倍的效果。

3. 张承生态涵养区建设的对策建议

推进国家公园体制试点。将滦河、白河"两河源"作为国家公园试点区域，尽快出台国家公园试点实施方案，整合、重组区内各类保护区功能，改革自然保护区、风景名胜区、森林公园、国有林场等多头管理体制，坚持整合优化、统一规范，按程序设立由河北省政府垂直管理的坝上草原国家公园管理局，对区内自然生态空间进行统一确权登记、保护和管理。

健全生态涵养区环境治理和生态保护市场体系。通过完善水资源、草场森林湿地治理机制，加快城乡环境治理体制建设，健全环境保护和生态安全管理制度，培育生态保护市场主体，建立生态产品市场交易制度，构建绿色金融支持体系等举措，让张承地区生态保护与治理在健全的市场机制下平稳运行。

探索生态脆弱区保护性开发机制。通过建立张承生态脆弱区生态承载力评价体系，完善区域基础设施支撑体系，重塑生态产业体系，调退一产，优化二产，扩大三产，实现张承地区环境保护与经济社会发展同步推进，区域内人民群众生活稳步提高。

完善生态保护补偿机制。按照谁受益、谁补偿原则，明确开发与保护地区之间、上下游之间、生态受益和保护地区之间的关系，对于生态产品受益人通过均衡性财政转移支付方式，推动地区间建立横向生态补偿机制。根据生态保护补偿评估结果，建立以中央财政专项转移支付为主体、以省级转移支付和区域间横向转移支付为补充的长效生态补偿机制，建立水资源、森林、草原、湿地等生态补偿稳步增长机制。

（三）最贫困人口脱贫问题

1. 河北省最贫困人口脱贫攻坚力度不断加大

最贫困人口一般指自身乃至家庭成员，完全或部分失去劳动能力，或长期受疾病、教育等负担困扰，靠内生式脱贫已无可能的贫困人员。目前，河北省最贫困人口约180万，超过75%是因自身或家庭成员的严重疾病而导致，无规则分布在全省各地，农村比城市相对较多。

新举措不断推出。针对最贫困人口，自2016年起，河北省相继制定了《农村贫困人口大病救助方案》《关于加强困难群众基本生活保障有关工作的实施意见》《河北省农村贫困人口大病专项救治工作方案》等政策文件；并且划定了10个深度贫困县，对精准扶贫进一步加力；2017年还对全省的贫困人口重新进行了精准识别，确保最贫困人口全部纳入扶贫体系。实施了贫困村提升工程，对5000个贫困村每村支持50万元；完善财政扶贫资金增长机制，加大涉农资金整合力度，推广"政银企户保"金融扶贫模式。

2. 最贫困人口脱贫任重道远

从贫困发生原因看，农村贫困根源来自家庭劳动力缺乏，创造财富的能力严重不足，导致长期处于入不敷出的生活状态。而贫困发生的直接原因主要是疾病和教育两大类，尤其是因病致贫、因病返贫占到了贫困人口的75%以上。

从社会保障政策看，由于我国尚处于社会主义初级阶段，受财力有限与人口众多等因素影响，一些制度在设计之初就遵循"保基本，全覆盖"的原则，以求投入与效果达到最佳状态，但这也导致保障标准相对偏低，根本无法遏制贫困的发生。

从家庭赡养义务承担方面看，许多建档立卡贫困户的老人儿女双全，恰恰是儿女赡养义务的缺失导致了老人的生活条件满足了建档立卡贫困户的要求。而建档立卡贫困人员的救助政策又客观上刺激了儿女把父母推给国家。

3. 对策建议

积极探索推广资产收益扶贫模式。其一，积极开发新型农业经营主体建设项目，投资建设农业专业合作社、家庭农场，扶持龙头企业等；其二，积极搭建市场力量与扶贫政策之间的桥梁，推动新型农业经营主体为贫困农户建产业基地、推销产品，有效解决贫困农民缺启动资金、缺技术、缺产品信息、缺销售市场的难题，让贫困户增收脱贫；其三，通过多种形式的股份合作制经济，打造拿租金、挣薪金、分红利的"三金农民"，提高贫困户人口收入水平，实现稳定脱贫。

着力系统解决因病致贫返贫问题。一是严格控制定点医疗机构医疗费用的不合理增长。通过建立监测体系，完善考核机制、问责机制等严厉打击恶意套取、骗取医保基金等行为，遏制医疗费用不合理增长。二是切实提高大病医疗救助水平。重点探索建立对贫困人口大病实行分类救治和先诊疗后付费的结算机制。三是确保农村贫困人口获得政策实惠。通过全面提升贫困地区医疗服务能力和水平，让贫困人口安心地选择到报销比率高的基层医院就诊；通过慢性病门诊、便捷的结算报销机制，让贫困人口享受到应有的政策补偿。

将农村新型合作组织作为扶贫的重要抓手。地方政府要在登记手续、征占土地、物资供应、产品销售等方面，制定和完善相关的扶持政策，为农民专业合作组织发展创造良好的外部环境。并探索财政扶贫资金支持农民专业合作组织发展机制，推动财政支农项目与合作组织广泛有效对接。

推动财政兜底与慈善救助相结合。一是针对最贫困人口制定特殊政策，通过财政兜底解决他们的贫困问题。二是增强社会慈善救助能力，积极动员和引导社会力量参与最贫困人口救助。三是弘扬孝道文化，引导子女自觉自愿地承担家庭赡养义务，坚决遏制将父母推给国家的不道德势头。

（四）县级新型城镇化发展问题

1. 综合试点使得新型城镇化速度加快

针对县小县多的现实情况，河北坚持走"小县大县城"的路子，推动县域经济转型，力求县域经济总量、城乡居民收入、公共财政预算收入等指标增速高于全省水平。根据2017年对全省17个新型城镇化综合试点评估结果，县级新型城镇化在产城融合、统筹城乡发展、提高城镇管理水平、拓展建设投融资渠道、加快特色小镇发展等领域取得了积极成效，常住人口城镇化率已接近50%，农业转移人口市民化成本分担机制初步建立，城镇污水处理率达到85%以上，城区绿化覆盖率普遍在40%左右。可以说，全省县级新型城镇化坚持了以人为核心、以产业发展为动力，正有序推进农业转移人口市民化。

2. 县级新型城镇化发展面临的难题

推动城镇化的工作机制欠缺。一些县（市）新型城镇化综合试点领导小组办公室力量薄弱，人员数量少，难以应付复杂繁重的新型城镇化试点工作。对新型城镇化综合试点工作的理解不透彻、研究不到位，很多工作只是正常的日程，并未体现出试点单位先行先试的特点，对省级部门的政策处在等靠要的阶段。

部分城镇集聚力、承载力较低，农民进城意愿不高。目前，不少地市除了主城区和几个较大县市政府所在地外，偏远乡镇的教育、医疗、卫生、住房等生活资源、公共设施建设缓慢，与农村相比无优势可言，城镇吸引力、聚集力低。另外，面对目前相对较高的房价，虽然落户政策已经全面放开，但外出务工的农民更愿意到工资水平较高、基础设施和社会保障更完善的大城市打工，在一定程度上造成本地城镇人口增长缓慢。

部分县（市）乡镇数量多、人口分散，行政区划有待调整。由于历史原因，部分山区县（市）目前乡镇数量多、人口分散，非常不利于县域的新型城镇化发展。例如太行山脉的某山区大县，面积较大，辖9镇18乡和1个城区管理处，乡镇数量较多，规模较小，辐射带动能力弱，对城镇化推动作用有限。城区管理处受乡镇总数限制，长期得不到审批，严重影响正常工作开展。

3.对策建议

加强新型城镇化领导小组的力量。适当增加领导小组办公室的人员数量，组织学习全国先进县市推进新型城镇化工作的经验，提高对新型城镇化试点工作和任务的理解水平，充分发挥试点的优势，在一些领域实现突破，形成可复制、可推广的经验。

提升县城的人口吸纳能力。继续推进县城建设，加大基础设施和公共服务设施的建设力度，重点解决随迁子女入学、保障性住房覆盖率低等问题，补齐县城建设短板，增强县城对农村的辐射带动能力。加大对重点镇的扶持力度，发挥重点镇和特色小镇在推动城乡一体化方面的作用，走就地城镇化的道路。

适时调整行政区划。根据个别县（市）的特殊情况，应根据乡镇规模和发展需要积极申请做好撤乡设镇、合乡并镇工作，调整乡镇体系。推动在部分县城内实现"城区街道办事处"管理，为促进农业人口转移、城乡一体化等打下基础。

降低农民转移成本。深化户籍制度改革，进一步放宽农民进城落户条件，建立职工和进城农民失业保险和最低社生活保障扶助制度。实施项目带动，把企业做大做强，吸引外出务工经商人员回乡，大力发展服务业，开辟新的就业领域和岗位，吸纳更多农村劳动力。加强职业技能转移培训，充分利用阳光培训和雨露计划，培养技术农民、产业农民，提升人力资本含量，克服劳动力转移的素质瓶颈。

（五）太行古村镇文化带保护传承问题

1. 太行古村镇是最具乡愁的宝贵文化遗产

太行山古村古镇数量众多，具有千年历史的为数不少，在井陉、涉县等地，古村镇形成了群落，布点集中，且保存相对完好，如果加上与太行相连的蔚县等燕山山脉古村镇以及众多的红色文化资源，从北向南，形成了一条绵长的山区古村镇文化带，是河北省具有保护开发价值的文化瑰宝。在这些古村镇当中，有些已经蜚声海内外，如涉县的赤岸、井陉的于家石头村、蔚县的暖泉镇等。

2. 建设太行古村镇文化带成当务之急

进入经济转型历史新阶段，文化在社会经济发展中的作用日益突出，长城、大运河等文化带开始相继上升到国家战略高度进行建设，太行古村镇作为彰显地方建筑、人文、风情等特征的历史文化遗产，也开始逐步被人们认识和重视，随着太行山高速的建成通车，太行古村镇将通过一条天路串联起来，形成更加具有开发价值的文化发展带。但是，很多古村镇年久失修，缺少保护，有些古建筑、古树、古井、古碑等在风雨侵蚀和人为破坏中正逐步毁灭。抢救古村镇，保护开发利用好古村镇文化遗产，已经成为河北省经济社会发展中的一项重大任务。

3. 太行古村镇文化带建设的主要困难

太行古村镇年久失修，且一般分布在大山深处，抢救保护利用这些古村镇，建设太行文化带有着很多现实的困难。首先是缺少保护利用资金。根据调查，几乎所有的古村镇都缺少保护资金，由于开发利用需要资金较多，目前的各类保护性资金难以满足需要。其次是古村镇保护缺少统一的管理部门，九龙治水，都治都不治，太行古村镇文化保护直到今天也没有一个整体性的保护利用规划。客观的困难来自这些古村镇交通不便，分布相对分散，有些建筑、古树、古井处于消失的边缘，保护技术也是一个重要难题。

4. 太行古村镇文化带建设需采取的措施

普查登记列目。在部分地区已经为太行古村镇挂牌的基础上，制订省级层面普查计划,尽快将那些未纳入目录,且有一定保护开发价值的传统村镇纳入古村镇保护目录,登记造册,发放统一保护标志,形成太行古村镇保护数据库。

统一保护规划。制定全省统一的太行古村镇保护规划,明确保护范围和保护对象,确定建设和修复原则、执行责任制度,保障在统一规划下对古村镇进行保护和开发利用。

设立引导资金。建立省级和市级太行古村镇保护开发专项基金,适时列入本级财政预算,形成政府保护引导资金筹集机制。引入市场手段,在统一规划下借助社会资本保护开发古村镇资源。

建立区域协调机制。建立市县之间区域管理协调机制,按照太行文化带整体定位和区域功能的划分,实行统筹管理,整体开发建设,形成各区域价格、标识、交通等一体规范的文化旅游体系。

鼓励农民参与保护。鼓励各村镇成立民间保护组织,支持当地农民参与古建筑、古井、古树等的保护,对农民保护成本给予适当资金补偿,建立当地古村镇保护志愿者队伍。

(六)现代城市"创城工程"实施问题

1. 全省"创城工程"成效显著

2016年4月,河北省委、省政府印发了《关于开展省级文明城市创建的意见》,并将文明城市创建列入国民经济和社会发展"十三五"规划。全省11个设区市、20个县级市、47个市辖区和101个建制县全面加入创建行列,还通过《河北省精神文明建设四项机制》,明确了保障、监督和约束机制,以办好群众关心的事、群众身边的事和服务群众的事为抓手,极大地提升全省市民文明素质和社会文明程度。

在社区改造方面,石家庄、邯郸、秦皇岛三市2017年分别投入4亿元、2亿元、3.5亿元,对总共2561个小区进行了改造。在提升便民综合服务水平方面,截至2017年8月,全省有4000多个社区建起了一站式服务平台,新建和完善了2600多个社区综合文化服务中心和社区卫生服务站,基本构建起了社区"十分钟服务圈"。群众满意度与获得感稳步提升，据有关调查，2017年唐山、石家庄、邯郸、秦皇岛、廊坊、正定、定州、迁安等8个城市居民对创建效果的满意度均超过了95%，比2016年提高了13%。

2."创城"面临的一些问题

市民文明素质仍有待提高。城市管理向思想道德领域和科学文化领域拓展的力度不大，缺乏针对性、实效性，市民的公德意识、环境卫生意识还普遍比较淡薄，部分人还未养成健康文明的生活方式和良好的卫生习惯，乱扔垃圾、随地吐痰等不良行为依然存在。

城市环境还有待进一步改善。公共环境卫生"脏、乱、差"的弊病仍未根除，特别是背街小巷、贸易市场等部位，还存在路面破损、城市"牛皮癣"等。在城市的居民小区、单位院落以及城区比较隐蔽的角落还存在卫生死角等。

公共交通秩序还有待于进一步规范。市民有过马路不走斑马线的情况，乱穿马路、乱闯红灯、乱停乱放、随意调头等违法违章现象还在一定程度上存在，黑出租、争道抢行、违章超车屡禁不止。

区域化文明创建体系尚待构建。有些行业仍然习惯于垂直管理，对当地的创建工作不够配合、不够支持，乡镇、街道和社区对这些单位缺乏制约的办法。个体、民营、股份制等新型经济组织精神文明创建工作相对滞后，在动员机制、组织机制、推进机制、考核机制等方面还有许多工作要做。相对于日益繁重的属地化精神文明创建工作，各单位部门、行业窗口的文明办以及街道、社区精神文明建设力量明显不足，制约了工作的开展。

3.对策建议

大力开展公民道德教育，努力提高市民素质。一是重宣传。利用广播电视、宣传栏、网络、宣传资料等渠道，大力倡导社会主义核心价值观。二是重载体。精心设计精神文明建设的载体，持续开展"善行河北""春雨计划""送温暖""手拉手""扶贫助残"等讲文明树新风活动。三是重实践。认真开展各种公民道德实践活动。

大力实施"畅通工程"，开展交通秩序整顿。进一步加强对城区主要道路的交通管理，规范城区信号灯、交通标志线，并坚持从实际出发，合理规划好城区停车场，解决"停车难"问题。加强交通规则宣传，不断提高全社会的交通安全意识。大胆进行管理创新，绝对不能仅仅通过处罚来争取表面的文明，应大胆革除交通执法中的不规范行为，结合新情况实行新旧标准替换，通过人性化的制度引导和启发文明交通行为。

大力开展文明社区建设，努力提高群众参与水平。坚持以文明社区、文明小区创建工作为重点，开展文明行业、文明机关、文明单位、文明街道、文明家庭等创建活动。另外，要坚持把满足群众对美好生活的向往放在第一位的创城理念，通过形式创新引导群众积极参与到创城之中，并使群众主动成为城市文明的维护者。

三 2018年社会发展形势预测与建议

（一）社会发展形势预测

1.稳中趋进，社会发展形势持续向好

2018年，河北省将继续推进供给侧结构性改革，加快转型、绿色发展，更加注重经济结构转型升级，更加注重鼓励创新创业，更加注重保障和改善民生，更加注重优化营商环境，预计经济将保持平稳健康较快发展，社会将保持和谐稳定。在重点行业去产能的过程中，可能造成的结构性失业，给就业形势带来一定压力，需要重点关注。城乡居民基本医疗保险制度整合完成并轨运行后，政府补贴力度加大，居民报销待遇就高不就低、目录就宽不就窄，城乡居民的医疗保障权益更加平等。新型城镇化加速推进，预计2018年常住人口城镇化率将达到57%左右，2020年常住人口城镇化率达到60%的目标预期能够如期实现。"气化河北"、环京津农村煤改气、散乱污企业关停等环保治理措施力度不断加大，预计未来环境将得到明显改善。

2.蓄势腾飞，两翼带动区域发展新格局初现

雄安新区带动冀中南乃至整个河北发展，张家口借力冬奥会筹办带动

冀北地区发展，雄安新区和冀北地区将成为推动河北发展的新两翼。一是雄安新区建设破题启动。2018 年，随着规划的逐步完成和政策框架的确立，一些项目将会稳步、快速推进。北京疏解非首都功能的重点单位将会陆续入驻，户籍、住房、教育、医疗等公共服务将受到外来人员和本地居民高度关注。二是冀北地区成为绿色增长极。借助筹办冬奥会契机，高铁、高速公路、机场等重大基础设施水平跨越式提升，冬奥经济、冰雪产业开始显效，洋河新区、北方硅谷、大数据基地等创新平台建设取得突破，教育、医疗、文化等配套服务设施建设得到加强，由此带动脱贫攻坚、协同发展、新型城镇化、生态建设、转型升级迈上新台阶，成长为冀北地区发展新高地。

3. 攻坚拔寨，脱贫攻坚战进入决胜期

现在距离 2020 年完成全面建成小康社会的目标还有三年时间，河北省要实现 183.4 万人脱贫、62 个贫困县摘帽，时间紧、任务重。2018 年，河北省将迎来贫困县摘帽高峰，大部分非深度贫困县将脱贫出列。同时，大部分贫困县的退出，也意味着河北省将进入扶贫攻坚战最后攻坚拔寨的决胜期，要整合资源，集中力量聚焦坝上地区的康保、沽源、尚义、张北、丰宁、围场和深山区的阳原、阜平、涞源、隆化 10 个深度贫困县、206 个深度贫困村的脱贫工作，通过政策兜底、慈善、土地入股等扶贫政策创新来保障这部分深度贫困人口和贫困地区的脱贫，确保贫困人口能和全省人民一道同步迈入全面小康社会。

4. 对标京津，公共服务水平将稳步提高

党的十九大报告指出，我国人民美好生活需要日渐广泛，我国社会主要矛盾已经转化为人民日益增长的美好生活需要和不平衡不充分的发展之间的矛盾。在河北，一个突出的表现就是与京津公共服务水平上的巨大落差。河北已经意识到公共服务差距给京津冀协同发展带来的障碍，正在努力缩小与京津差距，着力补齐短板。随着雄安新区建设的开展，河北省公共服务水平将会有较大幅度提升，公共服务均等化程度将会明显提高。

5. 房价趋稳，转移人口市民化进程将加速

近几年来持续上涨的房价、住房保障的政策壁垒，成为阻碍转移人口市民化的一堵墙。2017年，河北省环京津周边保定、廊坊、石家庄等多地房地产调控措施升级，热点地区基本进入限购、限贷、限价、限售的"四限"时代，一系列调控措施的出台，使得前期房价快速上涨势头得到遏制，房价涨幅有所回落，增速放缓，房价趋于稳定。省政府制定出台《关于实施支持农业转移人口市民化若干财政政策的意见》，提出"推动居住证持有人享有与当地户籍人口同等的住房保障权利，将符合条件的农业转移人口纳入当地住房保障范围"。多地提出将常住人口纳入保障房范围，个别县市出台政策对在城镇购房的农业转移人口给予财政补贴。这些政策措施的出台，对于转移人口的市民化将起到积极的促进作用。党的十九大报告再次重申"房子是用来住的，不是用来炒的"的定位，提出"加快建立多主体供给、多渠道保障、租购并举的住房制度，让全体人民住有所居"。随着住房制度的不断完善，农业转移人口市民化进程将进一步加快。

6. 双轮驱动，新型城镇化与城乡统筹发展进一步加速

2018年，将继续推进以人为核心的新型城镇化，发展中小城市和重点小城镇，积极开展县改区、镇改街、乡改镇、村改居和户籍制度改革，促进农民工市民化，全省城镇化率达到57%左右。通过绿色城市、智慧城市、人文城市、海绵城市建设和园林城市、文明城市、卫生城市创建，修补城市功能，修复城市生态，城市综合承载能力将进一步提高。县城建设三年攻坚行动收官，通过攻坚行动，县城承载功能将明显提升，集聚能力将明显增强，环境容貌将明显改观，风貌特色将明显改善，县城建设水平得到有效提升，一批有历史记忆、地域特征明显、山清水秀、宜居宜业的特色中小城市崛起。100个特色小城镇建设将取得初步成效。以环境美、产业美、精神美、生态美为标准，全面推进美丽乡村建设，农村面貌持续发生积极变化。在新型城镇化和美丽乡村建设双轮驱动下，河北省城乡统筹发展不断开创新局面。

（二）社会发展建议

1. 推动雄安新区成为全省经济社会发展示范区

一是针对雄安新区重点承接北京非首都功能的基本功能，必须尽快提升其环境、交通、管理、公共服务等承载能力，为未来总体规划的落地打下基础。二是针对新区绿色生态宜居新城区、创新驱动发展引领区、协调发展示范区和开放发展先行区的基本定位，加紧谋划好河北借助新区提升自身发展水平的具体措施，尤其是如何充分发挥新区对冀中南地区的带动作用，让其成为带动自身发展的新动能。三是构建新区与周边地区的互动共享机制，坚决避免新区出现类似于北京对周边优质资源的"虹吸"效应，通过优质公共资源共享，以制度创新为重点，增强当地及周边群众的获得感，实现新区与周边的协同互补发展。

2. 大力推动张承生态涵养区建设

一是要紧紧抓住"水"这个关键因素，以水源地为核心对张承地区的生态进行一体化规划，落实最严格水资源管理制度，完善"三条红线"控制指标体系，完成水资源"四网一平台"监控体系的构建，合理确定地表水用水总量，明确地下水开采量限值，实现采补平衡。二是要处理好环境治理与发展之间的关系，通过建立生态承载力评价体系、基础设施支撑体系以及正确的产业选择与配套的财政奖补举措，让绿水青山真正变成金山银山。三是要在制度创新上下功夫，紧紧瞄准生态恢复与群众满意这两把尺子，在生态移民搬迁、新型城镇化、农村土地产权改革、自然资源管理体制、绿色发展绩效评价、干部考核等领域勇于创新，力求环境改善与群众获得感同步提升。四是作为河北一体两翼发展战略的重要内容，要举全省之力保障生态涵养区建设，省级层面要从技术、人才、资金等方面持续增加投入。

3. 加快推进大运河文化带河北段建设

认真贯彻习近平总书记对大运河文化带建设的重要指示精神，保护好、传承好、利用好河北省大运河文化资源，加快推进河北省大运河文化带建设。要加强省内各段文化资源整合，加强与京津对接，统筹协调发展。特别是要把大运河文化带建设和雄安新区建设相结合，在水资源补充调度、文化建设、生态旅游等方面统筹考虑，使大运河文化成为雄安新区重要的文化支撑。大运河文化带建设是一项系统工程，仅靠河北自身力量难以支撑，需要积极争取国家层面在水资源调度、资金投入、保护技术等方面给予统筹协调和必要的支持。同时，在大运河文化带建设中，必须始终把文化遗址、文物保护作为首要任务，各种休闲、旅游、观光、娱乐产业的发展不能对其造成任何破坏，处理好保护和开发利用的关系。

4. 积极打造太行山文化带

对区域环境整治、基础设施建设、产业转型升级、旅游产业开发、文化遗产保护利用等统筹规划整体推进，建设太行山文化带，打造太行山文化标志品牌。依托即将建成通车的太行山高速公路，整合沿线各类文化资源，打造带状太行文化品牌。与太行山文化带沿线相关的红色文化、物质和非物质文化遗产、神话传说等文化资源融合发展。充分考虑已有的文化带，与大运河文化带、北京西山文化带等协同发展。把太行山文化带建设和扶贫开发、移民搬迁、观光旅游相结合，加快太行山地区脱贫步伐，与其他地区同步建成全面小康社会。

5. 提高环境治理的精准度

针对群众关心的大气污染问题，委托相关机构加强对污染源的跟踪分析，每年做出权威的分析报告，为公众解疑释惑，为政府治理污染提供依据。政府治理方案力求精准，任务分解到单位，责任分解到个人，保证治理措施取得切实效果。对群众反映比较强烈的"煤改气"工程进行评估，科学评价其对环境改善的影响，找准工程发挥最大效应的途径。加强农村环境整治，增加污水、垃圾处理设施，加强畜禽养殖粪便无害化处理和资源化利用，控制农药化肥滥用，减少面源、点源污染。

6. 加大区域协调共建力度

河北省要实现持续、快速、稳定发展，除自身努力外，还需要在更大的范围内加强与周边省市的广泛联系和互动，统筹协调，共建共享。与京津共同建立区域生态环境保护协作机制，共同建设重大生态环境建设工程，共建京津冀生态支撑区。与京津建立大运河文化带建设协调机制，统筹考虑大运河文化带建设。与北京合作共建雄安新区公共服务示范区，全面对接北京公共服务标准，推动雄安新区建设，带动全省公共服务水平有效提升。与河南、山西共建太行山文化协作区，以太行山为纽带，建立合作机制，加强交通等基础设施的互联互通，统筹三省生态文化旅游等产业布局，形成优势互补、共同发展的区域合作示范区。

经 济 篇
Economic Reports

B.3

2017～2018年河北省农业农村
经济形势分析与预测[*]

唐丙元　段小平[**]

摘　要： 2017年是党的十九大召开的重要一年。在国内经济稳中向好、国际经济环境逐步复苏的形势下，河北省农业农村经济发展稳中有进，为全省经济持续向好发展提供了重要物质保障。本文在总结2017年河北省农村经济形势发展基础上，对2018年河北省农业农村经济进行了分析预测，并针对河北省农业农村发展面临的问题，提出了优化农业供给结构、完善

* 本文数据来源于河北省统计局《统计月报》2017年1～9月，河北省人民政府主办的《河北经济年鉴》2011～2016年各期。
** 唐丙元，河北省社会科学院农村经济研究所研究员、副所长，主要研究方向为农业农村经济、区域经济。段小平，河北省社会科学院农村经济研究所副研究员，主要研究方向为现代农业、农村经济、产业经济。

农业基础设施、推进农业综合改革、深入推进精准扶贫等政策建议。课题组认为，2018 年在全国经济稳中向好、京津冀协同发展深入推进、河北雄安新区建设加速的背景下，河北省粮食等主要农产品生产将继续保持基本稳定，农产品供给结构稳步优化，农业现代化水平持续提升，休闲农业、都市农业发展加速，脱贫攻坚进程继续加快，农民收入有望保持较快增长。

关键词： 供给侧　河北　农村　都市农业　休闲农业

2017 年是深化农业供给侧结构性改革的重要一年，也是党的十九大胜利召开的重要年份。面对经济增长稳中向好的发展形势，河北省委、省政府以新的发展理念引领经济发展新常态，深入推进农业供给侧结构性改革，走绿色发展、跨越提升的新路，全省粮食生产保持稳定，农产品供给充足，农业物质技术装备水平持续提升，农业产业化经营稳步推进，一二三产业融和步伐加快，农业农村发展新动能增强，经济发展质量效益不断提高，为全省经济社会稳定发展提供了重要保障。

一　2017年河北省农业农村经济运行回顾与特征分析

（一）农业生产稳定发展，农产品供给数量充足

近年来，河北省委、省政府把增进农民福祉作为农业、农村工作的出发点和落脚点，以农业供给侧结构性改革为主线，以改革创新为动力，着力补短板、强基础、调结构、促改革，农业有效供给能力持续改善，综合效益和竞争力稳步提升。2016 年，河北省地区生产总值达到 31837.9 亿元，首次达到 3 万亿元，增速达到 6.8%，经济呈现稳中向好态势；第一产业总产值

达到6083.9亿元，同比增长3.5%，增加值达到3492.8亿元，增长3.7%，比2015年提高1.2个百分点，第一产业占全省生产总值的比重为11.0%，比2015年下降0.5个百分点，显示河北省经济发展质量继续提升。河北省粮食播种面积632.7万公顷，比2015年下降1%，但粮食产量保持稳定增长势头，总产量达到3460万吨，比2015年增加96.4万吨，增长2.9%；其中，小麦生产呈现单产增、面积减、总产减的特征，全省夏粮产量1448.7万吨，小麦平均亩产415.36公斤，比上年每亩增加2.11公斤，秋粮产量2011.5万吨，增长5.1%，为保障口粮绝对安全、谷物基本自给做出了重要贡献。2016年，河北省棉花产量29.95万吨，下降了19.79%，蔬菜总产量达到8183.4万吨，比2015年小幅下降0.6%，其中，设施蔬菜产量2895.1万吨，增长0.3%，油料产量达到156.5万吨，增长3.27%。河北省粮改饲工作实现了种养两端"双赢"，种植结构调整由点向面延伸。2016年，河北省建设粮改饲规模化种植万亩示范区23个，千亩示范片276个，试点县落实粮改饲任务6.8万公顷。畜禽规模化、标准化养殖水平稳步提升。2016年，河北省肉类总产量456.3万吨，比2015年下降1.3%，其中，猪肉产量265.4万吨，下降3.5%，牛肉、羊肉产量稳步增长，产量分别达到54.3万吨和32.4万吨，分别增长2.0%和2.2%，禽蛋产量持续增长，达到388.5万吨，增长4.0%，牛奶产量出现下降，从2015年的473.1万吨下降到2016年的440.5万吨，降幅达到6.9%。林业发展加速，林果面积稳步扩大。2016年，河北省完成造林面积34.9万公顷，森林覆盖率达到32%，比2015年提高1个百分点；全省园林水果产量达到1524.6万吨，比2015年增长1.1%，食用坚果增速明显，产量达到584.9万吨，增长7.6%。2016年，河北省水产品产量达到132.3万吨，比2015年增长1.9%，其中养殖水产品产量97.1万吨，增长3.3%，捕捞水产品产量下降0.8%，产量为35.1万吨。2017年，河北省农业生产继续呈现稳步发展的良好态势。2017年上半年，河北省农林牧渔业总产值达到2520.8亿元，同比增长3.7%，农林牧渔业增加值达到1436.3亿元，同比增长3.5%。夏粮生产喜获丰收，全省夏粮总产量达到1474.7万吨，比2016年上半年增加26.02万吨，增长

1.8%。畜牧业生产稳中向好，2017年上半年，全省畜牧业总产值达到909.1亿元，同比增长4.1%。肉类总产量207.7万吨，比2016年同期增长1.6%。其中，猪肉产量124.9万吨，增长2.5%；牛肉产量28.1万吨，增长3%；羊肉产量14.5万吨，下降1%；禽肉产量40.2万吨，下降1.1%。禽蛋产量169.3万吨，增长1%。牛奶生产出现恢复性增长，产量达到220.5万吨，比2016年同期增长3%。林业发展进一步加快，2017年上半年河北省林业总产值达到72.6亿元，同比增长8.5%。渔业生产出现较大幅度下降，2017年上半年，河北省渔业总产值28.5亿元，同比下降10.6%。

（二）农业综合改革稳步推进，产品供给结构趋向优化

2014年开始，我国农产品价格改革步伐加快，粮食收储制度逐步退出，玉米"市场定价、价补分离"改革、棉花目标价格改革成效显现，农村土地"三权分置"改革、农村集体产权制度改革、农村土地"三项改革"试点全面展开，农业农村发展活力进一步显现。尤其是2015年玉米收储价格改革开始后，长达九年的玉米临时收储政策退出，玉米市场实现了从"政策市"到"市场市"的转变，长期扭曲的玉米价格得到转变，对引导农民按市场需求调整优化种植结构，降低过高的粮食库存，推动农业供给侧改革发挥了重要作用。在农产品价格和收储制度改革的引导下，河北省农业生产结构调整稳步推进。种植业方面，太行山、燕山及农牧交错区等非优势产区籽粒玉米种植面积稳步调减，玉米播种面积从2015年的324.1万公顷下降到2017年的311万公顷，棉花播种面积从2015年的35.9万公顷下降到2016年的28.9万公顷，市场供给相对不足的饲用玉米、杂粮、设施蔬菜、马铃薯、中药材、食用菌等优质高效作物种植面积稳步扩大。2016年，河北省蔬菜播种面积123.6万公顷，比2015年略有下降，降幅为0.5%，设施蔬菜播种面积继续增加，达到40.6万公顷，增长0.5%，马铃薯播种面积18.1万公顷，比2015年增长1.7%；油料播种面积46.8万公顷，比2015年增长1.5%；甜菜播种面积1.9万公顷，比2015年增长12.3%；中草药

播种面积6.9万公顷,比2015年增长11.0%;花卉种植面积1.8万公顷,比2015年增长5.6%;其他农作物面积19.2万公顷,比2015年增长119.3%,其中,饲料用青贮玉米面积达到8.8万公顷。畜牧业方面,河北省生猪、奶牛、蛋鸡养殖的规模化、标准化、生态化进程逐步加快,散户退出成为趋势,其中,奶牛养殖场中300头以上的养殖场占比达98%。渔业生产结构继续优化,生态高效特色养殖发展迅速,滩涂养殖和河沟养殖面积分别比2015年增长4.9%和12.6%,其他类养殖面积均出现不同程度的下降。农业标准化生产水平不断提升,农产品质量安全水平稳步提高。2016年,河北省新增园艺标准园区60个、标准化养殖示范场133个,全省创建农产品质量安全示范县64个,建成规范化集中无害化处理场25个,蔬菜、畜产品、水产品产地检测合格率均在99%以上,"三品一标"认证农产品693个。河北省农村产业结构调整加快,一二三产融合发展,乡村旅游、休闲农业、农村电商等新产业新业态蓬勃兴起,农村的田园价值、生态价值、文化价值、观光体验、养生康养等价值和功能被重新认识,农村正成为投资兴业的热土。

(三)农业产业化水平稳步提升,园区要素聚集能力增强

河北省大力发展现代农业园区,培育农业龙头企业,推进一二三产业融合发展,全省农业产业化经营率明显提高。2016年,全省农业产业化经营总量达到7479.2亿元,比2015年增长7.9%,农业产业化经营率达到66.7%,比2016年提高1.1%,农业龙头经营组织带动能力显著增加,全省龙头经营组织达到2529家,比2015年增加了348家,增长16.0%,其中龙头企业带动型的产业化龙头经营组织达到2212家,龙头企业销售收入3633.8亿元,比2015年增长10.2%,农民从农业产业化经营中获得的纯收入人均达到11500元。河北省农产品加工能力进一步增强,全省农产品加工业产值首次超过万元,其中,玉米加工、乳制品生产等领域实力显著提高,省级农业产业化重点龙头企业增加到720家,带动全省1300多万户农民参与农业产业化经营。同时,为顺应农业产业化转型需要,河北省以农业产业

化龙头企业为核心、合作社为纽带、家庭农场和专业大户为基础，大力培育发展农业产业化联合体，筛选确定了102家农业产业化联合体开展省级示范，实现产值1986.8亿元，带动449万农户增收170.5亿元。2017年上半年，全省龙头经营组织带动能力显著增强，全省农业产业化经营总量达到3100.9亿元，2525家龙头经营组织共带动农业产业化经营农户1557.0万户，比上年同期增长21.8%。其中，龙头企业带动农户达到1321.1万户，同比增长23.2%。龙头企业生产经营效益进一步提升。2017年上半年，龙头企业实现销售额1677.5亿元，同比增长7.9%。河北省坚持良种良法配套、增产增效并重、生产生态协调，从生产端出发，整合集聚涉农资金和各类要素，加快现代农业园区发展。2016年，河北省认定81家省级现代农业园区，全省省级现代农业园区达到120家，形成了龙头企业带动型、特色产业聚合型、科技引领型等一批特色鲜明的现代农业园区。2017年，邯郸市滏东现代农业产业园成功入选国家现代农业产业园创建名单。园区已经成为推动农业结构调整、释放要素发展潜力、引领一二三产融合发展的重要平台。

（四）农村居民收入稳定增长，收入结构变化趋于稳定

在国家惠农政策的有力带动下，河北省农村居民收入增长速度连续多年快于同期城镇居民收入增速。从2015年开始，受经济增速放缓、玉米价格下跌等因素影响，全省农村居民收入增速放缓，增速与城镇居民收入增速持平。2016年，全省农民人均可支配收入11919元，比2015年增加869元，增长7.9%，增速比2015年回落0.6个百分点，但比全省GDP增速快1.1个百分点。其中，工资性收入增长7.8%，经营净收入增长7.7%，财产净收入增长10.1%，转移净收入增长8.2%。从收入增速变化看，河北省农村居民人均可支配收入在2011年达到近年来高点，增速达到19.6%，主要原因是国际金融危机爆发后，我国扩大内需、促进经济增长的投资措施，带动了农民工资性收入快速增长，当年对农民增收的贡献率达到66.3%。从收入构成看，近年来河北省农民工资性收入增长较快，2011年，农民人均工

资性收入占比首次超过人均经营性净收入占比，成为农民收入增长的主要拉动因素，2015年，河北省农民工资性收入占比首次超过50%，成为农民收入的最大来源。2016年，全省农村居民人均工资性收入增速有所降低，增长7.8%。与沿海发达省市相比，2016年，山东、江苏、浙江、福建和广东等省份农村居民人均可支配收入分别增长7.9%、8.3%、8.1%、7.0%和8.6%，河北省农村居民人均可支配收入增速略低于山东、江苏、浙江、广东，但快于福建，有利于缩小河北与沿海省份农民收入之间的绝对差距。2017年上半年，河北省农民收入与经济增长同步，全省农村居民人均可支配收入6638元，同比增长7.9%，比GDP增速高1.1个百分点，但略低于城镇居民人均可支配收入增速。其中，工资性收入增长明显加快，增幅达到9.4%，居各项收入增幅首位，经营性收入增长6.2%，财产性收入增长8.1%，转移性收入增长6.4%。

（五）民营经济总体平稳发展，规模质量得到提升

河北省深入贯彻党中央国务院扶持民营经济发展的政策，制定了《关于促进民营经济又好又快发展的意见》，实施了民营经济五项提升工程，从拓宽市场准入、完善公共服务、加快创新转型、做好人才培养等方面完善政策，打通政策落实"最后一公里"，全省民营经济实现平稳发展。2016年，河北省民营经济实现增加值21583.1亿元，比2015年增长7.2%，高出同期GDP 0.4个百分点，占全省GDP的比重达到67.8%，提高了0.1个百分点。其中，民营经济第一产业同比增长3.1%，第二产业增长5.7%，第三产业增长9.4%，第三产业占民营经济比重达到40.6%。民营经济吸纳就业人员继续增长，达到2193.1万人，增长1.7%，民营经济出口总额261.9亿美元，占全省出口总额的比重达到85.7%，比2015年提高1.1个百分点。2016年，河北省民营经济实现营业收入104904.7亿元，比2015年增长6.3%，实缴税金2666.2亿元，比2015年增长10.7%。2016年，河北省年收入10亿元以上的民营企业（集团）达到214个，其中，新奥集团营业收入突破千亿元，成为河北省首个千亿元收入的民营企业，保定长城汽车股份

有限公司利税达到 100 亿元，成为全省盈利规模最大的民营企业。全省有效期内高新技术企业超过 2000 家，其中民营高新技术企业占 70% 以上，民营企业正成为推动创新发展的重要动力。

（六）精准脱贫攻坚全面发力，贫困地区经济加快发展

河北省委、省政府高度重视脱贫攻坚，出台一系列脱贫攻坚、产业化扶贫的政策，从资金、技术、人才等多个方面向贫困地区、贫困人口倾斜，强力推进精准扶贫、精准脱贫，有力促进了贫困地区经济发展，脱贫攻坚取得了阶段性成效。2014～2016 年，河北省累计投入财政扶贫资金 138.7 亿元，其中 2016 年投入财政扶贫资金 56.1 亿元，比 2012 年增长 5 倍，中央财政扶贫资金 23 亿元，比 2012 年增长 2.7 倍，省本级投入专项扶贫资金 21.6 亿元，比 2012 年增长 8 倍。在政府脱贫攻坚行动的强力推动下，河北省贫困人口数量大幅减少，贫困人口由 2013 年的 499 万下降到 2016 年的 183.4 万人，贫困发生率从 9.84% 下降到 3.89%，贫困县农村居民人均可支配收入增速全部超过全省平均水平，92% 的贫困县城镇居民人均可支配收入增速超过全省平均水平。全省 62 个贫困县农村居民人均可支配收入达到 8805 元，比 2015 年同比增长 13%，高出全省农村居民人均可支配收入增幅 5 个百分点。2016 年，河北省 122 个县（市）实现生产总值 19531.9 亿元，比上年增长 7.5%，比全省平均水平高 0.7 个百分点，总量占全省生产总值的比重为 61.4%。全省 62 个贫困县规模以上高新技术产业增加值占规模以上工业增加值比重为 18.1%，比县域平均水平高出 2 个百分点，仅比市辖区低 3.8 个百分点。贫困县高新技术产业加快发展，为贫困地区经济增长动能培育打下了基础。另外，河北省经济发展强县经济实力远远超出全省县域平均水平，主要经济指标县均水平为县域平均水平的 2 倍左右。2016 年，河北省 17 个经济发展强县县均生产总值为 332 亿元，是县域平均水平的 1.9 倍；县均规模以上工业增加值为 140 亿元，是县域平均水平的 2.3 倍；县均省级以上园区主营业务收入 607 亿元，是县域平均水平的 2.5 倍；县均税收收入 16.2 亿元，是县域平均水平的 2.3 倍。经济发展强县税收收入占 GDP

比重为 5.1%，仅低于市辖区 0.7 个百分点，同比提高 0.4 个百分点，提高幅度为各类县中最高。

二 河北省农业农村经济发展形势分析与预测

深入分析河北省农业农村经济发展的外部形势，把握国内、省内经济发展形势，有助于夯实 2018 年全省农业农村经济健康发展基础，也有利于针对形势提出具有建设性的政策建议。综合分析，对 2018 年河北省农业农村经济发展主要有以下判断。

（一）河北农业农村发展面临的形势

1. 世界经济形势呈现温和复苏态势，农业供给侧结构性改革持续深化

2008 年全球金融危机以来，世界经济长期低迷，复苏乏力。从 2016 年下半年开始，世界经济逐步升温，增速加快，到 2017 年，世界经济继续稳定增长，主要发达经济体和新兴经济体首次出现"同步复苏"局面，主要发达经济体需求强劲，国际贸易和投资继续回暖，失业率下降，通货紧缩风险逐渐减小。美国经济温和增长，欧元区经济增长表现稳健，英国"脱欧"未给金融市场带来想象中的动荡，巴西、俄罗斯等主要新兴市场走出了困境，工业活动、投资和大宗商品价格推动全球贸易恢复性增长，全球贸易有望触底反弹，有利于国际农产品价格反弹。但新兴市场的债务增加，美国加息进程加快，可能会冲击金融领域及国家的资产负债表，引发资本外逃和跨境订单锐减，以邻为壑的贸易保护主义措施不断加剧，使贸易自由化进程逆转，对贸易战的担忧仍然影响全球经济复苏。从国内看，随着供给侧结构性改革推进，我国经济结构优化持续推进，高新技术和服务业投资明显增强，经济呈现出稳中求进、稳中向好的态势，经济运行企稳的基础有所增强，经济增长新动能逐渐崛起，经济开启了从"降速"到"转型"的新阶段。我国在世界经济增量中的贡献突出，已经成为全球经济增长的重要引擎。我国"一带一路"倡议得到越来越多国家的肯定和参与，为世界经济发展注入了

新的活力。党的十九大顺利召开，为中国经济社会发展绘就了宏伟蓝图。但与此同时，国内经济领域产能过剩、供需错位的矛盾依然存在，传统动能放缓，去产能任务依然艰巨，制约民间投资的根本性问题没有解决，去杠杆、严环保的衍生连带问题，对我国经济平稳增长还存在一定制约作用。

2. 京津冀协同发展战略深入推进，建设河北雄安新区直接利好河北经济发展

当前河北省正面临前所未有的历史机遇。京津冀协同发展是习近平总书记亲自谋划和推动的重大国家战略，对于统筹推进"五位一体"总体布局，优化国家发展区域布局和社会生产力空间结构，全面实现小康社会和实现中华民族伟大复兴的中国梦，具有重大的现实意义和深远的历史意义，将为河北发展带来不可估量的发展势能。2017年，中共中央、国务院决定设立河北雄安新区，提出用世界眼光、国际标准、中国特色、高点定位，建设绿色生态宜居新城区、创新驱动引领区、协调发展示范区、开放发展先行区。建设河北雄安新区，是深入推进京津冀协同发展的又一重大战略部署，是千年大计、国家大事，优化调整京津冀城市布局和空间结构，集中疏解北京非首都功能，与北京城市副中心形成北京新的两翼，对于加快补齐区域发展短板，打造创新驱动新引擎，培育形成新的区域增长极，提升河北的产业层次、创新能力、公共服务水平，推动河北走出一条加快转型、绿色发展、跨越提升的新路具有重大而深远的意义。北京携手张家口承办冬奥会，将有利于加快张北地区发展，打造新的发展高地。这些重大机遇无疑将引领河北省农业农村进入一个全新的发展阶段。

3. 农业农村改革全面深化，经济发展的机遇与挑战并存

从农业农村发展看，我国农业农村正处在深化改革、结构调整的重要阶段，劳动力、土地成本居高不下，用工较少的玉米等粮食价格低位运行、效益不高，大豆等相对短缺粮食品种亩产效益较差，蔬菜、果品等机械化程度不高，生产成本相对较高，农民不愿意从事农业生产的问题较为突出，新型农业经营主体大规模经营农业出现亏损，农业发展主要问题已经从总量不足转变为阶段性的供过于求和供给不足并存，提高农业综合效益和竞争力是今后我国农业农村政策改革和完善的主要方向。同时，随着我国对环保的日益

重视，农村"散、乱、污"企业大量停产或被取缔，农村二、三产业发展减缓，绿色转型压力下农民增收的难度加大，加快农村二、三产业绿色发展、转型发展迫切需要国家政策的支持。另外，国家农业供给侧改革深入推进，农产品价格形成机制转为市场化方向，有助于农产品生产向市场的有效需求瞄准，向降低生产成本方向发展，推动农业生产结构调整，提高农业机械化、产业化水平，促进科技农业、生态农业、现代农业发展。严格的环保政策倒逼企业转型升级，有利于农业农村经济的长远发展。

（二）2018年河北省农村经济形势展望

2018年，面对京津冀协同发展战略、河北雄安新区建设、北京携手张家口承办2022年冬奥会等重大战略机遇，河北省经济发展的动力更强、能力更强，农业农村经济继续保持稳定增长的态势，具体表现为以下几个方面。

1. 农业生产继续平稳增长，现代农业发展步伐稳步加快

河北省高度重视粮食等主要农产品的生产供应，着眼为京津冀大市场提供优质、丰富、安全的农产品，不断优化布局，完善农业基础设施，积极培育新型农业经营主体，加快构建粮经饲统筹、农牧渔结合、种养加一体的复合型现代农业，增强农业整体竞争力。通过划定粮食生产功能区、重要农产品生产保护区、特色农产品优势区，保障了粮食等主要农产品的生产安全稳定。2017年，河北省小麦价格保持基本稳定，农民种粮积极性较高。秋季，河北省降水较多，土壤墒情较好，有利于足墒播种。同时，2017年，小麦成熟度高、种子质量好，有利于小麦苗全苗壮，为2018年小麦丰收打下基础。虽然2017年河北省冬小麦播种较常年偏晚，但对冬小麦出苗不会造成影响。从小麦播种面积看，河北省将黑龙港地下水漏斗区划定为小麦生产非优势区域，适当压减小麦面积，实行季节性休耕，2014～2016年累计减少地下水漏斗区小麦种植200万亩，2017年继续适当压降小麦种植面积，再调减小麦种植面积40万亩左右。同时，河北省将生产条件较好、水源相对丰富的太行山山前平原划定为小麦生产优势

区，开展小麦高产高效创建，集成推广高产高效绿色技术模式，为确保全省小麦产量稳定提供支撑。在气候正常的条件下，河北省小麦总产量将略有下降，但单产有望继续提升。从农业内部结构看，随着玉米价格走低，全省籽粒玉米播种量将有所减少，同时，全省深入实施"粮改饲"，加快发展青贮玉米、苜蓿、燕麦、饲用黑小麦、甜高粱等优质饲草料种植，支持发展高档食用菌、高端设施蔬菜、马铃薯等区域优势产业，有利于蔬菜、水果、马铃薯、杂粮、食用菌、中草药等效益高的特色农业产业发展，预计2018年，全省粮食播种面积将在9300万亩左右。同时，全省农业机械化、现代化水平将稳步提高，农业产业化水平将呈现稳步上升的良好趋势。都市农业、生态农业、休闲农业等农业新业态发展有望持续加速，一二三产深度融合，农业产业链条价值延伸、拓展。

2. 农村土地、户籍制度改革加快，农业规模经营趋势明显

2018年，河北省农村集体产权制度改革将加快推进，农村集体土地所有权、农户承包权、土地经营权"三权分置"办法加快落实，农村土地承包经营权确权登记颁证、"房地一体"的农村宅基地和集体建设用地确权登记颁证加快推进，农民的宅基地用益物权依法得到确认和保障。农村集体资产清产核资有序推进，户籍制度改革进一步加快。河北省政府办公厅《关于推动非户籍人口在城市落户的实施意见》，提出加速破除城乡间户籍迁移壁垒，要求以在城镇稳定就业居住的人口、举家迁徙的农村转移人口、新生代农民工、农村学生升学参军进入城镇的人口为重点，以合法稳定住所（含租赁）和稳定职业为标准，促进有能力在城镇稳定就业和生活的农业转移人口举家进城落户。同时，不得强行要求进城落户农民转让其在农村的土地承包权、集体收益分配权、宅基地使用权，或将其作为进城落户条件，河北省城镇化水平有望进一步提升。与此同时，全省农民专业合作社、家庭农场、农业公司等新型经营主体发展迅速，现代农业园区、农业产业园、田园综合体、休闲农庄等农业经营新形式、新业态持续涌现。农垦改革将深入推进，到2020年所有农场完成企业化改造，垦区人均纯收入比2010年翻一番以上。

3. 农民收入增长面临复杂形势，借势发展、融入发展成为提高收入的关键

虽然世界经济逐步企稳回升，但短期内仍难有大的改善，国际大宗商品特别是农产品供求格局变化影响国内农产品市场，在劳动力、土地等生产要素价格成本较高的背景下，国际进口农产品价格对国内农产品价格的挤压仍然较为严重，农民增收的空间受到较大程度限制。受地租等较为稳定和农产价格下跌影响，产业资本从事农业生产无利可图，存在土地弃租的风险，不但制约农民增收，还有可能造成农村的不稳定。同时，农民的种养主要以小规模经营为主，避险能力弱，承受损失能力弱，一旦出现经营亏损需要两三年才能恢复再生产能力，不利于农民收入持续增长。随着经济发展进入新常态，河北省与全国一样，农村经济社会正面临深刻变化，资源和生态环境承载压力不断加大，在推动产业转型升级、结构调整过程中，必然伴随着结构性失业，一些企业要关停、退出市场，农民的就业不稳定性增加，影响和制约工资性收入持续增长。农民家庭经营性非农收入，随着农村散乱污企业治理，一些不符合环保要求的企业停工、停产，减少了部分农民的收入。但从有利因素看，京津冀协同发展战略下，河北与京津在交通、产业、生态上率先突破，京津冀区域行政壁垒逐渐破除，市场一体化进程加快，北京向京津周边的廊坊、保定、沧州、张家口、承德、唐山、秦皇岛甚至邢台、邯郸产业转移进程加快，对张承等地生态建设与补偿力度加大，有利于带动河北省经济发展，增加就业机会，提高农民收入。河北雄安新区建设将有利于形成非首都功能集中承载地，吸引京津乃至全世界高端科研机构、医疗卫生机构、高科技企业、战略性新兴产业类企业到河北发展，形成区域经济发展增长极，有利于农民收入的提高。北京携手张家口举办 2022 年冬奥会，有利于河北资源优势展现，带动旅游、健身休闲等相关产业发展，提高农民收入。河北省大力发展现代农业，开展农村集体经济股份制改革，拓展农业多种功能，推进农业产业化进程，以及精准扶贫政策的实施，将有助于拓展农民增收空间，带动农民收入整体提升。预计，2018 年河北省农民收入增速将继续快于地区生产总值增速，收入增速将有望略高于 2017 年的增速水平。

三 2018年河北省农业农村经济发展面临的主要问题

河北省农业农村经济稳中有进，现代农业加速发展，脱贫攻坚力度持续加大，农民收入有了较大幅度提升，但全省农产品供求结构失衡、要素配置不合理、资源环境压力较大，农民收入持续增长乏力等问题仍很突出，增加产量与提升品质、成本攀升与价格低迷、小生产与大市场之间矛盾亟待破解。

（一）农产品结构性过剩问题显现

在居民消费结构升级、农产品供求发生深刻变化的背景下，河北省农产品供求结构性失衡的问题日益显现。表现在种植业内部，存在粮食比重过大、粮食品种失衡等问题，普通大宗农产品供给与市场对高质量农产品的需求不相适应。河北省粮食产量虽大，但存在着低端供给过剩、中高端供给不足的问题，不能满足新兴需求下农产品多样化、高标准、高品质需求。从粮食总量上看，河北省小麦供给充足，玉米供给过剩，而大豆、特色杂粮等农产品供给不足，2015年，河北省进口大豆达到376万吨，是本省大豆产量的16.6倍。从蔬菜供给上看，蔬菜品种以大路货为主，旺季有余、淡季短缺。从农产品生产加工结构看，农产品产地初加工不够，精深加工能力不强。2015年，河北省农副产品转化率仅为42.9%，农产品加工总产值与农业总产值比仅为1.5∶1，远低于全国2.2∶1的平均水平。特别是畜牧产品精深加工比重偏低，远低于世界发达国家80%的平均水平。

（二）农业竞争力不足

当前国内外农产品市场深度融合，国内劳动力、土地等生产要素成本快速上升，农业生产效益持续走低，农业竞争力不强的问题凸显，在农业的主要矛盾从总量不足转变为结构性供给过剩的情况下，农业竞争力不足的问题尤为突出。主要表现为传统分散的小农经济比重较高，新型农业经营主体比重偏低,农业劳动生产效率不高,农产品生产成本偏高。由于农业比较效益低,农业既难以有效吸纳外部生产要素的持续投入,又难以有效防范资本、劳动力、土地等农村生产要素的外流。随着粮食种植效益下滑,一些专业大户、家庭农场等新型经营组织的积极性受挫,培育难度加大,"谁来种地""怎么种地"的问题仍然困扰着农业发展。

(三)农业资源环境压力加大

作为全国重要的粮食主产省和农产品供应基地,河北省农业生产取得了巨大成就,但也付出了很大代价。多年、持续、大规模的农业生产,使河北省的土地长期处于超负荷利用的状态。河北省农业主要种植品种为小麦、玉米、蔬菜等高耗水作物,三大作物种植面积占全省的77.9%。高耗水作物的大面种植对生态环境造成巨大压力。河北省年均超采地下水50亿立方米,平原区超采面积达到6.7万平方公里,超采量和超采面积均占全国的1/3。另外,化肥、农药、农用塑料薄膜等使用量逐年增长,使农业面源污染、耕地质量下降、地下水超采、土地沙化、草原退化等问题日益严重。工业和生活垃圾污染、农村环境问题较为严重,确保"舌尖上的安全"任务艰巨,难度加大。

(四)农民增收面临的困难较多

工资性收入和家庭经营性收入是农民收入的主要组成部分,对农民增收的贡献率在80%左右。受农资价格、人工成本、土地流转费用等因素影响,当前国内农业生产已经进入高成本时代,部分抵消了农业补贴政策效果,农业生产利润大幅度下滑、农业收益下降,严重影响了农民从事农业生产的积极性和农民收入的增加。近年来农牧产品价格大幅波动,2014年蔬菜价格大幅下跌,导致部分菜农损失严重,牛奶价格大幅下跌导致奶牛养殖户低价出售奶牛甚至停止养殖,2015年开始,玉米价格下跌让流转土地经营的专业大户、家庭农场损失惨重,2017年,鸡蛋价格连续下跌,创下近年来新低,蛋鸡养殖户和规模化养鸡场损失惨重。农村劳动力大量转移,加剧了农民老龄化、农村空心化问题，务农劳动力素质下降，农民收入增加有很大难度。

四 加快推动河北省农业农村经济转型升级的政策建议

在经济进入新常态的背景下，河北省农业农村发展环境和条件发生了重大变化，农业生产成本提高，农业增效、农民增收难度加大，农业发展的主要矛盾也从总量不足转变为结构性矛盾。在适度扩大总需求的同时，加快推进农业供给侧结构性改革，减少无效和低端供给，扩大有效高端供给，增强农业对需求变化的适应性和灵活性，提高全要素生产率已经成为当前河北省农业发展亟须解决的重要问题。河北省应从供给侧入手，从体制机制创新发力，采取综合应对举措，从根本上解决这些结构性矛盾问题。

（一）优化农业供给结构，提高供给质量

一是调整优化生产结构。按照稳粮、优经、扩饲的要求，加快构建粮经饲协调发展的种植结构，在确保口粮安全的基础上，逐步调减小麦、玉米等耗水作物，增加优质食用大豆、马铃薯、杂粮、杂豆等旱作雨养农业种植面积。稳定发展"菜篮子"产品，加强设施蔬菜、反季节蔬菜、精细菜种植，优化经济作物品种品质。积极扩大饲料作物种植面积，发展青储玉米、苜蓿等优质饲料作物。加快发展牛羊等草食畜牧业，支持适度规模家庭农场发展。大力发展山地蔬菜、核桃、板栗、枣、食用菌、中药材等品种，加强太行山、燕山、坝上大宗道地和冀中南平原药食两用品种药材基地建设，建设太行山、燕山香菇产业带和冀中南草腐菌聚集区，促进优势特色产业提档升级。

二是加快发展农产品加工业。实施农产品加工业倍增计划，以大宗农产品初级加工和精深加工为重点，引进培育一批优质企业和加工项目，打造一批农产品加工航空母舰级企业，提升全省农产品加工能力。重点发展乳品、肉类、粮油、果品、蔬菜五大加工业，打造小麦、乳品、肉类等九大精深加工产业链，培育一批产值超 10 亿元的联合体。加快发展优质原料基地和加

工专用品种种植，培育农产品加工产业集群。密切企业与基地利益联结机制，支持农户和合作社以生产要素入股农业龙头企业，组建"收益共享、风险共担"的利益主体。引导龙头企业采取股份分红、利润返还等形式让利农户。鼓励企业开发多元化药食同源功能食品、多元化主食产品，合理引导消费换挡升级。支持现代农业园区加快发展农产品加工产业，建设一批农产品加工聚集区、农业产业化示范基地，推动农业产业集群发展。

三是培育农业新业态。推进农业与旅游、教育、文化、健康养老等产业深度融合，加快实施休闲农业和乡村旅游工程，积极发展休闲度假、旅游观光、养老养生、创意农业和农耕体验，拓展农业多种功能。推动新型农业经营主体、加工流通企业与电商企业全面对接融合，培育壮大农村电商市场主体，推动线上线下互动发展。

四是全面提升农产品质量安全水平。健全完善农产品质量和食品质量安全标准体系，支持新型农业经营主体进行"三品一标"认证，加大农业品牌保护力度，提升产品市场信誉度。严格农业投入品生产销售使用管理，加强产地环境保护和源头治理，推动农业绿色发展。

（二）完善农业基础设施，夯实发展基础

现代设施和装备技术是提高农业生产效率和抗风险能力的保障。完善农业基础设施，夯实发展基础，重在从以下方面实施。

一是加强农田水利基本建设。推进大型灌区续建配套和节水改造，推广节水灌溉技术和水肥一体化技术，建设一批高标准节水农业示范区。加强中低产田改造和农业综合整治，推广测土配方施肥和保护性耕作，提高耕地质量。加强调水、引水、蓄水工程建设，推进农业水价综合改革、农田水利工程产权制度改革。

二是加快农业生产设施建设。大力实施高标准农田创建，完善晒场、机具库棚等配套设施，支持良种繁育和生产基地建设，提升粮食和主要农产品综合生产能力。加强粮食仓储物流体系、农产品产地冷链物流基础设施网络建设，打造环京津冷链物流聚集带、1小时鲜活农产品物流圈、冀中南冷链

物流基地和沿海冷链物流基地。完善现货农产品直供直销体系，推动农产品向城市直销，城市物流向农村物流双向覆盖。

三是完善农村生活配套设施。实施农村振兴战略，加大农村饮水保障体系、村庄道路体系、电力电网设施、通信网络设施建设力度，为传统农业向现代农业、休闲农业、特色农业发展提供基础保障。加快提升农村教育、医疗、养老、环卫等基本公共服务设施建设，打造美丽宜居乡村。

（三）推进农业科技进步，补齐发展短板

一是加快农业科技创新。适应农业供给侧结构性改革要求，以农业育种、农产品精深加工、高效节水、旱作雨养种植、化肥农药减量增效、农业面源污染防治、地下水超采治理等重大技术和装备研发推广为重点，加强与京津科研院所、农业高科技企业在研发、应用等领域的合作，提升技术创新应用能力。强化农业科技成果转化扶持，健全农业科技转化机制，创新公益性农机推广服务方式，引导社会力量广泛参与农业科技成果推广。

二是完善农业科技创新激励机制。深化农业科技体制改革，完善落实科技成果转化收益、科技人员兼职取酬等制度规定，建立差别化农业科技评价制度，支持发展面向市场的新型农业技术研发、成果转化和产业孵化机构。加强农业知识产权保护和运用，依法打击侵权行为。

三是大力培育现代农业经营人才。健全新型职业农民和农村实用人才培训政策体系，完善培训机制，创新培训方式，提高农民培训效率。深入实施青年职业农民创业计划、现代青年农场主计划和农村实用人才培养计划，引导大学生、退伍军人等各种人才回归农村，培养造就一支高素质、懂经营、会管理的新型职业农民。

（四）深化农村综合改革，激发发展活力

一是深化农村土地制度改革。深化农村承包土地"三权分置"改革，推进农村承包土地确权登记，鼓励引导土地经营权向现代农业园区和新型农业经营主体集中，推动农村土地适度规模经营。加快"房地一体"的农村

宅基地和集体建设用地确权登记颁证。鼓励通过农村闲置宅基地整理、土地整治等增加耕地和建设用地，用于乡村休闲旅游、养老等产业。探索集体组织依法以出租、合作等方式盘活利用空闲农房、宅基地。积极推进土地征收制度改革试点和集体经营性建设用地入市制度改革，让农民分享土地增值和经济发展红利。健全农村土地承包经营纠纷调解仲裁体系，以完善农村产权交易体系为重点，鼓励各地采取多方参与的方式加快县级产权流转交易平台建设，拓宽资产评估、抵押融资和抵押物处置等服务功能。

二是完善农业支持政策。适度增加财政支农投入，优化投入结构，创新使用方式，提升财政支农资金和效能。完善粮食主产区利益补偿机制，提高农业补贴政策的指向性和精准性，深入推进农业"三项补贴"制度改革，加强对产粮大县、适度规模经营主体、绿色生态农业生产方式的支持。加大金融支农力度，落实涉农贷款增量奖励政策。加强农业信贷担保体系建设。推进承包土地经营权和农民住房财产抵押贷款试点，探索开展大型农机具、农业生产设施抵押贷款业务。采用合资、独资、特许经营、PPP等多种方式，引导社会资本参与农林水利等项目投资建设运营。鼓励各级政府设立各类农业农村发展投资基金，推进农业产业化增信基金试点。

三是深入推进农村其他改革。深化农业水价综合改革，积极培育水权水市场。全面推行河长制度，建立省、市、县、乡四级组织体系。以农垦集团化、农场企业化、经营园区化、土地资本化为主线，有序推进农垦改革。积极推行"政府＋龙头企业＋金融机构＋科研机构＋合作社＋农户"的股份合作模式，实现资源变资产、资金变股金、农民变股东，增加农民财产性收益。

（五）推进农业绿色发展，促进生态和谐

一是加强农业资源保护。落实国家主体功能区战略，按照全国农业可持续发展规划和优势农产品区域布局规划，加快划定粮食生产功能区、重要农产品生产保护区，全面落实永久基本农田特殊保护措施。优化乡村种植、养殖、居住等功能布局，实施耕地、草原、河湖休养生息计划，打造种养结

合、生态循环、环境优美的田园生态系统。实施燕山太行山绿化攻坚、京津保生态过渡带、冬奥会核心区绿化、"再造三个塞罕坝"生态工程，加强小流域治理，全面推进国土绿化。实施地下水超采综合治理，探索轮作休耕模式，逐步扩大季节性休耕轮作试点范围。实施草原禁牧休牧轮牧制和草畜平衡制度，推进京津风沙源治理，严格限制坝上生态脆弱地区抽取地下水灌溉农田草场。以白洋淀、大运河周边为重点，开展湿地生态恢复工程，通过输水、补水等多种举措，再现运河周边水网相连、天蓝水清的北方"江南水乡"风貌。

二是推动农业清洁生产。遵循生态体系整体性、多样性规律，合理确定种养规模，明确种植业、养殖业发展方向和开发强度，形成与资源环境承载力相匹配、与生产生活生态相协调的农业发展格局。健全农业投入品减量使用制度，继续实施化肥农药零增长行动，推广有机肥替代化肥、测土配方施肥，强化病虫害统防统治和全程绿色防控，建设一批绿色防控与专业统防统治融合示范基地。开展农产品废弃物资源化利用，强化畜禽粪便资源化利用，健全病死畜禽无害化处理体系。完善废旧地膜、包装废弃物等回收处理制度，开展国家和省级农业可持续发展试验示范区创建。

三是健全绿色农业发展机制。推动建立绿色农业标准体系，清理、废止与绿色农业发展不相适应的标准和行业规范。加快建立支撑绿色农业发展的科技创新基地，推动与京津科研院所、高科技企业共同开展以绿色农业生产为重点的科研联合攻关，力争形成一批农业投入品高效利用、有害生物绿色防控、高效绿色循环技术、农产品绿色加工储藏等领域的科研成果。借鉴国际农业绿色发展经验，加快推广成熟适用的绿色农业生产技术、绿色品种。探索绿色农业发展补贴政策，建立以绿色生态为导向的财政支农政策体系，完善粮食主产区利益补偿机制，推动粮食产销横向利益补偿。探索建立与耕地地力提升相挂钩的耕地地力保护补贴机制，力争到2020年全省耕地质量平均比2015年提高0.5个等级。完善农产品认证、检验、检测制度，提升绿色食品、有机产品和地理标识农产品等认证的公信力和权威性。

（六）全面实施精准扶贫，加快推进共同富裕

一是全面落实精准扶贫工作举措。坚持精准扶贫、精准脱贫基本方略，以解决突出制约问题为重点，以深度贫困地区和贫困户为重点，统筹安排使用扶贫资源，开展重大扶贫工程，着力解决制约贫困地区发展的交通、水利、住房、教育、卫生、文化等基础设施落后的问题，改善贫困群众生产生活条件。强化各级党委政府职责，发挥基层党组织战斗堡垒作用，完善脱贫攻坚支撑保障体系，加大政策倾斜力度，提高精准扶贫成效。

二是建立精准扶贫工作机制。在精准建档立卡基础上，按照贫困地区和贫困实际，采取滴灌式扶贫的办法，让群众以产业、务工、租金等多种形式实现收入增长。要把发展脱贫致富产业作为解决贫困问题的根本途径，因地制宜地发展特色产业，对有劳动能力的贫困人口，做到特色产业项目全覆盖。大力推进贫困人口转移就业，抓好贫困地区职业教育，提高贫困群众发展生产和务工经商的基本技能。对居住在不具备基本发展条件的地区的农村人口实施易地扶贫搬迁，要确保有劳动能力的贫困家庭后续发展有门路、转移就业有渠道、收入水平不断提高。要将扶贫与扶智相结合，加大教育扶贫力度，保障贫困群众子女人人都有学上、人人上得起学、人人上学有出路，彻底阻断贫困的代际传递。完善农村低保、特困人员救助供养等社会救助制度，将符合条件的低收入群体全部纳入社会保障范围，实现社会保障兜底脱贫。

三是强化脱贫攻坚政策支持。要加大政府扶持力度，把政策和资源向最需帮扶的县集中，新增脱贫攻坚资金主要用于深度贫困地区，新增脱贫攻坚项目主要布局于深度贫困地区，促进形成贫困地区发展的内生动力。积极推广政府和社会资本合作、政府购买服务等模式，广泛动员社会资源参与扶贫攻坚。

B.4
完善河北省承接京津功能疏解和产业转移重点平台的思路与对策建议

张 波*

摘　要：　按照《京津冀协同发展规划纲要》总体要求，河北省以产业园区、开发区、城市优质发展区为载体打造重点承接平台。近年来，各重点平台主动与京津对接，合作领域广泛、形式多样、成效明显，但同时也存在自身建设不足、合作层次偏低、对接协调不畅等问题，需要依据京津冀协同发展规划纲要总体要求，在深入研究的基础上，积极开展实践探索，完善重点平台运行机制，提升承接服务能力，借力京津功能疏解和产业转移促进产业园区和开发区加速发展、加快转型，成为拉动经济强省、美丽河北建设的增长极。

关键词：　河北　功能疏解　产业转移　重点平台

2015 年 4 月 30 日，《京津冀协同发展规划纲要》由中共中央政治局会议审议通过，明确提出了京津冀协同发展的总体定位、基本目标和重点任务，多次强调"平台建设"。《纲要》明确了以"一核、双城、三轴、四区、多节点"为骨架，推动有序疏解北京非首都功能，构建以重要城市为支点，以战略性功能区平台为载体，以交通干线、生态廊道为纽带的网络型空间格

---

* 张波，河北省社会科学院农村经济研究所副研究员，研究方向为区域经济。

局。《纲要》在推进产业重点突破中又指出，要明确产业定位和方向，加快产业转型升级，推动产业转移对接，加强三省市产业发展规划衔接，制定京津冀产业指导目录，加快津冀承接平台建设，加强京津冀产业协作。《京津冀协同发展规划纲要》将"平台建设"作为京津冀协同发展的载体，平台重点承载城市功能和产业转移两个方面，

河北省委省政府深入贯彻落实习近平总书记关于京津冀协同发展的重要指示，突出抓好重点承接平台建设。2014 年 4 月 20 日，中共河北省委《关于贯彻落实习近平总书记重要讲话精神　加快推进京津冀协同发展的意见》（冀发〔2014〕7 号）明确了 40 个承接京津功能疏解和产业转移的重点平台，作为河北省推动京津冀协同发展的示范区和引领区。各重点平台与京津主动对接，合作领域广泛、形式多样、成效明显，但同时也存在自身建设不足、合作层次偏低、对接协调不畅等问题，需要依据《京津冀协同发展规划纲要》总体要求，在深入研究的基础上，积极开展实践探索，完善重点平台运行机制，提升承接服务能力，借力京津功能疏解和产业转移促进产业园区和开发区加速发展、加快转型，使产业园区和开发区成为拉动经济强省、美丽河北建设的增长极。

一　重点平台建设进展以及成效

河北省 2014 年确定的 40 个重点平台（见表 1）主要以既有的产业园区、开发区为依托，经资源适度整合形成，按类型划分包括：现代农业平台 1 个、生产制造平台 23 个、商贸物流平台 5 个、休闲旅游平台 1 个、健康养老平台 1 个、行政事业平台 3 个、综合平台 6 个。按区域划分包括：环首都四市及定州市 15 个、沿海三市 9 个、冀中南四市及辛集市 12 个、跨区域 4 个。2014～2016 年，河北省依托各重点平台积极开展与京津对接协作，共引进京津资金 11041 亿元，占全省同期引进省外资金的一半以上。具体来看，重点平台两三年来开展的工作和取得的主要成效有以下几个方面。

第一，积极开展全方位对接合作。围绕功能疏解与产业转移，重点平台热情高涨、积极作为，主动与京津两市进行了密度较大、规格较高的对接，建立了由市县主要领导任平台负责人的领导决策机制，组织开展了政府机构、企业、行业协会等多层面的交流与沟通，积极开展洽谈会、推介会、邀请考察等多种形式的招商引资活动，与京津签署了多项战略合作协议，并就产业、教育、科技、人才等方面协作达成了共识，全方位对接合作局面初步形成。

第二，承接服务水平有所提升。重点平台依托内部已有园区和开发区，坚持高起点规划、高规格建设、高水平服务，创建产学研相结合的京津冀产业研究院等社会机构，积极谋划一批路网改造和水、热、电等基础设施提升项目，预留生活和三产用地，在居住医疗、子女入学等方面给予政策优惠，理顺优化行政审批程序，加强工作作风建设，努力为投资客商和企业员工提供高效率的生产工作环境和高质量的居住生活环境，平台硬软两方面条件日趋改善。

第三，重点合作项目取得实质进展。重点平台以项目建设为抓手，力促一批京津合作项目开工、投产、见效益，项目合作形式日趋丰富，中关村海淀园秦皇岛分园等共建园区项目、清华大学固安高新区中试孵化基地等共搭平台项目、北汽新工厂落户沧州等共建基地项目、北京生物医药产业转移基地落户渤海新区等产业整体承接项目、新发地高碑店农副产品物流园等商贸物流项目、涿州中石油东方地球物理公司等央企二级总部落户项目，具有较强代表性和借鉴意义。

第四，建设发展思路逐步清晰。重点平台在与京津项目对接协作过程中，不断分析问题、总结经验，规划发展逐步走向科学。一些平台引入专业公司参与，"政府引导、企业参与、市场运作、多元开发"的建设管理与运营模式日趋成熟。一些平台在强化以商招商、专业招商、产业链招商的基础上，积极推行项目建设"对赌协议"，确保抓签约、抓开工、抓竣工环环相扣，滚动发展，逐步形成招商项目"谋划一批、洽谈一批、落户一批、投产一批"的稳固态势。

二 重点平台建设存在的问题

平台设置不完善。40个重点平台推出略显仓促，缺少严格规范的准入标准、奖励支持政策与考核评价机制，示范引领作用难以有效发挥。平台数量多、差距大、层次不一、布局分散，一些平台内部多个园区间产业、区域联系不紧密。平台间和平台内部园区间发展定位不清晰，重复建设、盲目竞争问题突出。重点平台对内、对外的宣传力度也不够，省内部分地区和京津部分部门对此还不了解，削弱了其对京津项目与资源的引导集聚功能。

配套支撑体系不健全。多数重点平台融资能力和信贷水平不高，建设投入不足，基础设施建设滞后。土地指标紧张与利用粗放问题并存，人才匮乏，尤其是高端人才匮乏现象突出。平台教育、医疗、文化等公共服务设施普遍相对滞后，部分京津企业高层及研发人员生活在北京、消费在北京，导致引入项目的可持续发展能力较弱，社会效益不明显。一些开发区尚未实现封闭运行，项目入驻审批时间长、办理手续多，不能很好地落实一站式服务。

项目承接档次不高。由于产业发展梯度较大和京津对某些优势产业的保留态度，与河北省产业升级相契合的高新技术产业和高端服务业招商较为困难。平台部分承接项目谋划论证不科学，"捡到篮子里都是菜"，较为盲目，精准化招商项目不多。整体看，2014年以来河北省平台与京津达成合作意向的项目较多，有实质进展乃至开工投产的项目较少，能够在区域范围内产生明显带动效应和示范效应的重大项目、产业链项目相对匮乏。在对接类型中，产业型、生产类项目占绝大多数，涉及功能疏解的教育、医疗、养老等公共服务类项目相对较少。

对接协作机制不顺畅。京津冀之间在转移和疏解具体内容的信息公开和共享方面还存在机制障碍。河北省与京津在技术标准统一、资质认证互认、税收平等分成、京津优惠政策延伸等方面还没有达成成熟一致的意见，一些在河北省注册的企业生产资质在北京，造成税收上缴到北京市，河北省只是其生产基地。目前，北京对批发市场等一些产业已制订相关疏解计划，但内部各地区步骤和节奏不尽相同，市级层面也没有对此进行宣传和统筹，产业转移变成了承接地的单打独斗。

三　进一步完善重点平台的思路与建议

重点平台是疏解北京非首都功能的重要载体，是产业转移的承接地，也是京津冀城市群中的战略性功能区。进一步完善重点平台建设，要在总结既有 40 个重点平台建设经验基础上，完善平台建设支持体系，拓展平台建设范围与功能，着力打造京津冀协同发展的引领区。

（一）理顺重点平台内外部关系

坚持统筹兼顾、重点突出，科学把握平台内部产业园区关系，系统梳理重点平台的总体定位、发展特色及支持政策，发挥平台示范引领作用。

一是围绕京津冀协同发展规划纲要要求，整合现有重点平台资源，加强政策引导和资金倾斜，重点打造若干容量大、知名度高、竞争力强的承接品牌，联合开展产业链招商，吸引京津企业和机构整体转移，率先建设承接非首都核心功能、具有示范和引领效应的集中承载体。

二是严格制定并执行承接项目的环保和技术标准，重点平台应主要承接那些虽先进但不宜在京津大都市布局的产业，通过承接转移实现技术升级、产业再造，杜绝任何借口的"污染转移"，各平台要努力打造京津科技成果转化示范基地、与京津关联配套的产业转型升级示范区、京津冀同城化发展试点的先行区。

三是加强对重点平台的考核评价，实施动态管理，切实提高重点平台发展的积极性和主动性，对承接成效明显、重点项目进展顺利、体制机制取得重大突破的平台，要继续给予支持并加大支持力度；反之，对承接效果差、项目建设无实质进展的平台，原则上不再加大支持力度，或由新晋平台予以替代。

（二）引导平台创新融资管理模式

以市场化、专业化、品牌化为导向，引导和支持平台内产业园区创新投融资方式，拓宽投融资渠道，破解重点平台发展的资金瓶颈。

一是探索建立政府引导型产业园区基金，主要以股权投资的方式向园区企业注资，支持有潜力的中小企业发展壮大，实现园区投资和产业投资持续稳定滚动发展。

二是探索创新信贷服务，支持开展特许经营权、排污权、收费权、购买服务协议质（抵）押贷款，探索利用预期收益质押贷款，支持符合条件的产业园区重点项目开展股权和债券融资。

三是积极推行产业园区第三方管理营运，落实政府购买服务制度，改进政府投资安排方式，以投资补助、担保补贴、贷款贴息等方式投入，吸引社会资金和金融机构资金，支持有条件的园区探索推进 PPP 合作模式，由战略合作商设立园区开发建设公司，对园区进行市场化的统一运营，负责道路、给排水、污水处理厂、招商中心、公共市政配套等基础设施建设、养护和管理。

（三）全面提高重点平台对接合作水平

各平台依托自身比较优势，积极开展同京津地方、央字头、军字头企业和机构的对接与合作，推进国家及京津优质战略资源向河北省转移。

一是深化与京津地方合作，重点平台要及时掌握京津对外疏解动态，建立沟通交流长效机制，依照京津疏解计划制订河北省承接方案与细则，确保"接得住、接得好"；建立"京津合作项目库"，加强承接项目动态管理与跟踪，简化行政审批程序，提供"保姆式""一站式"服务，力促重点项目尽快签约落地、投产见效益。

二是全面实施"央企入冀工程"，加强对央企发展战略和疏解意图的掌握，争取央企新增生产力优先向河北省重点平台布局，努力建设央企现代化生产基地；借鉴中石油东方地球物理公司整体落户涿州做法，吸引更多央企

二、三级公司总部落户河北省重点平台，着力打造央企次级总部聚集区和承载地。

三是加强与央校和央研机构的产学研合作，鼓励省内重点高校、科研机构参与联合攻关，共同搭建产业园区科研创新平台，吸引优秀科技人才和重点科研项目进驻，大幅提升产业园区技术水平和自主创新能力，打造"升级版的重点承接平台"。

四是主动开展与军企合作，加快军工优势技术与河北省战略性新兴产业、企业深度融合，逐步形成以卫星通信、新能源、新材料、航空航天、自动化设备等产业为主导的军民融合产业体系，推动军民融合产业"进区入园"，形成集聚化的发展格局，将河北省重点平台率先建成为军民融合发展的集中区。

（四）强化城市经济平台发展支撑

拓展传统产业平台范围与功能，将承接产业转移与城市建设有机结合，全面提升城市经济发展水平，打造与京津开展高层次、宽领域的对接合作平台。

一是优化城市产业结构。结合各市资源禀赋和区位优势，强化大中小城市和小城镇产业协作协同。石家庄、唐山、保定、邯郸等区域性中心城市，要聚集高端要素，重点发展高端服务业和高新技术产业，构建以服务经济为主的产业结构；张家口、承德、秦皇岛等节点城市，要以生态为重点，大力发展高端服务、科技研发、休闲旅游等专业化、社会化、市场化的生产生活型服务业；廊坊、沧州、邢台、衡水等节点城市，要坚持制造业与服务业融合互动发展，建设一批先进的制造业基地和区域性服务中心；部分条件较好的县（市），要加快发展高新技术产业和先进制造业，提高服务业吸纳就业能力；大部分县城和小城镇，应侧重承接大城市产业转移，重点发展劳动密集型产业、现代特色加工业和面向城乡一体化发展的服务业。

二是推进产城融合发展。在优化整合现有产业园区、开发区基础上，提升产业聚集度和整体竞争力，丰富园区生活功能、服务功能和配套功能，实现功能混合，逐步将园区发展成为新城新区。优先选择规模大、产业新、区位优的园区，完善水、电、气、热、信息和公共交通等基础设施，在园区及周边适量建设保障性住房和商品住宅，提高教育、医疗、邮政和文化等公共服务品质和便捷性，扶持商贸、餐饮等生活服务业发展，改善园区生态和人居环境质量，推动由企业办社会向园区办社会转变，推动产业园区由生产基地向城市功能组团转变，将具备城镇基本服务功能的园区及时调整为城市新区。重点推进曹妃甸工业区、沧州渤海新区、正定新区、北京新机场临空经济区以及邯郸市冀南、邢台市邢东等产城融合示范区建设，支持其发展成为产业支撑能力强、服务功能完善、边界相对清晰的城市综合功能区。

三是培育打造中央商务区。以设区市，尤其是石、唐、保、邯4个区域性中心城市为重点，在科学规划、科学选址、政策支持基础上，做好产业集聚与设施配套。首先是集聚产业。积极引进金融、保险、证券机构和地方投融资平台，国际知名企业、行业龙头企业和行业协会组织的地区性总部或分支机构，大力发展软件和计算机服务、文化创意、设计咨询、会展展示等高附加值和智力密集型产业，配套建设高端城市综合体，大幅提升中央商务区经济和就业密度。其次是完善基础设施。优化中央商务区内部交通组织，推行地下综合管廊建设，完善城市雨水收集和排放系统，构筑统一开放的公共服务平台，合理规划建设停车场、文化休闲、体育健身、绿地公园等配套设施。

四是推动城市创新创业。首先，要进一步完善城市创新系统。为弥补自身创新能力不足的短板，河北省可充分借助京津科研院所和高端人才密集优势，深化科技研发、成果转化等环节的对接合作，共建科技园区、技术交易市场、创新服务平台、产业技术创新联盟，打造京津冀协同创新共同体。借鉴清华大学重大科技项目（固安）中试孵化基地落户经验，重点支持石家庄、保定、廊坊开展国家全面创新改革试验，加快G45京南科技成果转化试验区建设。借鉴上海、贵州等省市以资金支持创新创业做法，重点抓好科技成果转化基金、战略性新兴产业创业投资引导基金和天使投资引导基金运作，培育科技金融服务中心，着力解决好科技型中小企业资金问题。其次是搭建城市创业平台。选择具备条件的区域搭建创业平台，高标准规划集技术转移交易、成果孵化转化、产城融合、生态宜居的创客新城，吸纳和集聚全国创新创业人才，推动科技成果转移转化，带动科技创新能力和产业素质整体提升。利用城市已有的高新技术产业开发区、经济（技术）开发区、科技企业孵化器、小企业创业基地、大学科技园和高等学校、科研院所等，盘活现有闲置办公楼、商业设施、老旧厂房等资源，建设一批创新创业、线上线下、孵化投资相结合的新型众创空间。积极开展与京津的合作共建，支持京津众创空间在河北省设立分支机构。

（五）高水平谋划推进雄安新区建设

按照中央和国家部署，高水平谋划推进雄安新区建设，打造北京非首都功能疏解集中承载地，建设现代宜居新城，成为京津冀协同发展的排头兵。

一是坚持规划引领。雄安新区是一块"纯净的白纸"，要画出最美的图画，首先要做好顶层设计，科学规划。放眼全球、立足长远，选择高水平规划团队编制雄安新区总体规划，制定控制性规划和详细规划，把每一寸土地都规划好。坚持多规合一，实现空间、产业、生态、基础设施、社会事业等各项规划的无缝衔接，坚持一张蓝图绘到底。

二是坚持滚动开发。制定时间表、路线图和阶段任务，坚持久久为功、驰而不惜，优先做好核心区建设，优先做好基础设施、公共服务建设和制度建设，做到建设一片、成熟一片，确保雄安新区建设稳步推进，坚决摒弃"盲目扩张"和"摊大饼"。

三是实现与其他区域的协同发展。实现与北京中心城区和通州城市副中心的合理分工与协作，加强与北京的政策衔接和服务对接，使其与通州副中心一起成为带动北京发展的"两翼"。河北省内各地区要自觉服从和服务于雄安新区建设，以雄安新区建设为示范、为标杆，弥补自身发展短板，实现与雄安新区的高水平衔接。冀西北地区借助2022年冬奥会有利契机，加快发展高端绿色产业，与雄安新区一起成为带动河北发展的"两翼"。冀中南地区要充分发挥毗邻优势，保持与雄安新区的密切联系和信息共享，加快实现与雄安新区的融合发展。

（六）积极推进"微中心"建设

依托良好发展基础，配合雄安新区发展，持续推进"微中心"建设，推动北京非首都功能疏解的示范带动效应在更广范围内释放。

一是科学合理布局"微中心"。本着因地制宜、由内到外、辐射全域的原则，做好"微中心"空间布局和功能分工。首先，近距离布局环首都"微中心"。在北京周边60~80公里范围内的县（市），典型如三河、大厂、香河、固安、涿州、涞水、涿鹿、怀来、赤城、丰宁、滦平、兴隆、承德、永清、高碑店等地，争取建设成为独具特色、设施完善、生态良好、品位一流的专业化"环首都微中心"，促进北京城市空间结构调整和部分城市功能疏解，实现首都地区功能重构。其次，谋划布局外围"微中心"。着眼于"轨道上的京津冀"，依托由北京放射出的高铁干线，建设辐射全省的"节点式微中心"，带动全省中小城市和县域经济发展。沿京沪方向，吴桥、泊头、青县、渤海新区等地应向着"协作配套型微中心"方向发展；沿京广方向，定州、正定、沙河、冀南新区等地应朝着"功能拓展型微中心"努力；沿京九方向，永清、霸州、任丘、河间、衡水、清河等地应在"特色产业集群型微中心"上有所侧重；沿京承、京张方向，怀来、宣化、崇礼、张北、蔚县、滦平、兴隆、平泉、隆化等地应向着"生态经济型微中心"发展；沿京唐秦方向，玉田、迁安、滦县、曹妃甸、抚宁等地应着重在"产业拓展型微中心"上发力。

二是强化"微中心"与北京联系。首先，打通交通通道。推动"微中心"以客运专线、城际列车、市郊列车、地铁等轨道交通为主要方式与京津实现高效连接，加快构建涵盖主要"微中心"的1小时通勤圈。"环首都微中心"通过城际列车、市郊列车、地铁与京津连接，"节点式微中心"主要通过客运专线与京津连接。其次，强化分工协作。"微中心"应串联并整合产业园区、开发区、城市新区及轨道交通站点资源，高标准、高起点编制"微中心"专项规划，加强水、路、电、气、通信等公用基础设施建设，形成功能齐全、职住平衡、配套设施完善、空间适宜、特色鲜明的大型综合平台，提升集中承接北京非首都功能和产业整体转移能力。最后，增强服务支撑。围绕北京产业和功能转移带来的人口流入，鼓励"微中心"县（市）制定出台教育、医疗、住房等方面的优惠政策，对标京津政务服务规程，理顺优化行政审批程序，努力为转入人员提供与转出地同质的公共服务，力争实现"项目转进来、人员留下来"。

三是加大支持力度。以"微中心"示范工程建设为契机，积极向国家争取新型城镇化、农村改革、产业转型升级等方面的政策试点，率先开展重点领域先行先试，积极探索可复制、可推广的区域合作典型经验。省和地级市政府应切实下放行政审批权限，赋予其更大职权范围，切实提高"微中心"县（市）政府的积极性和主动性。在全省选择若干成效显著、势头良好、潜力较大的"微中心"加大政策和资金倾斜力度，先行培育和示范，有条件地列入"省直管"范畴。

（七）推动建立政策衔接的长效机制

争取国家支持和认可，尽快建立京津冀区域内协调一致的政策体系，在积极稳妥的原则下，可以重点平台为载体先行开展试点示范。

一是探索建立京津冀区域相同的财税政策，在国家财税制度允许范围内，依照"属地税收、利益共享"原则和项目建设实际，探索实施多种形式的税收分成办法。

二是探索区域内统一的市场准入机制，促进工商、质检、药监、动植物检疫、质量认证、专利应用等企业经办手续的互认互通，实现经办标准统一。

三是推动相关配套制度创新，加快京津冀区域内在户籍、金融异地结算、社会保障、教育、医疗等与产业园区联系密切的公共资源共享机制方面取得重点突破，支持有条件的重点平台与京津开展同城化试点。

四是积极推动区域政策一体化，支持天津滨海新区和自贸区、北京中关村国家自主创新示范区等国家级产业和高新技术政策向河北延伸，切实缩小同京津的政策落差，更为顺畅地承接京津功能疏解和产业转移。

参考文献

李国平：《京津冀区域发展报告（2016）》，科学出版社，2016。

祝合良、叶堂林、张贵祥：《京津冀发展报告（2017）》，社会科学文献出版社，2017。

阎庆民：《京津冀区域协同发展研究》，中国金融出版社，2017。

B.5

京张冬奥会背景下河北省加快健身休闲产业发展、培育经济增长新动能问题研究*

段小平 戎 凡**

摘 要： 健身休闲产业是绿色产业、朝阳产业，对满足人民群众消费升级需求，带动旅游、养老、健康等产业加速发展具有重要作用。2016年国务院先后出台了《"健康中国2030"规划纲要》《关于加快健身休闲产业的指导意见》等一系列文件，明确提出加快健身休闲产业发展，将健身休闲产业作为挖掘释放消费潜力、保障改善民生、培育新的经济增长点、增强经济发展新动能的重要抓手。北京携手张家口举办2022年冬奥会，对加快河北省健身休闲产业发展，培育形成经济增长新动能具有重要意义。本研究在分析河北健身休闲产业发展现状、问题的基础上，提出未来河北省如何抓住京张冬奥会等重大机遇，以冰雪运动为引领，加快发展健身休闲产业，培育河北经济增长新动能的主要思路、重点举措及相关建议。

关键词： 健身休闲 河北 朝阳产业 冬奥会

---

* 本文数据来源于河北省人民政府主办的《河北经济年鉴》2011～2017年各期，以及河北省体育局、河北省统计局联合发布的2015年河北省体育产业规模及增加值数据。

** 段小平，河北省社会科学院农村经济研究所副研究员，主要研究方向为现代农业、农村经济、产业经济；戎凡，廊坊师范学院经济管理学院讲师，主要研究方向为产业经济。

健身休闲产业是朝阳产业、绿色产业，蕴含着巨大发展潜力。河北省是健身休闲资源大省，拥有高原、山地、平原、海洋等地貌资源和优越的气候资源，具备发展健身休闲产业的天然优势。除了国家鼓励体育产业发展的一系列政策利好，河北省还面临着 2022 年北京冬奥会举办、京津冀协同发展、河北雄安新区建设等一系列重大、独特的发展机遇，发展健身休闲产业优势独特、潜力巨大。如何抓住 2022 年北京冬奥会契机，加快发展健身休闲产业，培育形成经济增长新动能，是河北省今后一个时期必须思考的重要问题。

一 加快发展健身休闲产业对河北省经济转型、绿色发展，培育经济发展新动能具有重要意义

（一）加快发展健身休闲产业是推动河北经济转型升级的重要抓手

健身休闲产业是绿色产业，是现代服务业的重要组成部分，具有资源消耗少、环境影响小、产业带动力强等特点。河北省是重化工大省，钢铁、煤炭、化工等传统产业占比过高，资源消耗、环境污染问题大，面对资源约束趋紧、生态系统退化、环境污染的严峻形势，面对经济发展新常态下，"三去一降一补"、严控环境污染等带来的不利影响，加快发展健身休闲产业，走绿色发展之路成为河北省的必然选择。加快发展健身休闲产业，符合国家产业发展政策，符合消费升级的大势，有利于加快发展现代服务业，改变河北长期以来高消耗、高污染、低效益的传统产业结构，有利于营造良好的发展环境，扩大河北各地的知名度、美誉度，推动招商引资和对外开放水平提升，为引进信息技术、高端装备制造、生物科技、航空航天等战略性新兴产业、高新技术产业项目提供机会。

（二）加快发展健身休闲产业是培育河北省经济增长新动能的重要举措

健身休闲产业是朝阳产业，是适应消费升级，深化供给侧结构性改革，

加快经济结构转型升级的重要产业，具有发展潜力大、资源消耗少、辐射范围广、产业关联度高、就业带动作用强等特点。当前，我国经济发展进入新常态，经济增长的传统动力减弱，各地经济发展速度放缓，迫切需要加快供给侧结构性改革，挖掘和释放消费潜力，加速培育新的增长引擎，打造经济社会发展新动力、新引擎。相关研究表明，随着生活水平提高，人类对健身休闲的消费需求成倍增长，体育产业蕴含着巨大的需求和市场潜力。充分利用河北省丰富的自然生态资源条件，以满足人民日益增长的健身健康需求为目标，做好健身休闲这篇大文章，直接有利于开辟新的绿色发展空间，有利于培育新的经济增长点，破解新常态下经济增长动力不足的问题。

（三）加快发展健身休闲产业是推动河北省由体育大省向体育强省转变的重要举措

河北省是体育大省，但不是体育强省，与浙江、江苏、山东等发达省份相比，健身休闲产业发展还存在较大差距，一个重要原因就是体育服务业发展缓慢，与河北省健身休闲资源大省、体育竞技大省以及面临的 2022 年北京冬奥会举办、京津冀协同发展等重大机遇不符。借力 2022 年京张冬奥会，以冰雪健身休闲为龙头，大力发展山地户外运动、水上运动等健身休闲产业，对于做大做强河北省体育产业，推动河北省由体育竞技大省向体育产业强省转变具有重要意义。

（四）加快发展健身休闲产业是推动河北省贫困地区绿色发展、精准脱贫的重要手段

消除贫困、改善民生、实现共同富裕是社会主义的本质要求，也是全面建成小康社会的底线任务和标志性指标。燕山、太行山地区是河北省贫困人口最为集中的地区，由于地处生态脆弱地区、限制和禁止开发区，燕山、太行山地区的扶贫攻坚不可能走资源粗放开发和传统工业化道路。但从健身休闲发展的角度看，燕山、太行山地区是河北省山地户外健身、休闲旅游资源最为丰富的地区。发展健身休闲产业，就可以充分利用燕山、

太行山地区丰富的健身休闲、旅游生态资源，发展户外运动、健身休闲、旅游康养等现代服务业，吸引京津等大都市人口进行健身休闲消费，实现扶贫开发、生态建设与经济社会发展的有机结合，这对于加快河北省精准脱贫进程意义重大。

二　河北省发展健身休闲产业面临前所未有的重大机遇

（一）国家对健身休闲产业重视程度前所未有

党的十八大以来，习近平总书记将体育上升为"中华民族伟大复兴的标志性事业"的战略高度，明确提出"没有全民健康，就没有全面小康"。同时，习近平总书记亲自谋划推动 2022 年冬奥会申办承办，明确指出"对于申办 2022 年冬奥会，我还看重一个意义，就是它在推动经济结构调整方面的积极作用"。李克强总理将体育产业作为"五大幸福产业"之一，指出"旅游、文化、体育、健康、养老'五大幸福产业'快速发展，既拉动消费增长，也促进消费升级"。党的十九大报告明确提出，"筹办好北京冬奥会、冬残奥会"。习近平总书记和李克强总理关于体育事业和健身休闲产业、体育产业的一系列重要讲话和指示，为健身休闲产业发展指明了前进方向。

（二）我国健身休闲产业正进入加速发展的"黄金时期"

随着我国经济社会发展，人民生活水平不断提升，居民消费呈现"衣着食品—耐用消费品—房屋汽车—服务业"的发展特点。健身休闲作为现代服务业的重要组成部分，发展潜力巨大。国际经验表明，人均 GDP 达到 5000 美元时，体育健身将成为必然需求，人均 GDP 达到 8000 美元时，体育健身将成为国民经济的支柱型产业。2016 年，我国人均 GDP 达到 53980 元（约 8300 美元），河北省人均 GDP 达到 42607 元（约 6550 美元），以健身休闲为核心的体育产业正进入加快发展的重要阶段。按照预测，到 2025 年，我国体育产业总规模将达到 5 万亿元，健身休闲消费有望保持两位数的年均增速，将远超同期 GDP 的增长速度，健身休闲产业发展空间巨大。

（三）2022年北京冬奥会将为河北省健身休闲产业带来巨大的发展机遇

冰雪运动被称为"高岭之花"。北京携手张家口筹办 2022 年冬奥会，将有效激发全国人民对冰雪运动的兴趣，使更多人体会到冰雪运动的益处和乐趣，对加快普及冰雪运动、提升健身休闲消费水平具有重要作用。河北省张家口生态环境优良，冰雪气候资源独特，存雪期长，温度风速适宜，山地条件、交通区位优越，已建成万龙、云顶等享誉国内的大型雪场，是华北地区理想的滑雪区域。测算表明，2022 年北京冬奥会将带动我国 3 亿人参与冰雪运动，这是河北省冰雪健身休闲市场大发展的历史性机遇。通过筹办冬奥会，河北省的交通基础设施、奥运场地设施、生态环境、健身休闲资源开发将得到极大提升，河北在全国和全世界的知名度将大幅提升，对于吸引京津及全国、全世界人口到河北健身、旅游、度假，形成春踏青赏花、夏消闲避暑、秋采摘观景、冬溜冰滑雪的四季休闲健身新格局，对于带动河北省山地户外、水上、草原等休闲运动产业发展，实现河北省由健身休闲资源大省向健身休闲产业强省转变具有重要意义。

（四）京津冀协同发展战略为河北省健身休闲产业带来前所未有的发展机遇

京津冀协同发展是习近平总书记亲自谋划和推动的重大国家战略。京津冀在健身休闲发展中的互补性很强，河北省健身休闲资源种类丰富、数量众多，开发利用潜力巨大，且环京津、环渤海，区位优势突出，自然生态环境优越。京津地区经济发达、人口密集，人均健身休闲资源少，健身休闲空间有限。京津冀协同发展战略上升为国家战略后，北京和河北两地在经济、交通、文化、产业、教育、科技、金融、信息交流等方面深入对接，两地在地域上的差距将极大缩小，河北可以借助北京这个国际大都市，在更广领域、更深层次、更高水平上优势互补，协同推进，吸引各类健身休闲大企业、大项目，加快河北健身休闲资源开发，加快产业转移升级，满足京津人口对健身休闲消费需求，对实现河北经济社会的跨越式发展具有重要意义。

（五）河北雄安新区为河北省健身休闲产业发展提供了重要机遇

设立河北雄安新区，是党中央深入推进京津冀协同发展做出的重大战略决策，是千年大计、国家大事。河北白洋淀地区生态环境优美，水面资源丰富，具备发展健身休闲产业的重要优势。国家规划设计雄安新区发展蓝图，会综合考虑白洋淀地区的特点，统筹规划布局体育健身休闲场馆，开发体育健身休闲资源，为提高全民身体健康水平，打造生态之城、活力之城统筹布局。同时，雄安新区建设将使国家、京津以及国外高端科研院所转移，对于引领全省健身休闲产业，尤其是水上运动和体育装备研发等产业发展，提升健身休闲产业发展质量、层次具有重要意义。

（六）国家一系列支持政策为健身休闲产业加速发展提供了保障

近年来，国家对健身休闲产业、体育产业的政策扶持力度不断加大。2014 年，国务院《关于加快发展体育产业促进体育消费的若干意见》（46 号文）将全民健身上升为国家战略，确立了体育产业国民经济新的增长点的地位，体现了对体育产业发展的顶层设计。此后国家陆续出台 20 多项支持体育产业发展的政策。2016 年国务院先后出台《"健康中国 2030"规划纲要》《关于加快健身休闲产业的指导意见》等一系列文件，明确提出加快健身休闲产业发展，将健身休闲产业作为挖掘释放消费潜力、保障改善民生、培育新的经济增长点、增强经济发展新动能的重要抓手。同时，国家聚焦健身休闲产业的关键领域和薄弱环节集中发力，体育领域商事制度改革加速，体育领域放管服改革明显加快，除全国综合性运动会和少数特殊项目赛事外，商业性和群众性体育赛事审批全部取消，各类体育主体发展的制度壁垒被破除，政策制度支持力度明显加大，体育市场主体发展环境不断改善，健身休闲产业受到前所未有的政策支持。

三 河北省健身休闲产业发展的现状分析

21 世纪以来，随着国家经济和人民生活水平、健康意识不断提高，河北省健身休闲产业规模不断扩大，结构不断优化，投入稳步增长，发展态势持续向好。目前，河北省已经初步形成以健身休闲运动为核心，体育用品制造、竞赛表演、体育培训等为支撑，门类较为齐全的健身休闲产业体系。目前，河北省健身休闲产业呈现如下特点。

（一）健身休闲场地明显增加

近年来，河北省充分利用山地、高原、海洋、河流、湖泊、平原等各种自然资源拓展健身休闲场地，满足广大人民群众的多样化健身需求，初步形成以"一线两山三带"和"四大功能圈"为核心的健身休闲特色产业带。到2015 年，河北省已建成各类公共体育设施 6.48 万个，体育场地建筑面积达到2199.7 万平方米，场地面积达到 10265.6 万平方米，平均每万人拥有体育场地8.83 个。全省 95% 以上的行政村建成农民体育健身工程，蟠龙湖全民健身户外活动基地、易县狼牙山"环京津体育健身休闲圈"全民健身户外活动基地、徐水县大午温泉度假村等 89 个单位被命名为"环京津体育健身休闲圈"全民健身户外活动基地，秦皇岛市被授予"世界最佳徒步城市"称号。

（二）健身休闲产业规模明显增加

当前，河北省健身休闲产业正处在前所未有的高速发展时期。2008 ~2015 年，河北省 GDP 从 16011.97 亿元增长到 29806.11 亿元，年均增长9.28%。同期，以健身休闲为核心的体育产业总产出从 66.98 亿元提高到836.2 亿元，年均增长 143.4%，体育产业增加值从 28.59 亿元提高到 254.3亿元，年均增长 136.6%，高出同期 GDP 增速 127.3 个百分点，超常规、跨越式发展态势明显，对经济增长的贡献率明显提升。到 2015 年，河北省体育产业占全省 GDP 比重达到 0.853%，高于全国 0.8% 的平均水平。

（三）健身休闲器材制造亮点突出

在健身休闲运动快速发展的带动下，河北省健身休闲器材制造快速发展，形成了沧州路径器材、石家庄运动地板、廊坊落垡球类制造、廊坊第什里风筝、沧州肃宁渔具、固安礼让渔具、邢台平乡运动自行车、定州体育运动装备、白沟运动箱包、廊坊信鸽等具有全国影响力的健身休闲制造产业集群，形成了夏垫佳美、英利奥、张孔杠铃、乔氏台球等一批行业内知名品牌。2015 年，河北省健身休闲用品制造总产出达到 686.94 亿元，增加值达到 164.8 亿元，占体育产业增加值的比重达到 64.8%，大大高出全国平均水平。

（四）健身俱乐部数量明显增加

伴随着健身休闲产业快速发展，河北省健身休闲运动俱乐部数量明显增加，篮球、足球、武术、钓鱼、信鸽、汽摩、户外等各类俱乐部、草根组织快速发展，会员人数和规模不断扩大。据不完全统计，目前，河北省拥有各类体育协会、俱乐部 1674 个，会员总数 41.86 万人，辐射带动 776.9 万人参加健身活动，会员年人均消费金额 1448 元，消费总金额 6.06 亿元，涌现出超越健身、万拓健身等一批知名健身休闲连锁俱乐部。

（五）健身休闲特色小镇发展迅速

2015 年以来，河北省以运动健身休闲为主要内容的特色小镇快速发展，廊坊安次区北田曼城国际小镇、张家口蔚县运动休闲特色小镇、张家口阳原井儿沟运动休闲特色小镇、高碑店中新健康城京南体育小镇等 6 个特色小镇入围首批国家体育局运动休闲特色小镇试点名单。崇礼冰雪文化小镇、栾城飞行小镇被列为河北省首批特色小镇创建名单，丰宁中国马镇、栾城航空小镇、广宗自行车小镇等被列入河北省首批特色小镇培育类名单，万全国际马术小镇等一批特色小镇正在筹备建设，体育特色小镇发展态势良好。

（六）赛事经济正成为带动区域发展的引爆点

近年来，河北省各地对赛事活动的重视程度不断提高，健身休闲与旅游、文化、教育、生态、创意等产业融合程度不断提升，形成了狼牙山国际登山节、中国廊坊名鸽展、河北体育舞蹈锦标赛、衡水湖国际马拉松等一批具有国际影响力的品牌赛事，成为带动区域经济增长的重要载体和平台。据不完全统计，2015 年，河北省共举办各类赛事活动 1000 多项，直接带动经济消费 180 多亿元，赛事经济已成为带动经济增长，扩大城市、景区、景点知名度的重要手段。

四 河北省健身休闲产业发展存在的主要问题

（一）对健身休闲产业发展的重视程度不够，健身休闲设施供给不足

健身休闲产业是新兴产业，当前河北省健身休闲产业的快速发展得益于地方政府对健身休闲产业的重视，但有的政府对健身休闲产业关注度不高，对健身休闲产业在经济发展中的地位、作用认识不清，有的地方认为体育就是体育事业、竞技体育，缺少抓健身休闲产业的主动意识，有的认为健身休闲产业是小产业，对当地经济社会发展的带动作用不明显。还有的地方缺少对健身休闲产业发展的思考和系统谋划，当地优质的健身休闲资源开发、赛事活动规划不足，投资不够，健身休闲基础设施严重滞后，活动场地、场馆缺乏。目前，全省 171 个县（市、区）仅建有 46 个县级公共体育场、86 个全民健身活动中心，人均场地面积仅为 1.4 平方米，平均 47.7 万人有一块标准足球场，健身休闲活动场地严重不足，直接影响到健身休闲产业的发展。

（二）健身休闲产业消费挖掘不足，产业对国民经济的带动力不强

河北省环京津，环渤海，地貌类型齐全，健身休闲运动资源丰富，但健身休闲产业仍然处在发展的初期阶段，健身休闲运动资源挖掘不够，健身休

闲运动人口以本省人口为主，对国外及京津、外省高端消费人口的吸引不足，对国民经济的带动作用还不明显。从发达国家经验看，美、英等发达国家体育产业增加值在国民经济中比重通常在2%～3%，从国内看，福建省体育产业总产出已经超过3000亿元，占GDP的比重超过1%，目前河北省体育产业增加值占GDP比重刚超过0.8%，体育产业占比仍然偏低，对经济增长的贡献程度有待提高。

（三）健身休闲产业结构不合理，引领型大企业、大项目不多

从产业内部结构看，河北省健身休闲产业以健身休闲器材、体育用品制造为主，服务业发展相对滞后。2015年，河北省体育服务业在全省体育产业中的比重不到20%，低于全国平均水平。从健身休闲服务业内部看，对现有的山地、户外、海滨等优质健身休闲资源开发不足，高端赛事开发不够，不能够适应和满足京津人口对高端、时尚健身休闲项目的需求，吸引和释放京津及河北省人口的体育消费空间还很大。从健身休闲用品制造结构看，河北省健身休闲用品制造主要以传统器材、球类、渔具等为主，大路货多，附加值低，与浙江等省相比，缺少运动汽车、摩托、帆船帆板、游艇等高产值、高附加值的制造产业。健身休闲服务组织以运动俱乐部为主，从事赛事活动运营、表演、策划、传媒、电子经济的组织少，草根组织数量众多，法人类型的组织数量少，各俱乐部规模普遍较小，实力弱，在全国的影响力小。

（四）健身休闲产业发展的人才缺乏，行业发展、创新能力不足

当前，河北省市县健身休闲产业人员力量不足，多数县的体育部门与教育或科技部门合并，从事推动健身休闲产业的工作人员只有1～2名，还有的地方群体、竞体和体育产业三个行业一肩挑，事务性工作繁多，疲于应付上级工作，很难谈到对当地健身休闲产业发展的用心谋划。从行业发展看，河北省没有专门从事体育用品研发的高等院校、科研机构，企业产品创新、技术研发需要人才外聘，产学研结合不紧密，体育品牌设计、产品研发滞

后，难以适应体育产业发展需要。健身休闲企业所需的游泳、足球、健身、冰雪、帆船帆板等专业人才培养不足，人才供需矛盾突出。

（五）健身休闲产业发展的要素支撑能力不强，发展环境有待优化

调研发现，当前河北省健身休闲企业普遍面临着土地、金融等要素支持不够的问题。土地方面，健身休闲企业面临着建设用地成本高、土地指标难以获得、建设项目审批时间长等众多问题。健身休闲资源开发利用方面，林业、土地、农业、水利、环保等多个部门多头管理，门槛多、限制多，健身休闲产业发展受到的制约因素较多。金融支持方面，河北省体育用品制造企业多为中小企业，企业规模小，可抵押、可担保物品少，融资渠道少，制约企业做大做强。同时，群众健身意识不强，健身运动保险产品不多，健身休闲消费环境不够好，影响健身消费产业发展。

五 加快河北省健身休闲产业发展，培育经济增长新动能的建议与措施

面对健身休闲产业发展的重大机遇，河北省应以深化健身休闲产业供给侧结构性改革为抓手，进一步优化健身休闲产业发展布局，加快发展体现河北特点的健身休闲产业体系，大力培育壮大各类市场主体，丰富健身休闲产品和服务供给，加快产业结构转型升级和经济发展方式转变，推动全民健身和全民健康深度融合，满足全省人民多层次、多样化的健身休闲需求，为建设经济强省、幸福河北、健康河北提供有力支撑和持续动力。

（一）优化健身休闲产业发展布局

依托河北省各地资源禀赋和发展基础，利用丰富的自然、人文资源发展健身休闲产业，构建"一环四带"健身休闲空间布局。"一环"即在环京津过渡区打造以"山水户外＋休闲体育"为特色、吸引京津健身休闲消费人群的全民健身休闲基地。"四带"就是要打造以坝上草原为依托，以"草原

文化＋健身休闲"为特色的草原健身休闲产业带；以太行山、燕山为依托，以"冰雪文化＋山地运动"为特色的两山休闲健身产业带，以秦皇岛、唐山、沧州海洋资源为依托，以"海洋文化＋滨海运动"为特色的海洋运动健身休闲产业带，以廊坊、沧州、衡水、邢台、邯郸等大运河地区为依托，以"运河文化＋水上运动"为特色的大运河健身休闲产业带，构建地域特色鲜明、多元协同发展的健身休闲总体格局。

（二）打造特色健身休闲运动体系

在普及日常健身运动，支持各地开展足球、篮球、排球、乒乓球、羽毛球、游泳、健身跑、健步走、广场舞、骑行、体育舞蹈等群众喜闻乐见的日常健身活动基础上，充分发挥各地区位资源优势，大力发展冰雪、水上、山地户外三大具有消费引领性的健身休闲运动，打造京津冀健身休闲发展高地。

一是大力发展冰雪运动。以2022年北京冬奥会为契机，以张家口、承德、保定等燕山、太行山地区为主轴，高水平、高标准建设国家滑雪训练基地和大众滑雪普及地，大力发展室外雪场、室内冰场，建设以大众滑雪、自由滑雪、高山滑雪、滑冰、冰球等运动项目为核心，以崇礼国际滑雪节为品牌引领，集冰雪运动、冰雪文化、冰雪旅游于一体的中国北方冰雪运动聚集区。

二是加快发展山地户外运动。充分利用太行山、燕山独特的自然山水、健身休闲资源，建设登山健身步道、攀岩基地、山地自行车赛道、山地越野赛场等设施，开展登山、攀岩、定向、徒步、穿越、探险、拓展、骑行、露营等户外休闲运动，创办山地户外运动特色基地，打造全国知名的山地休闲运动产业品牌。

三是培育发展海洋运动和水上运动。发挥河北省海洋资源优势，在秦皇岛、唐山、沧州沿海规划建设多功能游艇、帆船运动码头，发展帆船、帆板、游艇、风筝冲浪、水上滑翔、海钓、潜水、航海模型等运动，吸引京津冀高端消费人群开展海洋运动体验。利用京杭大运河、白洋淀、滹沱河等，发展漂流、龙舟、钓鱼、摩托艇、皮划艇等运动项目，建设中国北方水上运动基地。

（三）培育发展健身休闲多元主体

一是扩大健身休闲组织规模。适应人民消费升级需求，实施健身服务精品工程，扶持发展一批健身休闲组织、俱乐部和龙头企业，培育一批以健身休闲服务为核心的体育产业示范基地、优秀健身休闲俱乐部。加强健身休闲企业现代管理制度建设，通过管理输出、连锁经营等方式，支持特色经营、特色产品和特色服务，提升企业核心竞争力。鼓励企业通过横向拓展、纵向延伸，丰富健身休闲产品供给，延长产业链和利润链条。鼓励各类中小微健身休闲企业、俱乐部向"专精特新"方向发展。支持具备条件的企业开展跨区域经营，支持符合条件的健身休闲企业上市，打造具有国内知名度和影响力的领军企业集团。鼓励民间资本、健身休闲爱好团体创办成立各类社会组织。支持健身休闲器材装备制造企业向服务业延伸发展。

二是提升健身休闲制造企业层次。以保廊沧体育用品制造聚集区为重点，加快企业装备升级和技术改造，扶持做大一批"专、精、特、新"的体育用品生产企业。鼓励大数据、机器人、高新材料等在体育用品研发、生产中的应用，推动户外运动器材、运动服装产品升级。鼓励企业增加研发投入，提高关键技术和产品的自主创新能力。鼓励钢铁、地产、汽车、网络、科技等领域企业延伸产业链条，发展体育装备产品，形成全产业链优势。积极承接京津和国内外先进地区产业转移，鼓励引进高端健身器材、智慧体育装备、健身休闲装备以及赛车、滑雪、水上运动等高技术、高附加值运动器材装备，推动河北省体育用品制造向高端化、智能化迈进。鼓励企业通过海外并购、合资合作、联合开发等方式，提升器材装备制造水平。

三是培育健身休闲知名企业、知名品牌。支持企业创建和培育自主品牌，重点推动礼让渔具、固安渔具、落堡制球、沧州路径器材等产业集群创建自主品牌，提升健身休闲器材装备的附加值。加大对张孔杠铃、乔氏台球等国际品牌的扶持力度，支持企业利用京津冀体育产品展示平台、京津冀体育产业交易平台、京津冀体育场地网络服务平台开展产品营销。鼓励企业与各级各类运动项目协会等体育组织开展合作，通过赛事营销等模式，提高品牌知名度。支持企业实施国际化发展战略，拓展海外市场，扩大国际影响力。

（四）丰富健身休闲产品服务供给

一是完善日常健身休闲设施。精准对接百姓健身需求，因地制宜建设全民健身活动中心、县级体育场、体育公园广场、健身骑行步道、多功能球场、足球场地、拼装式游泳池等健身设施，构建市、县、乡、村四级健身休闲基础设施网络。鼓励健身休闲设施与住宅、文化、商业、娱乐等综合开发，打造健身休闲服务综合体。完善大型公共体育场馆免费、低收费开放补助标准和办法。探索建立中小型体育场馆、民营体育健身场馆免费、低收费开放补助机制，通过管办分离、公建民营等模式，推行市场化商业运作，满足多层次健身消费需求。

二是建设高端健身休闲设施。以冬奥会举办为契机，充分挖掘河北省山地、草原、河流、海滨、景区等各类资源，以吸引京津冀中高端消费人群为重点，以健身休闲、旅游度假为核心，编制特色健身休闲设施建设规划，统筹特色健身休闲项目、场地设施空间布局、建设时序，加快高端健身休闲设施建设，完善京津冀道路等基础设施，全面打造具备河北特色的健身休闲设施网络体系。重点规划建设一批山地户外营地、徒步骑行服务站、自驾车房车营地、运动船艇码头、航空飞行营地等健身休闲设施，建设完善京津与太行山、燕山以及大运河地区、滨海地区交通道路网络，吸引京津和国内外游客到河北健身、休闲、度假，打造区域经济发展的核心增长极。鼓励旅游景区、旅游度假区、乡村旅游区等根据自身特点，建设特色健身休闲设施。

三是丰富健身休闲赛事活动。要将赛事活动作为提升激发健身休闲消费热情，推介健身休闲资源、旅游资源、生态资源，扩大地方知名度，吸引京津冀中高端消费人群，提升健身休闲对地方经济发展作用的重要手段。积极申办承办国内外高水平赛事，培育壮大一批自主品牌赛事，合理编排职业联赛赛程，丰富节假日体育赛事供给。鼓励各地结合城市定位，开发一批群众喜爱、观赏性强的高水平比赛。巩固提升崇礼国际滑雪节、沧州国际武术节、邯郸太极拳运动大会、保定国际空竹艺术节、廊坊国际信鸽和渔具展、秦皇岛轮滑节和铁人三项赛、衡水湖国际马拉松赛等品牌赛事活动，不断提高知名度和影响力。开展"一地一品"石家庄足球、廊坊风筝、保定篮球、衡水篮球、秦皇岛帆船帆板、唐山海洋体育、沧州武术、邯郸太极拳、张家口滑雪、承德滑冰等区域特色品牌创建。

（五）加强健身休闲产业政策支持

一是加强健身休闲人才队伍建设。提高各地尤其是政府领导对发展健身休闲产业的认识水平，将健身休闲产业作为培育经济增长新动能的重要抓手予以支持。充实市县两级体育部门人员，引进高素质健身休闲产业发展人才，提升主动谋划健身休闲产业发展、支持地方经济发展的能力，提高体育健身休闲在地方经济发展中的话语权。加强健身休闲专业人才队伍建设，鼓励与河北体育学院、河北师范大学等高校联合建立健身休闲产业教学、科研和培训基地，培养各类健身休闲项目经营策划、运营管理、技能操作等应用型专业人才。

二是加大健身休闲产业投入力度。要按照公益性、准公益性和营利性三种类型，采取不同的方式对健身休闲产业发展项目进行支持。对公益性健身休闲产业项目，如公共基础设施、公共体育场馆、全民健身设施等，主要通过财政支持、体育彩票公益金等，安排专项资金予以支持。对准公益类健身休闲项目，可以通过财政贷款贴息、体育产业发展专项基金、政府购买服务等方式予以支持。对营利性健身休闲项目，重点通过企业自筹资金、银行信贷、债券与证券市场筹集资金以及引入社会资本等方式进行建设。

三是加大健身休闲产业土地支持力度。土地是制约健身休闲项目建设的瓶颈。要加大对健身休闲产业项目用地支持力度，将健身休闲产业用地纳入各级土地利用规划合理安排，及时安排新增建设用地计划指标。支持农村集体经济组织自办或以土地使用权入股、联营等方式参与健身休闲项目。鼓励利用废旧厂房、城乡闲置地、现有健身休闲设施用地、房产建设健身休闲项目，鼓励以长期租赁、先租后让、租让结合方式供应健身休闲项目建设用地，让健身休闲产业项目早日落地，成为带动区域经济增长的重要引擎。

四是完善健身休闲消费政策。加大健身休闲消费宣传力度，利用广播电视、网络、手机应用程序（APP）等体育传媒新业态，大力普及科学健身知识，提高健身意识。加大健身休闲消费引导力度，探索多种形式的健身休闲消费补贴优惠政策，鼓励有条件的地区面向特定人群或在特定时间发放健身休闲消费券，试行补贴全民健身公共积分，提高消费积极性。加大健身休闲消费保障力度，引导保险公司根据健身休闲运动特点和不同年龄段人群身体状况，开发场地责任保险、运动人身意外伤害保险，化解健身休闲消费人群的后顾之忧。完善市场监管体系，创新监管手段，加强健身休闲消费过程中的维权援助举报投诉和举报处置能力建设，创造良好的健身休闲消费环境。

B.6
关于破解农村电商
低成本烦恼的建议

王春蕊*

摘　要： 在"互联网+"和发展政策利好的双重推动下，电商挺进农村市场蓝海，成为加快城乡商品流通的新载体和增加农民收入的新渠道。由于目前农村电商发展处于初级阶段，面临着配送成本、协作成本、运营成本、人才成本、资金成本高等发展瓶颈，应立足农村电商发展实际，从培育农产品网络品牌、完善农村电商物流配送体系、拓宽农村电商融资渠道、大力引培电商专业人才、整合资源加强电商配套性服务供给等，着力解决农村电商低成本烦恼，加快推进农村电商发展。

关键词： 农村电商　低成本烦恼　政策红利　资源整合

一　前言

2017年中央一号文件指出，要壮大新产业、新业态，拓展农业产业链、价值链。其中，把农村电商作为农业供给侧结构性改革的重要内容之一。2017年3月5日，国务院总理李克强作政府工作报告时指出，要加快发展

---

* 王春蕊，河北省社会科学院农村经济研究所副研究员、中国社会科学院数量经济与技术经济研究所博士后，主要研究方向为农村经济、区域经济、扶贫开发等。

服务消费，促进电商、快递进社区、进农村，推动实体店销售和网购融合发展。

农村电商是以电子商务为手段，通过拉动网络创业和网络消费，推动农村地区产业升级转型，提高居民收入和生活水平的一种新型业态。随着发展条件和政策环境的不断利好，我国农村电商短期内获得了"井喷式"发展。作为一种新型的电商模式，由于这种形式不同于城市电商的发展特点，且农村商品产业链条系统庞大，行为主体众多，各个主体从属于不同的经济利益体，导致电商物流体系、网络平台、技术服务等资源不能共享，外加相应配套服务体系不健全，农民"触网"意识不强，很大程度上制约了农村电商发展。此外，与城市不同，农村道路交通基础设施不完善、市场化程度较低、农民专业化素质不高等，也使得电商发展面临着诸多问题。受各种因素的影响，农村电商短期内难以实现品牌化、规模化发展。

要加快推进农村电商品牌化、全产业链发展，必须有效整合农村现有资源，立足国内外市场，形成具有"农"字品牌的大区域农村电商网络体系和以农村电商为载体的"共享经济"，降低农村电商运营成本，充分释放农村电商发展潜力，加快电商与农村三次产业的融合，为深入推进农业供给侧结构性改革注入活力。

二　当前我国农村电商发展面临的形势分析

（一）支持政策密集出台，为农村电商提供发展沃土

在"互联网＋"和"双创"趋势下，2015 年从中央到地方纷纷出台了促进电商发展的相关政策扶持措施，成为农村电商发展的重要推力。例如2015 年国务院发布了《关于大力发展电子商务加快培育经济新动能的意见》，商务部也出台了《"互联网＋流通"行动计划》等。2012 年，河北省人民政府出台了《关于进一步加快发展电子商务的实施意见》（冀政〔2012〕58 号），以及 2015 年出台了《关于推进农村电子商务全覆盖的实施

意见》（冀政办发〔2015〕45号），部署推进快递电商协同发展。农村电商在互联网时代具备了参加电商市场竞争的可能，阿里巴巴、京东等电商巨头也纷纷转战农村电商市场，给农村市场发展带来了很好的机遇。从国家层面看，农村电商发展势头强劲，据有关数据统计，2017年上半年全国电子商务进农村综合示范县成为引领农村电商发展的排头兵，496个示范县实现网络零售额1699.4亿元，同比增长45.4%，高出农村增速7.3个百分点。示范县以不到1/4的县市数量贡献了约1/3的农村网络零售额。从河北来看，截至2016年底，河北省共建成农村电商村级服务站47754个、县级服务中心164个、县级配送中心162个，实现了县域农村电子商务公共服务体系、农村电子商务双向流通渠道、农村电子商务应用普及三个"全覆盖"，农村电商一天交易7.7亿元。① 各种淘宝村、淘宝镇等不断涌现，为农村经济发展带来了活力。

（二）农村信息化加快推进，电商消费市场潜力巨大

随着农村信息化建设步伐的加快，传统产业的经营模式和居民的消费方式发生了改变，催生了消费互联网。所谓消费互联网，就是借助互联网，为厂商和消费者提供更为有效的消费平台。近年来，我国农村宽带网络基础设施不断完善，电脑、手机用户不断增多，网购群体不断增加，智能手机在农村的普及以及互联网在农村的渗透不断加深，城乡信息鸿沟逐渐缩小，农村电商发展步伐不断加快，这不但丰富了农民的物质生活，也使当地农产品通过网络销往全国各地甚至海外市场。与此同时，随着城市电商网购市场的逐渐饱和，农村电商网购市场存在巨大潜力。据商务部统计数据显示，2015年农村网购市场规模达3530亿元，同比增长96%。2016年上半年农村网购市场规模达3120亿元，预计2016年全年将达6475亿元。《中国农村电子商务发展报告》显示，2016年上半年农村网购市场规模达3120亿元，截至

---

① 《大数据中看河北：农村电商平台一天交易七点七亿元》，http://www.heb.chinanews.com/cjzx/20171017370440.shtml。

2016 年 6 月，我国网民中农村网民占比 26.9%，规模为 1.91 亿人；城镇网民占比 73.1%，规模为 5.19 亿人，较 2015 年底增加 2571 万人，增幅为 5.2%。[①]

（三）产业化驱动，催生多种农村电商模式

经过 20 多年的发展，互联网经济已经形成了一种新的经济模式，出现了百度、阿里巴巴和腾讯等互联网巨头，在搜索、电商和社交领域呈现出一家独大的态势。与此同时，互联网与农业农村的深度融合，形成了各具特色的农村电商模式。比如，河北一些地区在实践中探索出的政府主导电商模式、电商企业领办模式、农业龙头企业主导模式等，都是"互联网+农业"的体现。诸如，阜平县与阿里巴巴集团合作，顺利引进电子商务落地运营商，以"政府引导+企业运营+淘宝支持"的 1+1+1 的模式开展农村电子商务工作，已建成"特色中国—阜平馆"、畅通农产品电子商务及"97daji"农村电子商务 3 个交易平台，淘宝网店由无发展到 105 家。赞皇县立足大枣、核桃、苹果等特色农产品资源，积极发展各类专业合作社，并通过合作社建立电商平台，如汇川核桃专业合作社通过"合作社+公司+基地+农户+互联网"运作模式，拓宽农产品销售渠道，促进农户增收，成为太行山区县域名片。望都县"购特网"平台立足推广地域特色产品，创建了县、乡、村线上线下营销推广联动模式，力推农村经济健康快速发展，并已在保定（含定州市）24 个县（市、区）建立分支机构和特产馆，并建立了 1000 个乡（镇）村电商服务门店，规划建设中国特色产品联盟，推动农产品进城工业品下乡。

（四）电商创业不断兴起，为农村创新创业提供新契机

随着国家大力扶持农村电商发展的政策出台，鼓励电商、物流、商贸、

---

① 《农村电商发展报告：上半年农村网购规模 3 千亿》，http：//www.ebrun.com/20161031/199166.shtml。

邮政、快递、金融等各类资本参与农村电商发展，相应的农村电商人才、技术培训等服务企业不断涌现，农村电商领域的创新创业热度高。从当前来看，农村电商创业主体主要包括互联网链条上从事运营管理、物流配送和产品生产企业等主体，涉及的主要领域有农村代购市场、微商创业、农村电商培训创业、农村电商旅游及农村电商金融等。尤其是随着美丽乡村、特色小镇的加快建设，乡村旅游市场成为旅游业的一大热点。传统的农家乐、休闲农业、民宿旅游等纷纷借助农村电商平台进行宣传推介，并在此基础上形成了集"网上预约＋实地旅游＋购物"于一体的乡村旅游产业链，带动了当地居民就业创业。农村电商的快速崛起，也吸引了返乡人员进入农村电商领域就业，一些有能力的返乡人员创办乡村旅游项目，并借助电商平台进行网上宣传和销售。也有一些青年返乡人员进入微商领域，围绕当地特色农产品和行业有竞争力的产品进行创业，通过社群类形式进行农产品的网上售卖。这些电商创业就业活动不仅取得了良好的经济效益，而且助推了农村电商意识的快速普及和提升。

三　农村电商面临的低成本烦恼

从当前来看，农村电商的低成本烦恼主要表现在"配送成本、协作成本、运营成本、人才成本、资金成本"等几大方面。

（一）配送成本：农产品非标准化、布局分散、配送服务低效问题

物流"最后一公里"问题是农村电商的重中之重。物流（Physical Distribution）是指销售活动中所伴随的物质资料从生产地到消费地，包括运输、保管、包装、装卸和信息这五大环节经济服务活动。虽然各地出台的政策有利于农村电商发展，但农村电子商务发展仍面临诸多困难，最为突出的就是物流配送问题。

从农业经营方式看，我国农产品以一家一户的小生产为主，尚未建立标准化农产品质量监督体系，农产品的品质与数量一直难以得到保证，农产品

的品牌效应也难以形成，而农产品的规模化、集约化、标准化正是电商所需要的。从流通环节来看，农村缺乏完备的商品流通体系，导致流通费用过高，农村电商很难做强。从经济学角度看，低成本是实现商贸流通规模化运营的战略优势。河北省作为农业大省，虽然农业生产的组织化、规模化程度不断提高，但由于大多数缺少标准化生产体系，且农地分布具有分散性特点，同质性农产品可能分布在不同的区域，同一区域内也会存在多样性农产品，尚未形成具有"大区域"概念的农产品品牌，致使物流企业接单需要在若干个分散的小区域，物流配送的时间成本、人力成本和交通成本迅速增加，很多电商企业的物流配送服务裹足到县城范围，农村物流配送的"最后一公里"问题难以解决。有调查显示，一些贫困县三公斤首重的快递价高达 28 元，按此标准计算，每公斤物流配送成本约 9.3 元，导致这些地区的农产品直接丧失了竞争力。尤其是对一些偏远村镇而言，运输成本可能会更高。从课题组调研情况看，尽管河北一些县域范围内建立了县、乡、村三级物流服务体系，农村电商物流配送收益很难覆盖成本，仍需要探索低成本商品流通方式和机制。

（二）协作成本：农业体系庞大且主体众多，生产行为个体化，未能形成全产业链式合作体系

供应链是由相互关联的企业协同合作来共同制定战略定位和提高运作效率形成的，能够剔除企业之间的重复作业，降低运营成本，具有集成性和高效性特点。随着信息产业的高速提升，计算机、互联网以及许多经济有效的信息传输技术带动了电子商务、B2B 的发展，从而使得供应链管理成为可能。从当前来看，农业企业生产仍处于相对独立的状态，与农产品加工、配送、销售等环节相对割裂，以至于农业企业与农产品物流企业、农产品批发销售企业之间缺少全产业链式合作体系，致使农产品从生产到市场销售终端的成本增加，亟须第三方对农产品全产业进行了协同整合。尽管农村电商第三方服务企业在资源整合方面具有相对优势，但由于电子商务交易基础数据企业间难以共享，造成了电商企业之间信息孤立，以致其对产业链协同发展

的局面尚未形成。农村电商企业分散的、孤立的、各自为政的物流运作特点也难以从整个供应链的角度降低成本，提高运作效率，难以适应当前的竞争环境。

（三）运营成本：贫困户"小生产"与电商"大销售"对接不紧密，相关配套性服务组织和设施缺乏，线上"大促"氛围不足，助推当地农产品上行压力大

和传统模式相比，农村电商主要在于构建工业品下乡和农产品进城的现代农村流通体系，赋予农民市场对接能力，通过对接广域市场来克服本地市场的制约。从农村情况看，当前交通基础设施条件能满足电商基本需求，主要困境是缺少配套服务。一是农村地区未能形成密集营销之势，相应配套体系难跟进。从流通成本角度讲，农村电商企业需要一定的业务量，才会有相应企业跟进为其提供对应配送服务，才能吸引物流企业、配套体系的进入。对于电商刚刚起步的农村地区，农户分散经营，订单密度小，上门取件成本高，很多仍未形成规模营销之势，相应配套服务设施非常薄弱。二是农产品的季节性因素导致区域物流体系难对接。受农产品季节性和自身特点影响，对物流配送设施和条件需求不尽相同，面临着地域和区域瓶颈。比如，一些大宗农产品，因体积大，需要大型交通工具运送；一些粮食、干果等易储存、易包装的产品，比较方便运输，对交通工具条件要求不高；一些季节性强的生鲜农产品，需要配置相应的冷链物流设备。当前电商企业物流配送主要以县域为主导，与域外物流体系并未形成共享机制，在很大程度上限制了农产品跨区域配送和销售。

（四）人才成本：农村网购市场较为初级化，青壮年劳动力大量外流，专业人才稀缺成为农村电商"心头痛"，亟须培育一批"电商新农人"

农业的发展和农村电商的发展推动都需要电商人才。所谓电商人才，主要是指从事电商运营的管理人才、实践人才以及创新型人才，尤其是从事基本的网购操作，熟悉支付工具、退换货等基本操作的实践人员是农村电商亟须的，这些人才需要从农村本土深度挖掘才能真正沉淀。从目前来看，电商人才缺乏主要表现在以下几方面。

一是农村电商市场刚起步，对专业电商人才吸引力不强。由于我国农村电商还处于初级阶段，管理相对简单，无论是农村物流体系的完善程度，还是第三方支付方式在农村的普及程度都说明农村电商的推进还处于边探索、边发展时期。产品层次差，电商从业人员工资低，发展持久性不足，对具备丰富理论和实践经验的电商人才吸引力不强。同时，高校培养的电子商务人员对农村电商市场了解不够，很少会选择在农村电商领域就业。

二是农村电商的专业人才队伍薄弱。农民对电商的思想认识还相对落后，对网络销售认知度低，电商平台的操作主要依靠大学生村官或是村里年轻人，缺乏实际操作技术人员和科研人员及农村领导者、指挥者和创业人员，没有形成一支专业立足农村电商发展，而又懂电子商务技术和营销战略的人才队伍，严重影响了农村电商的发展和农村农产品的销售。

三是缺少引进电商专业人才的平台载体。从政策层面看，由于缺少电商人才进农村良好的创业环境，以及创办电商企业方面的资金补贴、税收减免及创业贷款等方面的优惠政策，外加农产品本身的高风险性和不可控性，一些专业人才不愿意进入农村电商领域。虽然各地相关部门组织多场农村人才电商培训会，但仅是对基本电商知识的普及，缺少具有产品策划、品牌包装、宣传推广等领域的领军人才。

（五）资金成本：电商企业资金需求量大，资金来源渠道窄，很大程度上限制了发展速度

融资是农村电商发展的关键，也是当前电商企业面临的难点。农村电商发展初期需要大量的资金支持才能够推动整个电商产业的蓬勃发展。从电商企业看，在资金充足的条件下，一些大型农村电商企业通过延长产业链条，有能力整合农村资源，建设以村为单位的商品流通服务体系，加快建成联通城乡之间、村庄之间的商品购销、配送服务体系，快速生成农村经济新的增

长点。从农民就业创业看，当前电商成为农村青年人和返乡人员就业创业的沃土，对资金需求更为迫切，但由于农民没有固定工作，缺少可抵押担保物品，很难从金融机构获得资金支持，很大程度上限制了他们的创业热情。因此，必须针对当前农村电商企业面临的现实需求，广辟融资渠道，引导大型银行分支机构拓展涉农业务范围的同时，鼓励金融机构开发符合农村电商企业需求的金融产品和服务，鼓励村镇银行、农村商业银行、小额贷款公司、农村资金互助社等新型农村金融机构支持电商企业发展，加大对电商创业农民的授信和贷款支持力度，解决农民电商创业贷款难问题。

四 加快农村电商发展的对策建议

针对上述问题，应立足农村电商的"品牌网络化、物流全域化、融资多元化、人才专业化、服务本地化、资源共享化"，盯准农村电商发展的薄弱环节，出台相关扶持政策，加快补齐发展短板，解决农村电商"低成本烦恼"。

（一）品牌网络化：培育网络品牌，提高贫困地区农产品知名度和竞争力

一是着力培育农村地区农产品生产加工龙头企业，利用网络加强宣传，以宣传"绿色健康有机产业"为主导，吸引消费者。以农产品区域公共品牌打造为契机，培育一批农产品网络品牌，提高农村地区农产品的知名度和社会影响力。2017 年河北省将计划打造 54 个农产品区域公共品牌，应加快对农村地区农产品同质化整合，加快培育一批农产品区域网络公共品牌，提高市场占有率。二是加强农村地区农产品生产标准化建设。通过对农村地区农产品标准化生产，采取合作社 + 农户、农业企业 + 农户、家庭农场 + 农户等多种形式，实现农产品的"三标统一"。三是以品牌为依托，引入物联网技术，实现农产品溯源。运用大数据技术，进行数据挖掘，并采取多元化营销手段，实现精准营销，扩大区域农产品知名度。

（二）物流全域化：整合资源，建立全域化农村电商物流体系，实现城乡、区域之间的有机对接

一是鼓励有条件的地区依托县级物流园建设全域电商物流体系，提高农村电商物流服务水平。物流园区作为联系产业链上下游的纽带，是各项物流活动开展的重要载体。通过信息化手段将农产品产地、加工地、储藏地以及集散中心等进行整合，以此为基础进行区域内物流规划，实现区域内物流体系服务资源共享，通过实现物流产业的空间集聚、资源的有效整合、业务的流程优化，促进区域经济发展，提升物流服务水平。二是积极发展第三方物流。通过发展第三方物流，有效整合分散的物流资源，形成农村电商全产业链式服务体系，实现电商企业之间的信息共享，提高物流配送效率和效益。三是发展农村"个体物流"模式。鼓励村民加入县级电商物流体系平台，利用私家车等交通工具实现自提、送货上门等物流功能，提高农产品网络销售效率。四是引导农村电商与农业、民俗、休闲旅游资源"联姻"。开发当地"红、古、绿色"资源，农旅结合，促进一、二、三产业融合。

（三）融资多元化：多渠道融资，破解电商企业和返乡创业人员的资金难题

一是积极吸引社会资本投入农村电子商务。通过税收优惠、财政补贴和奖励等多种方式吸引社会资本积极投入农村电子商务建设，发挥农村土地等资源优势吸引、鼓励企业投资农村电子商务平台建设等项目。二是加大对农村电子商务企业的增信增贷扶持力度。与金融部门积极联系，深入、持续开展电商贷、小额创业贷款等活动。政府支持的担保公司应适当加大对农村电商企业融资担保支持力度。允许农村电商企业向下游伙伴提供小贷和 P2P 等金融服务。鼓励金融机构创新网上支付、供应链贷款等产品，简化小额短期贷款手续，加大对农村电商创业的信贷支持力度，降低企业的融资成本。三是创新招商模式，引进行业龙头企业。采用以平台建设招项目、以投资模式创新引项目等方式，大力引进阿里、百度、腾讯、新浪、小米、京东、

360 等互联网龙头企业，加快与农村产业的对接，以宣传"绿色产业"为主线，吸引消费者。四是搭建农村电商投融资平台。鼓励有条件的地区通过拓宽社会融资渠道，设立农村电商发展基金，积极发展信托、股权投资基金，拓宽融资渠道。

（四）人才专业化：引培专业人才，建立一支服务基层电商的新农人队伍

电子商务在农村地区的市场拓展，关键在于培养和打造专业化、信息化、本土化的人才队伍体系。第一，加大对农村地区本土电商人才的培养力度。扩大互联网相关知识以及信息技术在农村地区的普及范围，建立电脑培训的基础教学体系，面向村级网点服务人员开展电商知识、实操技能、网上开店等业务培训，通过企业定期离岗培训和远程视频教学等手段推动人才队伍建设。第二，加大外来优秀人才的引进力度。加大人才进入农村电商的支持力度，吸引广大相关专业毕业生以及教师深入到农村地区。积极鼓励动员社会组织、企业单位进入农村地区从事人才培养输送工作。同时，对农村电商人才在技术职称评定方面应给予一定的优惠政策支持。第三，建立规范化职业化的本地电商人才培养机制。鼓励返乡就业创业人员投身农村电商发展，建立农村电商人才队伍培养体系，培养一批高水平的电商新农人。

（五）服务本地化：建立本地化电商服务体系，开展多种新型服务

落地服务体系是农村电商发展的刚需。一是鼓励有条件的县建立电商产业园。通过资源整合，把当地各种资源、对象、要素整合起来，营造区域性生态圈，为电商进村、落地生根提供必要条件，成为农村"互联网＋流通"的重点，支撑农产品上行以及优化电商环境。二是加快建立本地化电商服务体系。培养诸如浙江遂网公司、山西乐村淘、福建世纪之村等本地化的电商服务商，促进农村电商快速发展，减少信息沟通成本，创造本地化的就业机会。引导并培养客服外包、美工设计、店铺装修、创意发散、配套商品服务提供商，提升产品的服务空间。三是引导当地农村电商企业建立信息交流平

台。以"共同发展、分享合作"的互联网精神为理念，挖掘网商对培训、管理、服务等的共同需求，建立以促进区域内农产品的创新、深加工、产业链延伸等为主题和内容的交流平台。

参考文献

陈虎东：《互联网＋农村：农村电商的现状、发展和未来》，清华大学出版社，2017。

李丹青：《"互联网＋"战略下的电商扶贫：瓶颈、优势、导向——基于农村电商扶贫的现实考察》《当代经济》2016年第12期。

张喜才：《产业链视角下农村电商可持续发展生态体系研究》，《物流技术》2016年第5期。

B.7
河北省创新载体建设现状与政策研究

张学海*

摘　要： 在国家实施创新驱动发展战略背景下，各地纷纷建设区域创新中心和创新型省份，创新载体是其建设的重要基础支撑。河北省区域创新载体建设在京津冀协同发展中取得了较快发展，但是存在着布局不合理、实力较弱、服务封闭化等问题。通过加强政府组织引导，积极发挥市场配置资源的作用，多措并举，完善体系，在财政、人才、公共服务等方面的政策推进，促进创新载体建设。

关键词： 创新载体　封闭化服务　公共服务

近年来，国家实施创新驱动发展战略，各地纷纷建设区域创新体系，北京建设全国科技创新中心，上海建设具有全球影响力科技创新中心，河南建设郑洛示范区并启动建设省级制造业创新中心，深圳打造全球科技产业创新中心。这些创新中心的建设成为当前创新型省份和创新型城市建设的重要内容和任务，对创新能力的提升提出了更高的要求。创新能力的提升离不开科技基础设施建设，创新载体就是创新能力提升的承载基础，是建设区域创新中心的重要组成部分。因此，国内发达地区纷纷加大对创新载体的建设力度，欠发达地区加大对创新载体的支持力度，追赶先进地区建设创新型省份。

---

* 张学海，河北省社会科学院财贸经济研究所助理研究员，研究方向为产业经济。

创新载体主要是指为科技创新提供服务的公共服务平台，各类专业技术服务平台和科研机构、企业研发中心、工程技术中心等研发机构的载体。当前创新载体主要包括高新区、众创空间、孵化器、加速器、研发中心、技术中心、新型研发机构、军民融合平台等。顺应新常态下实施创新驱动发展战略的需要，河北省建设创新型省份，就要缩小与发达地区的创新差距，大力发展创新载体，在政策制定和实施上实现突破式发展。

一 河北省创新载体发展现状

京津冀协同发展上升为国家战略后，河北省主动融入京津冀协同发展，积极实施创新驱动发展战略，围绕打造京津冀协同创新共同体，推进石保廊全面创新改革试验区发展、建设河北·京南科技成果转化试验区，补齐各类短板，使创新载体建设迈出新步伐。

（一）创新载体建设多点开花，呈现新格局

1. 高新区规模和实力不断壮大

公开资料显示，河北省国家级、省级高新区达到 30 个，其中国家级高新区 5 个。据 2016 年科技部火炬中心公布的 116 家国家级高新区综合排名结果，石家庄高新区排第 15 位，居河北省国家级高新区第 1 位。2017 年 4 月 1 日，国家级新区河北雄安新区设立，创新驱动引领区就是其身份的一个定位，它将成为河北省重要的创新载体，通过疏解非首都功能，聚集创新资源和要素，在京津冀协同发展下构建新的区域增长极的进程中，雄安新区将成为创新驱动发展的重要引擎。

2. 产业化和科技合作基地不断壮大

河北大力建设产业化基地和科技合作基地，在科技成果转化、产业培养、制度创新等方面取得了显著成效。科技部火炬中心认定的国家级产业化基地 22 个、省级特色产业化基地 55 个。科技部认定的国家级国际科技合作基地 24 家、省级国家科技合作基地 78 家。这些基地对提升河北省科技创新

能力以及产业技术升级有重要的带动作用。

3. 研发机构体系不断完善

各类实验室和研发中心中，重点实验室 111 家，其中国家级 9 家、省部共建 3 家、省级 99 家。工程技术研究中心 259 家，其中国家级 5 家、省级 254 家。产业技术研究院 39 家。科技企业孵化器 89 家，其中国家级 22 家、省级 67 家。众创空间超过 300 家，其中国家级达到 72 家。科技企业孵化器 89 家，其中国家级 22 家、省级 67 家。

4. 京津冀共建创新载体快速推进

2014 年以来，京津冀协同发展持续推进，京津冀积极共建创新共同体和载体。3 年来，河北省与京津共建各类科技园区 55 个、创新基地 62 个、创新平台 157 个、产业技术创新联盟 65 个，引进转化科技项目 550 项，吸引落户京津高科技企业 1350 多家，连通京津、贯通各市、覆盖全省的"三中心"（技术交易、技术转移、创业培训）"两平台"（科技金融、科技资源共享）创新创业综合服务体系初步建成。

（二）创新载体建设的主要成就

河北省创新载体的建设为推进创新驱动战略提供了坚实的基础，在实现人才引进、科技资源共享、产生重大科技成果、促进成果转化与产业化等方面有了显著的成就，在推动河北省产业转型升级方面作用巨大。

1. 集聚高层次创新人才

创新载体集聚和培养了大批优秀的科技创新人才。目前，河北省有"两院"院士 14 人、"千人计划"专家 37 人、"万人计划"专家 22 人、创新人才推进计划 18 人。设立院士工作站 218 家，进站院士 520 名。雄安新区的设立更是集聚了大批高新人才，为了建设雄安新区，中国雄安建设投资集团有限公司面向全国招聘 23 名中高级专业技术人员，集团共收到简历 4123 份，未应聘上的人员也进入了雄安新区重要人才后备库。雄安新区成为河北一个重要的高端人才引进载体。

2.科技创新成果取得新突破

据《2016年河北省科学技术成果统计公报》，2016年共登记科技成果3031项，314项成果达到国际先进及以上水平。其中，达到国际领先水平的28项，占总数的0.92%；达到国际先进水平的286项，占总数的9.44%。在国家科学技术奖励大会上，河北省共有10项科研成果获得2016年度国家科学技术奖。而在河北省科技奖励大会上，共建议授奖项目和个人280项（人），其中省科学技术突出贡献奖2人。唐车动车组、保定长城SUV汽车、石药集团丁苯酞、张家口农科院杂交谷子等一批创新型企业及品牌取得了关键的技术突破。

3.科技成果转化获得突破

"京津研发，河北转化"的模式进一步完善，河北省在搭建转化载体、实施转化项目等方面加快推进步伐。建立河北·京南国家科技成果转移转化示范区，成为河北科技成果转化的重要示范区。石家庄科技大市场以技术转移、产权交易和科技金融为特色，通过发布技术需求与合作，促进了河北省科技成果转移转化工作。2017年上半年，河北吸纳北京技术输出达46.57亿元，同比增长超过20%，占河北省技术合同吸纳额的66.26%，北京已成为河北吸纳科技成果转化的主阵地。

4.科技与金融结合得更加紧密

科技与金融的紧密结合为创新载体建设提供了资金来源。例如，石家庄科技大市场大力发展科技金融，为创新载体建设提供了建设发展资金。河北省廊坊市做大科技金融平台，设立科技金融专项基金，建立创新创业投资基金，成为"河北省科技引导基金试点城市"。建立科技支行，推出了"科保贷"等金融创新产品，加大对科技型中小企业的扶持力度。近日由张家口市金达开元科技企业孵化器有限责任公司等发起组建的"京津冀金融创投联盟"也签署了京冀共建张家口创新创业孵化中心合作协议。

二 河北省创新载体建设存在的问题

近年来，河北省科技创新载体建设成效明显，但是与河北省经济社会转型发展的需求还存在较大差距，已经远远不能满足河北建设创新型省份的需要，存在着亟待解决的突出问题。

1. 布局不合理

一是河北省创新载体建设中科技资源布局分散，难以形成有效的产业集群和企业集聚。资源共享平台方面，建设的规模小，层次低。卫计委、科技厅、教育厅、农业厅、发改委等部门，各自建设和管理着功能类似的科技基础设施和基地，例如科技厅、发改委分别有各自认定和管理的创新平台和载体，这些载体在管理上不能统一领导，难以发挥整体效率。二是产业创新载体分布不均衡，创新型的农业发展载体不足，主要是农业科技园区，第一产业农业科技的其他平台和载体较少。高新技术平台载体仍处于建设初期，在全部创新载体中所占的份额较低。三是在空间分布上，创新载体的全链条布局缺乏统一规划和顶层设计，载体层级建设不清，高水平的载体不足，重点实验室和众创空间与深圳、上海、北京有较大差距。

2. 规模和实力较弱

河北省高新区中，除了石家庄高新区在全国排名靠前外，其他高新区发展规模还较小，区域性特征明显，辐射带动能力较弱，产业层次、创新能力等方面与北京、深圳、浙江等地相比差距明显。各类研发机构成立时间较晚、数量较少，科技成果转化率较低，对科技型企业的服务和孵化能力较弱。从国家级载体数量来看，河北省明显偏少，当前各省市都在实施创新驱动战略，建设创新型省份，各类、各级别创新载体不断涌现，竞争将更加激烈。

3. 优秀人才匮乏

河北省虽然是人口大省和教育大省，但是人才却很匮乏，特别是高端人才缺乏，这个问题由来已久，短期内难以破解。目前，河北省唯一一所"双一流"高校在天津，对于人才的吸引、培养、留存都有很大的影响。优秀毕业生就业也选择临近的北京和天津或者南方发达省市。当前，各地又纷纷出台人才新政，掀起"抢人才"潮，使河北人才问题面临更严峻的挑战。河北省缺少国家的大院、大所，院士、杰出青年人才、国家"千人计划"

等高、精、尖人才稀缺，虽然河北省也积极推进院所共建和实施国家省市的各项人才计划，但是效果不好。

4. 公共服务封闭化

河北省创新载体基于原有部门的分割、科技资源的分散配置，难以综合利用。创新载体本身对于产学研结合深入不够，各自为政、相对封闭运行，对本领域或本行业进行技术指导、咨询服务意识不强，面向全社会的开放服务滞后，公共服务的功能没有向外拓展，处在封闭化的状态。对于产业发展、行业引领、社会应用等，创新载体一方面基于自身保密的原因以及封闭性管理方式，自身的服务功能封闭化；另一方面又是基于自身利益，选择性地对外封闭。创新载体的公共服务特别是对于基础研究和公共需求的服务不能满足社会发展的需要，在共享经济发展的大背景下，公共服务封闭化严重影响创新载体的发展。

5. 协同创新载体建设不足

一是众创空间、孵化器、新型研发机构等创新载体之间相互脱节、缺少交流、各自为战，缺少载体间的联动合作，产学研政合作进展不快。围绕重大任务，集中优势力量协同攻关创新能力不强。二是区域协同创新载体建设不足。京津冀协同发展要真正落实，就要加快缩小河北与京津差距，积极引进京津优势创新载体建立植根于河北的协同创新载体，为河北省创新驱动发展提供载体和依托。而河北与京津协同构建创新载体的时间较短、层次还较低。京津的大型院所已经跟国内经济发达省市较早合作，成立了高端协作平台。例如深圳的北大研院和清华研院于2001年成立。浙江早在2009年就与京津地区科研部门合作，引进共建了一批创新载体。嘉兴市秀洲区引进了中关村长三角创新园，桐乡市与中科院电工研究所共建了桐乡新能源研发中心。2009年以来，浙江清华长三角研究院已累计承担纵向科研项目94项，与企业开展横向科技合作64项。

6. 科技成果转化不足

河北省创新载体的科技成果转化率不高，能够产业化的成果较少。在原始创新方面，河北省的创新成果水平不高，缺乏核心竞争力，不少科技创新载体的创新能力还有待提高。一是河北省科技成果转化意愿不强，科技成果市场化推广路径不畅，科技成果转化收益不确定。二是京津科技成果向河北转化仍然不足，趋向江浙沿海发达地区转化，对于河北的科技成果转化溢出效应较弱。

三 加快河北省创新载体建设的政策建议

（一）多措并举，促进科技创新载体科学发展

1. 加强组织领导

加强组织领导，完善顶层设计，设立全省层面的、统一各科技创新部门的创新载体建设领导小组，制定统一规范政策。促进创新载体认定的规范化，建立载体认定的统一标准，统一由科技厅具体实施。营造有利于创新的良好氛围，提高解放思想、勇于创新的意识，重点加强企业家精神的教育和宣传，以典型示范的形式提高企业家创新意识，激发企业家创新动力，加快创新载体的建设速度。转变科研管理理念和方式，把"有形的手"和"无形的手"结合，发挥政府宏观管理职能，坚持市场配置资源的基础作用，在载体建设和发展中，要坚持有所为有所不为，真正发挥好政府这只有形之手的作用。

2. 加强绩效考核评价

创新载体建设是创新型省份建设的重要内容，要通过绩效考核把握创新载体的发展情况，以便更好地促进创新载体科学发展。一是建立绩效考核硬性指标。制定透明指标，参考浙江经验，创建科技创新指标云服务平台。对创新载体拥有的仪器设备、资金、人才，以及实现的发明专利、科技创新服务等数据统一上传，发展成大数据。二是采取专家理论评价和实地抽查相结合的方法，在理论评分的基础上，实行动态抽查调整，保证创新载体的绩效评价并依托绩效评价抓问题，督促创新载体问题的整改。三是不同种类的创新载体实行差异化绩效评价标准。针对不同的创新载体设置柔性指标，在其

他指标上体现权重差别，不搞指标权重设定"一刀切"

3. 加强协同创新联盟建设

继续推进京津冀开发区创新发展联盟、产业技术创新联盟、众创联盟等京津冀和河北省协同创新联盟的建设。一是增加联盟主体。加快引进三地创新载体进入联盟，扩大规模。二是推进三地创新载体协同统筹、要素开放、资源共享，打造京津冀一体化的创新创业生态圈。三是推进联盟领军企业发展，带领联盟实质性发展。

4. 完善配套政策支持体系

出台更加完善的配套文件，在总体上和细节上为创新载体建设提供政策支持和制度保障。借鉴中关村、杭州、河南等地做法，制定创新载体建设政策、加大企业引进和建设研发载体的实施办法，对被认定为国家、省、市级企业研发机构和企业与"大院名校"合作兴办的研发机构给予经费资助；对被评定为优秀的企业研发机构给予奖励；新建和共建载体的专门用地，按科研用地办理协议出让手续等。对这些政策，要加大宣传力度，让企业普遍知晓，让创新载体建设无忧。

（二）优化服务政策，加快创新载体发展和创新成果转化

1. 加大财政支持力度

一是通过政府财政补贴推动拥有重要仪器设备和技术实力的实验室、专业服务业机构、孵化器等推进面向市场的公共服务。新建创新载体给予一次性补贴，对于已建的创新载体，通过评估给予每年最高补贴。二是加大政府采购力度，扩大范围。对区域性载体发展、产品和服务发展实施政府购买，为创新载体发展提供项目支持，促进载体发展，形成示范作用。三是建立科技创新载体的奖励政策。设立创新载体奖励基金，对于创新载体在基础研发、企业孵化、社会推广等方面的成绩，给予明确的财政奖励。

2. 完善高层次科技人才支持保障体系

继续深入实施《河北省中长期人才发展规划纲要（2010～2020年）》和《关于深化人才发展体制机制改革的实施意见》，以及近期出台的《关于

提高技能人才地位的若干意见》，对高层次人才发展和相关的人才体制改革进行科学规划。一是建设创新载体人才库，实行特权式统一管理。创新载体的人才在省内各载体平台共享，鼓励人才在创新载体中自由流动，人才流动经费和工资在载体平台上实行均摊制，高于行业标准。二是依托载体和产业集聚人才，布局新型研发机构，加大新兴前沿产业招商力度，以引领新风向和适应新消费的研发机构和产业布局集聚专业人才。三是建立人才支持基金吸引创新人才。以大量的先期引人资金吸引创新人才来河北，对于加入或者创建创新载体的人才给予突破性的资金支持和奖励。

3. 加快科技公共服务支撑体系建设，集聚共享优质创新资源

一是加大各类科技公共服务平台的建设力度，为创新载体建设提供资金、政策、信息等方面的支持。建立和完善技术转移、成果转化及产业化的相关保障机制，加大第三方中介服务建设力度。二是拓展企业平台服务领域。鼓励和引导企业搭建为行业和区域服务的科技成果转化、检测检验、设备共享等专业服务平台。重点整合创新载体配套的工程中心和有检测资源的设备共享平台，为中小微企业和创新载体技术创新提供有效支撑。三是加快政府购买服务。为创新载体提供包括评估、认定、知识产权证券化、科技担保、贴息贷款等的综合服务。

4. 大力发展科技金融，加强载体资金保障

一是大力培育和引进创业投资机构。充分发挥河北省风险投资引导资金作用，不断引领创业投资机构的投资意愿，扩大河北投资项目规模，优化投资方向，以此引导社会创业投资机构进入创新载体建设领域进行创新项目孵化。加强对政府引导基金引领下的创业投资机构的监督和管理，拓宽创新创业载体的融资渠道，提升创新发展水平。积极推进京津冀科技金融协同，重点引进京津股权投资和创业投资机构，鼓励其向初创型科技企业投资。二是加快发展科技支行。出台相关配套政策支持科技支行发展，给予科技支行利息补贴、担保费补贴、贷款贴息。推动科技支行为科技型中小微企业提供专业、专注、高效的金融服务，扶持科技型中小微企业快速发展。

5. 加大对科技成果转化的支持力度，促进创新载体成果实际转化

一是加强高校和科研院所专业化技术转移机构建设，统一管理科技成果生成和转化。二是落实以增加知识价值为导向的分配政策。赋予科技成果转化单位和个人更高层次的处置权和更高的收益权，推进股权、期权和分红的激励机制。完善科技成果知识产权化、证券化，激励科研人员科技成果转化意愿。三是建立专业高效的科技成果转化市场交易体系。完善科技成果转化的专业服务体系，大力发展专业中介，连接技术转移服务机构、投融资机构、高校、科研院所和企业等，解决科技成果转化中的专业问题。

参考文献

《国务院办公厅关于印发促进科技成果转移转化行动方案的通知》（国办发〔2016〕28 号），2016 年 5 月 9 日。

高飞：《浅析科技创新体系中科技公共服务》，《中国高校科技》2017 年 3 月 10 日。

《广东力推科技创新平台体系建设》，《广东经济》2017 年 6 月 5 日。

《京津创新种子花落浙江》，《浙江日报》2009 年 10 月 15 日。

B.8
新常态下河北省固定资产投资项目
融资渠道分析及政策建议

杜 欣[*]

摘　要：　就河北而言，当前固定资产投资项目所需资金主要来自国
　　　　内贷款、自筹资金、PPP融资、国家预算资金四个渠道。
　　　　进入新常态后，河北省经济下行压力较大，经济增速已下
　　　　降至中高速区间，在目前外需依然无力、消费潜力有限的
　　　　情况下，稳增长更为依赖于稳投资。但当前民间投资下降
　　　　严重，政府稳投资的责任凸显。京津冀协同发展、规划建
　　　　设雄安新区、张家口举办2022年冬奥会雪上项目，进一步
　　　　加重了政府的投资责任，增加了政府的融资压力。与此同
　　　　时，中央对地方负债的监管力度空前，政府原有的融资渠
　　　　道被堵塞，市场化融资成唯一选择。在此情况下，稳投资
　　　　必须充分借助社会资本的力量，为此，一是要大力激活民
　　　　间投资，二是要注重政府投资的引导性，三是努力推进
　　　　"真"PPP模式，四是开展银行业金融创新，五是进一步扩
　　　　大直接融资规模。

关键词：　固定资产投资　融资渠道　河北省

---

　　* 杜欣，河北省社会科学院财贸经济研究所副研究员，主要研究方向为固定资产投资。

进入新常态以来,河北省经济下行压力较大,2014 年以来 GDP 增速均在7% 以下。在目前外需依然无力、消费潜力有限的情况下,遏制住经济惯性下滑,仍然要在"稳投资"上做文章。但近几年河北省固定资产投资增速回落过大、过快,2015 年、2016 年、2017 年上半年全省固定资产投资(不含农户)同比增长分别为 10.6%、8.4%、6.8%,这一方面由于工业领域和房地产领域"产能双过剩",新的增长点尤其是重大科技创新还没有形成大规模产业化浪潮,民间投资增长乏力,2017 年上半年全省民间投资同比增长仅 4.2%;另一方面则是由于当前经济下行压力较大,财政收入增收乏力,加之融资平台与政府解绑、地方政府债券发行严格受控,政府投资能力大大低于以往。如何在防范债务风险、金融风险的同时,保证固定资产投资的资金需求,就成为当前稳投资的关键。

一　主要融资渠道

就河北来说,目前固定资产投资所需的资金主要来自国内贷款、自筹资金、PPP 融资、国家预算资金四个渠道,来自其他融资渠道的资金占比极小。

(一)国内贷款是融资的首选渠道

国内贷款,顾名思义是指境内的银行或非银行金融机构供给的,用于固定资产投资的贷款。国内贷款成本低、供给可靠,长期以来一直是河北省固定资产投资的首选融资渠道。据统计,国内贷款是河北固定资产投资的第二大融资渠道。2015 年,河北省固定资产投资(不含农户)到位资金中国内贷款占 6.6%,为 1922.8 亿元,占比显著低于全国 10.5% 的平均水平,贷款总额在各省(自治区、直辖市)中也仅仅排在第 15 位,与河北省固定资产投资(不含农户)到位资金全国第 5 位的地位极不相称(见表 1)。

表1　2015 年各省（自治区、直辖市）固定资产投资到位资金
中国内贷款总量排序

单位：亿元

江苏省	4823.31	贵州省	1812.51
广东省	4568.18	内蒙古自治区	1719.41
山东省	4109.51	新疆维吾尔自治区	1607.45
河南省	4076.22	云南省	1498.6
浙江省	3030.79	安徽省	1255.43
湖北省	2698.37	陕西省	1226.21
辽宁省	2399.81	甘肃省	997.46
四川省	2374.54	江西省	835.2
北京市	2360.42	宁夏回族自治区	712.81
广西壮族自治区	2274.83	青海省	681.36
重庆市	2261.77	山西省	650.19
天津市	2209.88	海南省	623.36
福建省	2173.85	吉林省	457.02
上海市	2050.79	黑龙江省	288.72
河北省	1922.8	西藏自治区	10.79
湖南省	1840.75		

资料来源：《中国统计年鉴 2016》。

由于当前经济下行压力加大，金融机构普遍加强了风险防控以保证
资金安全，导致近年来河北省固定资产投资中源自国内贷款的资金呈现
负增长，例如 2016 年国内贷款总额就比 2015 年下降了 5.6%（见表
2）。此外，很多中小企业可抵押资产很少甚至没有，并且财务不透明，
外部很难了解其资金流向，因此，银行等金融机构在防控风险时将其视
作重点关注对象。许多中小企业，尤其是处于创业阶段的企业贷款困难，
即缘于此。

表2　2016年河北省固定资产投资（不含农户）来源数据

单位：亿元，%

指标	绝对量	同比增长
固定资产投资(不含农户)到位资金	30528.9	6.9
其中:国家预算资金	1260.4	20.7
国内贷款	1768.6	-5.6
利用外资	31.6	-25.9
自筹资金	25168.4	5.5

资料来源：河北省统计局月度数据。

（二）自筹资金是第一融资渠道

自筹资金，正如字面所言是指由投资者自行筹集的，用于固定资产投资的资金。自筹资金一直是河北固定资产投资最主要的融资渠道，没有之一。据河北省统计局统计，2015年，全省固定资产投资到位资金中自筹资金占83.6%，为24321.7亿元，占比仅少于吉林、黑龙江，各省市中排在第三位，远高于71%的各省市平均水平，在资金总量上仅低于山东、江苏、河南，在各省市中排在第四位。无论是占比排名还是规模排名，自筹资金都高于固定资产投资到位资金（见表3）。这说明，与大多数省份相比，河北省固定资产投资的稳定更多地依赖自筹资金的稳定和增长。在过去几年的经济低迷中，河北省的固定资产投资可以保持个位数的增长，归根结底还是在于保持了自筹资金的适度增长。

自筹资金主要由自有资金和外部融资构成。自有资金通常都比较缺乏，无法满足投资需要，自筹资金中一般外部融资的比重较大。外部融资按是否经过中间机构可分为间接外部融资（正规或非正规金融机构发放的各种形式的贷款，不含专门投资固定资产项目的贷款）和直接外部融资（投资单位公开或私募发行的各种类型的股票和债券等）。直接外部融资能够帮助企业降低融资的杠杆率和财务成本，能够有效地把资金输送给难以获得贷款的民营企业特别是中小型民营企业。长期以来，河北企业对直接外部融资的热

表3　2015 年各省（自治区、直辖市）固定资产投资到位资金中自筹资金排序

单位：亿元，%

省(自治区、直辖市)	自筹资金	自筹资金占到位资金比重	省、直辖市、自治区	自筹资金	自筹资金占到位资金比重
山东省	41006.88	81.8	内蒙古自治区	10453.5	77.1
江苏省	36633.26	72.7	山西省	9948.61	81.9
河南省	27936.72	78.6	重庆市	9492.33	58.6
河北省	24321.7	83.6	黑龙江省	9333.49	86.5
广东省	21266.72	58.1	天津市	9075.92	69.4
湖北省	20913.66	77.4	云南省	7042.35	59.8
湖南省	20570.47	77.7	新疆维吾尔自治区	6517.23	60.7
安徽省	18766.99	76.8	贵州省	6263.38	60.4
浙江省	18435.73	64.3	甘肃省	5606.8	65.2
四川省	17569	66.7	北京市	3759.31	36.1
江西省	15152.15	81.3	上海市	3010.99	36.8
福建省	14972.29	68.8	海南省	2045.57	54.1
陕西省	13601.18	74.8	宁夏回族自治区	1700.74	55.3
辽宁省	13517.85	73.8	青海省	1578.12	50.2
广西壮族自治区	11530.68	67.3	西藏自治区	458.06	27.6
吉林省	11260.8	87.2			

资料来源：《中国统计年鉴2016》。

情很高，但直接外部融资实际门槛太高，企业往往迈不过去。比如创业板"三个不少"（持续运营不少于 3 年，公司总股本不低于 3000 万元，公司股东人数不少于 200 人等）的准入条件，把大量高成长性企业拦在门外。截至 2016 年 9 月 18 日，A 股上市公司共有 2923 家，总市值达 58.67 万亿元，其中河北仅有上市公司 51 家，总市值 8156.30 亿元，按总市值计算排在全国第 13 位，这与河北省固定资产投资到位资金中自筹资金全国第 4 的排名极不相称（见表4）。

（三）PPP 是基础设施融资的重要渠道

PPP 是 "Public-Private-Partnership" 的简称，译为政府和社会资本合作，指的是公共部门与私人企业在基础设施及公共服务领域以某个项目为基础而

表4　截至2016年9月18日各省（自治区、直辖市）A股上市公司市值及数量

单位：万亿元，家

省（自治区、直辖市）	A股上市公司市值	A股上市公司数量	省（自治区、直辖市）	A股上市公司市值	A股上市公司数量
北　京	14.78	273	陕　西	0.61	44
广　东	8.32	447	新　疆	0.56	46
上　海	5.38	228	天　津	0.53	42
浙　江	3.75	309	山　西	0.53	37
江　苏	3.52	294	内蒙古	0.49	25
山　东	1.83	166	黑龙江	0.43	35
福　建	1.44	105	吉　林	0.42	40
四　川	1.26	109	江　西	0.39	35
湖　北	1.06	90	广　西	0.38	36
安　徽	1	90	海　南	0.37	29
湖　南	0.88	84	云　南	0.36	32
河　南	0.85	74	甘　肃	0.27	29
河　北	0.82	51	青　海	0.15	12
辽　宁	0.81	73	西　藏	0.14	12
重　庆	0.64	43	宁　夏	0.08	12
贵　州	0.62	21			

资料来源：中商情报网讯。

形成的合作模式。常见的做法是，社会资本出钱出力；政府出政策，有必要的话也出点钱；基础设施使用者掏使用费。过去河北省各地的公共基础设施建设除了靠土地开发，就是靠政府借债，随着时间的推移债务规模逐步增大，偿债压力日益增大，风险也不断提升，近年来中央已多次发文要求地方严控政府债，借债建设的路越来越难走。因此，在国家力推PPP模式的背景下，河北省把PPP工作作为培育经济增长点、增加公共产品和服务供给、吸引鼓励民间投资、促进供给侧结构性改革的一项重要举措，大力加以扶持。在政府的大力推动下，河北省推行PPP模式取得了显著成效。根据财政部PPP中心数据，截至2016年10月，河北省共有441项PPP项目入库，占全国总数的4.21%，排在全国第9位；入库项目金额6209.91亿，占全国的 4.94%，排在全国第 6 位。PPP 项目不论数量还是规模，在全国均相对靠前。但我们也发现，很多地方政府在 PPP 项目的谋划推进上"剃头挑子一头热"，地方政府为了融资以及落实中央严控地方负债的要求，对 PPP 态度热烈，而社会资本对地方政府公信力存在怀疑，对预期投资回报也不太满意，态度要冷淡得多。这就导致了到目前为止，各级政府发起的 PPP 项目，能与社会资本达成合作初始意愿的也就只有 1/10 左右。

（四）国家预算资金是提振投资的抓手

国家预算资金是指在财政预算中安排的，用于固定资产投资的财政拨款（包括财政安排贷款）和各种政府债券。我国过去二十年的发展经验证明，政府投资能够刺激内需，从而有效带动私人部门的投资增长。而政府投资的钱从哪来？过去是两个"财政"，一个是"大财政"，即国家预算资金；另一个"二财政"，即投融资平台，"二财政"往往还更重要一些。随着地方投融资平台不再被允许扮演"二财政"的角色，国家预算资金就成了政府投资最主要的资金来源。国家预算资金为河北省维持固定资产投资稳定做出了重要贡献。新常态下，投资机会相对匮乏，体量占全省固定资产投资近八成的民间投资增速出现了断崖式下降，2015 年增速比上年直接下滑了近 10个百分点。但河北的固定资产投资增速总的下降幅度却远小于民间投资，其关键原因在于国家预算资金对社会资本的拉动作用。在 2016 年的投资到位资金中，外资大降 25.9%，国内贷款下滑 5.6%，但国家预算资金大涨20.7%，从而带动了自筹资金增长 5.5%，最终使得河北省城镇固定资产投资较 2015 年增长了 8.4%，超过全国平均水平 0.3 个百分点。

相对来说，河北省国家预算资金规模较小。据河北省统计局数据显示，2015 年，河北省固定资产投资（不含农户）到位资金中国家预算资金占3.59%，排在全国第 26 位，仅高于河南、吉林、江苏、山东、天津，远远低于全国 5.29%的平均水平，资金总量为 1044.58 亿元，排在全国第 16 位，远远低于河北省固定资产投资到位资金的全国排名（第 5 位）。而继"四万亿"之后，国家和地方政府逐渐从"强刺激"变成"中刺激"，甚至变成

"弱刺激"，表明政府投资的边际效用正在快速下降。有鉴于此，在河北省国家预算资金难以继续大幅度增长的条件下，如何保持其带动私人部门投资增长的有效性将是一大难题（见表5）。

表5 2015年各省（自治区、直辖市）固定资产投资到位资金中国家预算资金排序

单位：亿元，%

省（自治区、直辖市）	国家预算资金	国家预算资金占到位资金比重	省（自治区、直辖市）	国家预算资金	国家预算资金占到位资金比重
广东省	1755.3	4.80	北京市	964.25	9.26
浙江省	1658.55	5.78	辽宁省	821.73	4.49
四川省	1656.81	6.29	江苏省	806.89	1.60
新疆维吾尔自治区	1561.52	14.55	山东省	752.41	1.50
福建省	1498.67	6.89	山西省	720.97	5.93
云南省	1463.23	12.42	内蒙古自治区	705.02	5.20
湖南省	1331.43	5.03	江西省	678.02	3.64
陕西省	1238.36	6.81	青海省	609.03	19.36
河南省	1228.73	3.46	贵州省	598.15	5.77
广西壮族自治区	1207.52	7.05	上海市	501.61	6.13
安徽省	1145.89	4.69	黑龙江省	499.99	4.63
重庆市	1145.65	7.07	吉林省	436.46	3.38
西藏自治区	1137.3	68.42	宁夏回族自治区	307.03	9.98
甘肃省	1101.91	12.82	海南省	209.71	5.54
湖北省	1050.37	3.89	天津市	163.87	1.25
河北省	1044.58	3.59			

资料来源：中国统计年鉴。

二 面临的新形势

进入新常态后，特别是2015年以来，河北省固定资产投资面临着一些新情况、新问题。

（一）经济增速已下降至中高速区间，稳定增长更依赖投资

自2012年河北省GDP增速跌入个位数以后，2014年、2015年、2016

年连续三年GDP增速不足7%，这标志着河北省经济告别了过去那种狂飙突进式的高速增长，进入中高速增长阶段。但要保持中高速增长并不容易，首先是外贸依存度低，长期以来河北省外贸依存度在东部沿海省份中居末位，2015年仅为10.8%，远低于国内各省市41.5%的平均水平，对河北省来说出口这架"马车"从来就跑不快。其次是消费潜力有限，2016年，河北省全社会消费品零售总额14364.7亿元，居全国第8位，而河北全省居民人均可支配收入排在全国第19位，收入低，消费高，继续扩大消费潜力有限，消费这架"马车"已很难跑得更快。"三驾马车"中仅投资尚有余力。对当下的宏观调控来说，稳定增长是目前的问题，调整结构是一个长期的问题，解决不了目前的问题，长期的问题也就无从解决，目前的紧要工作是防止经济继续惯性下滑，以便为后续转方式、调结构赢得时间，并夯实基础。由于出口无力、消费潜力有限，政策施力点无疑会放到控制投资增速下降过快过猛上，发挥合理、有效投资遏制经济下滑的重要作用。

（二）动力转换初具成效，但民间投资下降严重，政府责任凸显

在供给侧改革的背景下，河北省在经济结构调整上实现了新的突破。2016年全省第三产业增加值为13276.6亿元，占全省生产总值的41.7%，较2015年提高1.5%，增速达到两位数，为11.2%，快于GDP增速的4.4%，经济增长贡献率为59.1%，比第二产业高24.2个百分点。装备制造业从2011年开始，连续6年在制造业中领跑，2016年河北装备制造业增加值占规模以上工业的26.0%，高出钢铁0.5个百分点，实现了对钢铁业的超越。高新技术产业上升势头强劲，高新技术产业增加值2015年、2016年连续两年增速超过10%，2016年增长13.0%，比规模以上工业增速高8.2个百分点；占规模以上工业的比重也连续提升，2016年已达18.4%，较2015年提高了2.4个百分点；投资也快速增长，比2015年增加10.7%，增速比固定资产投资总体增速高2.3个百分点。可以说，当前河北省新旧动能转换初具成效。

与此同时，河北省民间投资增速却遭遇断崖式下滑。2014年河北省民

间固定资产投资增速还高达 18.1%，2015 年增速几乎直接抹去了十位数，仅剩下 8.5%，2016 年则继续下降至 5.6%。占固定资产投资的比重也从 2014 年的 78.6% 一路下滑到 2016 年的 76.7%。增速迅速下降的关键原因是投资机会欠缺，详细来说：一是宏观经济环境低迷，缺乏有效需求，隐藏其后的既有长期的结构性因素——人口结构、收入结构等，又有短期的周期性因素——存货调整、产能过剩等；二是房地产和股市投机过度，大量民间资金"脱实向虚"，通俗地说就是民营企业的钱都拿去炒房子炒股了；三是民营企业在融资、市场准入、享受政府扶持等方面，较之国有企业往往处于绝对劣势（见表6）。

表6　河北省民间固定资产投资数据

单位：亿元，%

指标	2016 年		2015 年		2014 年	
	绝对量	同比增长	绝对量	同比增长	绝对量	同比增长
固定资产投资(不含农户)	31340.1	8.4	28905.7	10.6	26671.9	15.0
其中:民间投资	24034.7	5.6	22769.4	8.5	20975.7	18.1

资料来源：河北省统计局月度数据。

与民间投资的疲软表现相比，河北省的国有经济近两年在固定资产投资方面表现得十分强劲，2014 年国有经济固定资产投资还只有 7.1% 的增长率，到 2015 年就快速上涨到 23.1%，2016 年继续保持在 16.2% 的高位。这说明国有投资正在力图弥补民间投资撤离后留下的空位，成为河北省维系经济稳定和推动结构调整的重要力量，而这无疑是受到了政府的驱使，也反映出新常态下政府投资责任的加重。

（三）京津冀协同发展、规划建设雄安新区、冬奥会花落张家口加大了政府的融资压力

三大国家战略之一的京津冀协同发展的落地实施、继深圳和浦东之后又一具有全国意义的新区——雄安新区的规划和建设、2022 年冬奥会雪上项

目在张家口举办，给河北带来了千载难逢的发展机遇。要抓住机遇，必须尽快补齐短板，这就要求河北在交通、城镇建设、环保、产业转移等方面加大固定资产投资力度。而在投资规模上，少说也得以万亿元为单位，甚至会以十万亿元为单位。仅以雄安新区为例，鉴于雄安新区定位比肩深圳特区和浦东新区，我们参照深圳和浦东建设 5 年后的人口密度以及浦东建设前 5 年的人均固定资产累计投资额，按照雄安新区 200 平方公里的初期规划面积计算，可推测雄安新区建设前 5 年的固定资产累计投资总额为 3750 亿元；再参照深圳和浦东建设 20 年后的人口密度以及浦东建设前 20 年的人均固定资产累计投资额，再按照雄安新区 2000 平方公里的远期规划面积计算，可估算出雄安新区 20 年内固定资产总投资额为 48000 亿元。面对如此巨量的资金需求，即便中央会给予河北部分支持，政府依然面临空前的融资压力，在地方政府过去的主要融资渠道——投融资平台不再扮演"二财政"角色的情况下，融资将更考验政府的智慧。

（四）中央对地方负债的监管力度空前加大，原有的融资渠道被堵塞

过去，受国家预算法律的制约，政府不能直接举债，各地便注册成立了各种投融资平台，凭借政府信用进行融资，融资渠道主要是银行贷款。公允地说，在分税制改革后，地方政府的事权和财权没有出现严重不平衡，平台公司的功劳不能抹杀。但平台公司举债规模几乎不受约束，导致"四万亿"以后债务总量迅速攀升，平台偿还能力不足的问题凸显。随着新常态到来以及平台债务集中到期，平台公司的债务风险迅速增加，并向银行和政府财政传导。为控制系统性风险，自 2014 年开始，中央不断要求地方融资平台不得再充当政府"二财政"。2014 年 10 月出台的国发〔2014〕43 号文，明确要求"修明渠、堵暗道，剥离平台公司的政府性融资职能，允许地方政府视情适当举债"。2017 年 5 月 3 日出台的财预〔2017〕50 号文，对 43 号文的要求又再次加以强调。平台公司的"第二财政"时代即将落幕。

"二财政"没有了，一些地方又打起了政府购买服务的主意。常见做法是，把政府建设工程包装成政府购买服务项目，建设资金以政府购买服务的名义分期付给受托代建企业，这相当于政府向建设企业借了一笔需分期偿还的债，与中央严控地方负债的要求相抵触。鉴于以上乱象，2017年6月2日出台的财预〔2017〕87号文，列出了禁止进入采购范围的负面清单，包括交通、电信、城市公用事业以及科教文卫领域的基础设施。而负面清单上的项目，普遍运营收益稳定，比较适宜PPP模式，也就是说，以后能用PPP的项目就不允许走政府购买服务。

三 优化融资渠道的政策建议

根据上述分析，可以说，"事多钱少"是当前及以后一段时间内，河北省固定资产投资面临的"新常态"，要适应这个"新常态"，单靠政府是肯定不行的，关键还是要借助社会资本的力量。

（一）大力激活民间投资

河北民间投资在规模上能占到全部固定资产投资额的八成，但其近年来增长乏力，严重拖累了河北省经济。而民间投资疲软的直接原因，是当前经济形势下没赚钱的投资机会。建议：第一，降低准入门槛。将公共服务、基础行业、社会事业等向所有市场主体开放，统一市场准入标准，为民间资本参与竞争提供便利条件。民间投资建设或运营的固定资产投资项目，政策待遇与国有投资项目相同。第二，加大价格改革力度。加快完善水、电、气、市政公用事业、环境污染治理等领域的价格形成、调整和补偿机制，保证民间资本进入后可以获得正常收益。价格调整一时不能到位的，可以安排财政资金根据实际情况给予合理补偿。第三，继续推进简政放权。进一步减少政府对市场的不必要干预，市场能管好的就交给市场，在有必要使用政府"有形之手"时，时刻注意治理乱作为与不作为，降低市场主体正常经营的行政成本。

（二）政府投资要注重引导性

受新常态及去产能影响，河北省财政收入增速下滑严重，2016年增速为8.0%，与2012年相比近乎腰斩，再加上政府发债额度又比较有限，目前政府兜里的钱实在不多，能拿出来投资的就更少了。因此，政府资金在使用上必须精打细算，注重撬动社会资本。建议：第一，调整投资方向。政府资金应从竞争性行业逐步撤出，只进入市场机制不健全的公共性和基础性领域，如生态环境修复、新兴产业培育、市政基础设施等，以后经营性项目原则上不再支持。第二，改变投资方法。变自己投为补偿别人投，凡政府有义务支持的项目，先要通过注资、补贴、贴息、购买服务等补偿手段来增加项目的投资回报率，引导社会资本投资。第三，转移投资目标。将政府投资的目标从项目上移开，放到投资公司身上去，通过入股股权投资基金、成立母基金，以少量的政府资本撬动庞大的金融资本。

（三）推进"真"PPP模式

作为一种在河北省还未足够成熟的固定资产融资和建设模式，PPP模式在操作上还有很大的改进空间。为使PPP模式在当前政府偿债压力巨大、原有融资模式被限的背景下，能够有效地解决基础设施特别是公用事业项目建设和运营问题，建议：第一，要正确对待PPP，地方政府要搞清楚、想明白哪种类型的项目适合做PPP，不适合的不能为了政绩非要搞成PPP，更不能为了引资，在PPP合同外约定保底、回购甚至明股实债。第二，要有公信力。首先，政府不能为了加快当地发展，跟社会资本方订下难以执行的合同，"先签了再说"的心思不要有。其次，在合同有效期限内，政府职能部门要本着契约精神，严格遵守合同，认真履行各项义务，兑现各项承诺，"以后再反悔"的想法要不得。第三，收益分配要科学。鉴于当前社会资本方观望心态较重，短期内可以适当提高一些投资收益，调动社会资本的积极性，长期上还是要通过公开、合理地制定PPP项目定价机制、调价机制、补贴机制，使投资回报稳定合理，以稳健的收益而非暴利来打动社会资本。

第四，风险划分要适当。政府和社会资本方应以"谁有能力谁负责"为指导原则来分担风险，一般来说，市场上面的风险由社会资本方来承担，而政策上面的风险由政府来承担，其他风险共同负责。第五，政府监管要加强。鉴于私人资本逐利特性，在 PPP 项目的合同期限内，相关职能部门要做好合同监管、公司监管和行政监管，保证在项目存续期间，政府"监督者"角色不缺位，"管理者"话语权不丧失。

（四）开展银行业金融创新

在当前银行戴着"控风险"这个紧箍的情况下，增加固定资产投资与其指望商业银行继续扩大信贷规模还不如期待银行的非信贷支持更为实际。同时在新常态下，过去"躺着就能赚钱"的银行业迎来了一个艰难时期，唯有扎实推进金融创新，谋求转型发展，才能有效应对挑战。建议：第一，推动非信贷业务发展。首先，鼓励银行在开展信贷业务的同时，在守住法规和风险红线的前提下，积极开展非信贷业务，创新债、贷、股结合的融资解决方案，更好地满足固定资产投资项目多元化融资需求。其次，鼓励银行以重大基础设施项目贷款、安居工程贷款等短期难以兑现但长期收益有保证的信贷资产为基础，发行资产抵押证券，出售证券所得资金再用于发放其他贷款。最后，支持大中型银行拓展业务空间，利用其经营范围涵盖信贷、信托、租赁、基金等领域的优势，为固定资产投资项目提供贷款、发债、租赁、上市等综合化金融服务。第二，提供非直接融资服务。首先，鼓励银行以参股、控股投资公司或成立具有资质的子公司等方式开展股权投资业务。其次，鼓励银行业金融机构推出股权类和债券类银信合作产品，帮助优秀企业吸引社会资本，推动基础设施类项目顺利实施。

（五）进一步扩大直接融资规模

在当前经济下行的压力下，银行普遍加强了风险防控，慎贷惜贷行为愈发普遍，间接融资愈发困难，直接融资对河北省固定资产投资项目的重要性愈发凸显。但进一步拓宽直接融资渠道，涉及国家制度层面上的东西太多，省里能够操作的比较有限，当前较为现实的选择是谋求在现有制度条件下进一步扩大直接融资规模。建议：第一，扩大债券融资规模。支持符合条件的项目公司发行企业债、公司债、项目收益债以及其他债券；创新债务融资工具，发行可续期债、可交换债等股债结合融资产品，为企业提供更加多样化的融资选项。第二，加大股权融资力度。鼓励上市公司根据自身发展需要进行战略性并购，迅速提高综合实力；扩大上市后备队伍，选择管理规范、成长潜力大的企业纳入后备队伍，有针对性地进行企业上市培育。第三，拓宽险资投资渠道。支持保险资金参与信贷、基础设施、商业物业等领域资产证券化，支持保险公司以持股、购买债券和信托产品等形式为固定资产投资项目提供支持。

雄安新区及其周边生态
系统服务价值研究

许凯凯*

摘　要：　国家提出雄安新区建设的目标，预示着未来较长时间内该地区将得到大规模建设与跨越式发展。本文从雄安新区生态系统服务价值入手，对雄安新区及其周边地区生态系统供给服务价值、调节服务价值、文化服务价值以及支持服务价值四种价值进行分解及核算。主要目的是为雄安新区生态系统资产化管理、生态补偿、生态服务有偿使用等提供理论参考与实践依据。同时，指出了雄安新区绿色可持续发展的路径，并为雄安新区未来可持续发展提出具体对策建议。

关键词：　雄安新区　生态系统服务价值　可持续发展

一　提升雄安新区及其周边生态系统管理的战略意义

生态系统服务（Ecosystem Services）是指生态系统与生态过程所形成及所维持的人类赖以生存的自然环境条件与效用。它不仅包括生态系统为人类生存所提供的食物、淡水和其他生产所需的原材料，更重要的是对地球生命支撑系统的支撑与维持，对全球生物地球化学系统平衡与稳定的维护以及对

---

* 许凯凯，河北省社会科学院经济研究所，主要研究方向为生态经济、区域经济、生态遥感、土地利用与生态响应。

生物多样性的维护。这些生态服务都对地球生命支持系统有着至关重要的作用，为人类带来了十分巨大的直接或间接的福利，这也属于地球总经济价值。本文通过对雄安新区及其周边地区生态系统服务价值进行研究，估算该地区生态系统所提供的各种服务的实际价值，分析在未来建设发展过程中，生态系统的承载力及所带来的生态损失，为雄安新区建设提供理论依据，为雄安新区生态环境可持续发展提供参考。

（一）雄安生态系统服务价值评估的理论依据

由于人类社会发展越来越迅速，人口不断增加，社会经济活动越来越频繁且规模也越来越大。人类和生态系统的关系从适应到利用再到现在的改造，人类利用和改造生态系统的范围越来越大，程度越来越重。但是在利用生态系统和改造生态系统过程中，人类更倾向于将生态系统所提供的服务和产品直接转化为经济效益，快速收回利用和改造成本，太注重眼前收益，忽略了生态系统本身的健康及其对于人类生存更重要的生态价值。这种传统的认识和想法，是基于对生态系统的错误认识，错误的思想导致错误的行动，进而导致全球生态环境遭到严重破坏，严重威胁人类生存环境及生态安全。近年来，世界各地的学者都在积极研究生态系统服务价值，更是提出了许多与之相关的新理念。例如，生态价值论、景观服务、绿色 GDP 及生态系统服务成本与收益。根据生态系统服务价值的概念，不同学者针对不同地区提出了不同的计算方法，并在全球范围内，对各类生态系统服务价值进行了估算。同时对不同生态系统服务功能进行分类，得出更精细的不同服务功能的价值。有些学者还对全球生态系统进行了整体的估算，计算出全球生态系统服务总价值。在此基础之上，提出了全球尺度上的价值当量表，为我们以后对不同生态系统各种服务功能的价值估算提供了参考依据。对我们研究生态系统服务价值，维护生态系统可持续性，保护生态安全等有着重要意义。

（二）雄安生态系统服务价值评估的实践价值

对于雄安新区的建设来说，对生态系统服务价值进行估算研究，能够更充分地认识新区生态系统及其现状，有利于政府确切地了解生态系统为人类提供的服务价值量，有利于新区形成生态环保理念及生产建设绿色优先政策的实施，有利于新区生态环境的可持续发展。正确处理人与自然、经济发展与生态环境保护的关系，保护好人类赖以生存的环境和社会经济发展所需的自然资源，才能实现人类社会和经济的可持续发展。

生态系统的服务价值，人们从现实生活中很难直接感受，但是将生态系统服务价值进行评估和研究，用货币作为尺度直接衡量，可以让人们直观地认识生态系统服务的价值。让人们认识到平时看似无偿的生态系统所提供的服务是有价的，对生态系统进行有意或无意的损害，就会使生态系统服务质量下降，这就等于直接浪费了大量的金钱。让人们认清那种认为破坏生态系统，对自己对社会不造成任何损失的观念是错误的，从而提高人们的环保意识。

二 雄安新区及其周边生态环境现状和评价

（一）自然地理环境现状

雄安新区位于太行山东麓、冀中平原中部、南拒马河下游南岸，在大清河水系冲积扇上，属太行山麓平原向冲积平原的过渡带。全境西北较高，东南略低，海拔标高 7～19 米，自然纵坡 1‰左右，为缓倾平原，土层深厚，地形开阔，植被覆盖率很低，境内有多处古河道。雄安新区地处中纬度地带，属暖温带季风型大陆性气候，四季分明，年均气温 11.7℃，最高月（7 月）平均气温 26℃，最低月（1 月）平均气温 -4.9℃；年日照 2685 小时，年平均降雨量 551.5 毫米，6～9 月份占 80%。无霜期 185 天左右。

（二）自然资源现状

一是森林覆盖率低。虽然政府部门近年来一直加大植树造林力度，但由于种种原因，成林率偏小，雄安新区周围的森林覆盖率仅为 21.6%，远达不到生态系统良性循环的要求。二是水资源短缺。首先是人均水资源量远低于全国水平，再加上地下水过量开采，导致地下水位下降，工业污水与生活污水处理不及时，导致水体污染，使得本来就短缺的水资源更加短缺。三是空气污染严重。京津冀雾霾近年来备受关注，而保定尤其严重，地处保定境内的雄安新区也免不了受到雾霾侵袭。四是农药化肥污染严重。农业生态环境问题突出，农药化肥的大量不合理使用使得部分农副产品及土壤中残存大量有害物质，农产品因此受到污染。

（三）雄安新区核心区生态服务系统现状

本文选取雄县、安新县以及容城县作为雄安新区核心区，通过2007年、2012年和2017年三期landsat遥感影像及资源卫星影像，按照中科院地理所LUCC分类体系用监督分类的方法对雄安新区进行土地利用类型分类，结合土地利用数据和统计数据进行修正，得到分辨率为30米的雄安新区土地利用类型图，经统计分析得到各土地利用类型面积，如表1所示。

表1　2005~2017年雄安新区核心区各土地利用类型

单位：公顷

年份	耕地	林地	水域	湿地	建设用地
2007	114700.26	1256.99	5237.45	16026.61	16655.11
2012	115878.37	1151.46	4291.79	15701.68	16853.13
2017	107041.86	907.92	4862.79	14583.24	26480.61

通过不同土地利用类型的价值系数及其在生态系统中不同服务功能对应的价值当量，对雄安新区生态系统服务价值进行计算（见表2、表3、表4）。

表2　2007年雄安新区核心区生态系统服务价值

单位：万元

一级服务功能	二级服务功能	耕地	林地	水域	湿地	建设用地	合计
供给服务	食物生产	18078.37	18.63	124.66	259.12	—	20925.62
	原材料生产	2008.98	180.80	82.33	172.73	—	

一级服务功能	二级服务功能	耕地	林地	水域	湿地	建设用地	合计
调节服务	气体调节	6461.64	294.15	119.96	1734.61	—	68762.70
	气候调节	9007.98	267.47	536.92	10393.75	—	
	水文调节	3966.45	243.46	4414.97	10154.30	—	
	废物处理	7160.16	97.10	3545.31	10364.47	—	
文化服务	娱乐文化	875.74	117.42	1044.35	3375.65	441.69	5854.85
支持服务	土壤保持	15555.76	252.07	96.44	1432.31	—	26370.90
	生物多样性	5254.19	317.45	806.78	2655.90	—	
	合计	68369.27	1788.55	10771.72	40542.84	441.69	121914.07

表3　2012年雄安新区核心区生态系统服务价值

单位：万元

一级服务功能	二级服务功能	耕地	林地	水域	湿地	建设用地	合计
供给服务	食物生产	18264.05	17.06	102.15	253.86	—	21069.04
	原材料生产	2029.61	165.62	67.46	169.23	—	
调节服务	气体调节	6528.01	269.45	98.30	1699.44	—	66742.31
	气候调节	9100.51	245.01	439.97	10183.02	—	
	水文调节	4007.19	223.02	3617.81	9948.42	—	
	废物处理	7233.71	88.94	2905.17	10154.34	—	
文化服务	娱乐文化	884.73	107.56	855.78	3307.21	446.95	5602.28
支持服务	土壤保持	15715.54	230.91	79.02	1403.27	—	26290.85
	生物多样性	5308.16	290.79	661.11	2602.05	—	
	合计	69071.51	1638.36	8826.77	39720.84	446.95	119704.48

表4　2017年雄安新区核心区生态系统服务价值

单位：万元

一级服务功能	二级服务功能	耕地	林地	水域	湿地	建设用地	合计
供给服务	食物生产	16871.30	13.46	115.74	235.78	—	19475.32
	原材料生产	1874.84	130.59	76.44	157.18	—	
调节服务	气体调节	6030.20	212.46	111.38	1578.39	—	63179.69
	气候调节	8406.53	193.19	498.51	9457.68	—	
	水文调节	3701.61	175.85	4099.14	9239.80	—	
	废物处理	6682.09	70.13	3291.69	9431.04	—	
文化服务	娱乐文化	817.26	84.81	969.64	3071.64	702.27	5645.62
支持服务	土壤保持	14517.12	182.07	89.54	1303.32	—	24390.49
	生物多样性	4903.37	229.29	749.07	2416.71	—	
	合计	63804.32	1291.85	10001.15	36891.54	702.27	112691.13

从表1和表4可以看出，2017年雄安新区核心区土地利用类型中耕地面积是最多的，为107041.86公顷，生态系统服务价值为63804.32万元，其中粮食生产的价值最大为16871.30万元，其次为土壤保持14517.12万元；土地利用类型中林地面积最少为907.92公顷，生态系统服务价值为1291.85万元；建设用地的生态系统服务价值最少，仅为702.27万元，全部为文化娱乐功能所体现的价值。

通过表1和表3可以看出雄安新区耕地面积2012年比2007年有所增加，林地、水域、湿地面积都在减少，建设用地增多，生态系统服务价值总和减少；2017年与2012年相比，耕地、林地、湿地面积都在减少，水域及建设用地增加，生态系统服务价值总和减少。从雄安新区三期土地利用变化及生态系统服务价值的变化来看，其总价值在不断减少。其中，供给服务价值由于耕地面积的大幅度变化而变化，耕地的供给服务功能的单位面积价值当量最大，其面积变化也是最大的。2007~2017年，由于统计口径的改变使得耕地面积有所变化，但是大规模的开发建设，大量耕地被占，导致耕地面积不断减少，雄安新区生态系统的供给服务价值下降。森林、湿地面积不断减少，导致雄安新区生态调节功能有所下降，其功能价值随之降低，虽然水域面积在2012年以后有所增加，但是也不能弥补其他两个类型面积减少所带来的生态调节服务价值的降低。对于文化服务价值来说，其价值是唯一一直增长的一个服务价值，其一是单位土地类型价值当量最高的湿地生态系统面积减少相对较小，其他土地利用类型单位面积对应的文化服务功能价值较小，其二是只有文化服务功能的建设用地面积大量增加，支持服务功能价值一直降低，其最主要的原因是建设用地的不断增加。

（四）雄安新区周边地区生态服务系统现状

以保定市其他地区为雄安新区周边地区，选取该地区2017年landsat遥感影像及资源卫星影像，作为该地区土地类型分类的基础影像，按照中科院地理所LUCC分类体系进行监督分类，经过人工校正，得到该地区2017年土地利用类型图，经过统计分析，得到雄安新区周边地区土地利用类型数据。根据价值当量表（见表5）和2017年雄安新区周边地区各类型土地面积进行计算，得到2017年雄安新区周边地区生态系统服务价值（见表6）。

表5　2017年雄安新区周边地区各土地利用类型

单位：公顷

土地类型	耕地	林地	草地	水域	湿地	建设用地	未利用地
面积	956228.97	376713.48	504127.56	13009.83	21062.14	191784.96	2196.63

从表6中可以看到，2017年雄安新区周边地区生态系统服务价值为1514223.59万元，其中，供给服务价值为243930.21万元，调节服务价值为726425.13万元，文化服务价值为56415.62万元，支持服务价值为487452.63万元。由此可知，雄安新区周边地区生态系统服务价值极其巨大，在雄安新区建设的过程中，我们要对其核心区及周边地区的生态系统进行有效保护，如果开发过程中造成不可逆的损害，会给我们带来不可估量的生态损失。

表6　2017年雄安新区周边地区生态系统服务价值

单位：万元

一级服务	二级服务	耕地	林地	草地	水域	湿地	建设用地	未利用地	合计
供给服务	食物生产	150715.07	5582.89	13384.59	309.66	340.53	—	1.97	243930.21
	原料生产	16748.35	54183.45	2228.24	204.50	227.01	—	3.95	
调节服务	气体调节	53869.16	88155.10	35687.19	297.98	2279.62	—	5.92	726425.13
	气候调节	75097.44	80158.60	40148.72	1333.70	13659.45	—	12.82	
	水文调节	33067.35	72963.00	35687.19	10966.78	13344.76	—	6.91	
	废物处理	59692.59	29099.23	58438.47	8806.53	13620.97	—	25.65	
文化服务	娱乐文化	7300.81	35189.94	1784.61	2594.16	4436.28	5086.14	23.68	56415.62
支持服务	土壤保持	129684.73	75545.37	86987.21	239.55	1882.34	—	16.77	487452.63
	生物多样性	43802.94	95136.73	48623.10	2004.05	3490.38	—	39.46	
	合计	569978.45	536014.31	322969.32	26756.90	53281.35	5086.14	137.12	1514223.59

三 雄安新区生态可持续发展的路径依赖

（一）牢固树立"五大"发展理念，推动雄安新区经济社会协调并进的可持续发展

雄安新区作为国家新设立的一个国家级新区，必须用新的发展思想去理解，用新的理念去改革创新。这就要避免老工业发展思想，大规模占地，大规模开发建设，大规模地促进第二产业发展。雄安新区应当建成具有可持续发展能力的生态城市，实现开放式发展，协调各地职能，最终达到资源共享的目的。一张白纸好画最新最美的图画。雄安新区的建设必须坚持可持续发展，各种产业必须绿色环保，各种建筑也必须符合绿色环保条件，将城市的环境质量放在首位，切实保证城市生态环境安全，将新区建成一个全国示范性生态新城。

雄安新区设立的一个主要目的就是疏解北京非首都功能，为此需要制定大量促进新城市建设发展的政策，其内容包括城市建设、相关产业引进和聚集、经济社会发展、环境保护和城市管理等。新城市的吸引力必须足够大，才能将在大城市生活工作习惯的人吸引过来，才能缓解大城市的人口压力，这是雄安新区必须要做到的。此外，新区还要明确其设立的目的，既要缓解北京人口压力，又不能将自己建成传统的超大城市，这就需要新区从自身建设和区位条件出发，明确自身职能和性质，明确新区各部分分工和发展方向，合理布局，同时加强环境保护，克服传统大城市的人口向心力。既要吸引人才，又要避免人口过多，这就给了雄安新区一个非常艰巨但又必须完成的任务，那就是创立一个具有自身特色而又能向全国推广的反磁力中心城市体系。反磁力中心城市体系，国外已有相关论述，是指为克服因现代大城市物质文化条件优越对产生人口向心力所采取的一系列措施。在反磁力中心城市体系中，现代化大城市同时存在向心力和离心力。雄安新区在城市规划过程中，必须充分利用京津两地的离心力，并从自身优势出发，将该点设计为

自身的向心力，同时将自身向心力与离心力相平衡。要坚定这种理念，合理安排各个区域的发展，合理布局卫星城区及特色小镇，将雄安新区建成一个设施完善，又具有自然风光的美丽新城。

（二）按照规划优先、规划引领的发展理念，推动雄安新区经济社会与生态环境科学统一的可持续发展

雄安新区必须坚持多规合一，将城市规划、土地利用总体规划与生态环境规划和水环境规划等专项规划相统一。做好雄安新区资源环境承载力评估，对雄安新区生态系统服务价值进行评估，了解开发建设过程中破坏生态环境和生态系统可能带来的损失。了解生态环境能够承受的最大损害，划定生态红线，确保任何开发建设都不能突破这一红线。以水定城，确保新区建设过程中居民生活用水、生产用水，确保生态用水，避免超标污水排放，防止水体污染，做好污水处理工作。坚持先规划再建设，以规划作为引领，整体布局、逐步打造，一步一个脚印，将一个区域打造成熟以后，再去建设另外一个区域，不应贪图面积大，而把新区建成一个极不成熟的"大面积"城市。从生态系统服务价值来看，建设用地所具有的生态系统服务功能包含的价值最低，大规模不合理建设会使雄安新区生态系统服务价值大幅度下降，所造成的损失不是经济增长所能弥补的，合理进行土地规划，在规划的基础上进行建设，多规划一些卫星城的综合体，结合当地实际打造一批特色小镇，建设绿色智慧新城，建成在国际上领先的绿色智慧新城，同时保持良好的生态环境，构建植被大面积覆盖、水系穿行其中、空气质量优良的生态城市。减少建设用地使用，保证雄安新区社会经济与生态环境科学可持续发展。

（三）努力打造区域经济新高地，加速雄安新区绿色产业迅速崛起

在设立雄安新区之前，雄县、容城、安新都有自己的支柱产业，但是发展水平都不高，科技含量较低，尤其对环保要求也不高，对环境破坏太严重，不符合雄安新区绿色发展的定位。国家高新技术产业中心和未来高等教

育基地的定位，从规划设立开始就将国家开发区最优惠的政策提供给雄安新区，为了在京津冀腹地建立一个重要城市，使之在京津冀协同发展过程中起到联通润滑的作用，成为京津冀协同发展过程中重要的一极。这个定位就明确了雄安新区未来支柱产业为高新技术产业及高等教育等技术密集型产业。从雄安新区的定位可以看出，要求其承担一些非首都职能，这就需要首都的部分非职能单位迁入。但是这些单位必须能够增强新区的自主创新能力，提高新区产业的可持续发展能力。新区要提高定位，增强吸引高端产业进入的能力。对于具有自主产权的高新技术研发企业，可以鼓励迁入，政府给予适当政策优惠。此外，新区还要从自身出发，培育一些自身的企业，提高新区企业孵化能力，加大对创新和创业的扶持和激励力度，增强新区创新驱动力。发展高端高新产业，吸纳和引进创新人才和学习新知识，把握创新资源，新建一个国家级的创新驱动发展新引擎。

（四）遵循生态优先发展理念，提高新区环保意识

雄安新区发展更加注重生态资源，发展绿色环保的高新产业，提倡低碳生活，大力倡导循环利用新技术应用，鼓励环保创新技术和理念。地处保定市的雄安新区，生态环境问题本来就是一个严峻的问题，对雄安新区来说，坚持生态优先是必要的。加大植树造林力度，增加森林覆盖率，加强水资源保护，防止农作物污染。此外，还有一个非常重要的问题需要关注，那就是华北之肾——白洋淀必须重点保护，不容许一点儿破坏。南水北调工程引来的水，对于白洋淀所需的生态用水可以足量补充。但是随着新区的发展，新区对全国各地人才的吸引力会增加，新区总人口会呈现爆炸式增长，新区的用水压力会不断增加，这样会给白洋淀等水域的水环境带来非常大的压力，需要提前考虑，并制定防治措施。已有研究表明，现有条件下白洋淀的水质已经有所恶化，整体生态系统不容乐观。在未来快速发展的背景下，如果不加以合理地保护和治理，白洋淀整个生态系统就可能因污染而瘫痪，华北之肾会丧失其透析功能，整个华北会出现水环境破坏，整个华北的环境将急剧恶化。而且在生态系统服务中水域和湿地这两种土地利用类型的价值当量是

非常大的，白洋淀生态系统的破坏，会带来无法估量的生态损失，基于此，雄安新区的发展必须坚持生态优先。鉴于近年来河北省的生态环境污染较重，雄安新区必须重新认识当地政府对生态环境保护的能力，吸取生态环境污染的教训，提出生态环境保护的新对策，定期召开雄安新区环保评审会议，防止新区建设走调、走偏。

四 雄安新区可持续发展的对策建议

（一）绿字当先，做好生态环境保护工作

对于雄安新区的建设，绿色发展是第一要务。所有建设必须绿色环保，规划建设中的每一个环节，都必须过环保关，建设过程要有新型环保理念，绝不允许存在"先污染后治理"的老旧发展思想，保证新区绿色可持续发展。其次，雄安新区建设不是一个地区的建设，其生态环境保护要着眼于整个华北平原。对于白洋淀流域的生态修复，要联合北京、天津及河北其他地市，共同研究，找出合理方法，共同出力，作为京津冀协同发展过程中的一个重要合作项目。加强京津冀水资源管理工作，糅合京津冀人力、物力和财力，共同提高水环境治理标准。再次，在新区贯彻落实煤改气、煤改电等环保措施，从居民生活入手，尽量减少和预防大气污染。做好大气污染的联防联控，作为京津冀枢纽，联合做好京津冀各地的防治，促进大气环境治理。

（二）严格控制建设用地审批，控制城市规模

从我们对雄安新区及其周边地区生态系统服务价值进行核算研究可以看出，雄安新区生态系统服务价值正在不断下降，其中耕地面积的不断减少是一个非常主要的原因，这降低了大量的供给服务价值；建设用地面积不断增加，全面降低了生态系统服务的四项价值。耕地的生态系统服务价值经济指数比建设用地要高很多，而且在各种服务功能中都占有一定比例，建设用地仅有文化功能的价值，且价值量相对较低。从2007年到2017年雄安新区建

设用地面积增加了将近60%，建设速度较快。在设立新区之后，会有大量的企业迁入，大批人才流入，其经济发展也会有质的飞跃。但是雄安新区一定要控制建设用地用量，做好用地审批，反对盲目建设。对于耕地资源，一定要用多少补多少，保证基本农田红线不被触碰，保证基本农田单位产出和质量，杜绝土地资源浪费。对于其他类型土地资源的占用，涉及生态用地的，尽量少用或不用，保护好当地生态环境，提升当地生态系统服务价值。

（三）做好基础设施和公共服务建设工作

雄安新区应该在未来城市公共基础设施及公共服务建设上面加大力度，提升新区形象及居民体验，将城市交通布局与新区发展高度融合，提升新区出行便利程度，真正体现新区新面貌，将新区建成新型城镇的示范区。在地下水网建设过程中，要坚持雨污分流，减少污水处理成本，减少资源消耗，并保障市内排水通畅，防止城市内涝。在市内交通等方面，保证道路规划合理，建设合格，避免城市交通拥堵。提倡低碳出行，增加市内公共交通和出租车投入，加大新能源汽车推广力度。此外，还要建立多所高水平中小学校，提升当地教育水平；改善当地医疗条件，积极与北京的高水平医院合作，逐步提升公共医疗服务水平。对外方面，发展区域型交通枢纽功能，加强对外交通网建设，尤其是高速铁路和高速公路的建设。合理利用首都南苑机场区位优势。

（四）严把企业迁入关卡

雄安新区确立的新支柱产业为高新技术产业及高等教育产业，这就给雄安新区企业迁入设立了一个门槛，雄安新区一定要严格按照这一规定，认真审核企业迁入资格。首先是欢迎高科技产业和大型国企央企总部迁入，对部分迁入也给予支持，部分高等院校可以整体或部分迁入，特别对承担科研任务的部分应加以特殊引进。这些人口数量较多的单位外迁，可以缓解京津地区人口压力，能够有效缓解京津两地交通压力及其他资源的供应问题。其次是对于各种环境友好型、资源消耗较小的研发型企业，最好是与生产结合在一起的科技转化型企业，准许迁入。而对于大型批发市场这种人口密集型的非高新企业、医疗养老这种休闲疗养型公共服务产业，不符合新区新型发展定位，则不准许迁入。再就是部分智力密集型的科研机构、创业开发型的设计单位、思想前瞻型规划机构等隶属于中央部委的智力型企业，可以准许迁入新区。这些企业或机构大部分已经市场化，可以推动新区智力市场的快速发展。最后是对于传统制造业，例如制造企业，可以通过改变税收等方式，准许迁入新区，此外对于仓储行业，可以根据储物类型，对于有利于新区发展的可以准许迁入。因为这些产业对生态环境破坏较小，资源消耗较低，而且迁入时所需成本较小。

（五）重视人才，鼓励创新

新区的发展离不开人才，只有将全国各地甚至全世界各地的优秀人才引入，才能更快更好可持续地发展雄安新区。对于北京、上海等大城市来说，户口问题一直是关系到人才去留的一个关键，雄安新区可以采取双户口待遇制，或者实施居住证制度。对于外来人口，可以不限制户口所在地，凭借当地有效工作证件或单位证明，安排其子女就近入学，按照当地户口对待。等到其退休后可以选择继续留在工作地，享受当地养老及医疗服务，或者返回原籍，政府必须保证各类保险的顺利转接。另外，住房问题也是一个必须关注的问题。雄安新区可以实行租房制，不准许建立商品住宅，各类住房必须实行租赁制，对于建房开发商，政府应该给予适当的税收补贴，对于租房者，政府应给予适当的财政补贴，或实行公租房制度。对于办公写字楼，可以允许建设，尤其对于央企来说，鼓励其自行建设办公用房。再就是人才的福利待遇问题，对于新区建设引进的特殊人才，政府应给予一定的补贴或适当提高待遇级别。

B.10
依托智慧集群建设实现河北省制造业转型升级

姚胜菊[*]

摘　要： 近年来，全国以智能制造为核心的智慧产业集群建设持续升温，工业制造业的互联网化、智慧化成为产业集群转型升级的首选。河北省智慧产业集群建设起步良好，但整体水平还处在探索和学习阶段，智慧产业集群建设任重道远。河北省智慧产业集群建设应从转变智慧集群发展理念、强化智能制造的核心地位、培养智慧集群建设人才、建立中外合作制造业产业园等方面采取有力措施。

关键词： 智慧集群　制造业　转型升级

2015 年 7 月，工信部第一次提出了建设智慧产业集群的倡导。2015 年底，河北省确定了四个智慧产业集群试点区域，2017 年又启动了第二批智慧产业集群的申报工作。河北省智慧产业集群建设起步良好，但整体水平还处在探索和学习阶段，智慧产业集群建设还任重道远。近年来，全国以智能制造为核心的智慧产业集群建设持续升温，工业制造业的互联网化、智慧化已如潮水一样势不可挡，河北省如何应对，如何跟上时代的步伐是全省应该积极面并付诸实施的问题。

---

* 姚胜菊，河北省社会科学院经济研究所研究员，主要研究方向为区域经济、宏观经济、民营经济。

一 我国先进产业集群在智慧化发展方面的典型案例

从理论上说，产业集群的智慧化转型有两种主要途径，一是内部驱动型升级模式，也就是智慧化转型的原动力主要来自集群内企业的生产经营发展需要，来自企业生产技术工艺提高的需要，来自企业与外界竞争的需要，企业通过物联网建设达到资源配置模式的优化；二是外部驱动型升级模式，也就是智慧化转型的原动力主要来自产业集群生存发展的市场环境和时代背景，产业集群在与市场进行物质、能量、信息、资本等资源的交换流通过程中，交换和流通的方式模式持续优化，促使集群及其各个企业必须做出应对，利用互联网、大数据和云计算等技术跟上时代发展的步伐。从我国各省市的具体实践来看，主要有以下几种方式。

1. 江苏太仓市——引进外资提升集群智慧化水平

德国作为国际智能制造强国，一直是我国智能制造业学习和借鉴的典范。2016 年、2017 年，工信部连续公布了两批"中德智能制造合作试点示范项目"名单，涵盖了产业合作、标准化合作、示范园区和人才培养四个领域，共32 个项目，其中江苏太仓作为全国最早建立的中德合作园区位列其中，其发展经验值得借鉴。太仓引进德资企业始于 1993 年，他们瞄准了德国的智能制造行业，侧重于在研究开发、产品升级、智能化生产等领域加强对德合作，24 年来有 260 多家德资企业入驻园区。目前，园区内的企业 80% 实现了生产过程的自动化、信息化、数字化、网络化。根据园区发展规划，创新园将聚焦高档数控机床、专用装备、汽车关键基础零部件三大细分领域，聚力打造高端装备制造特色创新集群。近年来，太仓产业园区紧紧围绕精密机械制造和汽车零配件制造两大优势产业，致力于将"互联网 +"与传统制造业相融合，与本地制造业的各个环节和众多产品相融合，瞄准制造业供给侧结构性改革这个目标，努力实现发展动能的持续优化。聚焦制造业网络化、智能化和数字化的核心技术，抢抓制造业转型升级、创新驱动的前沿阵地和关键领域。以大数据消费分析为基础，实施按需生产、柔性制造和迅速响应，尽可能地降低产品库存，制造模式遵循需求导向，绿色、智能、高效成为制造业的发展导向。①

2. 浙江柯桥区——两化融合强化集群智慧化能力

绍兴市柯桥区作为我国轻纺工业的传统制造基地与集散地，努力实现信息化和工业化的有效融合，从互联网思维出发，走出了一条产业集群智慧化发展的新路。2014 年，柯桥区就被确定为省级"两化深度融合国家综合性示范区"，为了加强示范区建设，全区围绕化纤、织造、印染、纺织装备等关键生产环节及内部管理等内容，区分不同领域落实"两化融合"。在组织机制方面，建立领导小组对两化融合工作进行系统的组织协调，编制相关发展规划和实施意见使全区的两化融合工作有目标、有方向、有保障。在智能制造方面，围绕"两化"深度融合和"机器换人"等专项行动，区政府每年安排 2 亿元的扶持资金，对重点生产企业的互联网建设、产品设计、商贸互联、技术改革、智能制造等进行资助，在某些优质企业引进自动化生产装备和智能化操作控制系统，提升了印染方面的产业集聚水平及智能化管理水平，大大降低了对人力资本的使用数量，智能化制造能力取得了长足进步。柯桥区近年来重点围绕智能装备研发、产品工艺设计、装备互联、机器换人、管理信息化等进行了智能提升工程。在智慧流通方面，着力互联轻纺市场建设，对"网上轻纺城"和"优布"的 APP 功能进行了完善优化，努力使线上线下协调推进、互为促进。统计数字显示，2017 年上半年，中国轻纺城市场群、"网上轻纺城"分别完成交易额 684.25 亿元和 90.84 亿元，同比增长了 7.51% 和 47.25%。②

3. 江苏盐城市——聚焦主业做强集群智慧化

江苏在盐城市建立了我国第一个汽车智慧产业集群——江苏汽车智慧产业园，其瞄准"集聚全球汽车智慧、打造中国汽车智谷"的发展宗旨，围

---

① 朱大丰：《打造中德合作（太仓）中小企业创新试验区的思考》，《苏州党校》2016 年第 4 期。

② 《柯桥实现"绿色高端　世界领先"现代产业集群之梦更进一步》，《杭州日报》2017 年 10 月 10 日，B07 版。

绕"互联网＋汽车服务业"与"人工智能＋汽车"等进行园区的开发与建设。① 在园区建设的指导思想上，立足于"五智"引领，即通过智造、智行、智联、智服和智数发展汽车产业，围绕这五个方面聚集优势企业，实现创新驱动，广泛网罗在互联网、物联网、大数据、云计算等方面有所突破的汽车企业和汽车商家，目前，已有数十家企业进驻园区，成为汽车智慧园区的支撑力量。在"汽车智造"方面，东风悦达起亚第三工厂智能化生产车间具有代表性；在"汽车智行"方面，环球共享公司凭借其共享汽车业务成为行业排头兵；在"汽车智联"方面，迪纳科技公司以车载智能终端为载体，实现了信息的互联互通；在"汽车智服"方面，途虎养车、大师保养以优质便捷的汽车服务占得先机；在"汽车智数"方面，石贝网络公司以其完善的汽车大数据服务运营占领市场。② 江苏汽车智慧产业园围绕"五智"建设，带动了汽车行业从生产制造到售后服务全产业链的整体转型升级。为了打造更加完善的汽车智慧产业生态体系，让大家更直观地感受智慧产业的强大能量，还建设了车联网应用云平台、汽车大数据交互平台、汽车互联网服务平台和汽车数据运行中心，以便更好地展示汽车智慧产业园区的发展成绩与速度。

4. 北京经开——生态建设引领集群智慧化发展

北京经开投资开发股份有限公司（简称北京经开）是一家专门从事高端产业园区开发、运营的大型国有企业。近年来，公司立足于产业园区智慧转型打造了多家聚焦生态建设的智慧化园区，如智汇园、壹中心、国际企业大道Ⅲ、汀塘等，③ 这些园区突出了"产业生态"和"自然生态"双生态建设理念，产业生态建设方面聚力促进园区内企业实现合作、互通、共赢、协同、发展，推动同一产业链上下游企业和谐衔接，同行业企业互通有无，

---

① 周檬：《江苏汽车智慧产业园：集聚项目打造中国汽车智谷》，人民网，http：//js. people. com. cn/n2/2017/0807/c360301－30578980. html。

② 周檬：《江苏汽车智慧产业园：集聚项目打造中国汽车智谷》，人民网，http：//js. people. com. cn/n2/2017/0807/c360301－30578980. html。

③ 翟万江、姜眛茗：《北京经开建设双生态智慧园区的理念与实践》，《中国科技产业》2017年第3期。

不同领域企业融合发展。自然生态建设方面最大限度地利用区域内企业在环境设计、生态建设上的领先优势，对共同拥有、共同依赖的自然环境进行多角度、多层面的优化升级。通过互联网、物联网、云计算、大数据等技术的运用，围绕用户的需求，构筑智慧化的服务框架体系，通过打造智慧云服务平台，形成以"大脑"为总指挥部，以"神经网络"为连接的智慧园区服务系统，使区内各个孤军奋战的企业成为园区大家庭中有机联系的节点和组成部分，建成日益成熟的"产业生态"和"自然生态"兼备的智慧化园区。

二　深刻认识河北省智慧产业集群发展中 存在的突出问题

1. 以做强传统产业集群的理念指导智慧产业集群的发展

长期以来，我们发展产业集群的衡量标准都是产值要大、利税要多、企业要多、龙头要强，这些都是我们以往加快产业集群建设的指导思想和奋斗目标；而智慧产业集群的发展目标则是指产业集群向数字化、网络化和智能化要效益，在基础设施、集群管理与服务、生产性服务等领域通过信息网络互联实现系统优化运作，达到效率最优，集群内企业在研发、设计、采购、制造、销售、服务等运营环节上实现智能化。但目前河北省发展智慧产业集群的指导思想，尤其是基层人员的发展理念仍然停留在传统产业集群的水平，大家重视的仍然是营业收入、区域品牌知名度、服务平台的完善程度等，能真正体现集群数字化、网络化和智能化水平的内容没有引起足够的重视，也缺乏针对这些方面进行定量分析的指标、指数和数据，特别是对集群内部信息网络基础设施建设情况、信息网络人才队伍建设情况、各企业智能制造水平情况等缺乏具体的定量评价标准。

2. 智慧集群建设方面重流通、轻制造

智能制造与发达省市存在差距可以说是当前河北省智慧产业集群建设的最大劣势，同时也是制约河北省产业集群转型升级的最大障碍与制约，而智能制造又恰恰是《中国制造2025》的主攻方向。从产业链全过程来看，智能制造大都处于产业链的前端，而河北省产业集群智慧转型在价值链的前端弱势明显。河北省产业集群因大多处于传统行业并且发展水平不高，各集群产业层次偏低，高端领域的企业和产品数量偏少、规模偏小，大部分企业仍然处于产业链的中低端环节，生产工艺、装备和技术水平相对落后，目前着手的"互联网＋"建设主要侧重于产业链后半部分的销售、服务和物流，上游研发设计、技术创新能力不强，尤其是大量存在的中小微生产企业，缺乏共性的生产平台和检测平台，转型升级难度更大。集群内部企业之间在生产领域实现互联互通的不多，一些相对较强的企业缺乏技术联盟意识和手段。集群所依托的协同研发平台和制造平台建设落后，尤其是众多小企业的智能制造水平无法适应智慧产业集群发展的需要。

3. 智能化转型中缺乏龙头带动型企业

在河北省产业集群建设中，大多产业集群龙头企业的带动作用不强，尤其是以加强互联互通、信息化建设为核心，向智慧产业集群的转型中，龙头企业的带动辐射作用更是力不从心。一是各集群内企业整体规模较小，一些产业集群大型企业空白，以安平丝网产业为例，作为河北省形成较早的特色产业集群，到2016年底，集群内生产企业有10920家，配套企业有300家，其中最大的企业年产值只有3亿多元（按照国家大中小企业划分标准，只相当于中型企业），产值超亿元的企业只有15个，年销售收入1000万元以上的企业仅占园区企业总数的5.5%，大都是小微企业。二是各集群内产品的品牌知名度较低，品牌作为企业升值空间最大、规避风险最有效的无形资产在河北省诸多产业集群中缺乏影响力，以清河羊绒产业集群为例，作为全国著名的羊绒产品加工基地，区域知名度较高，但品牌知名度较低，产量居全国首位，但附加值不高，销售产品数量较多，但利润不高，商品销售多，产品代工多，自有品牌少，在全国有影响的品牌寥寥无几，企业对未来的发展目标不明确，品牌战略思路不清晰，商业路径不明确。织一件羊绒衫，在清河最快需要几个小时，而如果采用国际先进智能化生产方式，只要35分钟，生产方式智能化转型任重而道远。企业整体实力不强，企业缺乏长远发展规划，多数企业缺乏行业竞争力，核心竞争优势不突出。集群内各企业关联度较低，集约集聚不够。在进行集群智慧化转型过程中所需要的强势带动力和辐射力不够。

4. 智慧化转型人力资源严重缺乏

目前河北省产业集群中，生产部门和服务部门适应集群智慧转型的人力资源相对稀缺，既缺乏跨界融合的高端管理人才，又缺少一批熟悉行业并能够开展智能制造技术开发、技术改进、业务指导的专业技术人才。而且面对这一棘手问题，目前在各智慧集群建设规划方案中均缺少系统性的人才培养和引进方案，这将极大地制约河北省智慧集群的持续和深入发展。河北省已经确定的第一批四个智慧集群，均缺乏本地所属的、服务主导产业的智能化人才培养基地与路径，本地没有与此密切相关的教育机构，也缺乏解决这一问题的预案与谋划设计。只是个别智能化发展稍快一些的企业以企业自身的名义与科研院所等建立了合作关系，而并未以产业集群的形式与外界建立长期的、持久的、富有建设性的合作机制。

三 对症实施河北省智慧产业集群发展的对策措施

1. 树立有别于传统产业集群发展的智慧集群发展理念

智慧产业集群是传统产业集群的转型与升级，是适应国际新形势及我国经济发展新趋势的选择。首先应该认识到"数字化基础设施建设"是智慧集群建设的基础，保证在集群主导产业、集群公共服务及生产性服务方面，用智能化工具和手段提升运营能力，形成泛在互联的软硬件平台和网络，使智能化手段在这一产业领域领先国内、国际先进水平；其次应该认识到"推广智能制造的广泛采用"是智慧集群建设的核心，使日益更新的信息技术渗透到生产制造的各个环节，从研发、设计、制造、管理到服务，从龙头企业到配套生产企业、小微企业都能协调推进；最后应该认识到"构建智慧生态综合体"是智慧集群建设的高标准要求，产业集群内部各企业、各职能之间，产业集群与外部市场之间，要打通数据链、畅通信息链，围绕核心价值节点形成网络化协同互动格局。

2. 以加强智能制造为核心加快河北省智慧集群建设

智能制造是新一轮工业革命的核心内容，也是《中国制造 2025》的主攻方向，河北省应向装备制造产业链和价值链高端快速迈进。首先，致力于发展智能制造装备产业，在装备制造业跃居河北省第一大产业的基础上，加快其向智能制造装备产业方向发展。这方面，广州已经捷足先登，按照《广州制造 2025 战略规划》，到 2020 年，广州智能制造装备产业实现产值将达到 1300 亿元，2025 年突破 3000 亿元，建成珠三角乃至全国智能装备关键设备、技术供应和研发创新中心。① 河北省有雄厚的钢铁产业做基础，又有近几年装备制造业的阔步前行，都为智能装备制造产业的发展准备了条件，因此，我们应对智能装备制造产业的发展尽早谋划，抓住京津冀协同发展步伐加快，雄安新区建设整体规划呼之欲出的大好时机，使河北省的智能装备制造业有一个质的飞跃，尤其是要与已经较为成熟的制造业产业集群有机结合，使智能装备制造业有力地服务于河北省的优势产业发展，服务于河北省的优势产业集群转型升级。其次，将云计算、大数据、物联网、智能机器人、增材制造等智能制造技术广泛、深入地运用到各产业集群企业的生产服务过程之中，与传统生产过程相比，其数字化、网络化和智能化水平实现质的提升。最后，将产业集群打造成河北省智能制造"高地"，依托集群内企业同行业、同技术、同市场的特点，最大限度地推进同一领域、近似行业智能制造技术的推广应用，集群内企业的制造资源与互联网平台有机连接，通过资源重置、业务重组，衍生叠加出新环节、新活动，创造出新的价值增值方式。鼓励大中型企业设立在线工业设计中心，推动设计与制造资源、关键技术与标准的开放共享。推动大宗原材料网上交易、产品网上定制、上下游关联企业业务协同发展。创新基于互联网的商业生产模式，加快多元化制造资源的有效协同，不断提高产品众包设计研发和网络化制造水平。

3. 培育以"互联网＋"武装的集群龙头企业，起到带动示范作用

支持重点企业网站升级改造，在传统的企业介绍、产品及服务介绍、新

---

① 《广州制造 2025 战略规划》，中商情报网，http：//www. askci. com/news/chanye/20170413/09030995846. shtml。

闻宣传、技术实力展示等基础上，加入并强化新的网上询价、供应商管理、短信（二维码）营销、产品及制品数字证书、人才招聘、邮箱登录及互动模块等功能，进行大的结构型调整。在各产业培养一批网络知名品牌，加强商品品牌建设，"区域品牌"是一时之计，而做强"商品品牌"是产业发展、培育龙头企业的长久之策。将区域概念淡化其实正是商品品牌逐渐提升的内在要求，将更有利于商品品牌走向全球，这也是国际品牌做大做强的经验之谈。作为广东省知名品牌，TCL、美的、中兴通讯、格力、珠江钢琴、珠江啤酒、志高空调、南航、华为等都很少彰显区域标签，但却实实在在地给广东省带来了经济实力的巨大提升。在推进区域品牌建设和商品品牌建设共同提高的基础上，加大商品品牌的推进力度，以商品品牌的营造，更好地带动区域品牌的做大做强。鼓励收购国际品牌，推动区域产业自主品牌向国际化品牌迈进。

4. 加强河北省智慧集群建设与智能型人才培养的结合

在加强河北省智慧集群建设宣传造势的基础上，吸引河北省及外省市互联网、物联网方面大专院校学生到河北省各产业园区实习、见习，使河北省产业园区的互联网、物联网等智能化水平能够接触到最先进的智能化技术；在条件逐步成熟的情况下，建立自有的、集群企业能够参与的、完全为本集群量身打造的互联网、信息化人才培养机构，包括学校、人才服务平台等。可以说，产业集群智能化人才的培养、智能化人才队伍的壮大是智慧产业集群建设的重中之重。在这方面，发达国家中美国、日本都有一套较为成熟的教育体系，经济发展水平落后于我国的印度也有许多值得我们学习的经验。在国内，上海实施的智力资源资本化政策、青岛建立的实习基地或软件人才培训基地、无锡的人才开发实践等都值得借鉴和学习。

5. 与发达国家合作建立制造业产业园

河北省在吸引世界500强企业、国际大型企业落户方面优势不强，与相邻的北京、天津、山东相比差距明显，因此，应另辟蹊径，在吸引中小企业方面下功夫，尤其是在引进世界"隐形冠军"企业的技术和管理上下功夫，也可以鼓励外资中小企业组团到河北省来建立产业园区，与河北省合作建立中小企业产业园,河北省与外方对园区共同经营、共同管理。首先争取中德中小企业合作区在河北省落地。德国是全球先进制造业中最具竞争力的国家之一,而中小企业则是德国先进制造业的中坚力量,尤其以相当数量的"隐形冠军""独角兽"雄居世界制造业大国行列。我国自 2012 年开始与德国共同建立中小企业合作区以来,陆续在江苏太仓、江苏连云港、广东揭阳、安徽芜湖建立了中德中小企业合作区,四川蒲江、山东济南、江苏昆山、浙江嘉兴等地正在筹建之中。但整体来看,中德中小企业合作区的推进速度不快,2012～2016 年,只建立了 4 个,2017 年,推进的速度有所加快,上半年就有 4 个市得到国家认可,进入了洽谈阶段。截至目前,在长江以北地区,只有济南正在洽谈这项业务,河北省应该抓住机会,学习中德(太仓)中小企业合作示范区、中德(揭阳)中小企业合作区等园区的成功经验,通过建设中德中小企业合作区,培育发展一批竞争力强的专精特新中小企业,践行"德国工业 4.0"与"中国制造 2025"的有效对接,有力地促进集群经济转型升级,实现国内企业与国际先进理念和先进技术的接轨。在这一理念的指导下,河北省也应加快与美国、法国、荷兰等制造业强国合作建立产业园区,提升河北省产业园区的质量水平,使河北省产业园区建设站在一个高起点上。加快河北省经济技术开发区、高新区与欧美等发达国家合作建立合作区,提升河北省各类园区的发展水平。

参考文献

朱大丰:《打造中德合作(太仓)中小企业创新试验区的思考》,《苏州党校》2016年第 4 期。

《加强产业集群信息化　建设智慧集群》,《中国电子报》2015 年 7 月 24 日,第 3 版。

《智慧集群,柯桥先行一步》,《纺织机械》2015 年第 9 期。

张巧珍:《智慧产业集群发展模式初探》,《市场研究》2016 年第 9 期。

翟万江、姜昧著:《北京经开建设双生态智慧园区的理念与实践》,《中国科技产业》

2017 年第 3 期。

《柯桥实现"绿色高端　世界领先"现代产业集群之梦更进一步》，《杭州日报》2017 年 10 月 10 日，B07 版。

周樑：《江苏汽车智慧产业园：集聚项目打造中国汽车智谷》，人民网，http：//js. people. com. cn/n2/2017/0807/c360301 – 30578980. html。

《广州制造 2025 战略规划》，中商情报网，http：//www. askci. com/news/chanye/20170413/09030995846. shtml。

B.11

河北省科技型中小企业融资
支撑体系构建路径研究

边继云*

摘　要： 作为科技创新最活跃的生力军，科技型中小企业是推动区域创新发展、转型升级的重要力量，承担着孕育现代高科技企业成长、引领区域创新创业发展的重任。大力发展科技型中小企业，对于提升区域科技创新能力、转换区域经济增长动力、实现区域经济可持续发展具有重大现实意义。近年来，为破解科技型中小企业的融资难题，国家及地方各省市均出台了很多相关政策，仅河北省自2015年到现在出台的推动科技型中小企业加快发展的政策文件就有8项。内容涵盖了基金设立、风险补偿、财政补贴等各方面，但结果并不理想，科技型中小企业的金融需求并未得到有效满足，融资困境并未得到有效破解。基于此，本文分析了科技型中小企业陷入融资困境的原因，并提出了破解困境、构建融资支撑体系的相关路径。

关键词： 河北　科技　中小企业　融资

作为科技创新最活跃的生力军，科技型中小企业是推动区域创新发展、转型升级的重要力量，承担着孕育现代高科技企业成长、引领区域创新创业

---

* 边继云，河北省社会科学院副研究员，研究方向为区域经济、宏观经济。

发展的重任。就河北省来说，大力发展科技型中小企业，更是当前转方式、调结构，全省经济创新突围的关键时刻，提升创新创业活力、潜力，转换经济增长动力的必要选择。近年来，为破解科技型中小企业的融资难题，国家及地方各省市均出台了很多相关政策，河北省也不例外。但结果并不理想，科技型中小企业的融资需求并未得到有效满足，融资困境并未得到有效破解。

一 河北省科技型中小企业融资现状

为促进科技金融的发展，2015年至今河北省先后出台了《河北省人民政府关于支持科技型中小企业发展的实施意见》《河北省科技型中小企业成长计划》《河北省财政支持科技型中小企业创新发展的十项措施》《河北省人民政府关于促进科技金融深度融合的意见》《河北省人民政府关于支持企业技术创新的指导意见》等一系列政策文件，成立了科技支行、科技小额贷款公司、科技保险公司等诸多科技金融机构，设立了科技型中小企业发展专项资金、创业风险投资引导基金、贷款风险补偿基金、科技成果转化股权投资引导基金、天使投资引导基金等众多政策性引导基金。客观来看，一系列政策的实施对河北省科技金融的深度结合起到了一定的推动作用，但令人遗憾的是，仍远不能满足科技型中小企业的融资需求。

据各商业银行对河北省中小企业流动资金贷款需求预测，河北省中小企业每年对流动资金的需求量约千亿元，但实际融资额不足资金需求量的1/3，资金短缺成为科技型中小企业发展面临的普遍性难题。而对于这一普遍性难题的解决，56%的中小企业靠自我资金积累，14%的中小企业靠亲友筹借，而外源性融资，即银行贷款和其他机构的融资只占30%（见图1）。

二 科技型中小企业陷入融资困境的原因

根据生命周期理论，科技型中小企业的发展大致可分为种子期、初创期、成长期、成熟期四个阶段。发展阶段不同，投资风险不同，相应资金供

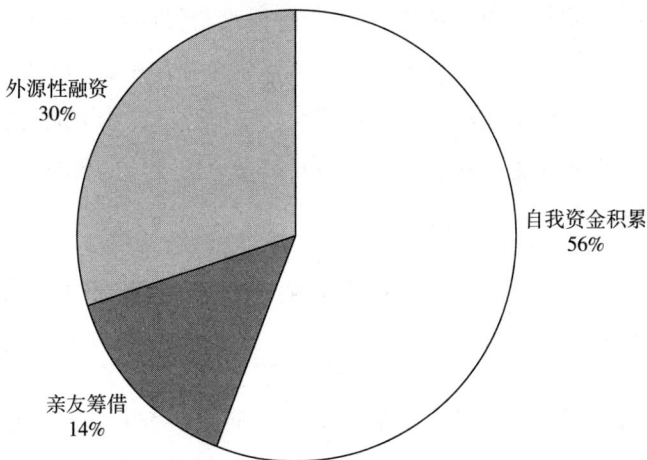

图1　河北省科技型中小企业融资渠道构成

给者的投资意愿不同，科技型中小企业的融资渠道也不相同。一般而言，从种子期到成熟期，投资风险越来越小，融资渠道越来越宽。科技型中小企业在生命周期中，将沿着企业自筹资金—政府政策性资金—创业风险投资基金—商业银行贷款—资本市场融资的渠道来进行融资。而要破解科技型中小企业的融资困境必须构建起一个环环相扣、紧密衔接，贯穿其整个生命周期的资本支撑体系。就河北省来说，此支撑体系还有较大问题。

（一）政策性金融支持的非精准性缩减了科技型中小企业的受惠面

正如我们前面所言，对于种子期和初创期的科技型中小企业而言，由于融资风险过高，相应的商业资金供给者的投资意愿很低。此时的科技型中小企业更多的是需要政府政策性金融资金的引导和扶持。对于这一点，各地方政府已达成共识。就河北省来说，针对科技型中小企业初创期、成长期、成熟期的差异化融资需求，河北省政府分别制定了"苗圃工程""雏鹰工程""科技小巨人工程"等差别化政策措施。但是，看似完备的政策体系后，是目标导向的模糊性和支持政策的非精准性。以"科技型中小企业发展专项

155

资金"为例，其设计之初本意是支持那些很难获得商业金融支持的种子期和初创期科技型中小企业的发展，但在实际资金投向中，"整体后置"趋势明显，70%以上的资金流向处于成长后期乃至成熟期、投资风险较低的科技型中小企业，而真正处于初创阶段和成长前期急需支持的科技型中小企业则得不到相应支持。

（二）退出机制的不完善及中介机构的不成熟制约了创业风险投资对科技型中小企业发展的支撑

创业风险投资是科技型中小企业发展中资金支持的关键一环。但就河北省来说，此支撑环节相当薄弱，现有风投机构除了十余家政府背景的机构外，民间机构寥寥可数，在投资质量、投资效率上远不能满足科技型中小企业的发展需求。究其原因，一是风险投资退出机制不完善。目前河北省风险投资退出渠道主要集中于 IPO 上市和股权转让，但综观 2016 年，河北省IPO 上市公司只有 1 家，石家庄股权交易所全年股权交易量仅 8.01 亿元，可谓"杯水车薪"，便捷退出渠道的缺乏使投资获益很难兑现，阻碍了投资增值和良性循环，也降低了民间资本进入创业风险投资领域的积极性。二是中介机构的不成熟。创业风险投资的健康发展需要完善的中介机构予以支持。如标准认证机构、无形资产估值机构、上市保荐机构，以及行业自律组织、法律、会计、审计等服务机构。目前从河北省来看，这些中介组织和机构或未建立或运作不规范，权威性强、信誉度高的中介机构整体缺位。如 2016 年全国共有 227 家公司完成 A 股 IPO 上市，其中共有 59 家保荐机构、57 家律所、29 家会计师事务所为 227 家公司的 IPO 上市业务提供了中介服务，而这其中河北省一家也没有。中介服务体系的缺乏导致创业风险投资发展各环节所需要的配套服务缺位，更制约了创投科技型中小企业的服务与支持。

（三）以银行机构为主的商业性金融支撑体系滞后于科技型中小企业创新发展的需求

当前，以银行为主的商业性金融机构仍是科技型中小企业的投资主体。

但由于科技型中小企业核心竞争力集中于发明、专利、知识产权等"软资产",而非厂房、机器、设备等有形资产,使得其与传统企业并不相同。这决定了科技型中小企业的金融资源获得方式与传统企业也不同,相应的则需要创新性的金融工具予以支持。客观来看,近些年河北省商业银行在推进金融与科技的深层次结合上一直在探索,如设立科技支行、发行科保贷产品等,但相较于科技型中小企业创新发展的需求而言仍较滞后。

一是产品创新滞后。科技金融产品创新不足,针对科技型中小企业特点的"软资产"抵押体系始终没有建立。二是体制改革滞后。以科技支行为例,科技支行虽然设立,但其仍是传统商业银行的分支机构,在经营权、定价权和产品研发权等方面缺乏自主权;受《商业银行法》约束,仍不能通过股权投资、债券投资等方式为科技型中小企业融资,仍无法与科技型中小企业的融资需求相匹配。三是考评体系滞后。仍以科技支行为例,科技支行设立的目的是为科技型中小企业提供融资服务,但与此目标相适应的"尽职免责"的银行借贷人员考核体系并未随之实施。科技型中小企业的高风险可能带来的较高的不良贷款率依然使银行借贷人员缺少为中小企业服务的积极性。

(四)信息不对称及"无形资产"交易市场的不成熟降低了金融机构服务科技型中小企业的积极性

当前,普遍来看不管是商业银行、投融资公司还是创业风险投资机构都不具备企业研发创新活动的专业性知识,也不具备深入各领域调研的能力,河北省也是如此。金融机构很难客观评价科技型中小企业技术创新的潜在价值,也很难掌握科技型中小企业市场化进度及信用程度,进而降低了金融机构为科技型中小企业融资的意愿。同时,"无形资产"交易市场的不成熟也加重了这一点。由于发明、专利、知识产权等无形资产技术专业性较强,在发生信贷风险的时候,银行很难像拍卖房产一样,在短时间内实现无形资产的产权交易,这就导致无形资产价值急剧下降。这些都增加了金融机构的借贷风险,也是为何无形资产抵押担保体系迟迟未能建立的原因。

（五）科技金融政策的不协同加大了科技型中小企业的融资难度

从科技金融政策看，协调配套性较差。尽管央行、科技部、银监会、发改委等部门曾专门出台诸多鼓励科技金融发展的政策性文件，但由于各部门之间的政策协同性较弱，甚至政策之间有相互制约的情况出现，难以形成合力。与此同时，一些不适应新的发展需求的旧有政策和法规条款也成了创新性政策出台的障碍，以《放贷人条例》迟迟不能出台为例，之所以出现这种情况，就是与《贷款通则》未能及时修订有关。国家层面政策的不协同在一定程度上制约了河北融资政策的制定。

三　破解科技型中小企业融资难题，构建融资支撑体系的路径建议

（一）构建与科技型中小企业各发展阶段和发展环节精准衔接的政策性金融保障体系，提升政策性资金的基础支撑作用

一是提升不同阶段政策性金融支持的精准性。修订《河北省科技型中小企业技术创新资金管理办法》，将资金支持领域"前移"，切实将"市场融资失灵期"的初创期和成长初期的科技型中小企业作为政策性金融支持的重点予以支持和考核。二是提升不同环节政策性金融支持的精准性。针对科技型中小企业发展的不同环节，制定针对性较强的金融支持政策。

（二）完善支撑科技型中小企业发展的创业风险投资市场体系，提高创业风险投资的关键支撑效能

一是构建多层次多渠道的风险投资退出机制。进一步规范完善石家庄产权交易市场，严格落实国务院办公厅 2016 年 1 月 26 日《关于规范发展区域性股权市场的通知》中关于区域性股权市场建设的各项制度安排，出台实施细则，规范产权交易流程，为与全国股份转让系统合作对接提供基础支

撑；同时，积极探索在省级以上高新区设立区域股权分市场，力争在即将到来的区域产权市场规范整合中占据先机。出台优惠政策，推动石家庄产权交易中心与其他创投机构、基金公司、投资银行和工商部门开展对接合作，鼓励企业并购、回购。结合"一带一路"的发展，设置专题，谋划探索利用海外资本市场实现风险资本退出的路径。二是构筑创业风险投资中介服务体系。在大力引进、培育创业风险投资中介服务机构的基础上，参照上海的做法，出台《河北省科技中介服务体系建设方案》或指导办法，围绕财务顾问、上市策划、招股方案制订、法律与审计服务等关键性核心环节构建创业风险投资中介服务体系，形成创新资源集聚的纽带和创新发展的合力。

（三）建立与科技型中小企业发展需求相适应的银行金融支撑体系，增强银行资本的主体支撑能力

一是充分发挥银行金融的支撑作用，实施差异化和针对性的服务措施，调动银行为科技型中小企业贷款的积极性。以河北银行为试点，一方面，研究建立适合科技型中小企业特点的贷款总量定向宽松机制，适当提高对科技型中小企业不良贷款比率的容忍度，建立"尽职免责"的银行信贷人员考核体系。另一方面，提升银行对科技型中小企业贷款损失的税前核销比例；对为科技型中小企业服务力度大的银行，从增值税和所得税入手，给予其税收减免支持，有效提升银行为科技型中小企业贷款的积极性。二是加快推进银行尤其是科技支行的创新性改革，使其与科技型中小企业的发展需求相匹配。以河北银行科技支行为改革试点，推动科技支行的经营权、定价权和产品研发权与总行进行分离。借鉴河南的经验，探索专利权、著作权、商标权、播放权、非上市股权、政府采购合同等无形资产质押方式；并根据供应链上下游关系积极探索实行应收账款融资、动产质押融资、货权回购融资等融资新模式。

（四）打造支撑科技型中小企业发展的信用网络体系及"无形资产"市场体系，形成科技型中小企业融资的基础保障

一是探索建立金融系统共享的企业信用信息网络系统。以河北银行为试

点，在央行征信系统的基础上，推动其联动建设银行的中小企业授信系统，建立全省金融系统共享的科技型中小微企业信用档案库。同时，联动其他金融机构、投资机构、信用评级机构、会计师事务所等机构研究建立适合科技型中小企业特点的信用风险评级体系，将评定结果纳入档案库，为科技型中小企业融资提供支撑依据。二是健全"无形资产"市场体系。一方面，借鉴深圳经验，加快建立无形资产专兼职评估机构，出台评估管理办法，将科技型中小企业的无形资产评估制度化、规范化、常态化。另一方面，以国家级高新区为试点，建立无形资产产权交易市场，为各种产权主体之间无形资产的资本化流动和重组提供便捷化支撑平台。

（五）建立服务于科技型中小企业的配套政策法规体系，形成科技型中小企业融资的制度保障

理顺各政策之间的关系。对现有科技金融相关发展政策进行摸底排查，对制约创新发展的旧有法规政策，根据科技型中小企业的发展特点和发展规律以及当前科技金融、宏观经济发展形势，尽快进行调整修订。使像《放贷人条例》这样创新型满足中小企业融资需求的法规条例尽快出台。同时，加强各政策之间的衔接配套，使各地区出台的各项支持科技金融发展的新政策、新举措真正落到实处，转化为被科技金融领域中各类微观行为主体自愿遵从的制度，而非仅仅是"纸上谈兵"。

参考文献

马蔚华：《推进科技金融深层次结合》，《中国高新技术产业导报》2015 年 3 月 9 日。
孙工声：《突破科技金融发展的瓶颈制约》，《中国金融》2011 年第 22 期。
张先忧：《关于无锡市科技信贷发展状况的调查》，《金融纵横》2013 年第 8 期。

B.12
河北省积极融入"一带一路"
建设路径研究

宋东升*

摘　要：　本文从"一带一路"倡议提出的国际和国内背景出发，描述了"一带一路"的基本框架与"五通"内容，分析了"一带一路"倡议提供的发展机遇，最后提出了河北省融入"一带一路"建设的具体路径：基础路径——立足区位条件对接互联互通；核心路径——发挥产业优势拓展经贸合作；辅助路径——开展多领域的人文交流合作。

关键词：　"一带一路"　融入　路径

　　"一带一路"倡议是我国积极应对国际形势变化、统筹整合国内外发展大局、统领我国新一轮对外开放而做出的重大决策，也是应对全球经济发展新挑战、寻求全球经济发展新动能、维护发展全球开放型经济体系而提出的中国方案。"一带一路"建设不仅可实现我国国内发展与对外开放的互动，推动我国经济的可持续发展和转型升级，从而形成参与全球经济竞争的新优势和我国全方位对外开放的新格局，而且可促进全球投资与贸易增长，创新全球经济发展方式与治理方式，增强全球经济增长活力，是进一步推动经济全球化的创新举措。

---

* 宋东升，河北省社会科学院经济研究所副研究员，主要研究方向为产业经济、开放型经济。

"一带一路"是国家层面主导、地方层面积极参与融入的我国新时期对外开放重大工程。从河北省情况来看，自"一带一路"倡议实施以来，河北省在"一带一路"投资与贸易领域已经进行了一些积极探索，在某些方面已初见成效。但总体来看，河北省迄今对"一带一路"的参与融入基本上都是企业自发的市场行为，政府层面只是在产能合作等细分领域出台了一些原则性的指导意见，尚缺乏积极融入"一带一路"建设路径的顶层设计。为充分利用"一带一路"机遇，河北省亟须明晰融入"一带一路"建设的具体路径，以立足省情、统筹全局、找准定位、发挥优势，推动河北省在更高水平和更高层次上对外开放。

一 对"一带一路"若干基本问题的认识

（一）"一带一路"倡议提出的背景

1. 国际背景

后金融危机时代的全球经济复苏一直在蹒跚而行，传统的经济增长动能衰减，新的经济增长动能尚待形成，金融危机的深层次影响仍然无处不在，全球贸易增长和投资流动一直欲振乏力，全球经济下行风险犹存，不同国家经济复苏与发展的分化与不平衡性开始显现。从作为全球化关键指标的贸易增速来看，2008 年金融危机爆发前，全球贸易平均增速两倍于全球 GDP 的增速，但金融危机之后的全球贸易增速明显回落，2008 年以来的全球贸易增速开始低于或与全球 GDP 增速持平，甚至不及危机前贸易增速的一半。在这一背景下，全球范围内以贸易保护主义为主导的逆全球化趋势日益凸显，长期以来稳步前行的经济全球化进程出现波折，经济治理模式不能应对全球经济出现的新问题。总之，全球经济步入深度调整和缓慢复苏相交织的新时期，经济形势变化复杂而深刻，投资贸易格局调整暗潮涌动，经济增长面临动能不足、发展失衡、治理滞后等诸多挑战，稳增长、促增长已成为各国经济发展的共同课题。同时，一些新兴市场国家和发展中国家正加快经济发展，但许多国家的基础设施支撑能力较弱，对当地经济发展形成了明显的制约，迫切需要通过加强合作来弥补短板。

我国是改革开放的受益者，也是对外开放和经济全球化的坚定支持者与推动者。"一带一路"倡议契合新形势下各国经济发展的需要，能促进沿线各国协调联动发展和共同繁荣，进而推动全球经济包容性增长和可持续发展，共同打造开放、包容、多元、普惠的区域经济合作架构和新型贸易网络。

2. 国内背景

经济全球化是资源和生产要素在全球范围内的流动与配置，也是国际产业在全球范围内的转移与布局。长期以来，我国一直是发达国家主导的国际资本流入和产业转移的重要承接者。经过 30 多年的改革开放与发展，目前我国已成为全球第二大经济体和产业大国，钢铁、有色、建材、电力、铁路、机械、轻工纺织等众多行业已发展成为规模庞大的成熟产业，不少产业在国际市场上具有技术成熟、设备先进、性价比高的独特竞争优势，尤其符合发展中国家现阶段的发展需求和承接能力，具备了要素输出和产业输出的基础与实力，我国经济发展已进入"引进来"与"走出去"并举的新阶段。同时，随着我国经济发展步入工业化中后期和新常态，许多优势产业的国内市场已相对饱和，也需要在全球范围内进行产能输出和产业布局。

从国内区域对外开放布局来看，我国改革开放以来开放重点一直在东南沿海区域，对外开放的区域不平衡性十分突出，由此也在一定程度上造成了区域经济发展的失衡。为实现区域经济的均衡发展，中西部地区也需要享有更好的对外开放机遇，"一带一路"倡议正是各区域全面开放、全面受益的对外开放架构，是我国扩大与深化对外开放、构建区域对外开放新格局的需要。"一带"始于我国的中西部地区，也主要经由中西部地区通向西亚、中亚和欧洲，这样就重构了我国对外开放的区域布局，中西部地区由以往的"开放边缘"一跃成为"开放前沿"，从而实现中西部地区的跨越式发展；"一路"始于我国东南沿海地区，通过沿海港口等节点与东盟、中亚、非洲、欧洲等紧密连接，通过进一步提升对外开放水平实现结构升级与创新发展。

（二）"一带一路"倡议的基本框架与主要内容

1. 基本框架

"一带一路"主要贯通亚欧非大陆，始于繁荣的东亚经济圈，连接发达的欧洲经济圈，涵盖中亚、东南亚、南亚、中东和中东欧等新兴市场或发展中国家，经济体量庞大，产业互补性强，合作空间广阔。"丝绸之路经济带"将我国与中亚、俄罗斯、西亚、欧洲以及东南亚和南亚连接起来，"海上丝绸之路"则与东南亚、印度洋、非洲、欧洲、大洋洲相连接。

"一带一路"的空间布局为"六廊六路多国多港"："六廊"指新亚欧大陆桥、中蒙俄、中国中亚西亚、中国中南半岛、中巴、孟中印缅经济合作走廊；"六路"指基础设施互联互通的重点领域，包括铁路、公路、航运、航空、管道与空间信息网络；"多国"指率先合作、示范推进的国家；"多港"指在海上运输通道的合作港口或节点港口城市。国际大通道、节点城市、节点港口、合作园区等是"一带一路"主体框架的支撑要素。

2. 主要内容

"一带一路"通过建立和加强与沿线各国的互联互通和全面合作，进一步发掘与释放沿线各国的发展潜力，促进沿线各国的投资消费与经济发展，并增进沿线各国的人文交流与文明互鉴。"一带一路"的主要内容是"五通"，即政策沟通、设施联通、贸易畅通、资金融通与民心相通。

政策沟通是"一带一路"建设的保障机制，包括强化沿线各国政府间合作、构建政策沟通机制、促进政治互信、达成合作共识等。"一带一路"沿线各国可在发展战略、政策措施等方面交流对接，形成政策层面的互联互通，破除区域合作中的体制机制障碍，共同为区域合作提供政策保障。

设施联通是"一带一路"建设的优先领域，包括沿线各国基础设施建设规划对接、重点基础设施项目建设、跨境运输的有机衔接和便利化等，以形成沿线各国互联互通的现代化基础设施网络。交通基础设施的关键通道和节点工程是设施联通的重点内容，此外还有能源基础设施以及跨境通信的互联互通等。

贸易畅通是"一带一路"建设的核心内容，即通过推进贸易投资便利化进一步促进跨境贸易和投资合作，从而在贸易、投资这两个经济活动的关键领域为沿线各国创造新的增长空间和发展动力，包括消除沿线各国贸易投资壁垒、推进国际产能合作、共建经贸合作园区、促进投资和贸易联动等具体内容。

资金融通是"一带一路"建设的重要支撑，即通过强化跨境金融合作形成有利于区域合作的跨境投融资体系，包括促进金融市场相互开放与互联互通、创新投融资模式与平台、扩大项目投融资、推进双边货币互换与结算、培育债券证券市场等具体内容，亚投行、丝路基金等将在资金融通领域发挥重要作用。

民心相通是"一带一路"建设的社会根基，包括文化、教育、科技、卫生、旅游、体育等人文领域的交流合作，为沿线各国深化合作奠定民意基础，比如扩大互派留学生规模、合作办学、互办文化年和艺术节、联合打造特色旅游线路等。

（三）"一带一路"倡议提供的发展机遇

1. 需求机遇

"一带一路"沿线国家大多为新兴经济体和发展中国家，正处于工业化、城镇化进程加速推进或经济起飞阶段，无论从当地经济发展还是区域经济合作来看，这些国家对基础设施建设的投资需求都极为强劲，但受制于财政紧张和基建投资支出不足等因素，当地基础设施建设普遍滞后于经济社会发展。

基础设施建设不仅是这些国家经济快速发展的瓶颈制约，也是这些国家经济社会发展和区域经济合作的先导和引擎，因而交通、能源、信息等基础设施建设自然成为"一带一路"建设的优先领域。钢铁、建材等基础原材料产品、工程建设服务能力及装备制造业是基础设施建设的主要支撑，这些国家的基础设施建设催生了对钢铁、建材等基础原材料产品、工程建设服务及装备制造业的庞大需求，但当地这些行业的产能严重不足、服务能力薄弱，而这些正是我国产能充裕的成熟产业和优势产业，这样就为我国的相关产业提供了巨大的国际市场机遇。

此外，由于大规模基础设施建设会改善贸易投资的基础条件，将为贸易投资便利化提供更好的硬件环境，因而其拉动效应几乎会波及所有的行业领域，从而为所有行业提供更好的贸易投资条件。

2. 供给机遇

从供给端来看，化解过剩产能是我国供给侧结构性改革的核心内容。"一带一路"创造的国际市场新需求与我国丰富的优势产能资源全面对接，将会大大促进我国成熟产业的产能与产品输出，从而为我国供给侧结构性改革提供强大的国际市场助力，因而在创造需求机遇的同时也带来了供给机遇。

二　河北省融入"一带一路"建设的具体路径

要根据国家关于"一带一路"建设的总体部署和主要建设内容，立足河北省的区位条件和产业优势等，将河北省的各方面条件和优势与"一带一路"的各种机遇有机结合起来，围绕"一带一路"的"五通"内容，做好融入"一带一路"与京津冀协同发展的联动并进，内外结合，统筹协调，以对接互联互通为基础，以拓展经贸合作为核心，以开展人文交流合作为纽带，把河北省建设成为"一带一路"陆上和海上的重要支点，全面提升河北省开放型经济的发展水平，构建全面对外开放的新格局，促进河北省的转型升级和经济社会发展。

（一）融入的基础路径：立足区位条件对接互联互通

1. 历史渊源

河北省是古代丝绸之路上丝纺织业的兴盛地区，滹沱河流域曾是我国古老的桑蚕业、丝纺织业的发祥地，西汉时丝绸之路上最精美的丝纺织品就产自河北省巨鹿，盛唐时河北省还是全国丝纺织业最发达、丝纺织品产出最多的地区，也是古代丝绸之路上丝纺织品的重要输出地之一。

环渤海地区还是古代海上丝绸之路的起点之一，是古代丝绸之路的重要支点。河北省沧州海丰镇曾是宋金时期北方海上丝绸之路的起始点，是我国古瓷器等重要商品远销的出发地。

2. 区位条件

河北省地处环渤海地区的中心，是"一带"和"一路"在渤海湾区域衔接的节点地区。环渤海地区是现在的海上丝绸之路的重要起始点，环渤海地区的港口群是"一带一路"的海上战略支点之一。河北省黄骅港位于渤海湾的穹顶处，与荷兰鹿特丹之间的线路是世界上最长的亚欧大陆桥，有"亚欧大陆桥新通道桥头堡"之誉，也是我国中西部地区运输距离最短的出海口，有东联"一路"、西接"一带"的独特区位优势，是"一带一路"的重要战略支点。

中蒙俄经济走廊始于环渤海地区的天津、大连，途经蒙古国和俄罗斯，最终抵达波罗的海沿岸国家。河北省是中蒙俄经济走廊的沿线省份，是丝绸之路经济带上中蒙俄陆路通道的必经之地。

3. 对接路径

河北省要推进与"一带一路"国际大通道相连接的铁路、公路、港口、电力、通信等交通基础设施建设，建设好"一带一路"交通基础设施互联互通的"河北片段"，同时为"一带一路"交通基础设施工程建设提供"河北服务"。

（1）畅通与"一带一路"沿线国家的重点陆路通道

增强省内铁路、公路等陆路运输对"一带一路"沿线国家的通达能力，打造河北省"东出西联"中"西联"对外陆路运输大通道。为此，要依托现有的陆路交通设施开辟国际班列运输，并在河北省各地建立与"一带一路"国际货运班列的物流连接，尤其要着力发展冀－新－欧、冀－蒙－俄国际货运班列。

2016年以来，河北省已开通冀欧国际班列、黄骅港中欧集装箱国际班列等四条开往"一带一路"沿线国家的国际班列，大大节省了运输时间，加快了企业资金周转，也适应了服装鞋帽、电子产品等季节性、时尚性产品对快捷运输方式的需求。在此基础上，河北省还要根据与"一带一路"沿线国家的贸易往来需求及"一带一路"设施联通的总体推进程度，继续谋划开辟新的国际运输班列，使河北省开往"一带一路"沿线国家的国际班列能紧跟互联互通的步伐和贸易发展的需要。

（2）连接与"一带一路"沿线国家的重点海上通道

增强省内港口海路运输对"一带一路"沿线国家的通达能力，打造河北省"东出西联"中的"东出"对外海上运输大通道。为此，要拓展河北省港口的服务功能，增强综合服务能力，提升大宗散货运输功能，大力发展集装箱运输，促进港口功能向综合大港、贸易大港转变，将秦、唐、黄三大港口建设成现代化综合港口群，打造河北省融入"一带一路"的重要出海口。同时，河北省还要根据"一带一路"沿线国家的贸易和港口合作需求，与沿线国家建立畅通的港口、物流合作机制。

（3）打造河北省融入"一带一路"的重要战略门户

在河北省融入"一带一路"建设的总体框架中，黄骅港"东出西联"的区位优势更为凸显。作为"一带一路"主通道——新亚欧大陆桥——的桥头堡，黄骅港要进一步拓展和完善港口功能，加快建成国际贸易综合大港，成为河北省融入"一带一路"的重要战略门户。同时，黄骅港还要加快建设陆海联运体系，发展集装箱海铁联运和多式联运，强化物流枢纽工程建设，形成多种运输方式衔接顺畅、高效便捷的物流设施网络。目前，黄骅港已开通经新疆到欧洲的国际集装箱班列，在"一带一路"建设中"东出西联"已开始起步。

（4）参与"一带一路"沿线国家基础设施工程承包

河北省还要积极开拓"一带一路"沿线国家基础设施海外工程承包市场，引导省内建筑工程龙头企业承揽沿线国家交通、能源、水利电力等基础设施项目建设，同时带动省内装备、产品、技术和标准的出口。

由于央企是我国参与"一带一路"沿线国家基础设施海外工程承包的实施主体，因此有必要在该领域建立与央企的合作机制，积极推动省内企业与央企的对接合作,通过"借船出海"分享沿线国家的基础设施工程承包机遇。

(二)融入的核心路径:发挥产业优势拓展经贸合作

1."走出去"

(1)产业优势

河北省是传统产业大省,在钢铁、水泥、玻璃等基础原材料产业领域基础雄厚、产能充裕、发展成熟,具有对接"一带一路"沿线国家发展需求的产业优势,"一带一路"沿线国家的产能缺口契合河北省的优势产能供给,因而为河北省传统产业"走出去"融入"一带一路"建设提供了明显的市场机遇。比如,在"一带一路"沿线国家中,钢材的净进口国就占到了70%以上,当地对钢材产品有巨大的市场需求,而当地钢铁产业却有产能缺口大、生产成本高等明显短板,不能满足当地经济发展对钢材产品的需求,河北省恰恰是钢铁大省,这样就为河北省的钢铁产业带来了市场机遇。

"一带一路"沿线国家在基础原材料领域不仅有巨大的产品需求,而且由于明显的产能缺口,当地也有发展相关产业的迫切需求,这样也为河北省"走出去"到沿线国家开展国际产能合作提供了巨大的市场空间。也就是说,融入"一带一路"不仅可拉动河北省在这些领域的外贸出口,而且为河北省在"一带一路"沿线国家输出优势产能、化解过剩产能提供了广阔的市场空间。

从河北省近年来"走出去"的实践看,"一带一路"沿线国家也是河北省对外投资与外贸出口的重点区域。到 2016 年底,河北省在"一带一路"沿线国家投资项目占对外投资项目总数的 70% 以上,其中有 10 个境外制造业生产基地占河北省境外制造业生产基地总数的 66%,10 个境外资源开发基地占河北省境外资源开发基地总数的 66%,3 个境外工业园区占河北省境外园区总数的 60%。从外贸出口看,"一带一路"沿线国家也是河北省外贸出口的重要市场。2016 年,河北省对"一带一路"沿线国家外贸出口146.7 亿美元,占河北省外贸出口的 41%。

（2）产能合作

"国际产能合作"与"一带一路"是在国家层面先后提出的对外开放重大战略，也是并列前行、联动推进的重大开放举措。"国际产能合作"是"一带一路"的重要实施路径，"一带一路"沿线国家是"国际产能合作"的重点实施区域，"一带一路"为"国际产能合作"提供了宏大的战略实施背景。

自"国际产能合作"战略实施以来，河北省钢铁、水泥、玻璃、电力设备、光伏等优势产业"走出去"步伐加快，这些领域的一些龙头企业在国际产能合作方面进行了初期探索并取得了阶段性成效，且国际产能合作项目一般都布局在"一带一路"沿线国家，尤其是河钢集团成功收购和运营塞尔维亚斯梅代雷沃钢厂不仅是河北省国际产能合作的标志性项目，而且成为我国与中东欧国家国际产能合作的样板。从国家层面的部署来看，鉴于河北省钢铁、水泥、玻璃等优势产能是我国推进国际产能合作的重点行业领域，国家发改委与河北省建立了国内首个国际产能合作部省协同机制，将河北省作为国际产能合作示范省在建设多双边合作机制、制定国际产能合作规划、金融机构融资支持、国际产能合作基金等方面予以重点支持。河北省国际产能合作的初期实践和国家层面的重视表明，基于河北省显而易见的产业优势及"国际产能合作"在"一带一路"建设实施中的重要地位，国际产能合作理应成为河北省融入"一带一路"建设的核心路径。

在融入"一带一路"建设的大框架下，河北省推进国际产能合作主要分为以下几个层面。

一是国际产能合作的重点领域。将河北省钢铁、水泥、玻璃、装备制造、光伏、化工医药等优势行业作为国际产能合作的重点领域，加快这些优势产业"走出去"的步伐，引导这些优势产能与"一带一路"沿线国家开展合作，在这些国家建设一批境外生产基地，同时带动相关产品出口及技术、资本和劳务的输出，以产能输出为主导拓展河北省优势产业的国际发展空间，通过绿地投资、股权并购等多种形式开展国际产能合作。

二是国际产能合作的境外载体。境外经贸合作园区是国际产能合作项目的集中布局，对外有利于与投资对象国当地政府的交流与沟通，为园区企业群体争取更好的外部环境保障,对内则成为国际产能合作项目最便捷的承载平台,从而规避、降低了单一项目建设运营的风险。此外,与国际产能合作项目的分散布局相比,境外经贸合作园区往往可纳入国家层面双边合作的大框架内,从而获得政府层面的关注与支持。从目前各地国际产能合作的推进路径来看,境外经贸合作园区已成为最佳的产能合作载体。

河北省国际产能合作应将境外经贸合作园区作为产能合作载体,按照"政府主导、企业主体、市场化经营"的模式在"一带一路"沿线国家建设一批加工制造、商贸物流、资源利用、技术示范、科技园型产能合作园区。

三是国际产能合作的主体力量。河北省的钢铁、水泥等优势产业多属投资金额大、投资回收期长的基础原材料工业,"一带一路"沿线国家又多为投资风险较高的新兴经济体和发展中国家,因此,河北省国际产能合作的主体力量应是优势产业领域经济实力、抗风险能力较强的大型企业,国际产能合作应以优势产业领域有实力的大企业为主体,以产业聚集或产业配套的形式带动中小企业"走出去",进而形成产业集群、产业链式、园区化产能输出格局。

在引导和发挥河北省大企业国际产能合作主体作用的同时,还要利用河北省开发区的国内园区运营经验,使河北省有意愿、有实力的开发区成为国际产能合作的另一主体力量,联合有实力的企业共同参与境外经贸合作园区建设。

(3) 贸易合作

河北省要进一步巩固和扩大对"一带一路"沿线国家的外贸出口,着力推动对"一带一路"沿线国家外贸出口的可持续增长,不断加大其对河北省外贸出口的支撑力度。从外贸出口结构来看,在保持钢材、五金制品、轻纺等传统优势产品出口稳步增长的同时,还要加快推进装备制造、新能源、新材料等高附加值产品的出口。为此,河北省要着力加强对"一带一路"沿线国家的贸易促进活动,强化在"一带一路"沿线国家的经贸代表处、商会、经贸洽谈会、优势特色商品展销中心等贸易促进平台,采取多种方式加大对"一带一路"沿线国家市场的开拓力度。

（4）资源开发

"一带一路"沿线国家能源、矿产等资源丰富，但受技术、资金、产业发展水平等因素的影响，资源开发总体水平不高。河北省要积极鼓励和支持有实力的企业到"一带一路"沿线国家资源富集地区参与资源合作开发，充分利用"一带一路"沿线国家的资源，拓宽河北省资源供应渠道，提升资源掌控能力，增强资源保障能力。由于央企一直是境外战略资源开发的主体力量，所以河北省对境外资源的开发在一些领域要建立与央企的合作关系，借助央企的平台优势联合开发。

2. "引进来"

融入"一带一路"不仅要"走出去"，也要"引进来"，吸引"一带一路"沿线国家的优势产业到河北省投资，拓宽河北省利用外资渠道，扩大河北省利用外资规模。

在融入"一带一路"的大背景下，河北省要加快改善投资环境，对照国际规则和惯例加快建立国际化、法治化的营商环境，加强对"一带一路"沿线国家的投资促进活动。河北省目前改善投资环境的所有部署、举措同样适用于对"一带一路"沿线国家"引进来"，只不过在"引进来"的承载平台方面要有一些针对性强的举措，尤其是要精心谋划一些在空间布局、产业特色、配套设施等方面符合"一带一路"沿线国家优势产业投资需求的国别（地区）经贸合作园区，也就是要建立对"一带一路"一些沿线国家指向性较强的对外开放特殊功能区，比如目前河北省正着力推进的与中东欧国家合作发展示范区——沧州中欧产业园等。

（三）融入的辅助路径：开展多领域的人文交流合作

人文交流合作是"一带一路"的社会根基，"一带一路"为沿线国家文化、教育、旅游等多层次、多领域的人文交流合作提供了广泛的机遇。与"一带一路"沿线国家的人文交流合作既是融入"一带一路"的辅助路径，也是融入"一带一路"的重要组成部分。河北省要根据自身及"一带一路"沿线国家的人文特色有针对性地开展多领域的人文交流合作。

皮书系列

2018年

智库成果出版与传播平台

社会科学文献出版社

SOCIAL SCIENCES ACADEMIC PRESS (CHINA)

社长致辞

蓦然回首，皮书的专业化历程已经走过了二十年。20年来从一个出版社的学术产品名称到媒体热词再到智库成果研创及传播平台，皮书以专业化为主线，进行了系列化、市场化、品牌化、数字化、国际化、平台化的运作，实现了跨越式的发展。特别是在党的十八大以后，以习近平总书记为核心的党中央高度重视新型智库建设，皮书也迎来了长足的发展，总品种达到600余种，经过专业评审机制、淘汰机制遴选，目前，每年稳定出版近400个品种。"皮书"已经成为中国新型智库建设的抓手，成为国际国内社会各界快速、便捷地了解真实中国的最佳窗口。

20年孜孜以求，"皮书"始终将自己的研究视野与经济社会发展中的前沿热点问题紧密相连。600个研究领域，3万多位分布于800余个研究机构的专家学者参与了研创写作。皮书数据库中共收录了15万篇专业报告，50余万张数据图表，合计30亿字，每年报告下载量近80万次。皮书为中国学术与社会发展实践的结合提供了一个激荡智力、传播思想的入口，皮书作者们用学术的话语、客观翔实的数据谱写了中国故事壮丽的篇章。

20年跬步千里，"皮书"始终将自己的发展与时代赋予的使命与责任紧紧相连。每年百余场新闻发布会，10万余次中外媒体报道，中、英、俄、日、韩等12个语种共同出版。皮书所具有的凝聚力正在形成一种无形的力量，吸引着社会各界关注中国的发展，参与中国的发展，它是我们向世界传递中国声音、总结中国经验、争取中国国际话语权最主要的平台。

皮书这一系列成就的取得，得益于中国改革开放的伟大时代，离不开来自中国社会科学院、新闻出版广电总局、全国哲学社会科学规划办公室等主管部门的大力支持和帮助，也离不开皮书研创者和出版者的共同努力。他们与皮书的故事创造了皮书的历史，他们对皮书的拳拳之心将继续谱写皮书的未来！

现在，"皮书"品牌已经进入了快速成长的青壮年时期。全方位进行规范化管理，树立中国的学术出版标准；不断提升皮书的内容质量和影响力，搭建起中国智库产品和智库建设的交流服务平台和国际传播平台；发布各类皮书指数，并使之成为中国指数，让中国智库的声音响彻世界舞台，为人类的发展做出中国的贡献——这是皮书未来发展的图景。作为"皮书"这个概念的提出者，"皮书"从一般图书到系列图书和品牌图书，最终成为智库研究和社会科学应用对策研究的知识服务和成果推广平台这整个过程的操盘者，我相信，这也是每一位皮书人执着追求的目标。

"当代中国正经历着我国历史上最为广泛而深刻的社会变革，也正在进行着人类历史上最为宏大而独特的实践创新。这种前无古人的伟大实践，必将给理论创造、学术繁荣提供强大动力和广阔空间。"

在这个需要思想而且一定能够产生思想的时代，皮书的研创出版一定能创造出新的更大的辉煌！

社会科学文献出版社社长
中国社会学会秘书长

2017年11月

社会科学文献出版社简介

社会科学文献出版社（以下简称"社科文献出版社"）成立于1985年，是直属于中国社会科学院的人文社会科学学术出版机构。成立至今，社科文献出版社始终依托中国社会科学院和国内外人文社会科学界丰厚的学术出版和专家学者资源，坚持"创社科经典，出传世文献"的出版理念、"权威、前沿、原创"的产品定位以及学术成果和智库成果出版的专业化、数字化、国际化、市场化的经营道路。

社科文献出版社是中国新闻出版业转型与文化体制改革的先行者。积极探索文化体制改革的先进方向和现代企业经营决策机制，社科文献出版社先后荣获"全国文化体制改革工作先进单位"、中国出版政府奖·先进出版单位奖、中国社会科学院先进集体、全国科普工作先进集体等荣誉称号。多人次荣获"第十届韬奋出版奖""全国新闻出版行业领军人才""数字出版先进人物""北京市新闻出版广电行业领军人才"等称号。

社科文献出版社是中国人文社会科学学术出版的大社名社，也是以皮书为代表的智库成果出版的专业强社。年出版图书2000余种，其中皮书400余种，出版新书字数5.5亿字，承印与发行中国社科院院属期刊72种，先后创立了皮书系列、列国志、中国史话、社科文献学术译库、社科文献学术文库、甲骨文书系等一大批既有学术影响又有市场价值的品牌，确立了在社会学、近代史、苏东问题研究等专业学科及领域出版的领先地位。图书多次荣获中国出版政府奖、"三个一百"原创图书出版工程、"五个'一'工程奖"、"大众喜爱的50种图书"等奖项，在中央国家机关"强素质·做表率"读书活动中，入选图书品种数位居各大出版社之首。

社科文献出版社是中国学术出版规范与标准的倡议者与制定者，代表全国50多家出版社发起实施学术著作出版规范的倡议，承担学术著作规范国家标准的起草工作，率先编撰完成《皮书手册》对皮书品牌进行规范化管理，并在此基础上推出中国版芝加哥手册——《社科文献出版社学术出版手册》。

社科文献出版社是中国数字出版的引领者，拥有皮书数据库、列国志数据库、"一带一路"数据库、减贫数据库、集刊数据库等4大产品线11个数据库产品，机构用户达1300余家，海外用户百余家，荣获"数字出版转型示范单位""新闻出版标准化先进单位""专业数字内容资源知识服务模式试点企业标准化示范单位"等称号。

社科文献出版社是中国学术出版走出去的践行者。社科文献出版社海外图书出版与学术合作业务遍及全球40余个国家和地区，并于2016年成立俄罗斯分社，累计输出图书500余种，涉及近20个语种，累计获得国家社科基金中华学术外译项目资助76种、"丝路书香工程"项目资助60种、中国图书对外推广计划项目资助71种以及经典中国国际出版工程资助28种，被五部委联合认定为"2015-2016年度国家文化出口重点企业"。

如今，社科文献出版社完全靠自身积累拥有固定资产3.6亿元，年收入3亿元，设置了七大出版分社、六大专业部门，成立了皮书研究院和博士后科研工作站，培养了一支近400人的高素质与高效率的编辑、出版、营销和国际推广队伍，为未来成为学术出版的大社、名社、强社，成为文化体制改革与文化企业转型发展的排头兵奠定了坚实的基础。

宏观经济类

经济蓝皮书

2018 年中国经济形势分析与预测

李平 / 主编　2017 年 12 月出版　定价：89.00 元

◆　本书为总理基金项目，由著名经济学家李扬领衔，联合中国社会科学院等数十家科研机构、国家部委和高等院校的专家共同撰写，系统分析了 2017 年的中国经济形势并预测 2018 年中国经济运行情况。

城市蓝皮书

中国城市发展报告 No.11

潘家华　单菁菁 / 主编　2018 年 9 月出版　估价：99.00 元

◆　本书是由中国社会科学院城市发展与环境研究中心编著的，多角度、全方位地立体展示了中国城市的发展状况，并对中国城市的未来发展提出了许多建议。该书有强烈的时代感，对中国城市发展实践有重要的参考价值。

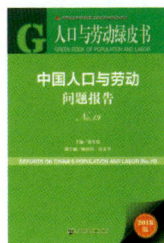

人口与劳动绿皮书

中国人口与劳动问题报告 No.19

张车伟 / 主编　2018 年 10 月出版　估价：99.00 元

◆　本书为中国社会科学院人口与劳动经济研究所主编的年度报告，对当前中国人口与劳动形势做了比较全面和系统的深入讨论，为研究中国人口与劳动问题提供了一个专业性的视角。

中国省域竞争力蓝皮书

中国省域经济综合竞争力发展报告（2017～2018）

李建平　李闽榕　高燕京/主编　2018年5月出版　估价：198.00元

◆　本书融多学科的理论为一体，深入追踪研究了省域经济发展与中国国家竞争力的内在关系，为提升中国省域经济综合竞争力提供有价值的决策依据。

金融蓝皮书

中国金融发展报告（2018）

王国刚/主编　2018年2月出版　估价：99.00元

◆　本书由中国社会科学院金融研究所组织编写，概括和分析了2017年中国金融发展和运行中的各方面情况，研讨和评论了2017年发生的主要金融事件，有利于读者了解掌握2017年中国的金融状况，把握2018年中国金融的走势。

区域经济类

京津冀蓝皮书

京津冀发展报告（2018）

祝合良　叶堂林　张贵祥/等著　2018年6月出版　估价：99.00元

◆　本书遵循问题导向与目标导向相结合、统计数据分析与大数据分析相结合、纵向分析和长期监测与结构分析和综合监测相结合等原则，对京津冀协同发展新形势与新进展进行测度与评价。

社 会 政 法 类

社会蓝皮书

2018 年中国社会形势分析与预测

李培林　陈光金　张翼 / 主编　2017 年 12 月出版　定价：89.00 元

◆　本书由中国社会科学院社会学研究所组织研究机构专家、高校学者和政府研究人员撰写，聚焦当下社会热点，对 2017 年中国社会发展的各个方面内容进行了权威解读，同时对 2018 年社会形势发展趋势进行了预测。

法治蓝皮书

中国法治发展报告 No.16（2018）

李林　田禾 / 主编　2018 年 3 月出版　估价：118.00 元

◆　本年度法治蓝皮书回顾总结了 2017 年度中国法治发展取得的成就和存在的不足，对中国政府、司法、检务透明度进行了跟踪调研，并对 2018 年中国法治发展形势进行了预测和展望。

教育蓝皮书

中国教育发展报告（2018）

杨东平 / 主编　2018 年 4 月出版　估价：99.00 元

◆　本书重点关注了 2017 年教育领域的热点，资料翔实，分析有据，既有专题研究，又有实践案例，从多角度对 2017 年教育改革和实践进行了分析和研究。

社会体制蓝皮书
中国社会体制改革报告 No.6（2018）

龚维斌 / 主编　2018 年 3 月出版　估价：99.00 元

◆　本书由国家行政学院社会治理研究中心和北京师范大学中国社会管理研究院共同组织编写，主要对 2017 年社会体制改革情况进行回顾和总结，对 2018 年的改革走向进行分析，提出相关政策建议。

社会心态蓝皮书
中国社会心态研究报告（2018）

王俊秀　杨宜音 / 主编　2018 年 12 月出版　估价：99.00 元

◆　本书是中国社会科学院社会学研究所社会心理研究中心"社会心态蓝皮书课题组"的年度研究成果，运用社会心理学、社会学、经济学、传播学等多种学科的方法进行了调查和研究，对于目前中国社会心态状况有较广泛和深入的揭示。

华侨华人蓝皮书
华侨华人研究报告（2018）

贾益民 / 主编　2018 年 1 月出版　估价：139.00 元

◆　本书关注华侨华人生产与生活的方方面面。华侨华人是中国建设 21 世纪海上丝绸之路的重要中介者、推动者和参与者。本书旨在全面调研华侨华人，提供最新涉侨动态、理论研究成果和政策建议。

民族发展蓝皮书
中国民族发展报告（2018）

王延中 / 主编　2018 年 10 月出版　估价：188.00 元

◆　本书从民族学人类学视角，研究近年来少数民族和民族地区的发展情况，展示民族地区经济、政治、文化、社会和生态文明"五位一体"建设取得的辉煌成就和面临的困难挑战，为深刻理解中央民族工作会议精神、加快民族地区全面建成小康社会进程提供了实证材料。

产业经济类

房地产蓝皮书

中国房地产发展报告 No.15（2018）

李春华　王业强／主编　2018 年 5 月出版　估价：99.00 元

◆　2018 年《房地产蓝皮书》持续追踪中国房地产市场最新动态，深度剖析市场热点，展望 2018 年发展趋势，积极谋划应对策略。对 2017 年房地产市场的发展态势进行全面、综合的分析。

新能源汽车蓝皮书

中国新能源汽车产业发展报告（2018）

中国汽车技术研究中心　　日产（中国）投资有限公司

东风汽车有限公司／编著　　2018 年 8 月出版　　估价：99.00 元

◆　本书对中国 2017 年新能源汽车产业发展进行了全面系统的分析，并介绍了国外的发展经验。有助于相关机构、行业和社会公众等了解中国新能源汽车产业发展的最新动态，为政府部门出台新能源汽车产业相关政策法规、企业制定相关战略规划，提供必要的借鉴和参考。

行业及其他类

旅游绿皮书

2017 ～ 2018 年中国旅游发展分析与预测

中国社会科学院旅游研究中心／编　2018 年 2 月出版　估价：99.00 元

◆　本书从政策、产业、市场、社会等多个角度勾画出 2017 年中国旅游发展全貌，剖析了其中的热点和核心问题，并就未来发展作出预测。

民营医院蓝皮书

中国民营医院发展报告（2018）

薛晓林 / 主编　2018 年 1 月出版　估价：99.00 元

◆　本书在梳理国家对社会办医的各种利好政策的前提下，对我国民营医疗发展现状、我国民营医院竞争力进行了分析，并结合我国医疗体制改革对民营医院的发展趋势、发展策略、战略规划等方面进行了预估。

会展蓝皮书

中外会展业动态评估研究报告（2018）

张敏 / 主编　　2018 年 12 月出版　估价：99.00 元

◆　本书回顾了 2017 年的会展业发展动态，结合"供给侧改革"、"互联网＋"、"绿色经济"的新形势分析了我国展会的行业现状，并介绍了国外的发展经验，有助于行业和社会了解最新的展会业动态。

中国上市公司蓝皮书

中国上市公司发展报告（2018）

张平　王宏淼 / 主编　　2018 年 9 月出版　　估价：99.00 元

◆　本书由中国社会科学院上市公司研究中心组织编写的，着力于全面、真实、客观反映当前中国上市公司财务状况和价值评估的综合性年度报告。本书详尽分析了 2017 年中国上市公司情况，特别是现实中暴露出的制度性、基础性问题，并对资本市场改革进行了探讨。

工业和信息化蓝皮书

人工智能发展报告（2017 ~ 2018）

尹丽波 / 主编　　2018 年 6 月出版　　估价：99.00 元

◆　本书国家工业信息安全发展研究中心在对 2017 年全球人工智能技术和产业进行全面跟踪研究基础上形成的研究报告。该报告内容翔实、视角独特，具有较强的产业发展前瞻性和预测性，可为相关主管部门、行业协会、企业等全面了解人工智能发展形势以及进行科学决策提供参考。

国际问题与全球治理类

世界经济黄皮书

2018 年世界经济形势分析与预测

张宇燕 / 主编　2018 年 1 月出版　估价：99.00 元

◆　本书由中国社会科学院世界经济与政治研究所的研究团队撰写，分总论、国别与地区、专题、热点、世界经济统计与预测等五个部分，对 2018 年世界经济形势进行了分析。

国际城市蓝皮书

国际城市发展报告（2018）

屠启宇 / 主编　2018 年 2 月出版　估价：99.00 元

◆　本书作者以上海社会科学院从事国际城市研究的学者团队为核心，汇集同济大学、华东师范大学、复旦大学、上海交通大学、南京大学、浙江大学相关城市研究专业学者。立足动态跟踪介绍国际城市发展时间中，最新出现的重大战略、重大理念、重大项目、重大报告和最佳案例。

非洲黄皮书

非洲发展报告 No.20（2017 ~ 2018）

张宏明 / 主编　2018 年 7 月出版　估价：99.00 元

◆　本书是由中国社会科学院西亚非洲研究所组织编撰的非洲形势年度报告，比较全面、系统地分析了 2017 年非洲政治形势和热点问题，探讨了非洲经济形势和市场走向，剖析了大国对非洲关系的新动向；此外，还介绍了国内非洲研究的新成果。

国别类

美国蓝皮书

美国研究报告（2018）

郑秉文　黄平／主编　2018 年 5 月出版　估价：99.00 元

◆　本书是由中国社会科学院美国研究所主持完成的研究成果，它回顾了美国 2017 年的经济、政治形势与外交战略，对美国内政外交发生的重大事件及重要政策进行了较为全面的回顾和梳理。

德国蓝皮书

德国发展报告（2018）

郑春荣／主编　2018 年 6 月出版　估价：99.00 元

◆　本报告由同济大学德国研究所组织编撰，由该领域的专家学者对德国的政治、经济、社会文化、外交等方面的形势发展情况，进行全面的阐述与分析。

俄罗斯黄皮书

俄罗斯发展报告（2018）

李永全／编著　2018 年 6 月出版　估价：99.00 元

◆　本书系统介绍了 2017 年俄罗斯经济政治情况，并对 2016 年该地区发生的焦点、热点问题进行了分析与回顾；在此基础上，对该地区 2018 年的发展前景进行了预测。

文 化 传 媒 类

新媒体蓝皮书

中国新媒体发展报告 No.9（2018）

唐绪军／主编　2018 年 6 月出版　估价：99.00 元

◆ 本书是由中国社会科学院新闻与传播研究所组织编写的关于新媒体发展的最新年度报告，旨在全面分析中国新媒体的发展现状，解读新媒体的发展趋势，探析新媒体的深刻影响。

移动互联网蓝皮书

中国移动互联网发展报告（2018）

余清楚／主编　　2018 年 6 月出版　估价：99.00 元

◆ 本书着眼于对 2017 年度中国移动互联网的发展情况做深入解析，对未来发展趋势进行预测，力求从不同视角、不同层面全面剖析中国移动互联网发展的现状、年度突破及热点趋势等。

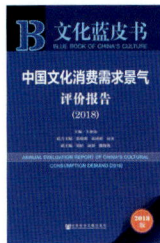

文化蓝皮书

中国文化消费需求景气评价报告（2018）

王亚南／主编　2018 年 2 月出版　估价：99.00 元

◆ 本书首创全国文化发展量化检测评价体系，也是至今全国唯一的文化民生量化检测评价体系，对于检验全国及各地 " 以人民为中心 " 的文化发展具有首创意义。

地方发展类

北京蓝皮书

北京经济发展报告（2017～2018）

杨松／主编　2018年6月出版　估价：99.00元

◆　本书对2017年北京市经济发展的整体形势进行了系统性的分析与回顾，并对2018年经济形势走势进行了预测与研判，聚焦北京市经济社会发展中的全局性、战略性和关键领域的重点问题，运用定量和定性分析相结合的方法，对北京市经济社会发展的现状、问题、成因进行了深入分析，提出了可操作性的对策建议。

温州蓝皮书

2018年温州经济社会形势分析与预测

蒋儒标　王春光　金浩／主编　2018年4月出版　估价：99.00元

◆　本书是中共温州市委党校和中国社会科学院社会学研究所合作推出的第十一本温州蓝皮书，由来自党校、政府部门、科研机构、高校的专家、学者共同撰写的2017年温州区域发展形势的最新研究成果。

黑龙江蓝皮书

黑龙江社会发展报告（2018）

王爱丽／主编　2018年6月出版　估价：99.00元

◆　本书以千份随机抽样问卷调查和专题研究为依据，运用社会学理论框架和分析方法，从专家和学者的独特视角，对2017年黑龙江省关系民生的问题进行广泛的调研与分析，并对2017年黑龙江省诸多社会热点和焦点问题进行了有益的探索。这些研究不仅可以为政府部门更加全面深入了解省情、科学制定决策提供智力支持，同时也可以为广大读者认识、了解、关注黑龙江社会发展提供理性思考。

宏观经济类

城市蓝皮书
中国城市发展报告（No.11）
著(编)者：潘家华 单菁菁
2018年9月出版 / 估价：99.00元
PSN B-2007-091-1/1

城乡一体化蓝皮书
中国城乡一体化发展报告（2018）
著(编)者：付崇兰
2018年9月出版 / 估价：99.00元
PSN B-2011-226-1/2

城镇化蓝皮书
中国新型城镇化健康发展报告（2018）
著(编)者：张占斌
2018年8月出版 / 估价：99.00元
PSN B-2014-396-1/1

创新蓝皮书
创新型国家建设报告（2018～2019）
著(编)者：詹正茂
2018年12月出版 / 估价：99.00元
PSN B-2009-140-1/1

低碳发展蓝皮书
中国低碳发展报告（2018）
著(编)者：张希良 齐晔
2018年6月出版 / 估价：99.00元
PSN B-2011-223-1/1

低碳经济蓝皮书
中国低碳经济发展报告（2018）
著(编)者：薛进军 赵忠秀
2018年11月出版 / 估价：99.00元
PSN B-2011-194-1/1

发展和改革蓝皮书
中国经济发展和体制改革报告No.9
著(编)者：邹东涛 王再文
2018年1月出版 / 估价：99.00元
PSN B-2008-122-1/1

国家创新蓝皮书
中国创新发展报告（2017）
著(编)者：陈劲　　2018年3月出版 / 估价：99.00元
PSN B-2014-370-1/1

金融蓝皮书
中国金融发展报告（2018）
著(编)者：王国刚
2018年2月出版 / 估价：99.00元
PSN B-2004-031-1/7

经济蓝皮书
2018年中国经济形势分析与预测
著(编)者：李平　　2017年12月出版 / 定价：89.00元
PSN B-1996-001-1/1

经济蓝皮书春季号
2018年中国经济前景分析
著(编)者：李扬　　2018年5月出版 / 估价：99.00元
PSN B-1999-008-1/1

经济蓝皮书夏季号
中国经济增长报告（2017～2018）
著(编)者：李扬　　2018年9月出版 / 估价：99.00元
PSN B-2010-176-1/1

经济信息绿皮书
中国与世界经济发展报告（2018）
著(编)者：杜平
2017年12月出版 / 估价：99.00元
PSN G-2003-023-1/1

农村绿皮书
中国农村经济形势分析与预测（2017～2018）
著(编)者：魏后凯 黄秉信
2018年4月出版 / 估价：99.00元
PSN G-1998-003-1/1

人口与劳动绿皮书
中国人口与劳动问题报告No.19
著(编)者：张车伟　　2018年11月出版 / 估价：99.00元
PSN G-2000-012-1/1

新型城镇化蓝皮书
新型城镇化发展报告（2017）
著(编)者：李伟 宋敏 沈体雁
2018年3月出版 / 估价：99.00元
PSN B-2005-038-1/1

中国省域竞争力蓝皮书
中国省域经济综合竞争力发展报告（2016～2017）
著(编)者：李建平 李闽榕 高燕京
2018年2月出版 / 估价：198.00元
PSN B-2007-088-1/1

中小城市绿皮书
中国中小城市发展报告（2018）
著(编)者：中国城市经济学会中小城市经济发展委员会
　　　　　中国城镇化促进会中小城市发展委员会
　　　　　《中国中小城市发展报告》编纂委员会
　　　　　中小城市发展战略研究院
2018年11月出版 / 估价：128.00元
PSN G-2010-161-1/1

区域经济类

东北蓝皮书
中国东北地区发展报告（2018）
著(编)者：姜晓秋　2018年11月出版 / 估价：99.00元
PSN B-2006-067-1/1

金融蓝皮书
中国金融中心发展报告（2017~2018）
著(编)者：王力 黄育华　2018年11月出版 / 估价：99.00元
PSN B-2011-186-6/7

京津冀蓝皮书
京津冀发展报告（2018）
著(编)者：祝合良 叶堂林 张贵祥
2018年6月出版 / 估价：99.00元
PSN B-2012-262-1/1

西北蓝皮书
中国西北发展报告（2018）
著(编)者：任宗哲 白宽犁 王建康
2018年4月出版 / 估价：99.00元
PSN B-2012-261-1/1

西部蓝皮书
中国西部发展报告（2018）
著(编)者：徐璋勇 任保平　2018年8月出版 / 估价：99.00元
PSN B-2005-039-1/1

长江经济带产业蓝皮书
长江经济带产业发展报告（2018）
著(编)者：吴传清　2018年11月出版 / 估价：128.00元
PSN B-2017-666-1/1

长江经济带蓝皮书
长江经济带发展报告（2017~2018）
著(编)者：王振　2018年11月出版 / 估价：99.00元
PSN B-2016-575-1/1

长江中游城市群蓝皮书
长江中游城市群新型城镇化与产业协同发展报告（2018）
著(编)者：杨刚强　2018年11月出版 / 估价：99.00元
PSN B-2016-578-1/1

长三角蓝皮书
2017年创新融合发展的长三角
著(编)者：刘飞跃　2018年3月出版 / 估价：99.00元
PSN B-2005-038-1/1

长株潭城市群蓝皮书
长株潭城市群发展报告（2017）
著(编)者：张萍 朱有志　2018年1月出版 / 估价：99.00元
PSN B-2008-109-1/1

中部竞争力蓝皮书
中国中部经济社会竞争力报告（2018）
著(编)者：教育部人文社会科学重点研究基地南昌大学中国
　　　　　中部经济社会发展研究中心
2018年12月出版 / 估价：99.00元
PSN B-2012-276-1/1

中部蓝皮书
中国中部地区发展报告（2018）
著(编)者：宋亚平　2018年12月出版 / 估价：99.00元
PSN B-2007-089-1/1

区域蓝皮书
中国区域经济发展报告（2017~2018）
著(编)者：赵弘　2018年5月出版 / 估价：99.00元
PSN B-2004-034-1/1

中三角蓝皮书
长江中游城市群发展报告（2018）
著(编)者：秦尊文　2018年9月出版 / 估价：99.00元
PSN B-2014-417-1/1

中原蓝皮书
中原经济区发展报告（2018）
著(编)者：李英杰　2018年6月出版 / 估价：99.00元
PSN B-2011-192-1/1

珠三角流通蓝皮书
珠三角商圈发展研究报告（2018）
著(编)者：王先庆 林至颖　2018年7月出版 / 估价：99.00元
PSN B-2012-292-1/1

社会政法类

北京蓝皮书
中国社区发展报告（2017~2018）
著(编)者：于燕燕　2018年9月出版 / 估价：99.00元
PSN B-2007-083-5/8

殡葬绿皮书
中国殡葬事业发展报告（2017~2018）
著(编)者：李伯森　2018年4月出版 / 估价：158.00元
PSN G-2010-180-1/1

城市管理蓝皮书
中国城市管理报告（2017-2018）
著(编)者：刘林 刘承水　2018年5月出版 / 估价：158.00元
PSN B-2013-336-1/1

城市生活质量蓝皮书
中国城市生活质量报告（2017）
著(编)者：张连城 张平 杨春学 郎丽华
2018年2月出版 / 估价：99.00元
PSN B-2013-326-1/1

城市政府能力蓝皮书
中国城市政府公共服务能力评估报告（2018）
著(编)者：何艳玲　2018年4月出版 / 估价：99.00元
PSN B-2013-338-1/1

创业蓝皮书
中国创业发展研究报告（2017~2018）
著(编)者：黄群慧 赵卫星 钟宏武
2018年11月出版 / 估价：99.00元
PSN B-2016-577-1/1

慈善蓝皮书
中国慈善发展报告（2018）
著(编)者：杨团　2018年6月出版 / 估价：99.00元
PSN B-2009-142-1/1

党建蓝皮书
党的建设研究报告No.2（2018）
著(编)者：崔建民 陈东平　2018年1月出版 / 估价：99.00元
PSN B-2016-523-1/1

地方法治蓝皮书
中国地方法治发展报告No.3（2018）
著(编)者：李林 田禾　2018年3月出版 / 估价：118.00元
PSN B-2015-442-1/1

电子政务蓝皮书
中国电子政务发展报告（2018）
著(编)者：李季　2018年8月出版 / 估价：99.00元
PSN B-2003-022-1/1

法治蓝皮书
中国法治发展报告No.16（2018）
著(编)者：吕艳滨　2018年3月出版 / 估价：118.00元
PSN B-2004-027-1/3

法治蓝皮书
中国法院信息化发展报告No.2（2018）
著(编)者：李林 田禾　2018年2月出版 / 估价：108.00元
PSN B-2017-604-3/3

法治政府蓝皮书
中国法治政府发展报告（2018）
著(编)者：中国政法大学法治政府研究院
2018年4月出版 / 估价：99.00元
PSN B-2015-502-1/2

法治政府蓝皮书
中国法治政府评估报告（2018）
著(编)者：中国政法大学法治政府研究院
2018年9月出版 / 估价：168.00元
PSN B-2016-576-2/2

反腐倡廉蓝皮书
中国反腐倡廉建设报告No.8
著(编)者：张英伟　2018年12月出版 / 估价：99.00元
PSN B-2012-259-1/1

扶贫蓝皮书
中国扶贫开发报告（2018）
著(编)者：李培林 魏后凯　2018年12月出版 / 估价：128.00元
PSN B-2016-599-1/1

妇女发展蓝皮书
中国妇女发展报告 No.6
著(编)者：王金玲　2018年9月出版 / 估价：158.00元
PSN B-2006-069-1/1

妇女教育蓝皮书
中国妇女教育发展报告 No.3
著(编)者：张李玺　2018年10月出版 / 估价：99.00元
PSN B-2008-121-1/1

妇女绿皮书
2018年：中国性别平等与妇女发展报告
著(编)者：谭琳　2018年12月出版 / 估价：99.00元
PSN G-2006-073-1/1

公共安全蓝皮书
中国城市公共安全发展报告（2017~2018）
著(编)者：黄育华 杨文明 赵建辉
2018年6月出版 / 估价：99.00元
PSN B-2017-628-1/1

公共服务蓝皮书
中国城市基本公共服务力评价（2018）
著(编)者：钟君 刘志昌 吴正杲
2018年12月出版 / 估价：99.00元
PSN B-2011-214-1/1

公民科学素质蓝皮书
中国公民科学素质报告（2017~2018）
著(编)者：李群 陈雄 马宗文
2018年1月出版 / 估价：99.00元
PSN B-2014-379-1/1

公益蓝皮书
中国公益慈善发展报告（2016）
著(编)者：朱健刚 胡小军　2018年2月出版 / 估价：99.00元
PSN B-2012-283-1/1

国际人才蓝皮书
中国国际移民报告（2018）
著(编)者：王辉耀　2018年2月出版 / 估价：99.00元
PSN B-2012-304-3/4

国际人才蓝皮书
中国留学发展报告（2018）No.7
著(编)者：王辉耀 苗绿　2018年12月出版 / 估价：99.00元
PSN B-2012-244-2/4

海洋社会蓝皮书
中国海洋社会发展报告（2017）
著(编)者：崔凤 宋宁而　2018年3月出版 / 估价：99.00元
PSN B-2015-478-1/1

行政改革蓝皮书
中国行政体制改革报告No.7（2018）
著(编)者：魏礼群　2018年6月出版 / 估价：99.00元
PSN B-2011-231-1/1

华侨华人蓝皮书
华侨华人研究报告（2017）
著(编)者：贾益民　2018年1月出版 / 估价：139.00元
PSN B-2011-204-1/1

15

环境竞争力绿皮书
中国省域环境竞争力发展报告（2018）
著(编)者：李建平 李闽榕 王金南
2018年11月出版 / 估价：198.00元
PSN G-2010-165-1/1

环境绿皮书
中国环境发展报告（2017~2018）
著(编)者：李波　2018年4月出版 / 估价：99.00元
PSN G-2006-048-1/1

家庭蓝皮书
中国"创建幸福家庭活动"评估报告（2018）
著(编)者：国务院发展研究中心"创建幸福家庭活动评估"课题组
2018年12月出版 / 估价：99.00元
PSN B-2015-508-1/1

健康城市蓝皮书
中国健康城市建设研究报告（2018）
著(编)者：王鸿春 盛继洪　2018年12月出版 / 估价：99.00元
PSN B-2016-564-2/2

健康中国蓝皮书
社区首诊与健康中国分析报告（2018）
著(编)者：高和荣 杨叔禹 姜杰
2018年4月出版 / 估价：99.00元
PSN B-2017-611-1/1

教师蓝皮书
中国中小学教师发展报告（2017）
著(编)者：曾晓东 鱼霞　2018年6月出版 / 估价：99.00元
PSN B-2012-289-1/1

教育扶贫蓝皮书
中国教育扶贫报告（2018）
著(编)者：司树杰 王文静 李兴洲
2018年12月出版 / 估价：99.00元
PSN B-2016-590-1/1

教育蓝皮书
中国教育发展报告（2018）
著(编)者：杨东平　2018年4月出版 / 估价：99.00元
PSN B-2006-047-1/1

金融法治建设蓝皮书
中国金融法治建设年度报告（2015~2016）
著(编)者：朱小黄　2018年6月出版 / 估价：99.00元
PSN B-2017-633-1/1

京津冀教育蓝皮书
京津冀教育发展研究报告（2017~2018）
著(编)者：方中雄　2018年4月出版 / 估价：99.00元
PSN B-2017-608-1/1

就业蓝皮书
2018年中国本科生就业报告
著(编)者：麦可思研究院　2018年6月出版 / 估价：99.00元
PSN B-2009-146-1/2

就业蓝皮书
2018年中国高职高专生就业报告
著(编)者：麦可思研究院　2018年6月出版 / 估价：99.00元
PSN B-2015-472-2/2

科学教育蓝皮书
中国科学教育发展报告（2018）
著(编)者：王康友　2018年10月出版 / 估价：99.00元
PSN B-2015-487-1/1

劳动保障蓝皮书
中国劳动保障发展报告（2018）
著(编)者：刘燕斌　2018年9月出版 / 估价：158.00元
PSN B-2014-415-1/1

老龄蓝皮书
中国老年宜居环境发展报告（2017）
著(编)者：党俊武 周燕珉　2018年1月出版 / 估价：99.00元
PSN B-2013-320-1/1

连片特困区蓝皮书
中国连片特困区发展报告（2017~2018）
著(编)者：游俊 冷志明 丁建军
2018年4月出版 / 估价：99.00元
PSN B-2013-321-1/1

流动儿童蓝皮书
中国流动儿童教育发展报告（2017）
著(编)者：杨东平　2018年1月出版 / 估价：99.00元
PSN B-2017-600-1/1

民调蓝皮书
中国民生调查报告（2018）
著(编)者：谢耘耕　2018年12月出版 / 估价：99.00元
PSN B-2014-398-1/1

民族发展蓝皮书
中国民族发展报告（2018）
著(编)者：王延中　2018年10月出版 / 估价：188.00元
PSN B-2006-070-1/1

女性生活蓝皮书
中国女性生活状况报告No.12（2018）
著(编)者：韩湘景　2018年7月出版 / 估价：99.00元
PSN B-2006-071-1/1

汽车社会蓝皮书
中国汽车社会发展报告（2017~2018）
著(编)者：王俊秀　2018年1月出版 / 估价：99.00元
PSN B-2011-224-1/1

青年蓝皮书
中国青年发展报告（2018）No.3
著(编)者：廉思　2018年4月出版 / 估价：99.00元
PSN B-2013-333-1/1

青少年蓝皮书
中国未成年人互联网运用报告（2017~2018）
著(编)者：季为民 李文革 沈杰
2018年11月出版 / 估价：99.00元
PSN B-2010-156-1/1

人权蓝皮书
中国人权事业发展报告No.8（2018）
著（编）者：李君如　2018年9月出版 / 估价：99.00元
PSN B-2011-215-1/1

社会保障绿皮书
中国社会保障发展报告No.9（2018）
著（编）者：王延中　2018年1月出版 / 估价：99.00元
PSN G-2001-014-1/1

社会风险评估蓝皮书
风险评估与危机预警报告（2017~2018）
著（编）者：唐钧　2018年8月出版 / 估价：99.00元
PSN B-2012-293-1/1

社会工作蓝皮书
中国社会工作发展报告（2016~2017）
著（编）者：民政部社会工作研究中心
2018年8月出版 / 估价：99.00元
PSN B-2009-141-1/1

社会管理蓝皮书
中国社会管理创新报告No.6
著（编）者：连玉明　2018年11月出版 / 估价：99.00元
PSN B-2012-300-1/1

社会蓝皮书
2018年中国社会形势分析与预测
著（编）者：李培林 陈光金 张翼
2017年12月出版 / 定价：89.00元
PSN B-1998-002-1/1

社会体制蓝皮书
中国社会体制改革报告No.6（2018）
著（编）者：龚维斌　2018年3月出版 / 估价：99.00元
PSN B-2013-330-1/1

社会心态蓝皮书
中国社会心态研究报告（2018）
著（编）者：王俊秀　2018年12月出版 / 估价：99.00元
PSN B-2011-199-1/1

社会组织蓝皮书
中国社会组织报告（2017-2018）
著（编）者：黄晓勇　2018年1月出版 / 估价：99.00元
PSN B-2008-118-1/2

社会组织蓝皮书
中国社会组织评估发展报告（2018）
著（编）者：徐家良　2018年12月出版 / 估价：99.00元
PSN B-2013-366-2/2

生态城市绿皮书
中国生态城市建设发展报告（2018）
著（编）者：刘举科 孙伟平 胡文臻
2018年9月出版 / 估价：158.00元
PSN G-2012-269-1/1

生态文明绿皮书
中国省域生态文明建设评价报告（ECI 2018）
著（编）者：严耕　2018年12月出版 / 估价：99.00元
PSN G-2010-170-1/1

退休生活蓝皮书
中国城市居民退休生活质量指数报告（2017）
著（编）者：杨一帆　2018年5月出版 / 估价：99.00元
PSN B-2017-618-1/1

危机管理蓝皮书
中国危机管理报告（2018）
著（编）者：文学国 范正青
2018年8月出版 / 估价：99.00元
PSN B-2010-171-1/1

学会蓝皮书
2018年中国学会发展报告
著（编）者：麦可思研究院
2018年12月出版 / 估价：99.00元
PSN B-2016-597-1/1

医改蓝皮书
中国医药卫生体制改革报告（2017~2018）
著（编）者：文学国 房志武
2018年11月出版 / 估价：99.00元
PSN B-2014-432-1/1

应急管理蓝皮书
中国应急管理报告（2018）
著（编）者：宋英华　2018年9月出版 / 估价：99.00元
PSN B-2016-562-1/1

政府绩效评估蓝皮书
中国地方政府绩效评估报告 No.2
著（编）者：贠杰　2018年12月出版 / 估价：99.00元
PSN B-2017-672-1/1

政治参与蓝皮书
中国政治参与报告（2018）
著（编）者：房宁　2018年8月出版 / 估价：128.00元
PSN B-2011-200-1/1

政治文化蓝皮书
中国政治文化报告（2018）
著（编）者：邢元敏 魏大鹏 龚克
2018年8月出版 / 估价：128.00元
PSN B-2017-615-1/1

中国传统村落蓝皮书
中国传统村落保护现状报告（2018）
著（编）者：胡彬彬 李向军 王晓波
2018年12月出版 / 估价：99.00元
PSN B-2017-663-1/1

中国农村妇女发展蓝皮书
农村流动女性城市生活发展报告（2018）
著（编）者：谢丽华　2018年12月出版 / 估价：99.00元
PSN B-2014-434-1/1

宗教蓝皮书
中国宗教报告（2017）
著（编）者：邱永辉　2018年8月出版 / 估价：99.00元
PSN B-2008-117-1/1

产业经济类

保健蓝皮书
中国保健服务产业发展报告 No.2
著(编)者：中国保健协会　中共中央党校
2018年7月出版 / 估价：198.00元
PSN B-2012-272-3/3

保健蓝皮书
中国保健食品产业发展报告 No.2
著(编)者：中国保健协会
　　　　　中国社会科学院食品药品产业发展与监管研究中心
2018年8月出版 / 估价：198.00元
PSN B-2012-271-2/3

保健蓝皮书
中国保健用品产业发展报告 No.2
著(编)者：中国保健协会
　　　　　国务院国有资产监督管理委员会研究中心
2018年3月出版 / 估价：198.00元
PSN B-2012-270-1/3

保险蓝皮书
中国保险业竞争力报告（2018）
著(编)者：保监会　2018年12月出版 / 估价：99.00元
PSN B-2013-311-1/1

冰雪蓝皮书
中国冰上运动产业发展报告（2018）
著(编)者：孙承华　杨占武　刘戈　张鸿俊
2018年9月出版 / 估价：99.00元
PSN B-2017-648-3/3

冰雪蓝皮书
中国滑雪产业发展报告（2018）
著(编)者：孙承华　伍斌　魏庆华　张鸿俊
2018年9月出版 / 估价：99.00元
PSN B-2016-559-1/3

餐饮产业蓝皮书
中国餐饮产业发展报告（2018）
著(编)者：邢颖
2018年6月出版 / 估价：99.00元
PSN B-2009-151-1/1

茶业蓝皮书
中国茶产业发展报告（2018）
著(编)者：杨江帆　李闽榕
2018年10月出版 / 估价：99.00元
PSN B-2010-164-1/1

产业安全蓝皮书
中国文化产业安全报告（2018）
著(编)者：北京印刷学院文化产业安全研究院
2018年12月出版 / 估价：99.00元
PSN B-2014-378-12/14

产业安全蓝皮书
中国新媒体产业安全报告（2016~2017）
著(编)者：肖丽　2018年6月出版 / 估价：99.00元
PSN B-2015-500-14/14

产业安全蓝皮书
中国出版传媒产业安全报告（2017~2018）
著(编)者：北京印刷学院文化产业安全研究院
2018年3月出版 / 估价：99.00元
PSN B-2014-384-13/14

产业蓝皮书
中国产业竞争力报告（2018）No.8
著(编)者：张其仔　2018年12月出版 / 估价：168.00元
PSN B-2010-175-1/1

动力电池蓝皮书
中国新能源汽车动力电池产业发展报告（2018）
著(编)者：中国汽车技术研究中心
2018年8月出版 / 估价：99.00元
PSN B-2017-639-1/1

杜仲产业绿皮书
中国杜仲橡胶资源与产业发展报告（2017~2018）
著(编)者：杜红岩　胡文臻　俞锐
2018年1月出版 / 估价：99.00元
PSN G-2013-350-1/1

房地产蓝皮书
中国房地产发展报告No.15（2018）
著(编)者：李春华　王业强
2018年5月出版 / 估价：99.00元
PSN B-2004-028-1/1

服务外包蓝皮书
中国服务外包产业发展报告（2017~2018）
著(编)者：王晓红　刘德军
2018年6月出版 / 估价：99.00元
PSN B-2013-331-2/2

服务外包蓝皮书
中国服务外包竞争力报告（2017~2018）
著(编)者：刘春生　王力　黄育华
2018年12月出版 / 估价：99.00元
PSN B-2011-216-1/2

工业和信息化蓝皮书
世界信息技术产业发展报告（2017~2018）
著(编)者：尹丽波　2018年6月出版 / 估价：99.00元
PSN B-2015-449-2/6

工业和信息化蓝皮书
战略性新兴产业发展报告（2017~2018）
著(编)者：尹丽波　2018年6月出版 / 估价：99.00元
PSN B-2015-450-3/6

客车蓝皮书
中国客车产业发展报告（2017~2018）
著(编)者：姚蔚　2018年10月出版 / 估价：99.00元
PSN B-2013-361-1/1

流通蓝皮书
中国商业发展报告（2018~2019）
著(编)者：王雪峰 林诗慧
2018年7月出版 / 估价：99.00元
PSN B-2009-152-1/2

能源蓝皮书
中国能源发展报告（2018）
著(编)者：崔民选 王军生 陈义和
2018年12月出版 / 估价：99.00元
PSN B-2006-049-1/1

农产品流通蓝皮书
中国农产品流通产业发展报告（2017）
著(编)者：贾敬敦 张东科 张玉玺 张鹏毅 周伟
2018年1月出版 / 估价：99.00元
PSN B-2012-288-1/1

汽车工业蓝皮书
中国汽车工业发展年度报告（2018）
著(编)者：中国汽车工业协会
　　　　　中国汽车技术研究中心
　　　　　丰田汽车公司
2018年5月出版 / 估价：168.00元
PSN B-2015-463-1/2

汽车工业蓝皮书
中国汽车零部件产业发展报告（2017~2018）
著(编)者：中国汽车工业协会
　　　　　中国汽车工程研究院深圳市沃特玛电池有限公司
2018年9月出版 / 估价：99.00元
PSN B-2016-515-2/2

汽车蓝皮书
中国汽车产业发展报告（2018）
著(编)者：中国汽车工程学会
　　　　　大众汽车集团（中国）
2018年11月出版 / 估价：99.00元
PSN B-2008-124-1/1

世界茶业蓝皮书
世界茶业发展报告（2018）
著(编)者：李闽榕 冯廷佺
2018年5月出版 / 估价：168.00元
PSN B-2017-619-1/1

世界能源蓝皮书
世界能源发展报告（2018）
著(编)者：黄晓勇　2018年6月出版 / 估价：168.00元
PSN B-2013-349-1/1

体育蓝皮书
国家体育产业基地发展报告（2016~2017）
著(编)者：李颖川　2018年4月出版 / 估价：168.00元
PSN B-2017-609-5/5

体育蓝皮书
中国体育产业发展报告（2018）
著(编)者：阮伟 钟秉枢
2018年12月出版 / 估价：99.00元
PSN B-2010-179-1/5

文化金融蓝皮书
中国文化金融发展报告（2018）
著(编)者：杨涛 金巍
2018年5月出版 / 估价：99.00元
PSN B-2017-610-1/1

新能源汽车蓝皮书
中国新能源汽车产业发展报告（2018）
著(编)者：中国汽车技术研究中心
　　　　　日产（中国）投资有限公司
　　　　　东风汽车有限公司
2018年8月出版 / 估价：99.00元
PSN B-2013-347-1/1

薏仁米产业蓝皮书
中国薏仁米产业发展报告No.2（2018）
著(编)者：李发耀 石明 秦礼康
2018年8月出版 / 估价：99.00元
PSN B-2017-645-1/1

邮轮绿皮书
中国邮轮产业发展报告（2018）
著(编)者：汪泓　2018年10月出版 / 估价：99.00元
PSN G-2014-419-1/1

智能养老蓝皮书
中国智能养老产业发展报告（2018）
著(编)者：朱勇　2018年10月出版 / 估价：99.00元
PSN B-2015-488-1/1

中国节能汽车蓝皮书
中国节能汽车发展报告（2017~2018）
著(编)者：中国汽车工程研究院股份有限公司
2018年9月出版 / 估价：99.00元
PSN B-2016-565-1/1

中国陶瓷产业蓝皮书
中国陶瓷产业发展报告（2018）
著(编)者：左和平 黄速建
2018年10月出版 / 估价：99.00元
PSN B-2016-573-1/1

装备制造业蓝皮书
中国装备制造业发展报告（2018）
著(编)者：徐东华　2018年12月出版 / 估价：118.00元
PSN B-2015-505-1/1

行业及其他类

"三农"互联网金融蓝皮书
中国"三农"互联网金融发展报告（2018）
著(编)者：李勇坚 王弢
2018年8月出版 / 估价：99.00元
PSN B-2016-560-1/1

SUV蓝皮书
中国SUV市场发展报告（2017～2018）
著(编)者：靳军　　2018年9月出版 / 估价：99.00元
PSN B-2016-571-1/1

冰雪蓝皮书
中国冬季奥运会发展报告（2018）
著(编)者：孙承华 伍斌 魏庆华 张鸿俊
2018年9月出版 / 估价：99.00元
PSN B-2017-647-2/3

彩票蓝皮书
中国彩票发展报告（2018）
著(编)者：益彩基金　　2018年4月出版 / 估价：99.00元
PSN B-2015-462-1/1

测绘地理信息蓝皮书
测绘地理信息供给侧结构性改革研究报告（2018）
著(编)者：库热西·买合苏提
2018年12月出版 / 估价：168.00元
PSN B-2009-145-1/1

产权市场蓝皮书
中国产权市场发展报告（2017）
著(编)者：曹和平　　2018年5月出版 / 估价：99.00元
PSN B-2009-147-1/1

城投蓝皮书
中国城投行业发展报告（2018）
著(编)者：华景斌
2018年11月出版 / 估价：300.00元
PSN B-2016-514-1/1

大数据蓝皮书
中国大数据发展报告（No.2）
著(编)者：连玉明　　2018年5月出版 / 估价：99.00元
PSN B-2017-620-1/1

大数据应用蓝皮书
中国大数据应用发展报告No.2（2018）
著(编)者：陈军君　　2018年8月出版 / 估价：99.00元
PSN B-2017-644-1/1

对外投资与风险蓝皮书
中国对外直接投资与国家风险报告（2018）
著(编)者：中债资信评估有限责任公司
　　　　　中国社会科学院世界经济与政治研究所
2018年4月出版 / 估价：189.00元
PSN B-2017-606-1/1

工业和信息化蓝皮书
人工智能发展报告（2017～2018）
著(编)者：尹丽波　　2018年6月出版 / 估价：99.00元
PSN B-2015-448-1/6

工业和信息化蓝皮书
世界智慧城市发展报告（2017～2018）
著(编)者：尹丽波　　2018年6月出版 / 估价：99.00元
PSN B-2017-624-6/6

工业和信息化蓝皮书
世界网络安全发展报告（2017～2018）
著(编)者：尹丽波　　2018年6月出版 / 估价：99.00元
PSN B-2015-452-5/6

工业和信息化蓝皮书
世界信息化发展报告（2017～2018）
著(编)者：尹丽波　　2018年6月出版 / 估价：99.00元
PSN B-2015-451-4/6

工业设计蓝皮书
中国工业设计发展报告（2018）
著(编)者：王晓红 于炜 张立群　　2018年9月出版 / 估价：168.00元
PSN B-2014-420-1/1

公共关系蓝皮书
中国公共关系发展报告（2018）
著(编)者：柳斌杰　　2018年11月出版 / 估价：99.00元
PSN B-2016-579-1/1

管理蓝皮书
中国管理发展报告（2018）
著(编)者：张晓东　　2018年10月出版 / 估价：99.00元
PSN B-2014-416-1/1

海关发展蓝皮书
中国海关发展前沿报告（2018）
著(编)者：干春晖　　2018年6月出版 / 估价：99.00元
PSN B-2017-616-1/1

互联网医疗蓝皮书
中国互联网健康医疗发展报告（2018）
著(编)者：芮晓武　　2018年6月出版 / 估价：99.00元
PSN B-2016-567-1/1

黄金市场蓝皮书
中国商业银行黄金业务发展报告（2017～2018）
著(编)者：平安银行　　2018年3月出版 / 估价：99.00元
PSN B-2016-524-1/1

会展蓝皮书
中外会展业动态评估研究报告（2018）
著(编)者：张敏 任中峰 聂鑫焱 牛盼强
2018年12月出版 / 估价：99.00元
PSN B-2013-327-1/1

基金会蓝皮书
中国基金会发展报告（2017~2018）
著(编)者：中国基金会发展报告课题组
2018年4月出版 / 估价：99.00元
PSN B-2013-368-1/1

基金会绿皮书
中国基金会发展独立研究报告（2018）
著(编)者：基金会中心网　　中央民族大学基金会研究中心
2018年6月出版 / 估价：99.00元
PSN G-2011-213-1/1

基金会透明度蓝皮书
中国基金会透明度发展研究报告（2018）
著(编)者：基金会中心网
　　　　　清华大学廉政与治理研究中心
2018年9月出版 / 估价：99.00元
PSN B-2013-339-1/1

建筑装饰蓝皮书
中国建筑装饰行业发展报告（2018）
著(编)者：葛道顺 刘晓一
2018年10月出版 / 估价：198.00元
PSN B-2016-553-1/1

金融监管蓝皮书
中国金融监管报告（2018）
著(编)者：胡滨　2018年5月出版 / 估价：99.00元
PSN B-2012-281-1/1

金融蓝皮书
中国互联网金融行业分析与评估（2018～2019）
著(编)者：黄国平 伍旭川　2018年12月出版 / 估价：99.00元
PSN B-2016-585-7/7

金融科技蓝皮书
中国金融科技发展报告（2018）
著(编)者：李扬 孙国峰　2018年10月出版 / 估价：99.00元
PSN B-2014-374-1/1

金融信息服务蓝皮书
中国金融信息服务发展报告（2018）
著(编)者：李平　2018年5月出版 / 估价：99.00元
PSN B-2017-621-1/1

京津冀金融蓝皮书
京津冀金融发展报告（2018）
著(编)者：王爱俭 王璟怡　2018年10月出版 / 估价：99.00元
PSN B-2016-527-1/1

科普蓝皮书
国家科普能力发展报告（2018）
著(编)者：王康友　2018年5月出版 / 估价：138.00元
PSN B-2017-632-4/4

科普蓝皮书
中国基层科普发展报告（2017～2018）
著(编)者：赵立新 陈玲　2018年9月出版 / 估价：99.00元
PSN B-2016-568-3/4

科普蓝皮书
中国科普基础设施发展报告（2017～2018）
著(编)者：任福君　2018年6月出版 / 估价：99.00元
PSN B-2010-174-1/3

科普蓝皮书
中国科普人才发展报告（2017～2018）
著(编)者：郑念 任嵘嵘　2018年7月出版 / 估价：99.00元
PSN B-2016-512-2/4

科普能力蓝皮书
中国科普能力评价报告（2018～2019）
著(编)者：李富强 李群　2018年8月出版 / 估价：99.00元
PSN B-2016-555-1/1

临空经济蓝皮书
中国临空经济发展报告（2018）
著(编)者：连玉明　2018年9月出版 / 估价：99.00元
PSN B-2014-421-1/1

旅游安全蓝皮书
中国旅游安全报告（2018）
著(编)者：郑向敏 谢朝武　2018年5月出版 / 估价：158.00元
PSN B-2012-280-1/1

旅游绿皮书
2017～2018年中国旅游发展分析与预测
著(编)者：宋瑞　2018年2月出版 / 估价：99.00元
PSN G-2002-018-1/1

煤炭蓝皮书
中国煤炭工业发展报告（2018）
著(编)者：岳福斌　2018年12月出版 / 估价：99.00元
PSN B-2008-123-1/1

民营企业社会责任蓝皮书
中国民营企业社会责任报告（2018）
著(编)者：中华全国工商业联合会
2018年12月出版 / 估价：99.00元
PSN B-2015-510-1/1

民营医院蓝皮书
中国民营医院发展报告（2017）
著(编)者：薛晓林　2018年1月出版 / 估价：99.00元
PSN B-2012-299-1/1

闽商蓝皮书
闽商发展报告（2018）
著(编)者：李闽榕 王日根 林琛
2018年12月出版 / 估价：99.00元
PSN B-2012-298-1/1

农业应对气候变化蓝皮书
中国农业气象灾害及其灾损评估报告（No.3）
著(编)者：矫梅燕　2018年1月出版 / 估价：118.00元
PSN B-2014-413-1/1

品牌蓝皮书
中国品牌战略发展报告（2018）
著(编)者：汪同三　2018年10月出版 / 估价：99.00元
PSN B-2016-580-1/1

企业扶贫蓝皮书
中国企业扶贫研究报告（2018）
著(编)者：钟宏武　2018年12月出版 / 估价：99.00元
PSN B-2016-593-1/1

企业公益蓝皮书
中国企业公益研究报告（2018）
著(编)者：钟宏武 汪杰 黄晓娟
2018年12月出版 / 估价：99.00元
PSN B-2015-501-1/1

企业国际化蓝皮书
中国企业全球化报告（2018）
著(编)者：王辉耀 苗绿　2018年11月出版 / 估价：99.00元
PSN B-2014-427-1/1

企业蓝皮书
中国企业绿色发展报告No.2（2018）
著(编)者：李红玉 朱光辉
2018年8月出版 / 估价：99.00元
PSN B-2015-481-2/2

企业社会责任蓝皮书
中资企业海外社会责任研究报告（2017~2018）
著(编)者：钟宏武 叶柳红 张蒽
2018年1月出版 / 估价：99.00元
PSN B-2017-603-2/2

企业社会责任蓝皮书
中国企业社会责任研究报告（2018）
著(编)者：黄群慧 钟宏武 张蒽 汪杰
2018年11月出版 / 估价：99.00元
PSN B-2009-149-1/2

汽车安全蓝皮书
中国汽车安全发展报告（2018）
著(编)者：中国汽车技术研究中心
2018年8月出版 / 估价：99.00元
PSN B-2014-385-1/1

汽车电子商务蓝皮书
中国汽车电子商务发展报告（2018）
著(编)者：中华全国工商业联合会汽车经销商商会
　　　　　北方工业大学
　　　　　北京易观智库网络科技有限公司
2018年10月出版 / 估价：158.00元
PSN B-2015-485-1/1

汽车知识产权蓝皮书
中国汽车产业知识产权发展报告（2018）
著(编)者：中国汽车工程研究院股份有限公司
　　　　　中国汽车工程学会
　　　　　重庆长安汽车股份有限公司
2018年12月出版 / 估价：99.00元
PSN B-2016-594-1/1

青少年体育蓝皮书
中国青少年体育发展报告（2017）
著(编)者：刘扶民 杨桦　　2018年1月出版 / 估价：99.00元
PSN B-2015-482-1/1

区块链蓝皮书
中国区块链发展报告（2018）
著(编)者：李伟　　2018年9月出版 / 估价：99.00元
PSN B-2017-649-1/1

群众体育蓝皮书
中国群众体育发展报告（2017）
著(编)者：刘国永 戴健　　2018年5月出版 / 估价：99.00元
PSN B-2014-411-1/3

群众体育蓝皮书
中国社会体育指导员发展报告（2018）
著(编)者：刘国永 王欢　　2018年4月出版 / 估价：99.00元
PSN B-2016-520-3/3

人力资源蓝皮书
中国人力资源发展报告（2018）
著(编)者：余兴安　　2018年11月出版 / 估价：99.00元
PSN B-2012-287-1/1

融资租赁蓝皮书
中国融资租赁业发展报告（2017~2018）
著(编)者：李光荣 王力　　2018年8月出版 / 估价：99.00元
PSN B-2015-443-1/1

商会蓝皮书
中国商会发展报告No.5（2017）
著(编)者：王钦敏　　2018年7月出版 / 估价：99.00元
PSN B-2008-125-1/1

商务中心区蓝皮书
中国商务中心区发展报告No.4（2017~2018）
著(编)者：李国红 单菁菁　　2018年9月出版 / 估价：99.00元
PSN B-2015-444-1/1

设计产业蓝皮书
中国创新设计发展报告（2018）
著(编)者：王晓红 张立群 于炜
2018年11月出版 / 估价：99.00元
PSN B-2016-581-2/2

社会责任管理蓝皮书
中国上市公司社会责任能力成熟度报告No.4（2018）
著(编)者：肖红军 王晓光 李伟阳
2018年12月出版 / 估价：99.00元
PSN B-2015-507-2/2

社会责任管理蓝皮书
中国企业公众透明度报告No.4（2017~2018）
著(编)者：黄速建 熊梦 王晓光 肖红军
2018年4月出版 / 估价：99.00元
PSN B-2015-440-1/2

食品药品蓝皮书
食品药品安全与监管政策研究报告（2016~2017）
著(编)者：唐民皓　　2018年6月出版 / 估价：99.00元
PSN B-2009-129-1/1

输血服务蓝皮书
中国输血行业发展报告（2018）
著(编)者：孙俊　　2018年12月出版 / 估价：99.00元
PSN B-2016-582-1/1

水利风景区蓝皮书
中国水利风景区发展报告（2018）
著(编)者：董建文 兰思仁
2018年10月出版 / 估价：99.00元
PSN B-2015-480-1/1

私募市场蓝皮书
中国私募股权市场发展报告（2017~2018）
著(编)者：曹和平　　2018年12月出版 / 估价：99.00元
PSN B-2010-162-1/1

碳排放权交易蓝皮书
中国碳排放权交易报告（2018）
著(编)者：孙永平　　2018年11月出版 / 估价：99.00元
PSN B-2017-652-1/1

碳市场蓝皮书
中国碳市场报告（2018）
著(编)者：定金彪　　2018年11月出版 / 估价：99.00元
PSN B-2014-430-1/1

体育蓝皮书
中国公共体育服务发展报告（2018）
著(编)者：戴健　2018年12月出版 / 估价：99.00元
PSN B-2013-367-2/5

土地市场蓝皮书
中国农村土地市场发展报告（2017~2018）
著(编)者：李光荣　2018年3月出版 / 估价：99.00元
PSN B-2016-526-1/1

土地整治蓝皮书
中国土地整治发展研究报告（No.5）
著(编)者：国土资源部土地整治中心
2018年7月出版 / 估价：99.00元
PSN B-2014-401-1/1

土地政策蓝皮书
中国土地政策研究报告（2018）
著(编)者：高延利 李宪文　2017年12月出版 / 估价：99.00元
PSN B-2015-506-1/1

网络空间安全蓝皮书
中国网络空间安全发展报告（2018）
著(编)者：惠志斌 覃庆玲
2018年11月出版 / 估价：99.00元
PSN B-2015-466-1/1

文化志愿服务蓝皮书
中国文化志愿服务发展报告（2018）
著(编)者：张永新 良警宇　2018年11月出版 / 估价：128.00元
PSN B-2016-596-1/1

西部金融蓝皮书
中国西部金融发展报告（2017~2018）
著(编)者：李忠民　2018年8月出版 / 估价：99.00元
PSN B-2010-160-1/1

协会商会蓝皮书
中国行业协会商会发展报告（2017）
著(编)者：景朝阳 李勇　2018年4月出版 / 估价：99.00元
PSN B-2015-461-1/1

新三板蓝皮书
中国新三板市场发展报告（2018）
著(编)者：王力　2018年8月出版 / 估价：99.00元
PSN B-2016-533-1/1

信托市场蓝皮书
中国信托业市场报告（2017~2018）
著(编)者：用益金融信托研究院
2018年1月出版 / 估价：198.00元
PSN B-2014-371-1/1

信息化蓝皮书
中国信息化形势分析与预测（2017~2018）
著(编)者：周宏仁　2018年8月出版 / 估价：99.00元
PSN B-2010-168-1/1

信用蓝皮书
中国信用发展报告（2017~2018）
著(编)者：章政 田侃　2018年4月出版 / 估价：99.00元
PSN B-2013-328-1/1

休闲绿皮书
2017~2018年中国休闲发展报告
著(编)者：宋瑞　2018年7月出版 / 估价：99.00元
PSN G-2010-158-1/1

休闲体育蓝皮书
中国休闲体育发展报告（2017~2018）
著(编)者：李相如 钟秉枢
2018年10月出版 / 估价：99.00元
PSN B-2016-516-1/1

养老金融蓝皮书
中国养老金融发展报告（2018）
著(编)者：董克用 姚余栋
2018年9月出版 / 估价：99.00元
PSN B-2016-583-1/1

遥感监测绿皮书
中国可持续发展遥感监测报告（2017）
著(编)者：顾行发 汪克强 潘教峰 李闽榕 徐东华 王琦安
2018年6月出版 / 估价：298.00元
PSN B-2017-629-1/1

药品流通蓝皮书
中国药品流通行业发展报告（2018）
著(编)者：佘鲁林 温再兴
2018年7月出版 / 估价：198.00元
PSN B-2014-429-1/1

医疗器械蓝皮书
中国医疗器械行业发展报告（2018）
著(编)者：王宝亭 耿鸿武
2018年10月出版 / 估价：99.00元
PSN B-2017-661-1/1

医院蓝皮书
中国医院竞争力报告（2018）
著(编)者：庄一强 曾益新　2018年3月出版 / 估价：118.00元
PSN B-2016-528-1/1

瑜伽蓝皮书
中国瑜伽业发展报告（2017~2018）
著(编)者：张永建 徐华锋 朱泰余
2018年6月出版 / 估价：198.00元
PSN B-2017-625-1/1

债券市场蓝皮书
中国债券市场发展报告（2017~2018）
著(编)者：杨农　2018年10月出版 / 估价：99.00元
PSN B-2016-572-1/1

志愿服务蓝皮书
中国志愿服务发展报告（2018）
著(编)者：中国志愿服务联合会
2018年11月出版 / 估价：99.00元
PSN B-2017-664-1/1

中国上市公司蓝皮书
中国上市公司发展报告（2018）
著(编)者：张鹏 张平 黄胤英
2018年9月出版 / 估价：99.00元
PSN B-2014-414-1/1

中国新三板蓝皮书
中国新三板创新与发展报告（2018）
著(编)者：刘平安 闻召林
2018年8月出版 / 估价：158.00元
PSN B-2017-638-1/1

中医文化蓝皮书
北京中医药文化传播发展报告（2018）
著(编)者：毛嘉陵 2018年5月出版 / 估价：99.00元
PSN B-2015-468-1/2

中医文化蓝皮书
中国中医药文化传播发展报告（2018）
著(编)者：毛嘉陵 2018年7月出版 / 估价：99.00元
PSN B-2016-584-2/2

中医药蓝皮书
北京中医药知识产权发展报告No.2
著(编)者：汪洪 屠志涛 2018年4月出版 / 估价：168.00元
PSN B-2017-602-1/1

资本市场蓝皮书
中国场外交易市场发展报告（2016~2017）
著(编)者：高峦 2018年3月出版 / 估价：99.00元
PSN B-2009-153-1/1

资产管理蓝皮书
中国资产管理行业发展报告（2018）
著(编)者：郑智 2018年7月出版 / 估价：99.00元
PSN B-2014-407-2/2

资产证券化蓝皮书
中国资产证券化发展报告（2018）
著(编)者：纪志宏 2018年11月出版 / 估价：99.00元
PSN B-2017-660-1/1

自贸区蓝皮书
中国自贸区发展报告（2018）
著(编)者：王力 黄育华 2018年6月出版 / 估价：99.00元
PSN B-2016-558-1/1

国际问题与全球治理类

"一带一路"跨境通道蓝皮书
"一带一路"跨境通道建设研究报告（2018）
著(编)者：郭业洲 2018年8月出版 / 估价：99.00元
PSN B-2016-557-1/1

"一带一路"蓝皮书
"一带一路"建设发展报告（2018）
著(编)者：王晓泉 2018年6月出版 / 估价：99.00元
PSN B-2016-552-1/1

"一带一路"投资安全蓝皮书
中国"一带一路"投资与安全研究报告（2017~2018）
著(编)者：邹统钎 梁昊光 2018年4月出版 / 估价：99.00元
PSN B-2017-612-1/1

"一带一路"文化交流蓝皮书
中阿文化交流发展报告（2017）
著(编)者：王辉 2018年9月出版 / 估价：99.00元
PSN B-2017-655-1/1

G20国家创新竞争力黄皮书
二十国集团（G20）国家创新竞争力发展报告（2017~2018）
著(编)者：李建平 李闽榕 赵新力 周天勇
2018年7月出版 / 估价：168.00元
PSN Y-2011-229-1/1

阿拉伯黄皮书
阿拉伯发展报告（2016~2017）
著(编)者：罗林 2018年3月出版 / 估价：99.00元
PSN Y-2014-381-1/1

北部湾蓝皮书
泛北部湾合作发展报告（2017~2018）
著(编)者：吕余生 2018年12月出版 / 估价：99.00元
PSN B-2008-114-1/1

北极蓝皮书
北极地区发展报告（2017）
著(编)者：刘惠荣 2018年7月出版 / 估价：99.00元
PSN B-2017-634-1/1

大洋洲蓝皮书
大洋洲发展报告（2017~2018）
著(编)者：喻常森 2018年10月出版 / 估价：99.00元
PSN B-2013-341-1/1

东北亚区域合作蓝皮书
2017年"一带一路"倡议与东北亚区域合作
著(编)者：刘亚政 金美花
2018年5月出版 / 估价：99.00元
PSN B-2017-631-1/1

东盟黄皮书
东盟发展报告（2017）
著(编)者：杨晓强 庄国土
2018年3月出版 / 估价：99.00元
PSN Y-2012-303-1/1

东南亚蓝皮书
东南亚地区发展报告（2017~2018）
著(编)者：王勤 2018年12月出版 / 估价：99.00元
PSN B-2012-240-1/1

非洲黄皮书
非洲发展报告No.20（2017~2018）
著(编)者：张宏明 2018年7月出版 / 估价：99.00元
PSN Y-2012-239-1/1

非传统安全蓝皮书
中国非传统安全研究报告（2017~2018）
著(编)者：潇枫 罗中枢 2018年8月出版 / 估价：99.00元
PSN B-2012-273-1/1

国际安全蓝皮书
中国国际安全研究报告（2018）
著（编）者：刘慧　2018年7月出版 / 估价：99.00元
PSN B-2016-521-1/1

国际城市蓝皮书
国际城市发展报告（2018）
著（编）者：屠启宇　2018年2月出版 / 估价：99.00元
PSN B-2012-260-1/1

国际形势黄皮书
全球政治与安全报告（2018）
著（编）者：张宇燕　2018年1月出版 / 估价：99.00元
PSN Y-2001-016-1/1

公共外交蓝皮书
中国公共外交发展报告（2018）
著（编）者：赵启正 雷蔚真　2018年4月出版 / 估价：99.00元
PSN B-2015-457-1/1

金砖国家黄皮书
金砖国家综合创新竞争力发展报告（2018）
著（编）者：赵新力 李闽榕 黄茂兴
2018年8月出版 / 估价：128.00元
PSN Y-2017-643-1/1

拉美黄皮书
拉丁美洲和加勒比发展报告（2017~2018）
著（编）者：袁东振　2018年6月出版 / 估价：99.00元
PSN Y-1999-007-1/1

澜湄合作蓝皮书
澜沧江-湄公河合作发展报告（2018）
著（编）者：刘稚　2018年9月出版 / 估价：99.00元
PSN B-2011-196-1/1

欧洲蓝皮书
欧洲发展报告（2017~2018）
著（编）者：黄平 周弘 程卫东
2018年6月出版 / 估价：99.00元
PSN B-1999-009-1/1

葡语国家蓝皮书
葡语国家发展报告（2016~2017）
著（编）者：王成安 张敏 刘金兰
2018年4月出版 / 估价：99.00元
PSN B-2015-503-1/2

葡语国家蓝皮书
中国与葡语国家关系发展报告·巴西（2016）
著（编）者：张曙光　2018年8月出版 / 估价：99.00元
PSN B-2016-563-2/2

气候变化绿皮书
应对气候变化报告（2018）
著（编）者：王伟光 郑国光　2018年11月出版 / 估价：99.00元
PSN G-2009-144-1/1

全球环境竞争力绿皮书
全球环境竞争力报告（2018）
著（编）者：李建平 李闽榕 王金南
2018年12月出版 / 估价：198.00元
PSN B-2013-363-1/1

全球信息社会蓝皮书
全球信息社会发展报告（2018）
著（编）者：丁波涛 唐涛　2018年10月出版 / 估价：99.00元
PSN B-2017-665-1/1

日本经济蓝皮书
日本经济与中日经贸关系研究报告（2018）
著（编）者：张季风　2018年6月出版 / 估价：99.00元
PSN B-2008-102-1/1

上海合作组织黄皮书
上海合作组织发展报告（2018）
著（编）者：李进峰　2018年6月出版 / 估价：99.00元
PSN Y-2009-130-1/1

世界创新竞争力黄皮书
世界创新竞争力发展报告（2017）
著（编）者：李建平 李闽榕 赵新力
2018年1月出版 / 估价：168.00元
PSN Y-2013-318-1/1

世界经济黄皮书
2018年世界经济形势分析与预测
著（编）者：张宇燕　2018年1月出版 / 估价：99.00元
PSN Y-1999-006-1/1

丝绸之路蓝皮书
丝绸之路经济带发展报告（2018）
著（编）者：任宗哲 白宽犁 谷孟宾
2018年1月出版 / 估价：99.00元
PSN B-2014-410-1/1

新兴经济体蓝皮书
金砖国家发展报告（2018）
著（编）者：林跃勤 周文　2018年8月出版 / 估价：99.00元
PSN B-2011-195-1/1

亚太蓝皮书
亚太地区发展报告（2018）
著（编）者：李向阳　2018年5月出版 / 估价：99.00元
PSN B-2001-015-1/1

印度洋地区蓝皮书
印度洋地区发展报告（2018）
著（编）者：汪戎　2018年6月出版 / 估价：99.00元
PSN B-2013-334-1/1

渝新欧蓝皮书
渝新欧沿线国家发展报告（2018）
著（编）者：杨柏 黄森　2018年6月出版 / 估价：99.00元
PSN B-2017-626-1/1

中阿蓝皮书
中国-阿拉伯国家经贸发展报告（2018）
著（编）者：张ыма 段庆林 王林聪 杨巧红
2018年12月出版 / 估价：99.00元
PSN B-2016-598-1/1

中东黄皮书
中东发展报告No.20（2017~2018）
著（编）者：杨光　2018年10月出版 / 估价：99.00元
PSN Y-1998-004-1/1

中亚黄皮书
中亚国家发展报告（2018）
著（编）者：孙力　2018年6月出版 / 估价：99.00元
PSN Y-2012-238-1/1

国别类

澳大利亚蓝皮书
澳大利亚发展报告（2017-2018）
著(编)者：孙有中 韩锋　2018年12月出版 / 估价：99.00元
PSN B-2016-587-1/1

巴西黄皮书
巴西发展报告（2017）
著(编)者：刘国枝　2018年5月出版 / 估价：99.00元
PSN Y-2017-614-1/1

德国蓝皮书
德国发展报告（2018）
著(编)者：郑春荣　2018年6月出版 / 估价：99.00元
PSN B-2012-278-1/1

俄罗斯黄皮书
俄罗斯发展报告（2018）
著(编)者：李永全　2018年6月出版 / 估价：99.00元
PSN Y-2006-061-1/1

韩国蓝皮书
韩国发展报告（2017）
著(编)者：牛林杰 刘宝全　2018年5月出版 / 估价：99.00元
PSN B-2010-155-1/1

加拿大蓝皮书
加拿大发展报告（2018）
著(编)者：唐小松　2018年9月出版 / 估价：99.00元
PSN B-2014-389-1/1

美国蓝皮书
美国研究报告（2018）
著(编)者：郑秉文 黄平　2018年5月出版 / 估价：99.00元
PSN B-2011-210-1/1

缅甸蓝皮书
缅甸国情报告（2017）
著(编)者：孔鹏 杨祥章　2018年1月出版 / 估价：99.00元
PSN B-2013-343-1/1

日本蓝皮书
日本研究报告（2018）
著(编)者：杨伯江　2018年6月出版 / 估价：99.00元
PSN B-2002-020-1/1

土耳其蓝皮书
土耳其发展报告（2018）
著(编)者：郭长刚 刘义　2018年9月出版 / 估价：99.00元
PSN B-2014-412-1/1

伊朗蓝皮书
伊朗发展报告（2017~2018）
著(编)者：冀开运　2018年10月 / 估价：99.00元
PSN B-2016-574-1/1

以色列蓝皮书
以色列发展报告（2018）
著(编)者：张倩红　2018年8月出版 / 估价：99.00元
PSN B-2015-483-1/1

印度蓝皮书
印度国情报告（2017）
著(编)者：吕昭义　2018年4月出版 / 估价：99.00元
PSN B-2012-241-1/1

英国蓝皮书
英国发展报告（2017~2018）
著(编)者：王展鹏　2018年12月出版 / 估价：99.00元
PSN B-2015-486-1/1

越南蓝皮书
越南国情报告（2018）
著(编)者：谢林城　2018年1月出版 / 估价：99.00元
PSN B-2006-056-1/1

泰国蓝皮书
泰国研究报告（2018）
著(编)者：庄国土 张禹东 刘文正
2018年10月出版 / 估价：99.00元
PSN B-2016-556-1/1

文化传媒类

"三农"舆情蓝皮书
中国"三农"网络舆情报告（2017~2018）
著(编)者：农业部信息中心
2018年6月出版 / 估价：99.00元
PSN B-2017-640-1/1

传媒竞争力蓝皮书
中国传媒国际竞争力研究报告（2018）
著(编)者：李本乾 刘强 王大可
2018年8月出版 / 估价：99.00元
PSN B-2013-356-1/1

传媒蓝皮书
中国传媒产业发展报告（2018）
著(编)者：崔保国　2018年5月出版 / 估价：99.00元
PSN B-2005-035-1/1

传媒投资蓝皮书
中国传媒投资发展报告（2018）
著(编)者：张向东 谭云明
2018年6月出版 / 估价：148.00元
PSN B-2015-474-1/1

非物质文化遗产蓝皮书
中国非物质文化遗产发展报告（2018）
著(编)者：陈平　2018年5月出版 / 估价：128.00元
PSN B-2015-469-1/2

非物质文化遗产蓝皮书
中国非物质文化遗产保护发展报告（2018）
著(编)者：宋俊华　2018年10月出版 / 估价：128.00元
PSN B-2016-586-2/2

广电蓝皮书
中国广播电影电视发展报告（2018）
著(编)者：国家新闻出版广电总局发展研究中心
2018年7月出版 / 估价：99.00元
PSN B-2006-072-1/1

广告主蓝皮书
中国广告主营销传播趋势报告No.9
著(编)者：黄升民 杜国清 邵华冬 等
2018年10月出版 / 估价：158.00元
PSN B-2005-041-1/1

国际传播蓝皮书
中国国际传播发展报告（2018）
著(编)者：胡正荣 李继东 姬德强
2018年12月出版 / 估价：99.00元
PSN B-2014-408-1/1

国家形象蓝皮书
中国国家形象传播报告（2017）
著(编)者：张昆　2018年3月出版 / 估价：128.00元
PSN B-2017-605-1/1

互联网治理蓝皮书
中国网络社会治理研究报告（2018）
著(编)者：罗昕 支庭荣
2018年9月出版 / 估价：118.00元
PSN B-2017-653-1/1

纪录片蓝皮书
中国纪录片发展报告（2018）
著(编)者：何苏六　2018年10月出版 / 估价：99.00元
PSN B-2011-222-1/1

科学传播蓝皮书
中国科学传播报告（2016~2017）
著(编)者：詹正茂　2018年6月出版 / 估价：99.00元
PSN B-2008-120-1/1

两岸创意经济蓝皮书
两岸创意经济研究报告（2018）
著(编)者：罗昌智 董泽平
2018年10月出版 / 估价：99.00元
PSN B-2014-437-1/1

媒介与女性蓝皮书
中国媒介与女性发展报告（2017~2018）
著(编)者：刘利群　2018年5月出版 / 估价：99.00元
PSN B-2013-345-1/1

媒体融合蓝皮书
中国媒体融合发展报告（2017）
著(编)者：梅宁华 支庭荣　2018年1月出版 / 估价：99.00元
PSN B-2015-479-1/1

全球传媒蓝皮书
全球传媒发展报告（2017~2018）
著(编)者：胡正荣 李继东　2018年6月出版 / 估价：99.00元
PSN B-2012-237-1/1

少数民族非遗蓝皮书
中国少数民族非物质文化遗产发展报告（2018）
著(编)者：肖远平（彝）柴立（满）
2018年10月出版 / 估价：118.00元
PSN B-2015-467-1/1

视听新媒体蓝皮书
中国视听新媒体发展报告（2018）
著(编)者：国家新闻出版广电总局发展研究中心
2018年7月出版 / 估价：118.00元
PSN B-2011-184-1/1

数字娱乐产业蓝皮书
中国动画产业发展报告（2018）
著(编)者：孙立军 孙平 牛兴侦
2018年10月出版 / 估价：99.00元
PSN B-2011-198-1/2

数字娱乐产业蓝皮书
中国游戏产业发展报告（2018）
著(编)者：孙立军 刘跃军
2018年10月出版 / 估价：99.00元
PSN B-2017-662-2/2

文化创新蓝皮书
中国文化创新报告（2017·No.8）
著(编)者：傅才武　2018年4月出版 / 估价：99.00元
PSN B-2009-143-1/1

文化建设蓝皮书
中国文化发展报告（2018）
著(编)者：江畅 孙伟平 戴茂堂
2018年5月出版 / 估价：99.00元
PSN B-2014-392-1/1

文化科技蓝皮书
文化科技创新发展报告（2018）
著(编)者：于平 李凤亮　2018年10月出版 / 估价：99.00元
PSN B-2013-342-1/1

文化蓝皮书
中国公共文化服务发展报告（2017~2018）
著(编)者：刘新成 张永新 张旭
2018年12月出版 / 估价：99.00元
PSN B-2007-093-2/10

文化蓝皮书
中国少数民族文化发展报告（2017~2018）
著(编)者：武翠英 张晓明 任乌晶
2018年9月出版 / 估价：99.00元
PSN B-2013-369-9/10

文化蓝皮书
中国文化产业供需协调检测报告（2018）
著(编)者：王亚南　2018年2月出版 / 估价：99.00元
PSN B-2013-323-8/10

文化蓝皮书
中国文化消费需求景气评价报告（2018）
著(编)者：王亚南　2018年2月出版 / 估价：99.00元
PSN B-2011-236-4/10

文化蓝皮书
中国公共文化投入增长测评报告（2018）
著(编)者：王亚南　2018年2月出版 / 估价：99.00元
PSN B-2014-435-10/10

文化品牌蓝皮书
中国文化品牌发展报告（2018）
著(编)者：欧阳友权　2018年5月出版 / 估价：99.00元
PSN B-2012-277-1/1

文化遗产蓝皮书
中国文化遗产事业发展报告（2017~2018）
著(编)者：苏杨 张颖岚 卓杰 白海峰 陈晨 陈叙图
2018年8月出版 / 估价：99.00元
PSN B-2008-119-1/1

文学蓝皮书
中国文情报告（2017~2018）
著(编)者：白烨　2018年5月出版 / 估价：99.00元
PSN B-2011-221-1/1

新媒体蓝皮书
中国新媒体发展报告No.9（2018）
著(编)者：唐绪军　2018年7月出版 / 估价：99.00元
PSN B-2010-169-1/1

新媒体社会责任蓝皮书
中国新媒体社会责任研究报告（2018）
著(编)者：钟瑛　2018年12月出版 / 估价：99.00元
PSN B-2014-423-1/1

移动互联网蓝皮书
中国移动互联网发展报告（2018）
著(编)者：余清楚　2018年6月出版 / 估价：99.00元
PSN B-2012-282-1/1

影视蓝皮书
中国影视产业发展报告（2018）
著(编)者：司若 陈鹏 陈锐　2018年4月出版 / 估价：99.00元
PSN B-2016-529-1/1

舆情蓝皮书
中国社会舆情与危机管理报告（2018）
著(编)者：谢耘耕　2018年9月出版 / 估价：138.00元
PSN B-2011-235-1/1

地方发展类-经济

澳门蓝皮书
澳门经济社会发展报告（2017~2018）
著(编)者：吴志良 郝雨凡　2018年7月出版 / 估价：99.00元
PSN B-2009-138-1/1

澳门绿皮书
澳门旅游休闲发展报告（2017~2018）
著(编)者：郝雨凡 林广志　2018年5月出版 / 估价：99.00元
PSN G-2017-617-1/1

北京蓝皮书
北京经济发展报告（2017~2018）
著(编)者：杨松　2018年6月出版 / 估价：99.00元
PSN B-2006-054-2/8

北京旅游绿皮书
北京旅游发展报告（2018）
著(编)者：北京旅游学会
2018年7月出版 / 估价：99.00元
PSN G-2012-301-1/1

北京体育蓝皮书
北京体育产业发展报告（2017~2018）
著(编)者：钟秉枢 陈杰 杨铁黎
2018年9月出版 / 估价：99.00元
PSN B-2015-475-1/1

滨海金融蓝皮书
滨海新区金融发展报告（2017）
著(编)者：王爱俭 宇向前　2018年4月出版 / 估价：99.00元
PSN B-2014-424-1/1

城乡一体化蓝皮书
北京城乡一体化发展报告（2017~2018）
著(编)者：吴宝新 张宝秀 黄序
2018年5月出版 / 估价：99.00元
PSN B-2012-258-2/2

非公有制企业社会责任蓝皮书
北京非公有制企业社会责任报告（2018）
著(编)者：宋贵伦 冯培　2018年6月出版 / 估价：99.00元
PSN B-2017-613-1/1

福建旅游蓝皮书
福建省旅游产业发展现状研究（2017~2018）
著(编)者：陈敏华 黄远水
2018年12月出版 / 估价：128.00元
PSN B-2016-591-1/1

福建自贸区蓝皮书
中国(福建)自由贸易试验区发展报告(2017~2018)
著(编)者：黄茂兴　2018年4月出版 / 估价：118.00元
PSN B-2016-531-1/1

甘肃蓝皮书
甘肃经济发展分析与预测（2018）
著(编)者：安文华 罗哲　2018年1月出版 / 估价：99.00元
PSN B-2013-312-1/6

甘肃蓝皮书
甘肃商贸流通发展报告（2018）
著(编)者：张应华 王福生 王晓芳
2018年1月出版 / 估价：99.00元
PSN B-2016-522-6/6

甘肃蓝皮书
甘肃县域和农村发展报告（2018）
著（编）者：朱智文 包东红 王建兵
2018年1月出版 / 估价：99.00元
PSN B-2013-316-5/6

甘肃农业科技绿皮书
甘肃农业科技发展研究报告（2018）
著（编）者：魏胜文 乔德华 张东伟
2018年12月出版 / 估价：198.00元
PSN B-2016-592-1/1

巩义蓝皮书
巩义经济社会发展报告（2018）
著（编）者：丁同民 朱军　2018年4月出版 / 估价：99.00元
PSN B-2016-532-1/1

广东外经贸蓝皮书
广东对外经济贸易发展研究报告（2017~2018）
著（编）者：陈万灵　2018年6月出版 / 估价：99.00元
PSN B-2012-286-1/1

广西北部湾经济区蓝皮书
广西北部湾经济区开放开发报告（2017~2018）
著（编）者：广西壮族自治区北部湾经济区和东盟开放合作办公室
　　　　　广西社会科学院
　　　　　广西北部湾发展研究院
2018年2月出版 / 估价：99.00元
PSN B-2010-181-1/1

广州蓝皮书
广州城市国际化发展报告（2018）
著（编）者：张跃国　2018年8月出版 / 估价：99.00元
PSN B-2012-246-11/14

广州蓝皮书
中国广州城市建设与管理发展报告（2018）
著（编）者：张其学 陈小钢 王宏伟　2018年8月出版 / 估价：99.00元
PSN B-2007-087-4/14

广州蓝皮书
广州创新型城市发展报告（2018）
著（编）者：尹涛　2018年6月出版 / 估价：99.00元
PSN B-2012-247-12/14

广州蓝皮书
广州经济发展报告（2018）
著（编）者：张跃国 尹涛　2018年7月出版 / 估价：99.00元
PSN B-2005-040-1/14

广州蓝皮书
2018年中国广州经济形势分析与预测
著（编）者：魏明海 谢博能 李华
2018年6月出版 / 估价：99.00元
PSN B-2011-185-9/14

广州蓝皮书
中国广州科技创新发展报告（2018）
著（编）者：于欣伟 陈爽 邓佑满　2018年8月出版 / 估价：99.00元
PSN B-2006-065-2/14

广州蓝皮书
广州农村发展报告（2018）
著（编）者：朱名宏　2018年7月出版 / 估价：99.00元
PSN B-2010-167-8/14

广州蓝皮书
广州汽车产业发展报告（2018）
著（编）者：杨再高 冯兴亚　2018年7月出版 / 估价：99.00元
PSN B-2006-066-3/14

广州蓝皮书
广州商贸业发展报告（2018）
著（编）者：张跃国 陈杰 荀振英
2018年7月出版 / 估价：99.00元
PSN B-2012-245-10/14

贵阳蓝皮书
贵阳城市创新发展报告No.3（白云篇）
著（编）者：连玉明　2018年5月出版 / 估价：99.00元
PSN B-2015-491-3/10

贵阳蓝皮书
贵阳城市创新发展报告No.3（观山湖篇）
著（编）者：连玉明　2018年5月出版 / 估价：99.00元
PSN B-2015-497-9/10

贵阳蓝皮书
贵阳城市创新发展报告No.3（花溪篇）
著（编）者：连玉明　2018年5月出版 / 估价：99.00元
PSN B-2015-490-2/10

贵阳蓝皮书
贵阳城市创新发展报告No.3（开阳篇）
著（编）者：连玉明　2018年5月出版 / 估价：99.00元
PSN B-2015-492-4/10

贵阳蓝皮书
贵阳城市创新发展报告No.3（南明篇）
著（编）者：连玉明　2018年5月出版 / 估价：99.00元
PSN B-2015-496-8/10

贵阳蓝皮书
贵阳城市创新发展报告No.3（清镇篇）
著（编）者：连玉明　2018年5月出版 / 估价：99.00元
PSN B-2015-489-1/10

贵阳蓝皮书
贵阳城市创新发展报告No.3（乌当篇）
著（编）者：连玉明　2018年5月出版 / 估价：99.00元
PSN B-2015-495-7/10

贵阳蓝皮书
贵阳城市创新发展报告No.3（息烽篇）
著（编）者：连玉明　2018年5月出版 / 估价：99.00元
PSN B-2015-493-5/10

贵阳蓝皮书
贵阳城市创新发展报告No.3（修文篇）
著（编）者：连玉明　2018年5月出版 / 估价：99.00元
PSN B-2015-494-6/10

贵阳蓝皮书
贵阳城市创新发展报告No.3（云岩篇）
著（编）者：连玉明　2018年5月出版 / 估价：99.00元
PSN B-2015-498-10/10

贵州房地产蓝皮书
贵州房地产发展报告No.5（2018）
著（编）者：武廷方　2018年7月出版 / 估价：99.00元
PSN B-2014-426-1/1

贵州蓝皮书
贵州册亨经济社会发展报告（2018）
著(编)者: 黄德林　2018年3月出版 / 估价: 99.00元
PSN B-2016-525-8/9

贵州蓝皮书
贵州地理标志产业发展报告（2018）
著(编)者: 李发耀 黄其松　2018年8月出版 / 估价: 99.00元
PSN B-2017-646-10/10

贵州蓝皮书
贵安新区发展报告（2017~2018）
著(编)者: 马长青 吴大华　2018年6月出版 / 估价: 99.00元
PSN B-2015-459-4/10

贵州蓝皮书
贵州国家级开放创新平台发展报告（2017~2018）
著(编)者: 申晓庆 吴大华 季泓
2018年11月出版 / 估价: 99.00元
PSN B-2016-518-7/10

贵州蓝皮书
贵州国有企业社会责任发展报告（2017~2018）
著(编)者: 郭丽　2018年12月出版 / 估价: 99.00元
PSN B-2015-511-6/10

贵州蓝皮书
贵州民航业发展报告（2017）
著(编)者: 申振东 吴大华　2018年1月出版 / 估价: 99.00元
PSN B-2015-471-5/10

贵州蓝皮书
贵州民营经济发展报告（2017）
著(编)者: 杨静 吴大华　2018年3月出版 / 估价: 99.00元
PSN B-2016-530-9/9

杭州都市圈蓝皮书
杭州都市圈发展报告（2018）
著(编)者: 沈翔 威建国　2018年5月出版 / 估价: 128.00元
PSN B-2012-302-1/1

河北经济蓝皮书
河北省经济发展报告（2018）
著(编)者: 马树强 金浩 张贵　2018年4月出版 / 估价: 99.00元
PSN B-2014-380-1/1

河北蓝皮书
河北经济社会发展报告（2018）
著(编)者: 康振海　2018年1月出版 / 估价: 99.00元
PSN B-2014-372-1/3

河北蓝皮书
京津冀协同发展报告（2018）
著(编)者: 陈璐　2018年1月出版 / 估价: 99.00元
PSN B-2017-601-2/3

河南经济蓝皮书
2018年河南经济形势分析与预测
著(编)者: 王世炎　2018年3月出版 / 估价: 99.00元
PSN B-2007-086-1/1

河南蓝皮书
河南城市发展报告（2018）
著(编)者: 张占仓 王建国　2018年5月出版 / 估价: 99.00元
PSN B-2009-131-3/9

河南蓝皮书
河南工业发展报告（2018）
著(编)者: 张占仓　2018年5月出版 / 估价: 99.00元
PSN B-2013-317-5/9

河南蓝皮书
河南金融发展报告（2018）
著(编)者: 喻新安 谷建全
2018年6月出版 / 估价: 99.00元
PSN B-2014-390-7/9

河南蓝皮书
河南经济发展报告（2018）
著(编)者: 张占仓 完世伟
2018年4月出版 / 估价: 99.00元
PSN B-2010-157-4/9

河南蓝皮书
河南能源发展报告（2018）
著(编)者: 国网河南省电力公司经济技术研究院
　　　　 河南省社会科学院
2018年3月出版 / 估价: 99.00元
PSN B-2017-607-9/9

河南商务蓝皮书
河南商务发展报告（2018）
著(编)者: 焦锦淼 穆荣国　2018年5月出版 / 估价: 99.00元
PSN B-2014-399-1/1

河南双创蓝皮书
河南创新创业发展报告（2018）
著(编)者: 喻新安 杨雪梅　2018年8月出版 / 估价: 99.00元
PSN B-2017-641-1/1

黑龙江蓝皮书
黑龙江经济发展报告（2018）
著(编)者: 朱宇　2018年1月出版 / 估价: 99.00元
PSN B-2011-190-2/2

湖南城市蓝皮书
区域城市群整合
著(编)者: 童中贤 韩未名　2018年12月出版 / 估价: 99.00元
PSN B-2006-064-1/1

湖南蓝皮书
湖南城乡一体化发展报告（2018）
著(编)者: 陈文胜 王文强 陆福兴
2018年8月出版 / 估价: 99.00元
PSN B-2015-477-8/8

湖南蓝皮书
2018年湖南电子政务发展报告
著(编)者: 梁志峰　2018年5月出版 / 估价: 128.00元
PSN B-2014-394-6/8

湖南蓝皮书
2018年湖南经济发展报告
著(编)者: 卞鹰　2018年5月出版 / 估价: 128.00元
PSN B-2011-207-2/8

湖南蓝皮书
2016年湖南经济展望
著(编)者: 梁志峰　2018年5月出版 / 估价: 128.00元
PSN B-2011-206-1/8

湖南蓝皮书
2018年湖南县域经济社会发展报告
著(编)者: 梁志峰　2018年5月出版 / 估价: 128.00元
PSN B-2014-395-7/8

湖南县域绿皮书
湖南县域发展报告(No.5)
著(编)者: 袁准 周小毛 黎仁寅
2018年3月出版 / 估价: 99.00元
PSN G-2012-274-1/1

沪港蓝皮书
沪港发展报告(2018)
著(编)者: 尤安山　2018年9月出版 / 估价: 99.00元
PSN B-2013-362-1/1

吉林蓝皮书
2018年吉林经济社会形势分析与预测
著(编)者: 邵汉明　2017年12月出版 / 估价: 99.00元
PSN B-2013-319-1/1

吉林省城市竞争力蓝皮书
吉林省城市竞争力报告(2018~2019)
著(编)者: 崔岳春 张磊　2018年12月出版 / 估价: 99.00元
PSN B-2016-513-1/1

济源蓝皮书
济源经济社会发展报告(2018)
著(编)者: 喻新安　2018年4月出版 / 估价: 99.00元
PSN B-2014-387-1/1

江苏蓝皮书
2018年江苏经济发展分析与展望
著(编)者: 王庆五 吴先满　2018年7月出版 / 估价: 128.00元
PSN B-2017-635-1/3

江西蓝皮书
江西经济社会发展报告(2018)
著(编)者: 陈石俊 龚建文　2018年10月出版 / 估价: 128.00元
PSN B-2015-484-1/2

江西蓝皮书
江西设区市发展报告(2018)
著(编)者: 姜玮 梁勇　2018年10月出版 / 估价: 99.00元
PSN B-2016-517-2/2

经济特区蓝皮书
中国经济特区发展报告(2017)
著(编)者: 陶一桃　2018年1月出版 / 估价: 99.00元
PSN B-2009-139-1/1

辽宁蓝皮书
2018年辽宁经济社会形势分析与预测
著(编)者: 梁启东 魏红江　2018年6月出版 / 估价: 99.00元
PSN B-2006-053-1/1

民族经济蓝皮书
中国民族地区经济发展报告(2018)
著(编)者: 李曦辉　2018年7月出版 / 估价: 99.00元
PSN B-2017-630-1/1

南宁蓝皮书
南宁经济发展报告(2018)
著(编)者: 胡建华　2018年9月出版 / 估价: 99.00元
PSN B-2016-569-2/3

浦东新区蓝皮书
上海浦东经济发展报告(2018)
著(编)者: 沈开艳 周奇　2018年2月出版 / 估价: 99.00元
PSN B-2011-225-1/1

青海蓝皮书
2018年青海经济社会形势分析与预测
著(编)者: 陈玮　2017年12月出版 / 估价: 99.00元
PSN B-2012-275-1/2

山东蓝皮书
山东经济形势分析与预测(2018)
著(编)者: 李广杰　2018年7月出版 / 估价: 99.00元
PSN B-2014-404-1/5

山东蓝皮书
山东省普惠金融发展报告(2018)
著(编)者: 齐鲁财富网
2018年9月出版 / 估价: 99.00元
PSN B2017-676-5/5

山西蓝皮书
山西资源型经济转型发展报告(2018)
著(编)者: 李志强　2018年7月出版 / 估价: 99.00元
PSN B-2011-197-1/1

陕西蓝皮书
陕西经济发展报告(2018)
著(编)者: 任宗哲 白宽犁 裴成荣
2018年1月出版 / 估价: 99.00元
PSN B-2009-135-1/6

陕西蓝皮书
陕西精准脱贫研究报告(2018)
著(编)者: 任宗哲 白宽犁 王建康
2018年6月出版 / 估价: 99.00元
PSN B-2017-623-6/6

上海蓝皮书
上海经济发展报告(2018)
著(编)者: 沈开艳
2018年2月出版 / 估价: 99.00元
PSN B-2006-057-1/7

上海蓝皮书
上海资源环境发展报告(2018)
著(编)者: 周冯琦 汤庆合
2018年2月出版 / 估价: 99.00元
PSN B-2006-060-4/7

上饶蓝皮书
上饶发展报告(2016~2017)
著(编)者: 廖其志　2018年3月出版 / 估价: 128.00元
PSN B-2014-377-1/1

深圳蓝皮书
深圳经济发展报告(2018)
著(编)者: 张骁儒　2018年6月出版 / 估价: 99.00元
PSN B-2008-112-3/7

四川蓝皮书
四川城镇化发展报告(2018)
著(编)者: 侯水平 陈炜
2018年4月出版 / 估价: 99.00元
PSN B-2015-456-7/7

四川蓝皮书
2018年四川经济形势分析与预测
著(编)者: 杨钢　2018年1月出版 / 估价: 99.00元
PSN B-2007-098-2/7

四川蓝皮书
四川企业社会责任研究报告（2017~2018）
著(编)者: 侯水平 盛毅　2018年5月出版 / 估价: 99.00元
PSN B-2014-386-4/7

四川蓝皮书
四川生态建设报告（2018）
著(编)者: 李晟之　2018年5月出版 / 估价: 99.00元
PSN B-2015-455-6/7

体育蓝皮书
上海体育产业发展报告（2017~2018）
著(编)者: 张林 黄海燕　2018年10月出版 / 估价: 99.00元
PSN B-2015-454-4/5

体育蓝皮书
长三角地区体育产业发展报告（2017~2018）
著(编)者: 张林　2018年4月出版 / 估价: 99.00元
PSN B-2015-453-3/5

天津金融蓝皮书
天津金融发展报告（2018）
著(编)者: 王爱俭 孔德昌　2018年3月出版 / 估价: 99.00元
PSN B-2014-418-1/1

图们江区域合作蓝皮书
图们江区域合作发展报告（2018）
著(编)者: 李铁　2018年6月出版 / 估价: 99.00元
PSN B-2015-464-1/1

温州蓝皮书
2018年温州经济社会形势分析与预测
著(编)者: 蒋儒标 王春光 金浩
2018年4月出版 / 估价: 99.00元
PSN B-2008-105-1/1

西咸新区蓝皮书
西咸新区发展报告（2018）
著(编)者: 李扬 王军
2018年6月出版 / 估价: 99.00元
PSN B-2016-534-1/1

修武蓝皮书
修武经济社会发展报告（2018）
著(编)者: 张占仓 袁凯声
2018年10月出版 / 估价: 99.00元
PSN B-2017-651-1/1

偃师蓝皮书
偃师经济社会发展报告（2018）
著(编)者: 张占仓 袁凯声 何武周
2018年7月出版 / 估价: 99.00元
PSN B-2017-627-1/1

扬州蓝皮书
扬州经济社会发展报告（2018）
著(编)者: 陈扬
2018年12月出版 / 估价: 108.00元
PSN B-2011-191-1/1

长垣蓝皮书
长垣经济社会发展报告（2018）
著(编)者: 张占仓 袁凯声 秦保建
2018年10月出版 / 估价: 99.00元
PSN B-2017-654-1/1

遵义蓝皮书
遵义发展报告（2018）
著(编)者: 邓彦 曾征 龚永育
2018年9月出版 / 估价: 99.00元
PSN B-2014-433-1/1

地方发展类-社会

安徽蓝皮书
安徽社会发展报告（2018）
著(编)者: 程桦　2018年4月出版 / 估价: 99.00元
PSN B-2013-325-1/1

安徽社会建设蓝皮书
安徽社会建设分析报告（2017~2018）
著(编)者: 黄家海 蔡宪
2018年11月出版 / 估价: 99.00元
PSN B-2013-322-1/1

北京蓝皮书
北京公共服务发展报告（2017~2018）
著(编)者: 施昌奎　2018年3月出版 / 估价: 99.00元
PSN B-2008-103-7/8

北京蓝皮书
北京社会发展报告（2017~2018）
著(编)者: 李伟东
2018年7月出版 / 估价: 99.00元
PSN B-2006-055-3/8

北京蓝皮书
北京社会治理发展报告（2017~2018）
著(编)者: 殷星辰　2018年7月出版 / 估价: 99.00元
PSN B-2014-391-8/8

北京律师蓝皮书
北京律师发展报告 No.3（2018）
著(编)者: 王隽　2018年12月出版 / 估价: 99.00元
PSN B-2011-217-1/1

北京人才蓝皮书
北京人才发展报告（2018）
著(编)者：敏华　2018年12月出版 / 估价：128.00元
PSN B-2011-201-1/1

北京社会心态蓝皮书
北京社会心态分析报告（2017~2018）
北京市社会心理服务促进中心
2018年10月出版 / 估价：99.00元
PSN B-2014-422-1/1

北京社会组织管理蓝皮书
北京社会组织发展与管理（2018）
著(编)者：黄江松
2018年4月出版 / 估价：99.00元
PSN B-2015-446-1/1

北京养老产业蓝皮书
北京居家养老发展报告（2018）
著(编)者：陆杰华 周明明
2018年8月出版 / 估价：99.00元
PSN B-2015-465-1/1

法治蓝皮书
四川依法治省年度报告No.4（2018）
著(编)者：李林 杨天宗 田禾
2018年3月出版 / 估价：118.00元
PSN B-2015-447-2/3

福建妇女发展蓝皮书
福建省妇女发展报告（2018）
著(编)者：刘群英　2018年11月出版 / 估价：99.00元
PSN B-2011-220-1/1

甘肃蓝皮书
甘肃社会发展分析与预测（2018）
著(编)者：安文华 包晓霞 谢增虎
2018年1月出版 / 估价：99.00元
PSN B-2013-313-2/6

广东蓝皮书
广东全面深化改革研究报告（2018）
著(编)者：周林生 涂成林
2018年12月出版 / 估价：99.00元
PSN B-2015-504-3/3

广东蓝皮书
广东社会工作发展报告（2018）
著(编)者：罗观翠　2018年6月出版 / 估价：99.00元
PSN B-2014-402-2/3

广州蓝皮书
广州青年发展报告（2018）
著(编)者：徐柳 张强
2018年8月出版 / 估价：99.00元
PSN B-2013-352-13/14

广州蓝皮书
广州社会保障发展报告（2018）
著(编)者：张跃国　2018年8月出版 / 估价：99.00元
PSN B-2014-425-14/14

广州蓝皮书
2018年中国广州社会形势分析与预测
著(编)者：张强 郭志勇 何镜清
2018年6月出版 / 估价：99.00元
PSN B-2008-110-5/14

贵州蓝皮书
贵州法治发展报告（2018）
著(编)者：吴大华　2018年5月出版 / 估价：99.00元
PSN B-2012-254-2/10

贵州蓝皮书
贵州人才发展报告（2017）
著(编)者：于杰 吴大华
2018年9月出版 / 估价：99.00元
PSN B-2014-382-3/10

贵州蓝皮书
贵州社会发展报告（2018）
著(编)者：王兴骥　2018年4月出版 / 估价：99.00元
PSN B-2010-166-1/10

杭州蓝皮书
杭州妇女发展报告（2018）
著(编)者：魏颖　2018年10月出版 / 估价：99.00元
PSN B-2014-403-1/1

河北蓝皮书
河北法治发展报告（2018）
著(编)者：康振海　2018年6月出版 / 估价：99.00元
PSN B-2017-622-3/3

河北食品药品安全蓝皮书
河北食品药品安全研究报告（2018）
著(编)者：丁锦霞　2018年10月出版 / 估价：99.00元
PSN B-2015-473-1/1

河南蓝皮书
河南法治发展报告（2018）
著(编)者：张林海　2018年7月出版 / 估价：99.00元
PSN B-2014-376-6/9

河南蓝皮书
2018年河南社会形势分析与预测
著(编)者：牛苏林　2018年5月出版 / 估价：99.00元
PSN B-2005-043-1/9

河南民办教育蓝皮书
河南民办教育发展报告（2018）
著(编)者：胡大白　2018年9月出版 / 估价：99.00元
PSN B-2017-642-1/1

黑龙江蓝皮书
黑龙江社会发展报告（2018）
著(编)者：谢宝禄　2018年1月出版 / 估价：99.00元
PSN B-2011-189-1/2

湖南蓝皮书
2018年湖南两型社会与生态文明建设报告
著(编)者：卞鹰　2018年5月出版 / 估价：128.00元
PSN B-2011-208-3/8

湖南蓝皮书
2018年湖南社会发展报告
著(编)者：卞鹰　2018年5月出版 / 估价：128.00元
PSN B-2014-393-5/8

健康城市蓝皮书
北京健康城市建设研究报告（2018）
著(编)者：王鸿春 盛继洪　2018年9月出版 / 估价：99.00元
PSN B-2015-460-1/2

江苏法治蓝皮书
江苏法治发展报告No.6（2017）
著（编）者：蔡道通 龚廷泰　2018年8月出版 / 估价：99.00元
PSN B-2012-290-1/1

江苏蓝皮书
2018年江苏社会发展分析与展望
著（编）者：王庆五 刘旺洪　2018年8月出版 / 估价：128.00元
PSN B-2017-636-2/3

南宁蓝皮书
南宁法治发展报告（2018）
著（编）者：杨维超　2018年12月出版 / 估价：99.00元
PSN B-2015-509-1/3

南宁蓝皮书
南宁社会发展报告（2018）
著（编）者：胡建华　2018年10月出版 / 估价：99.00元
PSN B-2016-570-3/3

内蒙古蓝皮书
内蒙古反腐倡廉建设报告 No.2
著（编）者：张志华　2018年6月出版 / 估价：99.00元
PSN B-2013-365-1/1

青海蓝皮书
2018年青海人才发展报告
著（编）者：王宇燕　2018年9月出版 / 估价：99.00元
PSN B-2017-650-2/2

青海生态文明建设蓝皮书
青海生态文明建设报告（2018）
著（编）者：张西明 高华　2018年12月出版 / 估价：99.00元
PSN B-2016-595-1/1

人口与健康蓝皮书
深圳人口与健康发展报告（2018）
著（编）者：陆杰华 傅崇辉　2018年11月出版 / 估价：99.00元
PSN B-2011-228-1/1

山东蓝皮书
山东社会形势分析与预测（2018）
著（编）者：李善峰　2018年6月出版 / 估价：99.00元
PSN B-2014-405-2/5

陕西蓝皮书
陕西社会发展报告（2018）
著（编）者：任宗哲 白宽犁 牛昉　2018年1月出版 / 估价：99.00元
PSN B-2009-136-2/6

上海蓝皮书
上海法治发展报告（2018）
著（编）者：叶必丰　2018年9月出版 / 估价：99.00元
PSN B-2012-296-6/7

上海蓝皮书
上海社会发展报告（2018）
著（编）者：杨雄 周海旺
2018年2月出版 / 估价：99.00元
PSN B-2006-058-2/7

社会建设蓝皮书
2018年北京社会建设分析报告
著（编）者：宋贵伦 冯虹　2018年9月出版 / 估价：99.00元
PSN B-2010-173-1/1

深圳蓝皮书
深圳法治发展报告（2018）
著（编）者：张骁儒　2018年6月出版 / 估价：99.00元
PSN B-2015-470-6/7

深圳蓝皮书
深圳劳动关系发展报告（2018）
著（编）者：汤庭芬　2018年8月出版 / 估价：99.00元
PSN B-2007-097-2/7

深圳蓝皮书
深圳社会治理与发展报告（2018）
著（编）者：张骁儒　2018年6月出版 / 估价：99.00元
PSN B-2008-113-4/7

生态安全绿皮书
甘肃国家生态安全屏障建设发展报告（2018）
著（编）者：刘举科 喜文华
2018年10月出版 / 估价：99.00元
PSN G-2017-659-1/1

顺义社会建设蓝皮书
北京市顺义区社会建设发展报告（2018）
著（编）者：王学武　2018年9月出版 / 估价：99.00元
PSN B-2017-658-1/1

四川蓝皮书
四川法治发展报告（2018）
著（编）者：郑泰安　2018年1月出版 / 估价：99.00元
PSN B-2015-441-5/7

四川蓝皮书
四川社会发展报告（2018）
著（编）者：李羚　2018年6月出版 / 估价：99.00元
PSN B-2008-127-3/7

云南社会治理蓝皮书
云南社会治理年度报告（2017）
著（编）者：晏雄 韩全芳
2018年5月出版 / 估价：99.00元
PSN B-2017-667-1/1

地方发展类-文化

北京传媒蓝皮书
北京新闻出版广电发展报告（2017~2018）
著（编）者：王志　2018年11月出版 / 估价：99.00元
PSN B-2016-588-1/1

北京蓝皮书
北京文化发展报告（2017~2018）
著（编）者：李建盛　2018年5月出版 / 估价：99.00元
PSN B-2007-082-4/8

创意城市蓝皮书
北京文化创意产业发展报告（2018）
著(编)者：郭万超 张京成　2018年12月出版 / 估价：99.00元
PSN B-2012-263-1/7

创意城市蓝皮书
天津文化创意产业发展报告（2017～2018）
著(编)者：谢思全　2018年6月出版 / 估价：99.00元
PSN B-2016-536-7/7

创意城市蓝皮书
武汉文化创意产业发展报告（2018）
著(编)者：黄永林 陈汉桥　2018年12月出版 / 估价：99.00元
PSN B-2013-354-4/7

创意上海蓝皮书
上海文化创意产业发展报告（2017～2018）
著(编)者：王慧敏 王兴全　2018年8月出版 / 估价：99.00元
PSN B-2016-561-1/1

非物质文化遗产蓝皮书
广州市非物质文化遗产保护发展报告（2018）
著(编)者：宋俊华　2018年12月出版 / 估价：99.00元
PSN B-2016-589-1/1

甘肃蓝皮书
甘肃文化发展分析与预测（2018）
著(编)者：王俊莲 周小华　2018年1月出版 / 估价：99.00元
PSN B-2013-314-3/6

甘肃蓝皮书
甘肃舆情分析与预测（2018）
著(编)者：陈双梅 张谦元　2018年1月出版 / 估价：99.00元
PSN B-2013-315-4/6

广州蓝皮书
中国广州文化发展报告（2018）
著(编)者：屈哨兵 陆志强　2018年6月出版 / 估价：99.00元
PSN B-2009-134-7/14

广州蓝皮书
广州文化创意产业发展报告（2018）
著(编)者：徐咏虹　2018年7月出版 / 估价：99.00元
PSN B-2008-111-6/14

海淀蓝皮书
海淀区文化和科技融合发展报告（2018）
著(编)者：陈名杰 孟景伟　2018年5月出版 / 估价：99.00元
PSN B-2013-329-1/1

河南蓝皮书
河南文化发展报告（2018）
著(编)者：卫绍生　2018年7月出版 / 估价：99.00元
PSN B-2008-106-2/9

湖北文化产业蓝皮书
湖北省文化产业发展报告（2018）
著(编)者：黄晓华　2018年9月出版 / 估价：99.00元
PSN B-2017-656-1/1

湖北文化蓝皮书
湖北文化发展报告（2017~2018）
著(编)者：湖北大学高等人文研究院
　　　　　中华文化发展湖北省协同创新中心
2018年10月出版 / 估价：99.00元
PSN B-2016-566-1/1

江苏蓝皮书
2018年江苏文化发展分析与展望
著(编)者：王庆五 樊和平　2018年9月出版 / 估价：128.00元
PSN B-2017-637-3/3

江西文化蓝皮书
江西非物质文化遗产发展报告（2018）
著(编)者：张圣于 傅安平　2018年12月出版 / 估价：128.00元
PSN B-2015-499-1/1

洛阳蓝皮书
洛阳文化发展报告（2018）
著(编)者：刘福兴 陈启明　2018年7月出版 / 估价：99.00元
PSN B-2015-476-1/1

南京蓝皮书
南京文化发展报告（2018）
著(编)者：中共南京市委宣传部
2018年12月出版 / 估价：99.00元
PSN B-2014-439-1/1

宁波文化蓝皮书
宁波"一人一艺"全民艺术普及发展报告（2017）
著(编)者：张爱琴　2018年11月出版 / 估价：128.00元
PSN B-2017-668-1/1

山东蓝皮书
山东文化发展报告（2018）
著(编)者：涂可国　2018年5月出版 / 估价：99.00元
PSN B-2014-406-3/5

陕西蓝皮书
陕西文化发展报告（2018）
著(编)者：任宗哲 白宽犁 王长寿
2018年1月出版 / 估价：99.00元
PSN B-2009-137-3/6

上海蓝皮书
上海传媒发展报告（2018）
著(编)者：强荧 焦雨虹　2018年2月出版 / 估价：99.00元
PSN B-2012-295-5/7

上海蓝皮书
上海文学发展报告（2018）
著(编)者：陈圣来　2018年6月出版 / 估价：99.00元
PSN B-2012-297-7/7

上海蓝皮书
上海文化发展报告（2018）
著(编)者：荣跃明　2018年2月出版 / 估价：99.00元
PSN B-2006-059-3/7

深圳蓝皮书
深圳文化发展报告（2018）
著(编)者：张晓儒　2018年7月出版 / 估价：99.00元
PSN B-2016-554-7/7

四川蓝皮书
四川文化产业发展报告（2018）
著(编)者：向宝云 张立伟　2018年4月出版 / 估价：99.00元
PSN B-2006-074-1/7

郑州蓝皮书
2018年郑州文化发展报告
著(编)者：王哲　2018年9月出版 / 估价：99.00元
PSN B-2008-107-1/1

✧ 皮书起源 ✧

"皮书"起源于十七、十八世纪的英国，主要指官方或社会组织正式发表的重要文件或报告，多以"白皮书"命名。在中国，"皮书"这一概念被社会广泛接受，并被成功运作、发展成为一种全新的出版形态，则源于中国社会科学院社会科学文献出版社。

✧ 皮书定义 ✧

皮书是对中国与世界发展状况和热点问题进行年度监测，以专业的角度、专家的视野和实证研究方法，针对某一领域或区域现状与发展态势展开分析和预测，具备原创性、实证性、专业性、连续性、前沿性、时效性等特点的公开出版物，由一系列权威研究报告组成。

✧ 皮书作者 ✧

皮书系列的作者以中国社会科学院、著名高校、地方社会科学院的研究人员为主，多为国内一流研究机构的权威专家学者，他们的看法和观点代表了学界对中国与世界的现实和未来最高水平的解读与分析。

✧ 皮书荣誉 ✧

皮书系列已成为社会科学文献出版社的著名图书品牌和中国社会科学院的知名学术品牌。2016年，皮书系列正式列入"十三五"国家重点出版规划项目；2013~2018年，重点皮书列入中国社会科学院承担的国家哲学社会科学创新工程项目；2018年，59种院外皮书使用"中国社会科学院创新工程学术出版项目"标识。

中国皮书网

（网址：www.pishu.cn）

发布皮书研创资讯，传播皮书精彩内容
引领皮书出版潮流，打造皮书服务平台

栏目设置

关于皮书：何谓皮书、皮书分类、皮书大事记、皮书荣誉、
皮书出版第一人、皮书编辑部

最新资讯：通知公告、新闻动态、媒体聚焦、网站专题、视频直播、下载专区

皮书研创：皮书规范、皮书选题、皮书出版、皮书研究、研创团队

皮书评奖评价：指标体系、皮书评价、皮书评奖

互动专区：皮书说、社科数托邦、皮书微博、留言板

所获荣誉

2008 年、2011 年，中国皮书网均在全国新闻出版业网站荣誉评选中获得"最具商业价值网站"称号；

2012 年,获得"出版业网站百强"称号。

网库合一

2014 年，中国皮书网与皮书数据库端口合一，实现资源共享。

更多信息请登录

皮书数据库
http：//www.pishu.com.cn

中国皮书网
http：//www.pishu.cn

皮书微博
http：//weibo.com/pishu

皮书微信"皮书说"

1. 文化交流

"一带一路"倡议实施以来，我国与"一带一路"沿线国家共同举办了20多次"国家文化年"等人文交流活动，签署了40多项文化交流政府合作协议。河北省要依托自身的历史文化资源与"一带一路"沿线国家开展文化交流，与"一带一路"沿线国家共同举办艺术节、文化年等高水平的文化交流活动，依托各地特色文化资源打造文化传播交流平台，促进河北省与"一带一路"沿线国家历史文化、民俗文化的融合互通。

2. 科技合作

"一带一路"倡议实施以来，我国与"一带一路"沿线国家签署了40多项政府科技合作协议。河北省要依托省内高校和科研院所，根据双方需求共建技术研发中心、联合实验室等，鼓励省内科研院所和高校与"一带一路"沿线国家开展科技合作，进行科技联合攻关。

3. 教育合作

我国已颁布《推进共建"一带一路"教育行动》方案，为推动与"一带一路"沿线国家的教育合作提供了行动指南。河北省要依托自身教育资源，与"一带一路"沿线国家建立教育交流合作平台，支持省内高校与沿线国家开展合作办学和学术交流，吸引"一带一路"沿线国家学生来河北省留学，同时鼓励河北省师生赴"一带一路"沿线国家研修学习。尤为重要的是，河北省高校具备条件的可开设小语种专业，以培养通晓沿线国家非通用语言又了解当地政治、经济、社会、文化等国情的国际化复合人才，从而为河北省融入"一带一路"建设提供人才支撑。

4. 旅游合作

河北省要依托与古丝绸之路的历史渊源和自身的特色旅游资源，通过互办"旅游年"等推广活动推进与"一带一路"沿线国家的旅游合作，使河北省成为在"一带一路"沿线国家有一定知名度的旅游目的地和客源地。

除了以上重点领域，人文交流合作还涵盖医疗、卫生、体育等诸多领域。

社 会 篇

Social Reports

B.13
雄安新区建设与区域生态环境保护研究

王凤丽　赵莉华*

摘　要： 本文梳理了雄安新区目前的地理环境、自然资源状况、地质
状况，特别分析了目前水资源状况，分析新区建设面临的生
态环保问题，如大气污染、水资源短缺和污染、地面沉降、
固废污染等，汇总新区成立以来就生态环保采取的一系列措
施和成就，并结合新区建设的宗旨和目标，对今后的生态环
保工作提出几点建议。雄安新区蓝绿交织的环境建设要求，
无论是从水源供给、水产品提供的角度，还是从调节气候、
涵养水土、保护生物多样性的角度，都决定了新区建设需要
了解该区域自然资源基础和生态状况，分析其资源环境承载
能力现状和面临的问题，打好"生态牌"。

* 王凤丽，河北省社会科学院社会发展研究所副研究员，研究方向为社会发展；赵莉华，河北
省社会科学院社会发展研究所馆员，研究方向为社会发展。

关键词： 雄安新区　生态环境保护　环境承载能力

党的十九大报告提出，以疏解北京非首都功能为"牛鼻子"，推动京津冀协同发展，高起点规划、高标准建设雄安新区。这为推进雄安新区规划建设指明了前进方向。习近平总书记就雄安新区规划，提出七大重点任务，其中之一是"打造优美生态环境，构建蓝绿交织、清新明亮、水城共融的生态城市"。雄安新区地处京津冀腹地，一方面承担着本地区水环境资源短缺和水生态破坏形成的资源环境压力，另一方面面临着整个京津冀地区普遍的大气污染问题，严峻的生态环境污染形势不容乐观。

一　雄安新区自然资源和生态基本情况

（一）地理环境

雄安新区位于太行山东麓、冀中平原中部、南拒马河下游南岸，在大清河水系冲积扇上，属太行山麓平原向冲积平原的过渡带。全境西北较高，东南略低，海拔标高7~19米，自然纵坡千分之一左右，为缓倾平原，土层深厚，地形开阔，植被覆盖率很低，境内有多处古河道。雄安新区地处中纬度地带，属暖温带季风型大陆性气候，全年平均气温11.9℃。四季分明，春旱多风，夏热多雨，秋凉气爽，冬寒少雪。年日照2685小时，年平均降雨量551.5毫米，6~9月份占80%。无霜期185天左右。

（二）自然资源状况

2017年有人口104.71万人。截至2012年，雄安新区雄县境内天然气储量10亿立方米以上，境内有油井1200余眼，年产原油70万吨、天然气1800万立方米；地热田面积320平方公里，地热水储量821.78亿立方米。容城县矿产资源的类型，主要是建材行业烧制砖瓦的黏土和工程用沙。安新县境内蕴藏的地热资源储藏面积达 350 多平方公里，储量 150 多亿吨。雄安新区内林地盛产上百种山产品、数百种野生中药材。白洋淀水生生物包括浮游生物、底栖动物、鱼类和水生植物，目前淀区有藻类 406 种，大型水生植物 47 种。三是动物数量逐年增加。鸟的种类由原来的 192 种增加到现在的 200 种。野生鱼类恢复到 17 科、54 种。

（三）地质状况

2017 年 6 月，中国地质调查局启动雄安新区地质调查野外工作。8 月 23 日，中国地质调查局、河北雄安新区在容城召开雄安新区地质调查第一阶段成果移交汇报会，地质调查结论有五点："一是区内场地稳定性和工程建设适宜性总体较好，稳定场地和基本稳定场地占 89.5%，全区适宜工程建设。二是重点调查区地下空间开发利用条件优越，适合规模化开发。三是重点调查区土壤环境清洁，大部分土壤无重金属污染，土壤清洁区面积占 99.3%。四是地下水质量总体良好。38% 浅层地下水可作为饮用水源，40% 适当处理后可作为饮用水源；75% 深层地下水可作为饮用水源，20% 适当处理后可作为饮用水源；部分区域分布有富锶优质地下水。五是浅层地热能开发利用条件适宜，每布设 1 平方米地埋管可满足 2~3 平方米建筑面积的供暖制冷需求。综合利用地源热泵系统供暖制冷，起步区可满足 3000 万平方米建筑面积，全区可满足约 1 亿平方米建筑面积。"

（四）水资源状况

近年来河北省和保定市经过大力整治污染，取得了一定效果。但白洋淀属于平原半封闭式浅水型湖泊，水量自我调节能力较弱，在雄安新区建设中发挥的作用重任道远。根据中央规划，雄安新区要实现"水城共融"，这无疑离不开白洋淀。有"华北明珠"和"华北之肾"之称的白洋淀，366 平方公里的水域，平均蓄水量 13.2 亿立方米，143 个淀泊星罗棋布，3700 条沟壕纵横交错。华北地区本就干旱少雨且水资源严重匮乏，白洋淀的存在不仅具有"鱼米之乡"的经济效应，还承担着维持生态平衡以及泄洪蓄洪的重要功能。上游萍河、府河、漕河、唐河、瀑河、孝义河、潴龙河、白沟引河等 8 条河流的洪沥水，是华北地区最大的淡水浅湖草本沼泽型湿地生态系统。历史上，白洋淀水域面积曾经达到 1000 平方公里，水量非常丰富。但自 20 世纪 50 年代以来，干旱的气候、工农业用水量不断增加，尤其是上游大大小小 100 多座水库陆续修建，导致白洋淀入水不断减少。同时，上游水土流失和淀内围堤造田，使得白洋淀泥沙淤积加速，淀区水面日益缩小，而污染日益严重。由于各入淀河流均无有效的清水补给，水体的自净能力很差。

二 生态环保现状与存在的主要问题

（一）污染问题严重

近年来，大气治污尽管取得了阶段性成效，但距离预期效果仍有差距。一般来说，第二产业占比高、第三产业占比低的地方，大气污染问题就突出。雄安新区第三产业占比明显低于第二产业，不仅远低于京津，而且低于保定全市平均水平。根据 2016 全国空气污染排行榜，雄安新区所在的保定市 PM2.5 位居全国第五，PM2.5 浓度为 93.78 微克/立方米，空气质量问题非常严重。目前，雄安新区的大气污染源主要来自大型企业的工业废气和燃煤排放，集中在电力、钢铁、水泥、建材等传统行业，同样也有新兴的太阳能行业。据公众环境中心抓取雄安新区下辖的三县污染企业监管纪录显示，安新县最多，达到 15 家，多集中在纺织、有色金属、造纸等行业。如雄县是中国北方最大的塑料包装印刷基地，有 10 家企业存在污染问题，以造纸、五金、塑料制品等为主。容城县主要是生态污水处理的排污污染。国家环保部门要求，2017 年钢铁、水泥、煤炭、垃圾焚烧等非电行业实现达标排放，除二氧化硫、氮氧化物、粉尘外，挥发性有机化合物（VOC）等也需要治理；汽车尾气排放的提标需要持续推进；集中供暖、地热供暖、燃气供暖等，也有待进行实质性改善。

（二）以白洋淀为代表的水资源短缺、污染等问题突出

雄安新区水污染治理以及水资源高效利用需求提升。雄安新区及周边地下水超采，严重影响目前及今后一段时间的水资源供求。需求方面，新区3县的供水量约在20万吨/日，人口130万。考虑到雄安新区承接非首都功能的迁移及加上创新创业的入驻，如以300万计算，并以2015年北京人均日生活用水量0.48吨来测算，新区每日所需用水量将提升至144万吨。而供给方面，白洋淀蓄水不足、水位不稳的问题仍未解决，多年来极少能达到水功能区划要求的8.4米的最低生态水位，新区周边水库和南水北调工程供水有限。目前入淀污染负荷仍然较大，即便已经执行了最严格的污水排放标准，但与白洋淀水功能区划要求的Ⅲ类水质差距明显。与此同时，从水体污染看，白洋淀作为华北地区最大的淡水湖泊，水体污染情况严重。历史上流入白洋淀的九条河流大部分已断流，唯一流入白洋淀的府河，径流量为入淀河流之首，却是一条没有自然源头、收纳保定市排放生活和工业污水的纳污河。由于接纳流域内工业废水、生活废水以及淀区旅游业、网箱养鱼业的发展，白洋淀水质严重恶化，富营养化现象突出，虽经多年治理仍未有明显改观。2016年6月河北省环保厅认定白洋淀水质属重度污染，为劣Ⅴ类。2016年8月白洋淀出现大面积死鱼，而2017年2月份水环境监测报告显示，被划为Ⅲ类标准的区域的实测水质为Ⅳ类甚至Ⅴ类。

白洋淀水污染源主要来自两方面：一是极具规模的初级加工业的废弃物排放，二是民众生活污水及垃圾的直排。白洋淀淀区有纯水村39个，人口约10万人；半水村84个，人口约20万人，主要从事水上种植、养殖等经济活动。近年来，污染白洋淀水质的主要是生活污水排放、垃圾长期堆放以及水产养殖业等。随着旅游业的快速发展，机动船舶、游客丢弃垃圾等，也带来了污染。

（三）以固体垃圾为代表的环卫污染问题急需解决

《河北省农村环境整治工作方案（2016～2020年）》要求农村生活垃圾

定点存放，清运率达到100%，垃圾无害化处理率不低于90%；畜禽粪便综合利用率达到80%以上等。从当前雄安新区的状况看，固废污染现象从环卫部分就存在缺失，到后续的处理处置能力也存在欠缺。由于缺乏监管，淀内水村生产生活"三废"处理不到位，"脏乱差"问题突出。需要处理的问题包括路边乱堆乱放的垃圾（生活垃圾、建筑垃圾、鞋厂垃圾等）以及随意焚烧。工业垃圾的处理处置设施需要配套，雄县、容城一带小商品商贸发达，废弃废料堆成垃圾山。

（四）转移污染和叠加污染，挑战生态监管和治理能力

雄安新区规划范围地处北京、天津、保定腹地，不可避免地受到周边城市的污染。本区域原有的污染和周边城市大型企业的工业废气和燃煤排放污染，形成各种污染叠加，使未来的污染问题很突出。新区成立前，不仅京津保三地条块分割，各自为政，内部三县也因管理机制不协调，不利于区域的整体性污染问题的及时解决；因为环保压力传导不到位，由上到下层层衰减，以至于到了最基层，环境监管出现真空，大量环境违法现象得以滋生。新区成立后，未来污染治理，既要靠自身，也要依靠北京的经济技术给予的支持。在识别出不同污染源的治理途径外，还要城市间形成信任、支持，而不是简单要钱。除此，要京津冀一体化范围的污染信息充分公开，实现环境管理、标准、执法力量等一体化，否则各地区的污染只会转移来转移去，而不能从根本上解决。

三 新区正在采取的重要环保措施

（一）将建设生态宜居城市作为新区规划的原则

新区设立是重塑中国生态文明时代新型城乡关系的重要示范，城镇与乡村的共生共融和共同现代化是新区建设发展的基本出发点。新区规划的原则是水城相融、蓝绿互映的生态宜居城市，蓝绿面积不少于70%。同时，新

区建设要处理好城淀格局，实现山水城市、灵动交融。白洋淀复杂的水陆情况对新区规划既是有利因素也是挑战，其中最大的挑战是淀中村及堤上村。规划建设既要敬畏自然，保护生态，保护农民利益；也要发展提高，不污染环境。新区是创新经济的载体，是先进科技文化的结晶，更是和谐宜居的人类家园。

（二）清源、补水、控水，多措并举保护水资源

河北省积极推进雄安新区水利规划建设各项任务，围绕保障防洪安全、供水安全、生态安全，不断提升雄安新区水安全保障能力。截至 5 月 16 日，已逾 2200 万立方米生态补水注入白洋淀。围绕保障生态安全，下大力度推进雄安新区及周边地下水超采综合治理，力争在全省率先实现地下水采补平衡。加大新区上游水土流失治理力度，统筹推进水源地周边、河流源头生态清洁小流域建设，努力实现清水下山、净水入库入淀目标。强化水资源刚性约束，严格水资源论证和取水许可管理，积极推进白洋淀上游产业结构调整，大力发展节水产业，严控入淀污染源。河北省围绕"十三五"期间的白洋淀治理，出台了一系列专项行动方案和修复规划等，规划和方案要求大力抓好河流治理、生态修复等方面的工作，共规划了 10 类 156 个项目，总投资近 246 亿元。经过强化治理，白洋淀的生态有了一定程度的恢复。一是水质有了提升，烧车淀、大麦淀等核心区的水质基本能保持在 III、IV 类。二是植被在不断增多。曾经绝迹的马来眼子菜、线叶眼子菜、芡实、白花菜等沉水和浮叶植物又重现白洋淀。环保部将雄安新区的白洋淀与洱海、丹江口一同列入"新三湖"水污染治理范围，白洋淀污染治理成为国家环保工作的重点。其三项重点工作是白洋淀治理与修复规划、生态环境保护规划和总体规划环评。新区提出白洋淀流域 8 条河的综合治理方案和淀区生态环境修复工作方案，并开展重点工程的前期调研、钻探、采样工作，为加快规划编制进度和规划重点工程落地实施打好基础，通过实施"两淀两河一库"工程（烧车淀、藻杂淀、府河、孝义河、唐河污水库），为白洋淀生态环境整体综合治理及生态恢复提供模式及样板。

（三）治理大气污染，全力打响蓝天保卫战

雄安新区当前所进行的大气污染防治，一方面受益于保定市大气污染防治工作的推进。雄安新区所处的保定市，为扭转全国空气质量倒数第一的局面，制定了一系列配套政策，用于大气污染防治，如《2017年大气污染防治十大工程》已印发实施，《保定市大气污染防治条例》通过"禁煤、治污、抑尘、控车、禁烧"等一系列直接有效的措施，严格执法，检查排污单位，立案查处，侦办环境污染刑事案件，查处环境行政违法案件，清理小煤炉，清缴燃煤，并建立较为完善的环境空气质量预测预警应急体系，这些措施也有效地改善了雄安新区大气环境。另一方面，雄安新区成立后，大气治理和监测升级。2017年环保部从全国抽调5600名环境执法人员，对京津冀及周边"2+26"城开展为期一年的大气污染防治强化督察。雄安新区从其规划性质来看，其域内的大气污染设施，以关停、迁移等方式快速完成，这对京津冀一带的大气污染治理工作能起到强有力的拉动作用。

（四）探测地质状况，为中长期发展战备做好决策支持

新区建设不仅是地表之上的基础设施建设，还包括开发地下购物广场、地下娱乐设施以及地铁隧道、交通物流设施等。雄安新区规划建设的思路之一，是要建设21世纪的地下管廊式基础设施，把城市交通、水电气、城市灾害防护系统等都放到地下，把地面让给绿化和人。2017年，雄安新区地质调查工作已全面启动，中国地质调查局将调查地下0～10000米范围内的地质结构和地质参数。雄安新区将从万米深处地质调查开始，打造国土空间立体开发的第一个示范区。中国地质调查局正在或将要进行的调查包括：开展容城地热田初步勘查、重点地区工程地质详细勘察、深层水文地质勘探试验、深部三维地质结构探测，初步搭建透明雄安数字平台框架，为控制性详细规划编制提供基础资料和决策支持；开展地面沉降严重区高分辨率调查，构建地面沉降立体监测网，建立地下水模拟与三维地面沉降模型，评估地面

沉降风险，为工程规划建设和地面沉降风险防控提供决策依据；全面实施地热田整装勘查，深入开展多要素城市地质调查，系统建立国土资源与地质环境监测预警网络，全面建成透明雄安数字平台，为雄安新区规划建设、运营管理提供全过程地质解决方案。

（五）上下齐心，严格执法，推进治污、碧水、净土行动

新区设立以来，一系列措施和行动正在营造"人人关心环保、人人支持环保、人人监督环保"的浓厚氛围，为实现生态优先、绿色发展的目标奠定了良好的思想基础和群众基础。雄安新区筹委会要求三县在整治污染点、切断污染源上，强化监管和治理，坚持标本兼治，治本为上，治标为先，以治标促进治本，逐步建立长效机制。河北省公安厅、保定市公安局驻雄安新区联合工作组组织三县公安机关，强力开展打击污染环境违法犯罪专项行动。严格执法，关停一批污染企业，严惩一批非法排污的企业和个人。雄安新区环保工作网格化监管工作已启动，切实解决环境治理中的问题。启动新区生态保护红线规划划定的工作，通过各项措施，实现绿色低碳、返璞归真。全面实施"碧水行动"，制定流域环保排放标准，做好白洋淀流域综合整治工作，研究确定流域环境改善目标，确保一泓清池安全秀美。强力实施"净土行动"，划重点区域，整治行业和污染物，严格控制新增污染源、污染物，同时努力减少现有污染存量。另外，针对重金属土壤污染、面源污染等的问题，在摸清情况的基础上，调研治理方法，推进治理工作。

四 结论与建议

（一）坚持生态优先，深刻认识建设绿色宜居新城的重大意义

雄安新区的成立和建设将"为中国新时期的城市发展和城镇化走出一条全新的道路，成为国家乃至国际创新发展的成功范例"。雄安新区建设的一个定位是"绿色生态宜居新城区"。这个重要的功能定位，是以生态保护

为出发点，体现了新区对生态文明建设的关注。今后的发展中，应把"坚持生态优先、绿色发展，不能建成高楼林立的城市，要疏密有度、绿色低碳、返璞归真"落到实处，使新区的生态自然环境更加美好。今后，应以十九大精神为指引，牢固树立和贯彻落实新发展理念，在规划建设雄安新区的过程中，优先加强生态建设。要吸取我国大中型城市发展中的经验和教训，避免人口高度聚集、功能过分集中、空气污染、交通拥堵等"城市病"。新区的建设、运行、管理与体制机制政策密切相连，两者高度融合，才能使规划更好落地，建设好、发展好。争取在交通基础设施、植树造林和生态修复、文化保护等领域率先取得实实在在的成效。

（二）把握空间均衡，抓紧编制生态环境保护规划

雄安新区从规划、施工到新区建设运行，必须以生态保护、生态修复为宗旨。既要在今后的发展过程中保护生态环境，使新区免受发展带来的非可承受范围内的影响和损害，又要不断引进、研究、创新环保技术，修复治理已被污染破坏的生态环境，使新区成为京津冀区域环境保护与治理工作的引领者，为下一步京津冀环境一体化治理长效机制的建立积累经验。做好"生产、生活、生态"这三个方面的布局，制定好空间规划。要继续坚持世界眼光、国际标准、中国特色、高点定位。认真学习借鉴国内外城市规划设计的先进经验，实行开门开放编规划，集聚各方智慧，邀请国内外一流专家参与规划编制，真正将规划领域顶级专家吸收进来，坚持以人民为中心的发展思想。

（三）围绕非首都功能疏解，建设一座与"千年大计"相匹配的新城

十九大报告从多个方面深刻论述了生态文明建设。在新的历史时期，我们不仅要创造更多的物质和精神产品，还要提供更多的优质生态产品，以满足人民群众日益增长的对美好生活，特别是对美丽环境的需求。雄安新区立区之初就确定，疏解北京非首都功能，决不会依靠优惠政策和低廉地价拉企

业，而是靠提供包括住房、教育、医疗、就业等在内的优良公共服务，疏解一部分北京人口到雄安定居、工作。承接人口要与资源环境承载力结合，解决好人口资源环境协调发展问题，统筹好生产生活生态空间。

（四）继续坚持保护和弘扬中华传统优秀文化

要做弘扬中华传统优秀文化的集中承载区，充分体现中国新时代特色，反映白洋淀水乡文化，更加适合人文需求，保持历史耐心和战略定力，真正把雄安新区打造成为留给子孙后代的历史遗产。

参考文献

田学斌：《努力把雄安新区建成绿色生态宜居新城区》，《河北日报》2017 年 4 月 19 日。

包存宽：《雄安新区应打造生态文明试验区》，《中国环境报》2017 年 4 月 27 日。

郭东、原付川：《生态优先，让蓝绿成为雄安底色》，《河北日报》2017 年 5 月 21 日。

齐婕：《河北积极推进雄安新区水利规划建设》，《中国水利报》2017 年 5 月 12 日。

赵红梅、齐婕：《我省加快引黄入冀补淀工程建设》，《河北日报》2017 年 5 月 12 日。

春晓：《聚焦雄安新区》，《共产党员（河北）》2017 年 5 月 1 日。

吴昊、蒋郭吉玛：《首次"体检"：雄安建设地质条件不错》，《中国矿业报》2017 年 8 月 25 日。

王晓霞：《把雄安新区建成绿色生态宜居新城区》，《领导之友》2017 年 7 月 16 日。

韦慧：《2017 年雄安新区起步区安全度汛方案获批》，《河北水利》2017 年 8 月 28 日。

段雯娟：《"千年大计"为何选中雄安?》，《地球》2017 年 5 月 8 日。

梁淑轩、秦哲、张振冉、郝玉芬：《从白洋淀内源污染调查探析其环境保护对策》，《中国环境管理》2014 年第 1 期。

雄安新区健康养老服务基地建设研究

张 丽*

摘 要： 集聚和整合健康养老服务资源要素、在雄安新区及周边辐射地区规划建设健康养老服务基地是应对人口老龄化、加快推进健康中国战略实施、全方位全周期保障人口健康的重要措施。本文分析了推进雄安新区健康养老服务基地建设的现实意义，从政策、现有资源的开发与利用角度梳理了现实发展基础，提出了雄安新区健康养老服务基地建设的发展思路、发展路径和保障措施。

关键词： 雄安新区 健康养老服务 智慧养老 生态养老

2017 年是不平凡的一年，党中央做出了一项重大的历史性战略选择，河北雄安新区成立，其中提出的重点任务之一是提供优质公共服务。健康养老作为公共服务的主要内容之一，是雄安新区公共服务体系建设中不可或缺的重要组成部分，特别是人口老龄化形势日益严峻，慢性病患者数量不断增加，更应引起高度重视。因此，集聚和整合健康养老服务资源要素，在雄安新区及周边辐射地区规划建设健康养老服务基地，是应对人口老龄化、加快推进健康中国战略实施、全方位全周期保障人口健康的重要措施。对提升老年人口生命质量和生活品质，树立国内健康养老服务示范区，接轨国际健康养老事业，均具有重要的现实意义。

---

* 张丽，河北省社会科学院社会发展研究所助理研究员，主要研究方向为社会保障。

一 推进雄安新区健康养老服务基地建设的现实意义

（一）推进雄安新区健康养老服务基地建设是加快实施健康中国的战略需要

党的十九大报告中提出"人民健康是民族昌盛和国家富强的重要标志""要完善国民健康政策，为人民群众提供全方位全周期健康服务""推进医养结合，加快老龄事业和产业发展"。雄安新区健康养老服务基地建设意义重大，是顺应国家发展战略全局的必然选择，关系到雄安新区建设的有效推进，关系到老龄事业和产业的顺利发展，关系到实施健康中国战略的贯彻落实，对促进人口健康的全面提升、满足人口健康养老服务需求、培育新的经济增长点具有重要的现实意义。

（二）推进雄安新区健康养老服务基地建设是满足老年群体多层次需求的现实需要

人口老龄化形势严峻，按照联合国统计口径，一个国家或地区7%以上的人口超过65岁，或者10%以上的人口超过60岁，这个国家或地区就进入了人口老龄化阶段。截至2015年底，北京和河北省60岁及以上老年人口占本地区总人口的比例分别为23.4%和16.3%[1]，均高于全国16.1%的平均水平，容城县、安新县、雄县60岁及以上老年人口占本地区总人口的比例分别为14.1%、14.9%、10.6%[2]，已经进入人口老龄化阶段。老年人口健康养老服务需求不断增加，随着社会发展和人们生活水平的不断提高，老年群体不再仅仅局限于治疗疾病的刚性需求，而是向日常康养、保健、康复等多样化、高端化、个性化的需求转变，因此，有必要建设健康养老服务基地、提供全方位的健康养老服务来满足老年群体多层次需求。

---

① 资料来源：北京市统计局、河北省统计局公布的数据。
② 资料来源：《中国民政统计年鉴2016》（中国社会服务统计资料）。

（三）推进雄安新区健康养老服务基地建设是承接非首都功能疏解和人口转移的现实需要

非首都功能疏解的重点行业之一是区域性专业市场等部分服务行业，其中包括健康养老。截至 2015 年底，北京常住老年人口已达 340.5 万，城六区高龄和空巢老人占七成左右，而城内健康养老兼具的服务机构供给不足，受建设空间、土地价格等条件制约，2017 年北京拿出专项资金支持异地养老试点工作，不再新建大型养老设施，北京健康养老服务功能有限，面对大量的健康养老需求群体，健康养老服务产业势必要向周边地区转移，从而缓解首都的健康养老服务压力，随着雄安新区高起点、高标准、高水平规划的提出，部分经济条件较好的北京老人将雄安新区及其周边健康养老机构作为选择或许将成为可能。此外，从人口转移角度来看，雄安新区建设正需要大量国内外人才进入，人才向雄安新区的流动，必然会出现一部分随迁老人，对健康养老的需求是不容置疑的。另外，还能够拉动健康养老消费，带动新区健康养老产业发展。因此，打通地域健康养老界限，推进雄安新区健康养老服务基地建设是十分有必要的。

（四）推进雄安新区健康养老服务基地建设是提升人口生命质量的现实需要

随着人民生活水平和国家医护条件的日益提升，更多人的保健意识愈发强烈，对于健康的理念由"重治疗，有病则医治"向"重养护，无病则养生"升级，更加重视全方位的生命健康养护和管理。据国家卫计委统计数据显示，截至 2015 年 7 月，中国慢性病患者愈 2.6 亿人，慢性病导致的死亡人数已占到全国总死亡人数的 85% 左右，高脂血症、糖尿病、心脑血管、慢性呼吸系统疾病等慢性病负担占所有疾病负担的七成左右，正成为威胁国人健康的主要因素，尤其老年人口是慢性病患者的主体，对健康养老的需求更为迫切，对大健康养老消费领域的需求也会持续增加，实现人口自身的可持续健康发展，提升人口生命质量，并非单纯依靠一家医院或一所养老机构所能满足，更需要综合性健康养老服务行业供应链的集聚、创新与应用。

二　雄安新区健康养老服务基地建设的发展基础

（一）国家和京冀出台一系列健康养老相关扶持政策，为健康养老服务基地建设提供制度保障

自 2013 年以来，国家出台了一系列健康养老的相关扶持政策，如《关于加快发展养老服务业的若干意见》《关于促进健康服务业发展的若干意见》《关于推进医疗卫生与养老服务相结合指导意见》《关于积极推进"互联网＋"行动的指导意见》《关于促进和规范健康医疗大数据应用发展的指导意见》《"健康中国 2030"规划纲要》《"十三五"卫生与健康规划》《"十三五"深化医药卫生体制改革规划》《"十三五"国家老龄事业发展和养老体系建设规划》《关于开展智慧健康养老应用试点示范的通知》等，京津冀三地签署了《京津冀养老工作协同发展合作协议（2016～2020 年）》，河北出台《河北省"大健康、新医疗"产业发展规划（2016～2020 年）》将健康养老服务业提升为河北省主导产业之一，通过对政策文件的内容进行仔细梳理可以看出，国家和京冀对健康养老服务发展的重视程度相当高，重点突出两个方面，一是大力推进医养融合，促进健康养老服务发展，二是运用现代网络科技，促进智慧健康养老服务创新发展。从发展模式看，更加注重区域和多业态之间的合作以及社会资本的参与，从服务范围看，更加注重社区、家庭健康养老服务的广度与深度，服务范围更加多元化，服务种类更趋精细化。这些政策体现了国家和各地区发展健康养老服务业的决心和信心，也为雄安新区健康养老服务基地建设提供了有力的制度保障和政策参考。

（二）区位独特、交通便利、生态环境良好为健康养老服务基地建设奠定了坚实基础

雄安新区地处京津保腹地，区位优势明显、交通便捷通畅、生态环境优

良，可以满足健康养老服务产业的发展需要。从区位条件看，雄安新区与京津保的距离分别为105公里、105公里、30公里。从交通条件看，高速和铁路等交通干线畅通，东到大广高速、京九铁路，南到保沧高速，西到京港澳高速、京广客专，北到荣乌高速、津保铁路，与北京、天津、石家庄、保定基本形成30分钟通勤圈，同时具备空港优势，距离北京新机场约55公里，距离石家庄机场150公里，交通的便利方便了老年群体的流动，增加了异地健康养老的可行性。从自然资源看，水域资源和地热资源丰富，拥有华北平原最大的淡水湖白洋淀，水生生物、鸟类种类很多，还有大清河、孝义河、漕河、瀑河、萍河等多条河流在区域内交汇，为发展生态健康养老、休闲康养创造了充足的自然条件。

（三）雄安新区集聚了优质医疗养老资源和高端应用服务骨干企业，为健康养老服务基地建设提供了技术支撑

从雄安最迫切需求入手，北京积极推动优质医疗卫生资源向雄安新区布局，北京市宣武医院将落地雄安新区，采取建立医疗联合体等方式提供办医支持，北京妇产医院、北京市疾病预防控制中心和北京市卫生计生监督所3所卫生机构相继开始为雄安新区相关机构提供对口支持，切实提升新区人口健康水平。48家高端、高新企业获批落户雄安新区，其中包括14家前沿信息技术类企业、15家现代金融服务业企业、7家高端技术研究院、5家绿色生态企业、7家其他高端服务企业，雄安万科在雄安新区注册成立第一家房地产公司，养老服务是其主营范围之一。国内健康养老服务行业相关高端资源逐渐聚集，为健康养老服务基地建设提供了技术支撑和发展动力，必然会促进健康养老服务行业创新发展。

（四）雄安新区所辖三县开发利用的程度较低，为健康养老服务基地建设提供了广阔空间

从近三年城镇化水平来看，容城县、安新县、雄县3县人口密度低，城镇化水平不高，2016年，容城县、安新县、雄县常住人口城镇化率分别为

46.53%、41.38%、47.82%，低于河北省的 53.32%，远低于北京的 86.5%[①]（见表1）。从现有健康养老机构状况看，以提供基本健康养老服务为主，截至 2015 年底，容城县、安新县、雄县养老机构单位数分别为 2 所、1 所、2 所，养老机构员工总数分别为 53 人、35 人、48 人，其中女性均占一半以上，年龄多集中在 35 岁以下，学历均在大专以下，具备职业资格水平的人数为零。社区养老机构仅安新县有 4 所，但职工人数仅 4 名 56 岁以上女性，社区互助型养老机构仅安新县有 135 所，职工人数 135 名，日间照料床位数有 1676 张，其他两县均为空白。老年医疗护理机构（主要包括老年医院和老年临终关怀医院）三县均没有[②]。三县医院仍以县医院、县人民医院、县中医院为主，医疗条件有限，以前与京津大医院对接合作较少。可见，三县由乡村型社会向现代化城市的发展速度较慢，雄安新区健康养老服务业目前尚处于初级阶段，养老机构供给不足、功能少、档次低、无社区，缺乏具有专业资格的养护人才，老年医疗护理机构、高端健康养老产品基本处于空白状态，尚未形成多层次、多领域合作的健康养老产业体系。三县现有资源开发利用的程度相对较低，并不会给雄安新区发展带来不利，反而可塑性更强，更易于总体规划和开发利用，为今后雄安新区健康养老服务基地总体布局、创新发展提供了大有可为的广阔空间。

表1　容城县、安新县、雄县常住人口及城镇化率

单位：人，%

地区	常住人口			城镇化率		
	2014 年	2015 年	2016 年	2014 年	2015 年	2016 年
容城县	253267	264813	266799	41.97	43.77	46.53
安新县	445770	448478	451840	38.80	40.69	41.38
雄　县	368652	370972	373753	41.86	43.75	47.82

①　资料来源：河北省统计局、北京市统计局公布的数据。
②　资料来源：《中国民政统计年鉴 2016》（中国社会服务统计资料）。

三　推进雄安新区健康养老服务基地建设的初步设想

（一）发展思路

一是按照承接非首都核心功能疏解及服务雄安新区健康养老发展的总体要求，以雄安新区及周边地区为核心区，辐射京津冀协同发展区域，以满足人口多样化健康养老服务需求、提升健康养老服务质量为出发点和落脚点，依托现有发展基础和资源禀赋，集聚医疗、养老、科技、生态、人才等国内外优质资源要素，围绕新区规划功能组团进行合理规划布局，采取循序渐进的发展模式，探索建设集健康养生、老年照护、康复医疗、休闲娱乐和文化教育等功能于一体的健康养老服务示范区，在政策创新、发展模式、产业融合方面先行先试，形成一批品牌知名、产业链长、覆盖领域广、经济社会效益显著、具备一定国际竞争力的健康养老服务产业集群，努力打造疏解北京、辐射京津冀、影响全国、具有国内领先地位和亚洲先进水平且特色鲜明、结构合理、制度完善、服务良好、示范带动作用强的现代综合性健康养老服务基地。

二是充分利用雄安新区域外健康养老资源，支持雄安新区周边建设多业融合型健康养老服务示范基地，形成京津冀大区域组团发展模式，进一步促进雄安新区健康养老服务基地顺利建设。按照京津冀"优势互补、互利共赢、共建共享"原则，对接京津优质医疗、养老等资源，依托廊坊燕达国际健康城、保定涿州码头国际健康产业园等打造一批大健康养老产业聚集区；发挥张家口、承德市北部生态涵养区的优势，积极推进绿色生态健康养老服务基地建设。

（二）发展路径

1.推动全产业链发展，形成健康养老服务产业基地

一是积极吸引社会资本参与雄安新区健康养老服务基地建设，坚持本地

培育与引进国内外大型健康养老企业相结合，支持企业跨行业、跨领域发展，由传统的医疗、养老领域向健康养老、休闲养生、金融、旅游、教育、科技等领域延伸，成立健康养老产业联盟，推动健康养老服务产业链、供应链和服务链的全产业链发展。二是吸引医疗、地产、保险金融等国内外知名企业，吸取国内外先进发展经验，在健康养老服务理念、服务方式、管理模式等方面进行借鉴，培育一批龙头骨干企业，加快形成健康养老产业链条的大企业集团，培育一批专业特色突出、具有较强竞争力的中小微企业群体，形成一批健康养老服务优势龙头企业和细分行业领军企业。三是打造一批具有核心竞争力的健康养老服务品牌，推动传统健康养老企业创新产品和服务模式，增加中高端健康养老产品供给。四是鼓励组建健康养老服务大型连锁机构，支持专业健康养老机构整合养老院、护理院，开展规范化和规模化经营。

2. 创新发展模式，打造"智慧 + 健康养老、生态 + 健康养老"服务基地

雄安新区将绿色、智慧作为首要规划建设目标，因此，健康养老服务基地的建设也应首先考虑这两个方面。一是建立智慧健康养老服务基地。借助建设国际一流、绿色、现代、智慧城市的契机，将移动互联网、大数据、智能供应链、云计算等技术应用于健康养老服务业，为基地的建设提供技术支持和智力保障，打造智慧健康养老服务模式。利用新区健康养老服务体系建设"后发"优势，进一步促进健康养老服务大数据应用发展，打造全方位"智慧健康养老"服务体系。依托新区优势医疗、养老服务资源，建设一批健康养老服务数据示范中心，开展覆盖多级区域、多种类型智慧健康养老服务的试点示范。加强老年群体智能健康管理，突破健康大数据分析、物联网等关键技术，研发适老化智能产品，实现健康养老服务管理的持续性。建设智能健康养老社区，可考虑借鉴 CCRC（持续照料退休社区）养老服务模式。开发面向老年人的网络社交和资源共享服务平台，扩大老年人的对外交流和共享空间。加强健康养老服务海量数据存储清洗、分析挖掘、安全隐私保护等关键技术攻关，促进健康养老服务与大数据技术深度融合。二是打造生态健康养老服务基地。依托白洋淀和温泉特色自然生态资源优势，积极发

展季节性康养、休闲度假养老、特色养生等多种类型的健康养老服务，培育生态康养综合体，打造京津休闲旅游和健康养老承接基地，将新区建设成为全国重要的特色健康养老示范区。

3. 抓住特色城镇化发展契机，积极打造健康养老特色小镇

在健康养老市场供需不均衡的背景下，综合医疗、护理、康复、养老等服务，能为老年群体提供连续性健康服务的健康养老特色小镇将会拥有广阔的发展空间，重点在雄安新区及周边生态、产业基础好的区域，布局规划建设融医疗、养老、文化、旅游、产业等多种功能于一体的大型健康养老基地或特色健康养老小镇。在河北省首批公布的特色小镇创建和培育类名单中，有白洋淀温泉小镇、保定市的白沟特色商贸小镇、定兴县非遗小镇、雄县京南花谷小镇、清苑区好梦林水小镇、廊坊市的霸州市足球运动小镇、文安县鲁能生态健康小镇、沧州市的肃宁县华斯裘皮小镇、任丘市中医文化小镇、任丘市白洋淀水乡风情小镇等10多个特色小镇位于雄安新区或在雄安新区辐射范围内，可以依托各个小镇自身优势和特色资源，打造一批健康养老特色小镇。如雄县京南花谷小镇、清苑区好梦林水小镇、任丘市白洋淀水乡风情小镇以包括白洋淀湿地在内的自然生态和休闲旅游资源为基础，可以打造生态健康养老小镇；定兴县非遗小镇、任丘市中医文化小镇主要依托当地的非遗等历史文化资源，可以打造休闲文化健康养老小镇。打造健康养老小镇，从社会效益角度看，有助于雄安新区及其周边地区人口健康水平与医疗服务水平的提升，增加辅助性就业岗位；从经济效益角度看，可以刺激当地和辐射地区的群体消费，还可以成为雄安新区新的经济增长点，有助于产业升级与经济可持续发展。

4. 加大人才培养力度，建立健康养老服务人才培养基地

人才是推进健康养老服务基地建设不可或缺的关键因素，针对不同健康养老服务人才，可建立全国健康养老服务人才培训基地，采取阶梯式培养模式。一是积极开展职业培训，加强健康养老服务一线专业技能人才培养，鼓励高等院校和职业院校增设老年服务管理、社会工作、医疗保健、护理康复、营养配餐、心理咨询等涉老专业学科点，建设一批养老护理职业培训实

训基地，将一线健康养老服务人员专业技能培训纳入各地就业培训体系，实行岗前免费培训和定期技能提高培训，充实健康养老服务的后备力量。二是重视中层专业管理人才的培养，大力推进人才政策创新，实施专项人才培养计划，建立学以致用、研以致用、跨学科复合型人才培养体系，不断提升健康养老服务水平。三是加大高端人才培养和引智力度，科学制订引人引智计划和标准，注重对国外、国家级专业技术人才的引进和留用，做好高层次健康养老服务技术人才的培养、选拔和任用工作，培育具有国际视野的健康养老服务专业化中高端管理人才，为国家级健康养老服务基地建设和服务功能实现提供高端人才基础支撑。

（三）保障措施

1. 完善发展政策环境

对现行健康养老服务业法规政策和制度体系进行突破创新，借鉴国际先进经验，创建符合雄安新区实际的健康养老服务基地建设模式。把建设国家级健康养老服务基地纳入新区总体规划，成立新区建设国家级健康养老服务中心工作领导小组，着力推动医养结合、居家养老、项目审批、财政支持、土地供给、投融资、人才培养等政策落实，优先落实优质健康养老集群建设用地，对重点建设项目在规划、立项、土地划拨或者置换等方面给予更多支持，简化审批程序，提高审批效率，营造良好的发展环境。

2. 建立多元筹资机制

坚持"政府引导、社会参与、市场投入"的运作方式推动健康养老服务的投融资机制建设。探索建立新区健康养老服务项目融资平台，多渠道筹措新区健康养老服务项目建设资金，加快新区健康养老服务基础设施建设步伐。发挥好政府财政性资金对健康养老服务体系建设的引导作用，建立新区健康养老服务建设基金，作为重大健康养老服务项目的启动资金。

3. 建立监督评价机制

强化政府监督责任，组织开展项目实施进度和效果评价，及时发现实施中存在的问题，并研究解决对策。运用法律、经济和行政等手段规范、管理和保障规划的有效实施。必要时开展联合督察，认真总结经验，发现存在的问题，及时提出改进措施，推动规划落实，实现健康养老服务资源合理配置、结构优化、公平高效、有序发展。

参考文献

范周：《新使命　新理念　新模式：雄安新区发展研究报告（第一卷）》，知识产权出版社，2017。

《河北雄安新区解读》，人民出版社，2017。

文玉春：《智慧健康养老服务业态培育问题研究》，《建投投资评论》，社会科学文献出版社，2017。

《河北省"大健康、新医疗"产业发展规划（2016～2020年）》，2016年4月29日。

徐振强：《中国的智慧城市建设与智慧雄安的有效创新》，《区域经济评论》2017年第4期。

B.15
河北省特色小城镇发展路径问题研究

严晓萍*

摘　要： 特色小城镇发展是实现当地人居、自然、产业的有机融合，培育、升级区域品牌的过程，特色小镇独特的产业、文化、环境、旅游资源吸引着产业和人口聚集，应充分发挥小城镇对农村的辐射带动作用，推进区域经济的繁荣，促进新型城镇化与城乡融合的发展。河北省特色小城镇处于初步发展阶段，应借鉴国内外特色小镇发展经验，梳理国内对特色小城镇支持政策，分析河北省特色小城镇特点，探索特色小城镇发展路径。

关键词： 特色小城镇　经验　创建发展路径

　　在世界城市化发展过程中，形成了较完整的特色小城镇建设理论，霍华德的"花园城市理论"强调了小城镇的宜居和环境，特色小城镇具有规模小、城市功能、可持续的生态环境、便捷的交通网络、公平的社会服务、城乡一体化等特点。"城市区域核心"理论强调了生活与工作一体化生活圈、10分钟生活圈、独立的创业空间、以就业为核心的生活方式。我国特色小城镇是在新型城镇化、创新创业大背景下发展起来的，它不仅仅是行政区划单位，更具有明确的产业定位、社区功能，居民能享受各种基本公共服务，带动周边村庄发展，促进产城融合和城乡融合特点，与特色小城镇发展理论所描写的特征基本吻合。

---

* 严晓萍，河北省社会科学院社会学研究所研究员。

一 国外特色小城镇发展经验及启示

国外在城镇化转型中更多注重生态环境，将自然资源融入特色小镇的规划之中。实践发展中，对特色产业进行了适当聚集并整合升级，吸引了更多的消费市场，不仅使特色产业得到发展，城镇景观也更为突出，促进了区域经济发展。国外特色小（城）镇有的是全球知名企业总部，如全球的体育用品总部、纺织品总部；有的是发展特色产业典型，如发展循环经济、专业化程度极高的香水小镇、金融专业的服务和科技优势；有的是宜居小镇，具有不可替代的水资源、环境资源。国外小镇发展不仅依靠环境资源、专业特色，更重要的还是在管理上具有独特的、超前的服务意识（见表1）。

表1 国外特色小城镇情况

城市	简述	特色
德国赫尔佐根赫若拉赫	2.3万人	阿迪达斯、彪马、舍弗勒的总部
法国维特雷	1.6万人	内陆型工业城镇的成功转型，从奢侈品鞋业的家族企业到生产芯片银行卡
瑞士朗根塔尔	市场和产品创新	专业化产业集群，全球纺织品企业总部中心
瑞士达沃斯	呼吸系统疾病的治疗所，运动度假	酒店业、世界经济论坛等大型会议
法国格拉斯	农业产业化小镇	花卉种植业及香水工业"香水之国"
丹麦卡伦堡市	循环经济小镇	利用工厂生产过程中产生的废物为原料进行循环生产，减少了废弃物的产生量和再处理费用，经济发展和环境保护处于可持续的良性循环之中
法国依云小镇	7500人，旅游疗养小镇	利用优越的地理环境和矿泉水资源，形成了水治疗中心，发展疗养、旅游等项目
德国蒙绍市	科技小镇，可再生能源	为年轻人提供科技创新产业发展所需的生产、办公用房、企业创立和管理咨询、展销及培训、后勤服务等扶持资助
美国格林尼治	对冲基金之地，集中了500多家对冲基金	严格的安保系统，优惠税收，网速快
美国纳帕谷	世界级葡萄酒产地每年接待游客500万人次	发展以庄园文化、酒文化、餐饮、SPA、婚礼、会议、购物及各种娱乐设施为主的综合性度假区

1. 独立的财政权

小城镇可以自己规定税率，以此吸引人口移居和企业进驻。瑞士中小城镇的大部分财政收入来自居民和企业的税收。中国特色小城镇的培育在专项建设基金等方面是有实质性资源倾斜的，但具有独立的财政权还是需要突破的重要一点。

2. 政府重视对公共服务领域的投资

地方公共管理机构的基本职责是完善各个小镇基础设施，如德国设立公共设施的等级配给制度，保证了地方政府在发展公共服务中能够得到相应的支持。中国各级政府对基础设施建设也很重视，但对小城镇公共服务和基础设施的投入还需加强。

3. 专业的规划制度

德国的中小城镇都雇有专业设计师，参与区域发展规划，尤其重视与本地市民沟通，了解其需要，为当地发展寻求公众支持。中国中小城镇在专业规划方面缺乏足够的重视，有的地方存在多规不统一或者不按规划进行的现象，缺乏与本地居民意见的沟通等问题。

4. 高层次的产业集聚

各个特色小镇都具有专业的产业特点、悠久的手工艺传统、高附加值的特色农产品、优质特产资源等。政府对私营企业和个体经营的重视和支持程度高，使这些企业各自活跃于地方、区域乃至世界市场。中国特色小镇在私营企业的专业化程度、技术含量、知名度上都需要政府重视和扶持。

5. 重视与大城市的合作

在全球化、城市化和市场化发展的大背景下，特色小镇发挥着"衔接功能"，小城镇作为大都市区域和地方的交界点，让所有的地方都能和那些开放的大都市相联系，扮演着重要的"枢纽角色"。中国的税收政策、公共服务和基础设施都应给予这些"中介城镇"以极大关注，以推动地方性项目的进程，吸引高水平企业入驻，并促进与大城市的分工合作。

二 国内特色小城镇发展经验及支持政策

我国目前除县城城关镇以外的建制镇有 18000 多个，人口超过 10 万人的仅有 56 个，且主要分布在长三角、珠三角等区域，有 1/3 的小城镇人口不到 5000 人，小城镇人口占整个城镇人口的比重仅为 27% 左右，而城镇化、工业化成熟的国家，小城镇人口占全国人口的比例则非常高，德国 70% 的人口居住在两万人以下的小城镇，我国远远落后于美国和德国这些欧美国家。浙江省是目前中国特色小镇最多的省份，特色小镇不再是行政区划或产业园区，产业不仅是制造业与贸易，而是融合产业、历史文化、旅游、环境、创业创意、宜居社区等功能。其他省份有的注重地域文化、有的发展特色经济，而不是大城市过剩产能的集散地，各具特色的小镇成为加快产业转型升级的新载体、推进供给侧结构性改革的重要平台。

1. 市场化运作，创建制代替审批制

浙江特色小镇用创建制代替审批制，坚持"政府引导，市场化运作，不达标不命名，不给政策"新机制，浙江省成功经验表明，小（城）镇的发展更多的是借力市场驱动。

2. 突出产业特色

产业特色是小城镇的核心元素。突出产业特色，一是在良好的产业基础上招商引资，做大做强。二是对当地特色产品和资源价值有充分的认知。小镇的自然资源、传统习俗、特色农产品、传统建筑、历史文化皆为特色。浙江龙泉青瓷小镇，保留了原来的自然风貌。大唐袜艺小镇以天然石材为主基调，简洁现代。湖州市埭溪镇，以化妆品生产为主，集美妆产品、美妆文化体验、美妆博览中心的全产业链于一体，成为著名的美妆小镇。

3. 特色小城镇小而精

特色小（城）镇的形态是"小而精"。"小"是规划面积、建设面积等都有明确规定，"精"是特色小镇按景区级别建设。如嘉善的巧克力甜蜜小镇、常山的赏石小镇，依托企业投资，达到产业、旅游、居住的深度融合，带动上下游多个产业发展。

4. 先行先试的改革试点

特色小城镇是综合改革试验区。浙江省规定特色小城镇可以优先上报国家的改革试点，优先实施国家、省里先行先试的改革试点，允许特色小镇创新型改革，注重提供高质量服务。杭州市余杭区仓前镇，为创业者提供绿色通道以及专人对接、工商手续、劳务招聘、场地租赁等服务，打造新型的众创空间，成为创业青年的梦想社区。云栖小镇以大数据、云计算为特色，还有"互联网创业＋风险投资"的梦想小镇，云栖小镇、梦想小镇都是信息经济特色小镇。杭州基金小镇，入驻各类投资机构400余家，良好的服务促成规模集聚效应。

5. 注重特色小城镇的文化内涵

特色小镇既承载历史，又面向未来，是产业文化的传承平台。丽水瓯江古堰画乡小镇利用自然风光和艺术氛围，吸引大量画家、摄影爱好者、艺术家来此创作，促进当地高端民宿经济发展。历史文化小镇既要挖掘千年历史文化积淀，传承文化精髓，又要引领该产业创新发展，把传统文化基因植入产业发展全过程，为传统产业转型升级、适应市场化发展注入新活力。

6. 各地特色小镇发展的支持政策

住建部和中国农业银行从国家层面出台了支持特色小镇发展的政策，即《住房城乡建设部 中国农业发展银行关于推进政策性金融支持小城镇建设的通知》（建村〔2016〕220号），住建部和国家开发银行签署的《共同推进小城镇建设战略合作框架协议》，争取国家优惠政策，设立特色小镇产业基金，支持提升小城镇公共服务水平和承载能力的基础设施建设。对纳入全国小城镇建设项目储备库的优先推荐项目，优先提供中长期信贷支持，优先支持贫困地区以及贫困地区小城镇建设。

多数省市从本省层面都对特色小城镇的发展制定了支持政策，浙江省特色小镇在创建期间及验收命名后，有资金返还和土地指标奖励；陕西省财政对重点示范镇、文化旅游名镇分别支持1000万元、500万元；广西每个示范镇补助1000万元；西藏给予10亿元特色小城镇示范点建设工作启动资金；河北省把特色小镇与中心村和美丽乡村建设结合，给予资金奖励，坚持高投入和高效益，对发展前景好的金融、科技创新、历史建筑和文化类特色小镇适当增加投资额，完不成考核目标任务的予以退出。

在特色小城镇管理上，政府不插手企业经营，集中力量帮助企业。产业定位上摒弃"大而全"，力求"特而强"，坚持"一业主导"的精神，错位发展，避免同质竞争。发展定位上，打造全国知名的专业市场，并向旅游等二、三产业延伸。

三 河北省特色小城镇发展基础

1.全省小城镇人口发展空间大

据河北省统计局数据，河北省有 968 个镇，主要分布在沿海、环首都、冀中南地区，人口约 1800 万，13% 的小城镇为县级或乡镇级政府所在地，5 万人以上的镇 140 个，3 万~5 万人的镇有 80 个，存在土地城镇化先于人口城镇化、城镇的基础设施落后、社会服务等城市功能差以及产城融合度低等问题。小城镇人口占河北省城镇总人口的 21% 左右，低于全国平均水平，还有很大的发展空间。

2.特色小城镇发展有良好基础

河北省第一批全国特色小镇 4 个、第二批 8 个，12 个中国特色小镇人口规模都达到 1 万~3 万人标准，衡水市枣强县大营镇常住人口最多，有79139 人，面积为 13600 公顷。承德市宽城满族自治县化皮溜子镇常住人口最少，为 11172 人，面积为 5854 公顷。

河北省重点培育的特色小城镇 100 个，安排布局在城镇、景区、铁路周边及高速交通沿线，占 61%，冀中南（石家庄、衡水、邢台、邯郸）地区分布比较集中，有 48 个，张承地区 13 个、廊保地区 14 个、沿海地区 25 个。

100 个特色小城镇人口 441.6 万人，平均规模 4.42 万人，高于全省建制镇镇域平均户籍人口 3.61 万人的规模，人口规模不足 3 万的占 25%。建成区平均户籍人口 145.32 万人，平均规模 1.45 万人，是全省建制镇建成区平均人口 0.7 万人的 2 倍。

3.初步具备产业优势

从 100 个特色小镇产业情况看，拥有 4 个及以上主导产业的有 6 个镇，拥有 3 个主导产业的有 53 个镇，拥有 2 个主导产业的 30 个镇，拥有 1 个主导产业的 11 个镇。主导产业中 51 个是传统粮食种植，47 个是制造业，加工业有 27 个，商贸物流 25 个，养殖业 25 个，文化旅游业 25 个。

国家级特色小镇中，秦皇岛市卢龙县石门镇以新型建材工业区、特色养殖为主，邢台市隆尧县莲子镇以食品加工为主，保定市高阳县庞口镇以发展汽车农机配件为主，衡水市武强县周窝镇以乐器生产为主，各种体验馆、"文化兴镇"都发挥了当地的传统产业优势（见表 2）。

表 2　河北省 12 个中国特色小城镇情况

单位：人

	特色产业	人口
秦皇岛市卢龙县石门镇	新型建材工业区、特色养殖	42191
邢台市隆尧县莲子镇	食品加工	75722
保定市高阳县庞口镇	汽车农机配件	48842
衡水市武强县周窝镇	乐器生产	22543
石家庄市鹿泉区铜冶镇	乳品加工、精密铸造、特种轧辊、塑料加工、高新技术	76201
保定市曲阳县羊平镇	雕刻、板材加工	39555
邢台市柏乡县龙华镇	牡丹小镇，牡丹产品	60255
承德市宽城满族自治县化皮溜子镇	休闲农业和乡村旅游	11172
邢台市清河县王官庄镇	北方最大的汽车摩托车配件生产销售	54150
邯郸市肥乡区天台山镇	食用菌产业，旅游休闲观光	39638
保定市徐水区大王店镇	草莓、林果、蔬菜、蘑菇四大特色农业种植、加工，造纸	41260
衡水市枣强县大营镇	裘皮加工，皮毛市场	79139

资料来源：根据各镇基本情况整理。

4.河北省小城镇存在的问题

河北省小城镇以产业小镇居多，旅游和商贸小镇少，多分布在食品加工、矿产资源等传统产业上，产业层次偏低，缺少新型产业和高附加值产业支撑，整体特色优势尚未形成，发展潜力尚待挖掘。而国内特色小镇发展不再局限于传统产业、制造业，未来更加突出宜居、休闲旅游、商业贸易、创业创意等，在特色产业发展中与文化传统、社区建设进行有机融合，实现特色产业与生活宜居、环境保护、历史文化传承融合。

基础设施投入少，污水处理率、燃气普及率、供水普及率等指标低于全省平均水平，对特色小城镇的吸引力和发展前景具有制约作用。

四 河北省特色小城镇发展路径选择

国内外小城镇发展路径，一是政府主导型，政府投入改善基础设施和公共服务，引导小镇发展。二是市场发展型，由于有较好的基础设施，相对远离大城市，生产生活成本相对较低，能够以较低的成本、灵活的机制、优质的服务为"创客"们提供发展空间，通过企业和人口聚集，逐渐发展为特色小镇。河北省特色小镇是在自身发展到一定程度之后，由政府给予政策和资金支持，是双重作用的结果，以市场发展为主、政府扶持为辅。

1. 产业拉动型特色小城镇发展路径

特色小城镇位于城市之尾、农村之首，是区域经济发展到一定程度的结果，小镇首要明确产业定位，合理规划核心产业，明确将有基础、有优势、有潜力的产业作为主业，围绕主业以及相关产业延伸打造地区特色，立足于产品产业链前后及相关服务产业，逐步走出地域局限，集群辐射，扩大影响力，成为产业品牌，带动特色小城镇发展。

2. 科技引领型高端特色小城镇发展路径

特色小城镇建设的主流方向，不仅仅局限于历史文化、自然风光、旅游小镇、产业小镇，而且应该是高端产业小镇，在智能制造、生物医药、高等教育机构、金融机构、科研院所、新能源产业、新材料产业等方面都要有所布局，不能仅是京津冀大城市传统产业的转移之地。文化、旅游小镇可以为当地政府和居民带来财富和生活改变，但对河北省整体经济水平提高和贡献有限。河北省特色小镇的产业发展，要充分利用京津冀协同发展、雄安新区建设的大好契机，充分利用临近京津的有利地理位置，占领产业链的高端环节。

3. 创新服务型特色小城镇发展路径

打造招商服务平台、投融资平台、资源平台、人才服务平台、网路服务平台等，满足小城镇产业聚集发展需要，在政策、产业扶持、财政、土地、金融方面进行创新，允许特色小镇先行突破，开展全程跟踪服务，确保招商项目顺利落户。为创业者提供起步的平台，带动小城镇经济的转型发展以及人才的集聚，解决特色小城镇产业科技含量低、人才缺乏等问题。

4. 高标准规划引导型特色小城镇发展路径

河北省特色小城镇按照《宜居城市科学评价标准》进行严格的规划设计，重视特色小城镇建设标准和服务体系，从规划设计、选地、投资、建设、运营这五个方面把关，促进人口聚集。有关研究显示小城镇人口规模达到1万人时，镇区经济、人口集聚效应开始形成，达到5万人时，则可以对周边农村地区经济社会发展起到明显的带动作用。按人口规模、资源类型、产业特色等进行分类管理，解决小城镇建设用地粗放低效、空心村、城镇规模小、服务功能弱、城镇对农村的拉动力不足等问题。

5. 宜居社区型特色小城镇发展路径

重视小城镇的基础设施建设和公共服务水平提高，完善医疗、教育和休闲设施，首先是让小镇居民有幸福感和获得感，在小城镇也能享受高质量的公共服务，起到留住人才、吸引人口的作用。

6. 生态型特色小城镇发展路径

坚持绿色引领建设生态小镇，从建立循环经济体系、保护生态环境入手，在产品的生产、消费及其废弃的全过程中，形成低消耗、低排放、高效率的生态型资源循环发展的经济模式，不能过分注重经济因素，缺乏科学规划和管理，破坏生态环境等，达到科学管理、生态保护和经济发展的多重目标。积极打造绿色宜居环境，引导居民健康的生活方式，形成绿色生产和生活方式的良性循环。

7. 文化特色吸引型特色小城镇发展路径

整合区域文化资源，助推小镇发展。调查、统计、梳理文物古迹、传统村落等物质文化资源，匠人技艺、民风民俗等非物质文化资源，旅游、文艺、创意设计等现代文化资源，建立小镇文化资源目录和数据库，依托传统村落、历史建筑、名人故居，建设博物馆、纪念馆、陈列馆等人文景点，开发文化创意产品，将文化创意有机融入小镇发展，构建特色小镇文化品牌体系，提升小镇文化品质。以文化旅游为抓手，提升旅游项目的体验价值和参与度，将小镇提升成为独具特色的文化消费旅游目的地。

河北省特色小镇建设要充分借助京津冀协同发展和雄安新区建设机遇，着力促进新型城镇化发展，鼓励社会资本、小镇居民参与建设，坚持市场主导，政府加强规划监管，打造高水准的田园小城市。

参考文献

张鸿雁：《论特色小镇建设的理论与实践创新》，《中国名城》2017 年第 1 期。

互联网金融理财平台元立方金服、元亨祥经济研究院：《对国外小镇发展的一些思考》，ttp：//www. jiemian. com/article/1280325. html。

赵晖：《不能把特色小镇建设当帽子、当幌子、当招牌》，http：//finance. ifeng. com/a/20170801/15562489_ 0. shtml，2017 年 8 月 1 日。

《特色小镇是什么？——浙江全面推进特色小镇创建综述（上）》，http：//news. xinhuanet. com/local/2016 – 02/28/c_ 1118181253. htm，2016 年 2 月 28 日。

《全国各地有关特色小镇的资金支持政策汇总》，中国规划网，http：//www. zgghw. org/html/tebiezhuanti/chengshiguanli/20161204/34578. html，2016 年 12 月 4 日。

张海月等：《环首都地区小城镇建设研究》，《合作经济与科技》2016 年第 20 期。

B.16
河北省市场监管体制改革调研报告
——以威县为例

麻新平[*]

摘　要： 近几年来，河北省按照减少层次、整合队伍、提高效率的原
则，在市县级层面大力探索和推进市场监管综合执法改革，
减少行政执法层级，整合优化执法资源，特别是威县，在市
场监管体制改革方面进行了诸多有效探索，取得了较好的成
效，理顺了市场监管体制，提高了资源的配置效率，优化了
市场营商环境，也提高了政府治理能力。

关键词： 大部制改革　市场监管体制　综合执法

　　市场监管体制是指由立法所确定的、为实现监管目标而对市场主体及其
行为实施制约的组织体系和作用机制的总和。[①] 长期以来，在基层市场监管
方面，工商、质监和食药监三个部门之间，存在着监管职能互相交叉、职责
界定不清的问题，造成多头执法和重复执法、监管脱节和覆盖不到位。同
时，受人员数量所限，质监和食药监的基层执法监管力量薄弱，不能对市场
进行有效监管，综合执法改革势在必行。为解决监管困境，自2015年3月
份开始，河北省按照减少层次、整合队伍、提高效率的原则，在市县级层面

---

　* 　麻新平，河北省社会科学院法学研究所研究员，主要研究方向为经济法、政府法治。
　① 　吴弘、胡伟：《市场监管法论——市场监管法的基础理论与基本制度》，北京大学出版社，
　　　2006，第59页。

探索和推进统一市场监管和综合执法改革，理顺了市场监管体制，规范了执法操作流程，提高了资源的配置效率，建立了权责统一的监管体制，很大程度上解决了监管环节分散、易脱节不到位问题，也解决了部门职能交叉、监管职责界限不清、多头执法、重复监管的问题，实现了"一个部门搞监管"，监管质量大大提高，实现了执法力量集中、基层监管强化、服务质量提升、办事效率提高、执法行为规范及技术支撑有力。

一　河北省市场监管体制改革的主要做法及成效

河北省围绕构建执行高效、监督有力的"大市场监管格局"，探索推行大部门制改革。河北省市场监管体制改革是以整体性治理为导向，着眼于政府内部机构和部门的整体性运作，合并和减少行政执法层级和机构，目的是提高监管效能，提供优质的公共服务。

（一）一支队伍管执法，充分发挥市场监管的合力

河北省市场监管体制改革模式整体采取的是"倒金字塔"形，即省级市场监管机构设置仍然保持工商、质检和食药监三个部门独立，市场监管体制改革主要集中在市县级。一是市级层面的改革模式。目前承德、保定、沧州、秦皇岛和衡水5个市把政府食安办、工商局和食品药品监管局合并，成立了统一的市场监管局，邯郸、邢台、唐山、石家庄、张家口5个市没有设立市级市场监管局。二是县级层面的改革模式。河北省绝大部分区县都设立了市场监管局，采取的模式主要有两种，一种是"二合一"模式，即工商和食药合并，一种是"三合一"模式，"三合一"模式也有两种：一种是工商、食药和质监合并的"三合一"模式，邢台市除5个县采取"二合一"模式，其余均采取"三合一"模式；邯郸市12个县区均采取"三合一"模式；另一种是工商、食药和政府食安办合并的"三合一"模式，保定市所辖区县大部分采取这种模式。

作为全省唯一的综合改革试点县，2015年3月，威县按照河北省政府

深化体制改革的要求，围绕构建决策科学、执行高效、监管有力的大市场监管格局，整合原质监、工商和食药监三个部门除行政审批职能外的全部职能，组建了河北省首个县级市场监管局。改革前，原工商部门在监管力量、监管网络上具有优势，原质监、食药监部门在专业技术、专业知识上具有优势。市场监管局成立后，梳理各职能部门的监管清单，明确各部门职责，将技术与执法力量相结合，实现优势互补，既为原工商部门广泛分布在最基层的监管力量提供专业技术和知识的支持，又弥补了原质监、食药监监管部门一线执法力量的不足，实现了人尽其才、合理搭配和优势互补。

（二）整合优化执法资源，实现了市场监管的多个融合

威县新成立的市场监管局不仅对市场监管部门进行"物理合并"，而且按照效能最大化的原则，打破原来的藩篱，对市场监管体制机制进行了全面创新和先行探索，重新排列组合，再造监管流程，努力实现真正意义上的化学融合，实现了"1＋1＋1＞3"的目标。一是大力压缩内设机构，实现行政资源的合理分配和高效运转。新成立的市场监管局按照"三定方案"，将工商、质监和食药监三个部门原20个内设行政科室整合消减为14个，行政科室减少了6个，事业单位减少了2个。二是对三个部门的职责进行融合。市场监管体制改革之前，工商、质监和食药监三个部门监管职能虽然有所侧重和区别，但在监管对象和监管内容上较多重复，市场监管职能分散在各个不同的部门，如质监局负责生产领域的执法，工商局负责流通领域执法，食品安全负责卫生和食品药监等领域的行政执法。威县以"食品药品监管一体化、质量监管一体化、公众诉求处置一体化、执法办案一体化"为重点，在机制创新上不断探索，较好地解决了原来因职能分散、交叉导致的监管"盲点"，实现了"全过程"的监管，打破了市场监管领域长期存在的"分段管理""九龙治水"格局，改革后按网格化监管模式全部由基层所按区域监管，职能界限难题迎刃而解。以往，工商、质监、食药监三个部门需要分几次上门检查的事项，市场监管职能整合后，将原来的所有日常监管任务进行同类项合并，对同一市场主体的不同监管事项进行集约化监管，大大提高

了监管效率，平均执法次数减少了 40% 左右，实现了"一次出动、多项检查、全面体检"，优化了服务流程，也受到企业欢迎。三是进一步强化了食药和质监的监管力量。威县市场监管局成立后，新增食品药品监管科室 3 个，解决了食品药品基层监管人员不足问题，加强了食药监管的力量。改革前，原质监、食药监部门的一线执法力量明显不足，在基层几乎没有"腿"，食药监一个队三四个人，要负责 5 个乡镇的食品药品监管，而质监局一个科室两三个人要负责全县范围内的产品质量监管、计量检定、特种设备监管，市场监管难以全面覆盖。三是行政执法的融合。威县将原工商经检大队和原质监、食药监稽查队伍统一整合，设立稽查局，配备精干人员，强化执法力量，建立"职责分明、两级联动"的市场监管执法体系；四是投诉举报平台的融合。威县将原三个部门涉及的 12315、12365、12331 等投诉举报咨询平台整合，集中办公，一个窗口对外，做到统一受理，统一分派，统一回复。五是服务职能的融合。威县将原三个部门的品牌商标战略、商标扶贫、质量诚信建设、动产抵押，商标质押、融资助企等服务职能统一梳理，向基层所延伸，开展综合服务活动，为各类市场主体和县域经济发展提供更加便捷高效的服务。六是检验检测技术机构的融合。威县以原质量技术监督检验所为基础，将原工商、食药监检验检测技术人员和设备进行初步整合，将县市场监管、农业、卫计、水务、梨产业园区 5 个部门的检验检测机构进行大整合，在全省率先成立了统一的综合检验检测中心，为大市场监管执法和社会事业服务提供了强有力的技术支撑。

（三）推动执法监管资源向基层倾斜，着重夯实基层力量

威县将市场监管的人员和职能下沉到基层，充实基层的执法力量。一是积极调整了县局和基层所的职能，将原属县局的监管职能逐步下放到基层，使一些以前没有力量监管的领域实现了全覆盖监管，推进了监管关口下移，实现了监管重心下沉。二是设立乡镇市场监管所，把执法职能向乡镇延伸。过去县直执法部门与乡镇工作分离，不能形成执法合力，市场监管体制改革后，借助原工商基层分局和食药、质监的基层执法队伍，在全县 16 个乡镇

全部建立了市场监管所，达到了"一乡一所"的二级网格要求。三是扩大了基层执法队伍。威县在全县524个行政村聘请529个食品药品协管员，实现了一乡一所和村村有协管员的县乡村三级网格化监管，实现了监管全覆盖。通过整合，基层一线人员占到60%，比整合前提高了20%，基层力量明显加强，彻底改变了局大所小的局面，真正实现了"小局大所"。四是强化乡镇政府的主体责任，明确乡镇政府在开展重点工作中的属地责任，市场监管所受县市场监管局和乡镇政府的双重领导，在各乡镇设立了食安办，每个村配备了村级市场监管协管员，并落实经费待遇，基层市场监管体系进一步完善。

（四）统一执法标准，为市场监管提供依据

威县依据《行政处罚法》及涉及市场监管方面的法律法规，在县法制办和市工商、质监、食药监三局法制部门的指导下，制定了《市场监督管理局行政处罚程序规定》和统一的执法办案文书，规范执法操作流程，并在省市法制部门的支持下，统一了执法证件和执法服装，提高了执法的严肃性和权威性，为市场监管的规范性提供了依据。

二 河北省推进市场体制改革的障碍及问题

河北省市场监管体制改革虽然取得了一定成绩，但是在法律依据、配套措施、监管融合、执法队伍建设及执法人员的素质等方面尚存在诸多问题与挑战，进一步优化与改革的空间仍旧很大。

（一）执法依据混乱，基层执法无所适从

河北省市场监管体制改革的主要依据是中共中央和国务院制定的相关政策，制定政策的机关级别高、权威性强，但缺乏完善的顶层设计和立法支持，原有的执法依据难以适用，改革遭遇执法依据不足的困境。一是法律法规配套工作跟不上，法制建设的滞后给执法带来极大不便。目前，现

行法律法规里面均无"市场监管部门"这一执法主体，新颁布的部门规章还在沿用"工商行政管理部门""产品质量监督部门""食品药品监督管理部门"等旧的表述，市场监管局怎样承接这些权力，市场监管局怎样行使工商、质监和食药监等的职权仍缺乏明确的法律规定，市场监管局所发的"营业执照"及其他证照可能难以得到认可；改革之前，基层工商有一定的行政处罚权，质监和大多数食药监部门没有乡镇执法队伍，所以行政处罚只能由县级执法部门做出，改革后成立的乡镇市场监管所能够行使哪些职权缺乏明确的法律依据。二是行政执法的依据和程序不统一，改革缺乏严肃性和严谨性。部委规章和上级主管部门制定的规范性文件，是否继续适用也存在一定的障碍，比如，改革前，工商总局、质监总局、食药监总局对各部门的行政处罚程序、投诉举报的处理程序都有严格而且详细的规定，改革后成立的市场监管局在做出行政处罚时，究竟要适用哪一部规章面临着很大的难题，造成了"一支队伍执法、三套流程并行"的执法格局。相关政策法律的不完善、不配套、不协调，使得基层改革无所适从。

（二）上下改革不同步，严重影响了工作效率

河北省市场监管体制改革主要从市县开始，但省级工商、质监、食药等部门依然单设，还未成立省级市场监管部门，市级改革模式也不统一这种"下合上不合"的模式造成了上下不对应，政令不畅。比如，基层部门部分职能虽已划转分离，但上级部门对其职责划分不清，比如工商系统市场主体增量属于行政审批范畴，但仍作为上级部门考核市场监管工作的内容之一，造成了新的工作交叉职责不清问题；再有新的市场监管体制虽然由"垂直管理"模式转变为"属地管理"模式，但县级市场监管部门在接受县级政府管理的基础上，依然要接受上级工商、质监、食药监三个部门的业务指导，这种多头管理方式导致与上级对口衔接任务重，各种会议、文件、总结、汇报大大增加了基层工作负担，而上级多头管理的思路和部署不统一，部门执法要求不一致，执法监管难度、标准、依据都不同，也给基层执法带

来了困扰；另外，这种上下改革不同步的模式，也导致工作存在不协调的问题，上级各自为战，工作都压到地方，三个婆婆的媳妇很难当好。

（三）专业监管力量和监管能力不够高，限制了专业监管的水平

市场监管体制改革后，大量事权下放到县级市场监管局甚至乡镇监管所后，监督检查和技术资源并未相应下放，以工商人员为基础的市场监管所没有足够的能力承担日益提高的监管要求，特别是食药部门的工作，需要执法人员具备足够的监管知识和能力，但是，成立市场监管局后，食药监管的力量不仅没有增加，反而因为编制问题造成了人员稀释，食药监管面临重要性下降、监管队伍专业性弱化等问题。在肯定市场监管综合执法改革本身的前提下，如何适应形势，做好质检和食药监管，是政府各部门需要认真考虑的问题。

（四）基层监管力量不足，执法人员素质亟待提高

同全国大多数省份的改革一样，河北省市场监管体制改革也是在编制总数不能增加的前提下进行的。食药监管职能的归并，使得原来以药品监管为主的基层药监机构工作量大量增加，如果沿袭原有的体制，将会导致食药监管任务与监管力量的严重不匹配。若增加食药监方面的机构与执法人员，又会受到编制的制约。首先，"三局合一"后，人员整合后领导干部超编严重，自行消化时间长，干部晋升、干部交流受限，影响了工作积极性。其次，基层监管力量薄弱。随着行政审批制度改革的开展，市场主体不断增加，监管对象不断增加，监管任务不断增强，总编制数没有明显变化，人员配备都显不足，尤其是登记注册受理、企业信息公示、食品药品、特种设备安全监管等工作专业性强、业务量大，市场监管人员总量跟不上发展需要，导致基层监管人员疲于应付，监管对象千变万化带来了监管难度增加的新挑战，监管任务剧增、监管方式的变化、监管责任加大也带来了新挑战。再次，执法人员素质亟待提高。市场监管局成立后，涉及的法律法规较多，加强业务培训、提升综合素质任务艰巨。由于省级局尚未整合，因此业务融合

上没有成型的理论支撑，只有在实践中探索。最后，综合监管和专业监管的均衡发展。工商部门监管的是交易行为和市场秩序，监管的领域也较为广泛，监管方式较为粗放，质监和食药监领域执法专业性比较强，专业能力要求较高。改革后，一些县将大量监管职责下放给乡镇市场监管所，这些乡镇市场监管所根本无力承担这么高的专业领域的监管任务，普通公务员从开始接触到完全胜任食药监管工作，至少需要两年全职工作时间，专业成长的难度较大，缺乏监管能力的执法人员，"进药店不知道做什么，只会问店主要营业执照"①。

三 河北省市场监管体制改革的应对思路

（一）加强法治建设，为市场监管体制改革提供坚实的法律保障

根据《"十三五"市场监管规划》要求，到 2020 年，市场监管综合执法体制改革全面完成，河北省市场监管体制改革也任重道远。未来几年，应加快推进市场监管体制综合执法改革，加强和完善法治建设，为市场监管体制改革提供法律保障。首先，要完善相关立法。应以法治的价值理念为指引，通过制定普遍、有效和具有可操作性的规则，规范各类行为主体的行为。在目前全国近一半的省份县级市场监管体制改革到位的背景下，如果再不对相关法律规范进行系统的修订完善，并出台全面的改革指导性文件，不仅会导致改革目标的偏离，也与法治国家和法治政府的建设相悖。② 应将一些需法律支撑的工作纳入立法计划，将市场监管体制改革的成果与经验以制度的形式固化下来，特别是要明确市场监管综合执法机构的法定地位、执法程序和法律责任等内容。其次，根据当前和今后市场监管体制的改革方向对现有法律规范进行修改、废止或清理，建议由国务院法制办牵头，国家工商

---

① 刘科、吴绵强：《舌尖上的安全突显体制改革之难：食药监总局猛药治乱》，http：//finance. sina. com. cn/roll/2016 - 04 - 05/doc - ifxqxcnp8549958. shtml。

② 吕长城：《当前我国市场监管体制改革的行政法治检视》，《中国行政管理》2017 年第 4 期。

总局、质监总局、食药监总局共同参加，对涉及三个部门的所有法律规范予以梳理，能够协调统一的，通过法定程序做到协调统一，对相同或类似事项的执法文书也做到统一。再次，要明确县级市场监管局和乡镇市场监管所的行政执法地位。目前，全省不少县级市场监管局已经成立，且承担了绝大多数的市场监管执法任务，市级以上原有的行政执法队伍要逐步撤销、整合；还要明确市场监管分局（所）的法律地位。市场监管所是县级市场监管局设在乡镇、街道等区域的派出机构，如果其行使原来工商所的职权，并不存在法律上的障碍，在适应改革过程的同时，应明确市场监督管理所的执法范围和边界。最后，制定法律法规和规章时，应将监管组织的名称统一为市场监管综合执法机构，为今后深层次改革预留制度空间。

（二）探索有效的改革模式，合理确定市场监管体制改革范围

按照"十三五"规划的要求，河北省应大力推进市场监管综合执法改革，在总结县级层面经验做法的基础上，积极推进市场监管综合执法改革。河北省政府办公厅《关于"先照后证"改革后加强事中事后监管的实施意见》（冀政发〔2016〕3号）明文规定，要探索推进统一市场监管和综合执法模式。从相关文件中可以看出，不论国家还是河北省，对市场监管体制改革都是大力支持和推进的，需要在改革进程中探索出适合河北省情的市场监管模式。河北省在选择模式时，要充分考虑河北省食药产业的发展和集中程度，以及食药安全风险的特征，进行全面评估之后再加以确立；在河北现有工商、质监和食药合并的改革模式，刚刚稳定度过磨合期，不宜做大的变动；至于食药监管弱化等问题，可以通过执法人员培训，或者成立专业执法分队、强化技术和检测机构垂直指导以及细化执法程序规程等方法来逐步弥补。

（三）做好部门间协同配合和上下级衔接工作，从"物理整合"转变为"化学融合"

市场监管的"三局合一"改革，成败的根本在于"融"，能不能真正实现融合，做到"1+1+1>3"才是市场监管综合执法改革的关键。整合后

的各职能部门，要转变本位主义观念，各级领导和执法人员都要从全局性角度对待改革，而不是从部门利益出发来抵制改革；要从深层次的业务相关度方面进行整合和监管，提高协同配合能力；加强后续监管的配套。宽进就是降低准入门槛，宽进后的市场监管，如果没有配套措施跟上，很可能一放就乱，特别是监管重心下移后，更要加强基层的监管力量和监管能力，避免"监管职责往下压，监管资源被截流"的现象发生；要做好监督执法和技术支撑等资源的下沉工作，加强监管的针对性和有效性，做到既能管得住，又能管到位。

（四）加强执法规范化建设，提高市场监管效能

推进市场监管体制改革，重要的工作是通过建章立制，将改革成果系统化、制度化，创造可推广、可复制的条件。一是统一执法资格。建立健全执法队伍管理制度，严格实行持证上岗和资格管理制度，无证人员不得从事执法活动。二是制定统一的执法文书，规范执法流程。针对原三部门在执法程序、文书和有关执法要求上的不同，可借鉴外省的做法，由省法制办牵头省工商、食药监和质监部门制定统一的执法文书，并规范使用，推进市场监管执法工作高效有序开展。三是统一执法着装，树立市场监管执法队伍良好形象。目前，从全省范围看，市场监管部门没有统一服装，影响了执法的严肃性，建议从省级层面统一规范执法着装，以提升社会公众识别率，树立市场监管执法队伍的良好形象。四是统一形象标识。市场监管部门应该逐步自上而下有统一的形象标识，并开展形式多样的文化交流活动，有利于增强干部职工的认同感，进一步凝心聚力。

（五）加强市场监管能力，提高市场监管水平

打造一支业务精、作风硬的市场监管队伍，是市场监管体制改革成败的关键。随着市场监管任务的日益增多，监管业务也越来越复杂，这就要求行政执法人员精通业务知识，提高业务水平：一是要提升现有工作人员的专业素养。强化执法人员专业知识培训，针对不同层级、不同情况的执法人员和

执法岗位有针对性地制订实施培训计划，全面提高执法人员专业素质和监管能力。二是要加强专业技术人才的引进，要大力引进专业技术人才，提升监管效能。三是要切实解决基层监管队伍老化、人员短缺和专业结构不合理等问题，切实提高基层监管执法能力，努力建设专业化市场监管队伍。

参考文献

郇鹏峰、李江萍：《市场监管体制改革若干思考》，《开放导报》2015 年第 2 期。

吕长城：《当前我国市场监管体制改革的行政法治检视》，《中国行政管理》2017 年第 4 期。

2017年河北省行政审批局改革
取得的成效及完善路径 *

寇大伟**

摘　要： 河北省行政审批局改革已取得积极成效，但依然存在一些问题，如思想认识不到位、改革不协调不同步、人员划转存在困难、县区行政审批局人员业务素质不过关、审批与监管在法律法规上的制度障碍、权力过于集中增加腐败机会。其原因主要是思想观念需要进一步解放、"条条块块"关系难协调、审管分离缺乏有效的制度保障等。需要采取有针对性的对策举措，如进一步解放思想、领导高度重视、理顺行政审批局与上下级部门和同级其他部门的横向和纵向府际关系、加强全省行政审批局规范化和标准化建设、重新梳理和修订关于审批与监管的法律法规、采取防止腐败发生的技术手段和制衡机制等。

关键词： 河北　行政审批　审管互动

河北省行政审批制度改革已经取得很大成绩，目前进入了攻坚阶段。

---

* 本文是2017年河北省社科基金项目"河北省'放管服'改革评价与提升路径研究"阶段性成果，课题号：HB17ZZ005。

** 寇大伟，河北省社会科学院法学研究所助理研究员，政治学博士，研究方向为中国政府与政治。

2017 年，河北省计划在全部市、县（市、区）全面推行行政审批局改革，实现行政审批局市县全覆盖，行政许可权进一步集中。笔者对河北省行政审批局改革进行了专题调研，在走访市县行政审批局、搜集分析大量第一手材料的基础上，分析河北省行政审批局改革存在的突出问题及其深层原因，并提出了解决的对策举措。

一 河北省行政审批局改革取得的成效

2014 年 10 月威县成立了全国第一家县级行政审批局，截至 2016 年底全省已有 33 个行政审批局试点，2017 年的目标是实现全省市县全覆盖。2017 年 2 月 24 日，衡水市行政审批局成立，这是省内第一个市级行政审批局，将市里 24 个部门的 220 项审批权划转到市行政审批局。截至 2017 年 10 月 15 日，全省 11 个设区市中已经有 8 个市（衡水、石家庄、邯郸、承德、邢台、沧州、张家口、廊坊）设立了行政审批局，并实现了县区全覆盖。

（一）沧州市行政审批局打造最简化办事程序

沧州市行政审批局实现审批流程科学化，打造最简化办事程序。一是推行扁平化审批。对审批层级进行扁平化设置，重心下移，夯实科级审批基础。涉及重大公共安全、重大行政决策、第三方重大利益等审批事项由局主要领导、分管领导或集体研究审批完成，此类事项由 214 项压缩到 77 项；对涉及企业注册登记、相关生产经营许可证办理等一般性审批事项由科长审批完成，此类事项由 26 项增加到 143 项，扁平化率达到 62%。二是探索分段式审批。按照企业办事事项和办事流程改革运行机制，实行一个窗口流转、车间流水线式审批方式，一口办理、统一勘验，实现"一窗接件、内部流转、限时办结、一窗出件"的闭环式审批服务模式。三是开展流程再造。健全完善服务指南，逐项梳理规范了事项名称、设定依据、申请材料等 37 项要素，形成了行政许可事项实施清单。通过流程再造，大幅减少了审批时限，在第一次精简 50% 的基础上，再次精简 22.15%，达到全省前列水平，全市一次性办结事项总数达到 91 项。

面对单位新设、百业待举，人员少、担子重、压力大的困难局面，沧州市行政审批局干部职工，牢固树立窗口意识、服务意识，始终把企业和群众的需求作为第一需求。按照行政审批局工作人员与职能部门业务骨干结对子的方式，由职能部门选派专业人士采取脱产培训的方式，结合案卷、案例对划转事项业务相关法律、法规、规章和流程、审批要求、特别程序进行专项培训，打造过硬人员队伍。

（二）邢台市行政审批局高效审批支持为民服务

邢台市行政审批局为贯彻落实简政放权改革要求，先后把特殊的普通合伙企业和有限合伙企业的注册登记业务委托下放到各县（市、区）行政审批局，把新设企业冠邢台市的名称核准业务授权给桥西区、桥东区行政审批局。同时，按照"一切为了发展、一切服务发展"的工作理念，对市重点项目，开通绿色通道，放宽市场主体准入条件，允许企业经营范围中使用符合国际惯例、行业标准的用语。在全市实行市场主体住所（经营场所）申报登记制，由申请人提交住所信息，以及对房屋的真实性、合法性、安全性负责的书面承诺，即可办理注册登记。为更加方便企业群众办事，升级改造现有审批系统，实现了法律法规、政策文件、通知公告、办事指南查看、网上办件预约、部分业务办理线上线下结合、办件进度查询和办件过程网上监督的功能，为企业和群众提供全方位信息服务，切实做到便于群众知情、方便群众办事、利于群众监督，打通服务企业群众的"最后一公里"。

（三）石家庄市行政审批局启用掌上身份验证平台

近年来，在办理企业注册登记时弄虚作假、违法违规的行为和因此引起的纠纷不断增多，甚至引起民事诉讼和行政诉讼，耗费了当事人和行政机关大量精力，增加了行政管理成本。如下面两个案例是冒用他人身份从事虚假注册登记和冒充股东签字导致的股东纠纷。

案例1：身份证被冒用案

当事人反映：当事人在毫不知情的情况下，有人拿她的身份证复印件到市场监管局办理了一个商贸有限公司营业执照，股东为其本人，属于自然人独资，当事人声称：办理公司营业执照申请资料中所有的签字都不是其本人所签。并于2016年5月13日向石家庄市工商局提起行政复议，要求：1.责令县市场监管局撤销对"××商贸有限公司"的登记。2.责令县市场监管局赔偿其各项损失10000元。石家庄市行政审批局做出了不予受理的决定。现在当事人又向人民法院提起行政诉讼。

案例2：消费者被诈骗案

当事人反映：与××汽车贸易公司签订购车协议，打款后被骗，3万元购车款无法追回，到工商部门查询该企业登记信息并到公安部门报案才得知，股东使用虚假身份证办理工商登记，目前公安部门介入调查后，也无法找到当事人。当事人不理解为何工商登记部门办理营业执照不要求股东到场，为何使用虚假身份证也可以办理登记，天天在工商局门口静坐，要求工商部门赔偿其本人经济损失4万元。后经登记部门核实档案，没有任何登记瑕疵，代办人是正规中介机构。

为有效解决这一问题，石家庄市行政审批局引进第三方信用服务机构（河北文始征信服务公司）入驻行政审批局大厅，2017年5月3日正式在行政审批局企业注册窗口启动身份验证平台，充分利用大数据信用信息，提供信用信息认证服务，从而有效避免上述问题发生，促进了工作效能的大幅提高。身份验证平台通过整合多方资源，从原来的全体股东或法定代表人到场变为现在的只需要一个委托人提交材料即可办理，为实现市场主体准入工作的快捷、安全、高效提供了强有力的技术支撑。从5月3日至5月27日，市行政审批局企业注册处通过身份验证平台已完成登记业务103笔。在业务种类上，股权变更数量居多，共53笔，法人代表变更20笔，注销登记13笔，营业执照补办、经营范围变更等业务 17 笔。成功阻止虚假股权转让 10 余起，依法保护了股东股权不被非法侵占。

（四）石家庄市高新区建立"审管互动信息交流平台"

石家庄市高新区实现审管互动无缝衔接。为确保行政审批"审管分离"原则落实到位，高新区各部门在先期建立审管联系专线、审管信息联络员基础上，建立"审管互动信息交流平台"，实现网上审管互动信息交流。通过互联网 VPN（虚拟专用网络）技术，在互动平台为各监管部门添加相应账户，附相应监管权限，在监管部门设立终端，确保各监管部门能登录到互动平台，及时掌握审批事项办理结果，消除监管空白和时差。对申请人受到行政处罚、建议撤销行政许可情形和最新政策颁布实施，监管部门及时通过"审管互动信息交流平台"反馈至行政审批局。对重大事项实行审管会商制度，召开审管联席会议，确保审管决策依法合规。

二　河北省行政审批局改革存在的突出问题

河北省行政审批局改革成效显著，大大提高了行政审批的质量与效率，但其所发挥的作用还远远不够，尤其是行政审批局改革仍然存在一些亟待解决的突出问题。

（一）思想认识不到位

在河北省行政审批局改革过程中，不少试点地区普遍反映行政审批事项在集中划转过程中难度较大，一些职能部门认识不到位，以各种理由不愿把"手中权力划出去"。同时，多年来，政府部门习惯用审批代替监管，逐渐形成了"谁审批、谁监管"的思维和管理模式，行政许可权划转后原部门对"审管分离"改革认识不足，加之有些事项审批和监管权责难以明确界定，对一些监管工作存在"踢皮球"等现象。尤其是有些县（市、区）行政审批局虽然已经成立，但是在运作过程中依然面临很多问题需要解决，其中最大的问题就是本级行政审批局领导没有充分认识到"审管分离"的真正目的和重大意义，同时市级行政审批局也缺乏对县（市、区）行政审批局必要的指导。

（二）改革不协调、不同步

在行政审批局的具体工作中需要与上级有关部门对接好，而目前行政审批局在省里没有对应的上级业务主管部门，这在一定程度上增加了"条条"的难度。同时，有相当一部分国家部委或省级部门自行开发了审批业务管理系统，自上而下封闭运作，相关事项不能实现顺利划转，即使划转过来，划转后的类似事项在行政审批局审批系统中也不能接入，在办理业务时依然存在"没有权限、多套系统、多个流程、多次录入"等问题。由于市县都成立了行政审批局，而省里没有行政审批局，省里相关厅局下发文件时，由哪个部门对接存在问题，是发给同一系统部门，还是直接发给行政审批局。退一步说，如果统一规定都发给同一系统的部门，这些部门如何与同级行政审批局进行对接也是一个大问题。

（三）人员划转存在困难

行政审批局的工作人员要求是机关行政编制，目前行政审批局人员构成主要来自原先办理相关业务的行政部门，但是由于有些市县（市、区）的行政部门多是或者全部是事业编制，在人员划转过程中存在诸多困难。例如市交通运输局的运输管理处，是市交通运输局的道路运输行业管理部门，是副县级事业单位，其人员编制均是事业编。而市行政审批局的工作人员必须是公务员编制，要从运管处调离人员去行政审批局，单从编制的性质来说就给否定了。县里本来行政编制就较少，属于行政编制的，由于年龄较大或者学历较低等问题，在由原行政部门向县行政审批局划转人员的过程中也存在较大难度。

（四）县区行政审批局人员业务素质不过关

县（区）行政审批局人员业务素质亟待提高。县（区）行政审批局在岗人员多是调入的业务新手，以前并未从事过相关业务，存在着岗位工作不熟悉、业务素质不过硬、人员培训不到位等问题。由于对审批业务不熟、工作效率不高，给市场主体形成审批效率大不如前的印象。审批局未能从原审批部门抽调到从事审批的业务骨干，给出的原因是原审批部门从事审批的都是骨干，抽走这些骨干会造成原业务局工作的被动。另外，由于对政策的理解有差异，各县区政务大厅的审批标准不同，有些审批人员专业素质不高、服务意识差，让来办事的群众来回折腾，浪费大量时间。同时，审批权限下放后，受体制、人员素质等限制，监管效果不及预期。例如，石家庄市食药监局将食品许可权限下放到区的市场综合执法队，综合执法队主要是工商局人员，根本就不熟悉食品监管，区市场综合执法队又将监管权力下放到市场监管所，使监管执法的效果大打折扣。而且执法不严谨导致产生相当多的信访和复议事件发生。

（五）审批与监管在法律法规上的制度障碍

现行法律法规依据的都是"谁审批、谁监管"原则，虽然审批局是经上级部门批准设立的，本着"审""管"分离的改革原则，但在执行过程中，"审""管"分离的执行涉及的法律法规没有相应的配套规定，无法执行。例如，安全生产、食品药品等领域，只审批不监管，不符合法律法规，对于业务局来说，不审批只监管，也与现行法律法规相抵触。这些需要在法律层面得到合理解决。同时，市审批局的成立使委托审批的委托主体发生变更，原来的委托主体是对口的下级业务部门，现在变成了综合性的行政审批局，存在着委托关系的重新建立和衔接问题。

（六）权力过于集中，增加腐败机会

将以往各个部门的行政审批权限都集中到行政审批局，使行政审批局成了一个权力空前大的部门。"权力导致腐败，绝对的权力导致绝对的腐败"，行政审批局的设立使得权力过于集中，大大增加了寻租空间和廉政风险。如何防范行政审批局在权力实际运行过程中做到廉洁奉公、按规矩办事，如何

以技术手段和制衡的机制监督行政审批局的实际运行，防止权力寻租和腐败现象发生，这是一个亟待解决的大问题。

三 河北省行政审批局改革存在问题的原因分析

河北省行政审批局改革目前存在的一系列突出问题有着深层次原因，主要表现在三个方面。

（一）思想观念需要进一步解放

思想观念的解放是一切改革行动的先导，行政体制改革，首先要转变观念，思想认识与改革意识不到位会造成改革的滞后。目前，河北省一些部门的政府官员因缺乏改革创新的思维和勇气，导致河北省在实现行政审批局全覆盖过程中缺乏主动和担当意识，从而使行政审批局运行的过渡阶段人为延长，阻滞了改革的进程。尤其是一些职能部门以各种理由不愿把"手中权力划出去"，究其原因是政府部门的权力越大，其寻租的空间就会越大，权力部门不愿意在短时间内失去有实际利益的权力。

（二）"条条块块"关系难协调

我国在各级政府的机构设计上遵循的原则是职责同构，以达到"上下对口，左右对齐"的目标，然而这是计划经济时代的产物，目前我国"放管服"改革的目的就是为了改变职责同构，转变政府职能，创造良好的营商环境。而目前上下级政府之间、同级政府不同部门之间在职责、职能、机构设置和相互关系的界定上存在一定困难，以行政审批局的设置为例，市行政审批局与省直各部门的关系，市县行政审批局与原审批部门的关系，都是行政审批局成功运行需要理顺的府际关系。

（三）审管分离缺乏有效的制度保障

审管分离、建立行政审批局的体制，特别是在准确界定行政审批局与监管部门的责任边界方面，目前缺乏有效的法律或制度保障。比如，农药广告审批在行政审批局，市场监管在工商行政管理局。这样一来，农业部门无法对审批对象实施有效的监管，而工商管理部门缺乏对监管对象的审批制约。结果就是造成一些农药生产厂家或销售商为逃避监管，不去主动申请办理审批手续。由此来看，缺乏制度保障或制度衔接不到位会使一些市场主体在审批与监管环节钻制度漏洞的空子，最终造成审批的质量不能保证，监管不到位或者缺失。

四　顺利推进河北省行政审批局改革的对策建议

针对河北省行政审批局改革过程中存在的问题及其原因，应采取有实效和有针对性的对策举措，使行政审批局改革在"放管服"改革中发挥更大的作用，并力争早日达到转变政府职能、优化营商环境的最终目标。

（一）进一步解放思想，各级领导高度重视

行政审批局的成立是我国行政审批制度改革的全新尝试，是加快转变政府职能的有益探索，是政府治理体制机制的重大变革。在行政审批局改革过程中，各级党政机关及其相关部门要进一步解放思想，从大局和人民群众的根本利益出发，为创造便民利企的良好营商环境做出贡献。同时，任何一个部门的高效有序运转都离不开领导的高度重视，领导的高度重视是行政审批局顺利运行的前提保障。另外，改革的过程必然会遇到很多困难与问题，应该正视这些困难与问题，分析原因，集中精力找出应对之策。

（二）厘清行政审批局与同级其他部门的横向府际关系

行政审批局成立后，审批与监管将分离，应对审批局和原审批部门在工作环节中需承担的责任进行明确区分，审批局依法审批并负责审批过程中的举报投诉、复议诉讼，原审批部门负责审批后的事中事后监管。接下来，还应以行政审批事项为主线，通过逐项梳理从事前审批到事中事后监管涉及各

部门的权责关系，探索审批与监管相互衔接、同步加强的有效方式。同时，行政审批局应联合相关职能部门，创新事中事后监管机制，进一步明确监管主体、监管事项和监管职责，并通过构建数据共享、信息互通的审管协调联动机制，搭建与各职能部门的信息共享平台，保障审批结果及时传递到相关监管部门，并将监管信息及时反馈到行政审批局，实现审批提速与事中事后监管的有效衔接。

（三）理顺行政审批局与上下级部门的纵向府际关系

河北省规定在2017年内实现行政审批局市县全覆盖，省里尚未成立行政审批局。这样市县行政审批局在与上下级部门的纵向府际关系上就需要理顺，只有理顺市级行政审批局与省级各部门的关系，才能避免在实际运行过程中遇到由于上下级部门设置不一致而带来的问题。尤其是目前对于审批印章效力认可的问题，省级各厅局与各市应相互主动对接，同时市级原审批部门应根据审批权划转情况，明确市县乡三级相关部门的工作关系，确保"一章审批"落到实处。

（四）加强全省行政审批局规范化和标准化建设

应加强全省行政审批局规范化和标准化建设，主要有三个方面：一是行政审批规范化。规范编制市县两级行政审批事项目录，统一行政许可事项统计口径、编码规则、事项名称、设定依据、法定办理时限等要素，实施动态管理，开展审批流程再造，建立"车间式流水线"审批方式。二是行政审批局设置规范化。遵循精简高效的原则，按照"编随事走、人随编转"的要求划转人员，加强业务培训和适岗素质培训，实现审批队伍年轻化、专业化，一岗多能、一人多专。三是行政审批大厅建设规范化。以"便民利企"为原则，配备各类辅助措施，根据行政审批事项归口整合情况分类设置窗口，并统一窗口布局，确保设置合理、运行高效。同时，统一行政审批系统建设，实现市县平台的对接和兼容，实现审批事项网上办理、审批流程超时预警、审批与监管网上衔接。

（五）重新梳理和修订关于审批与监管的法律法规

随着"放管服"改革的逐步深入，要想使改革得到实实在在的成效，就必须寻求体制上的改变，行政审批局的设立就是一个大的行政体制改变的典型例子。行政审批局的设立，突破了"审批与监管"关系的法律红线，改变了法律规定的"谁审批、谁监管""审管合一"的原则。要使行政审批局的地位具有合法性，理顺与原职能部门的关系，就需要对国家和省级相关的法律法规做出调整。另外，对于由于市审批局的成立使委托审批中委托主体发生变更的，要重新签订委托协议，重新建立委托关系，以保证委托协议的合法与顺利执行。

（六）采取防止腐败发生的技术手段和制衡机制

行政审批局的设立使权力过于集中，防止腐败发生是未雨绸缪的重要一环，总体来讲可以从技术手段和制衡机制两个方面加以准备。技术手段方面，发挥信息化系统设备和"互联网＋"的作用与优势，实现办公阳光化和全程视频监控办理。在制衡机制方面，一方面，由于原审批部门对其行政审批事项的审批非常熟悉，在履行对行政审批事项的事中事后监管的同时，应对行政审批局的相关审批事项进行监督，建立定期的巡查机制；另一方面，要加强公民对行政审批局的监督，建立普通民众的投诉机制，设立投诉电话或者投诉台，使民众成为行政审批局工作的一个制衡机制，同时广大民众的意见也可得到及时的反馈。

B.18
河北雄安新区人才战略前瞻研究

罗振洲*

摘　要： 人才资源是第一资源。培养、引进和使用好国内外优秀人才
是河北雄安新区发展的关键所在。本文首先对河北雄安新区
的战略定位及发展趋势进行了分析，对深圳特区和上海浦东
新区发展过程中的人才战略的经验进行了梳理，在此基础上，
提出了河北雄安新区制定人才战略的若干建议。

关键词： 河北雄安新区　深圳特区　上海浦东新区　人才战略

一　河北雄安新区概况与战略定位分析

（一）河北雄安新区概况

2017 年 4 月 1 日，中共中央、国务院印发通知，决定设立河北雄安新区。这是继深圳特区和上海浦东新区之后，第三个全国意义上的新区。党中央和国务院对河北雄安新区的建设目标是千年大计、国家大事。把河北雄安新区的建设融入中华民族未来千年的宏伟蓝图之中，足见对其重视程度。

河北雄安新区地处北京市、天津市和保定市的腹地区域，在地理范围上，包括保定雄县、安新县、容城县三县的全部区域，以及三县周边的部分

* 罗振洲，河北省社会科学院人力资源研究所助理研究员，主要研究方向为区域战略规划、组织战略管理。

区域。河北省最大的湖泊白洋淀就位于雄安新区辖区内。河北雄安新区地理位置优越，交通条件便利，生态环境良好，发展空间充裕，具备了建设第三个国家级特区的条件。

（二）河北雄安新区的战略定位与建设任务目标分析

1. 河北雄安新区战略定位分析

依据现有公开资料分析，党中央、国务院对河北雄安新区的战略定位主要有两个：一是继深圳经济特区和上海浦东新区之后的第三个全国性意义的新区；二是北京非首都功能疏解的主要承载地。

首先，河北雄安新区的战略定位要高于已经成立的 18 个国家级新区（浦东新区除外）。在中国经济版图上，形成了三大核心经济区，即珠三角经济区、长三角经济区和京津冀经济区。从实际发展情况看，珠三角形成了以深圳和广州两大城市为核心的经济区，长三角也形成了以上海为核心的经济区，这两大经济区中的核心城市如上海、广州、深圳对周边城市甚至周边省市的溢出效应十分显著，有力地带动了周边区域的经济社会发展。相比之下，京津冀经济区的情况就不那么乐观了。北京市作为京津冀区域核心城市，对天津、河北的带动作用并不明显，甚至还出现了"大树底下不长草"的情况，尤其是河北省的发展受到的影响更大。所以，这次党中央、国务院设立河北雄安新区，其核心战略意图之一就是通过调整京津冀区域城市布局和功能定位，来带动北京、天津与河北三地协同发展。正因如此，河北雄安新区的设立才称得上"国家大事"和"千年大计"。

其次，河北雄安新区将作为北京非首都功能疏解的集中承载地。北京市作为首都，其功能定位经过重新梳理，已经调整为四个中心，即国家的政治、文化、国际交往和科技创新中心，其他与新定位不相符的非首都功能将逐步疏解。根据党中央、国务院的要求，河北雄安新区将成为北京非首都功能疏解的集中承载地，未来将有一批央企、高校、科研机构、金融机构等逐步疏解到雄安。目前，河北雄安新区的两大规划（总体规划和生态环境保护规划）正在制定中，未来雄安新区承载北京非首都功能的领域等将得到明确。

2. 河北雄安新区建设任务目标分析

习近平总书记高度重视河北雄安新区建设，他对新区建设提出了七项重点建设任务目标：一是建设绿色智慧新城，二是打造优美生态环境，三是发展高端高新产业，四是提供优质公共服务，五是构建快捷高效的交通网，六是推进体制机制改革，七是扩大全方位对外开放。

从习近平总书记的重要指示可以看出，党中央、国务院对河北雄安新区的建设任务目标可谓是"高端、大气、上档次"。未来的河北雄安新区，必将是一座智慧之城、生态之城、科技之城、服务之城、便捷之城、改革之城和开放之城，也必将成为京津冀区域协同发展的引擎。

二 河北雄安新区发展状况分析①

在第二部分，我们对河北雄安新区的"家底"做一个简单分析，主要包括雄安新区的经济社会、产业、人口与人才发展状况等。摸清家底，是全面认识雄安新区现状、提出人才战略规划建议的基础。

（一）河北雄安新区经济社会发展状况分析

河北雄安新区在地理区域上主要包括保定市雄县、安新和容城三个县，以及三县周边的部分区域。在行政区域土地面积上，雄县 514 平方公里，安新县 728 平方公里，容城县 214 平方公里，三县合计 1556 平方公里。按照中央关于雄安新区的规划设计，远期雄安新区面积可能达到 2000 平方公里。也就是说，三县周边部分区域也将纳入雄安新区。

在经济发展方面，2015 年，雄县实现地区生产总值 97.5 亿元，安新县 57.6 亿元，容城县 57.1 亿元，三县合计约 212.2 亿元。2015 年河北雄安新区三县经济发展数据如表 1 所示。

---

① 数据来源于《2016 年河北经济年鉴》。

（二）河北雄安新区产业发展状况分析

从表1中可了解河北雄安新区三县的三次产业发展情况。雄县、安新县、容城县三县的产业结构都是以第二产业为主，第一产业占比较小，第三产业占比略高于第一产业但总体水平均偏低。在特色产业方面，塑料包装业是雄县的支柱产业，安新县的主导产业是旅游业，容城县的主导产业是服装业。在第二产业方面，雄县工业产业发展实力相对雄厚，安新、容城两县工业发展较弱，规模以上工业企业数量少且实力偏弱。2015年雄安新区三县工业发展状况如表2所示。

表1　2015年雄安新区三县经济发展状况

单位：万元，%

指标区域	地区生产总值（GDP）	第一产业	一产占比	第二产业	二产占比	第三产业	三产占比
雄　县	975378	105180	10.8	683915	70.1	186283	19.1
安新县	575730	96635	16.8	286972	49.9	192123	33.3
容城县	570798	95352	16.7	324191	56.8	151255	26.5
合　计	2121906	297167	—	1295078	—	529661	—

资料来源：部分数据来源于《2016年河北经济年鉴》，部分数据由作者计算。

表2　2015年雄安新区三县工业发展状况

单位：万元，个

指标区域	工业生产总值	规模以上工业企业单位数	规模以上工业总产值（现价）	规模以上工业企业主营业务收入
雄　县	619694	120	2250417	2189146
安新县	235837	78	1028785	1104382
容城县	292759	71	729087	468613
合　计	1148290	269	4008289	3762141

资料来源：《2016年河北经济年鉴》。

（三）河北雄安新区人口与人才发展状况分析

截至2015年底，河北雄安新区三县共有人口113.1万人，其中雄县

39.2万人，安新县46.6万人，容城县27.3万人。目前，河北雄安新区三县在人口方面的特点主要有三个：一是人口总量少，三县全部人口加起来才有113.1万人，人口密度相对较小，相对较少的人口基数也正是雄安新区建设的有利条件；二是以农村人口为主体，三县农村人口合计占到了总人口数的88.1%；三是这三个县的城市化水平都比较低，雄县的城镇化率为43.8%，安新县的城镇化率为40.7%，容城县的城镇化率为43.8%，远低于河北省城镇化率53.32%的水平。2015年河北雄安新区三县人口发展状况如表3所示。

表3　2015年雄安新区三县人口发展状况

指标区域	行政区域土地面积（平方公里）	年末总人口（万人）	乡村人口（人）	年末乡村从业人员（人）	城镇化率（%）
雄　县	514	39.2	335875	206168	43.8
安新县	728	46.6	437043	254416	40.7
容城县	314	27.3	223311	129395	43.8
合　计	1556	113.1	996229	589979	—

资料来源：《2016年河北经济年鉴》。

再来看看河北雄安新区三县的人才基本情况。在教育人才方面，三县共有中小学专任教师8758人，其中雄县2847人、安新县3606人、容城县2305人。在农业技术人才方面，三县共有173人，其中，雄县48人、安新县71人、容城县54人。在医疗卫生人才方面，三县共有2435人，其中，雄县817人、安新县930人、容城县688人。2015年河北雄安新区三县专业技术人才资料状况如表4所示。

表4　2015年雄安新区三县专业技术人才资源状况

单位：人

指标区域	中小学专任教师	农业技术人员	医疗卫生机构技术人员数
雄　县	2847	48	817
安新县	3606	71	930
容城县	2305	54	688
合　计	8758	173	2435

资料来源：《2016年河北经济年鉴》。

通过上述分析可以看到，河北雄安新区的"家底"是比较薄弱的，这反过来说，恰恰也正是河北雄安新区的优势所在。例如，原住民人口数量少，就便于大规模的外来人口迁移。总之，目前的河北雄安新区三县具有常驻居民总量少、专业人才短缺、经济发展水平较低等特点。

三　深圳特区与上海浦东新区人才战略的启示与借鉴

（一）深圳特区人才战略的启示与借鉴

1978 年召开的党的十一届三中全会将改革开放确定为基本国策。1980年 8 月 25 日，全国人大常委会审议通过了《广东省经济特区条例草案》，以此为标志，深圳特区正式成立。30 多年来，深圳特区从最初落后的宝安县一跃发展成为与北京、上海、广州比肩的一线城市，发展成为中国南方重要的经济中心之一和重要的科技创新中心，其成就堪称奇迹。造就深圳特区发展奇迹的动力是多方面的，其中，既有国家政策的大力扶持，也有港澳地区的投资推动，更重要的是深圳市能够长期不遗余力地培养、吸引和使用国内外优秀人才。深圳特区的人才相关统计数据有力地证明了这一点。

2000 年，深圳特区常住人口 432.94 万人，其中各类专业技术人员达到15.89 万人，专业技术人员占常住人口的比例为 3.67%。2005 年，深圳特区常住人口为 827.75 万人，其中各类专业技术人员达到了 79.10 万人，专业技术人员占常住人口的比例上升到 9.56%。2010 年，深圳特区常住人口突破了千万大关，增加到 1035.79 万人，其中各类专业技术人员总量超过了百万，达到了 103.12 万人，专业技术人员占常住人口的比例达到了9.96%。2015 年，深圳特区常住人口增加到了 1137.89 万人，其中各类专业技术人员总量达到 135.30 万人，专业技术人员占常住人口的比例首次超过 10%，达到了 11.89%。2000 ~ 2015 年深圳特区人口与人才数据如表 5所示。

表5 2000年、2005年、2010年和2015年深圳特区人口与人才数据

指标年份	地区生产总值（亿元）	常住人口（万人）	各类专业技术人员数量(万人)	专业技术人员占常住人口比例(%)
2000	1665.24	432.94	15.89	3.67
2005	4926.90	827.75	79.10	9.56
2010	9510.91	1035.79	103.12	9.96
2015	17502.99	1137.89	135.30	11.89

资料来源：2000年、2005年、2010年、2015年深圳市国民经济和社会发展统计公报。

长期以来，深圳特区之所以能够汇聚国内外优秀人才来创新创业，主要得益于其坚持制定与实施超前、连续和不断创新的人才战略。总体上看，深圳特区人才战略给雄安新区的启示与借鉴主要包括：一是始终秉持"不拘一格降人才"的观念。深圳特区一直对国内外各类人才敞开大门，各种人才优惠政策对人才产生了强大的吸引力，形成了千军万马赴深圳的壮观景象，时至今日，深圳特区依然是海内外人才创业兴业的首选地之一。二是重视人才战略政策建设与创新。例如，为吸引海内外高层次人才，2008年制定了《深圳市委深圳市人民政府关于加强高层次专业人才队伍建设的意见》及六项配套政策（俗称"1+6"），2011年出台了《中共深圳市委 深圳市人民政府关于实施引进海外高层次人才"孔雀计划"的意见》，2016年又出台了《关于促进人才优先发展的若干措施》。一系列重大人才战略产生了巨大的"引力波"，一批批海内外高层次人才纷至沓来。三是重视高等教育和人才培养。2010年深圳还只有深圳大学和暨南大学深圳旅游学院这两所本科大学，到2016年已经有28所，南方科技大学、香港中文大学等国内外知名高校已在深圳办学。四是重视人才成长与发展的软硬环境建设。把解决人才成长与发展的后顾之忧放在重要位置，在公共服务、户籍制度、住房保障、子女教育、创业兴业、资金扶持等方面给予最大支持。

（二）上海浦东新区人才战略的启示与借鉴

1990年党中央和国务院做出决策开发上海浦东，1992年国务院批复设

立上海浦东新区,1993 年 1 月浦东新区正式成立。上海浦东新区成立 30 多年来,经济社会发展取得了巨大成就。在经济发展方面,2015 年,上海浦东新区的地区生产总值(GDP)达到 7898.35 亿元,其中,第一产业 26.92亿元,占比 0.3%;第二产业 2186.52 亿元,占比 27.7%;第三产业5684.91 亿元,占比 72.0%。目前,上海浦东新区已经形成了以高端服务业为主导的产业结构,率先进入后工业化发展阶段。2005~2015 年上海浦东新区地区生产总值及三次产业数据如表 6 所示。

表 6 2005 年、2010 年和 2015 年浦东新区地区生产总值及三次产业数据

单位:亿元,%

产业	2005 年	2005 年占比	2010 年	2010 年占比	2015 年	2015 年占比
第一产业	6.09	0.3	31.47	0.7	26.92	0.3
第二产业	1070.96	50.8	2036.58	43.2	2186.52	27.7
第三产业	1031.74	48.9	2639.47	56.1	5684.91	72.0
合计	2108.79	100	4707.52	100	7898.35	100

资料来源:《2016 年上海浦东新区统计年鉴》。

在人口与人才方面,2000 年,上海浦东新区总人口为 240.23 万人,2005 年增长到 279.19 万人,2010 年迅速增加到 504.44 万人,2015 年末为547.49 万人。2000 年上海浦东新区共有科技企业 828 家,2005 年缩减至700 家,2010 年迅速增加到 2525 家,有从事科技活动人员 1.59 万人。到2015 年,科技企业增长到 3189 家,从事科技活动人员骤增至 20.30 万人,区属企业、事业单位专业技术人员 48394 人,工业企业从事技术开发人员55648 人,科研项目经费内部支出达到 257.05 亿元。2000~2015 年上海浦东新区人口与科技企业人口数据如表 7 所示。

回顾上海浦东新区 20 多年来人才战略发展历程,有很多值得学习借鉴的经验做法。总体上看,上海浦东新区人才战略之所以能够取得辉煌成绩,关键是充分发挥了政府引导和市场主导这两个方面的功能。具体来看,经验借鉴主要有以下几点:一是通过产业集聚来带动人才集聚。上海浦东新区在设立之初,就制定了具有前瞻性的产业发展规划,如陆家嘴金

表7　2000年、2010年和2015年上海浦东新区人口与科技企业人才数据

单位：万人，个

指标年份	常住人口	科技企业单位数	科技企业从事科技活动人员数量
2000	240.23	828	—
2005	279.19	700	—
2010	504.44	2525	1.59
2015	547.49	3189	20.30

注："—"表示未统计该数据。
资料来源：《2016年上海浦东新区统计年鉴》。

融区建设就汇聚了国内外大批优秀的高端金融人才。随着上海浦东新区功能定位的发展，其产业结构也在不断转型升级，进入21世纪以来，上海浦东新区先后成为国家综合配套改革试验区、国家自主创新示范区、自贸试验区等，新的产业定位极大地提升了上海浦东新区的人才集聚功能。近期出台的《上海市城市总体规划（2015~2040）纲要》提出，未来要把上海市建设成为综合性的全球城市，其核心功能定位主要包括国际经济、金融、贸易、航运、科技创新中心和国际文化大都市。可以预见的是，未来上海浦东新区将形成以金融、贸易、科技创新、文化等产业为核心的高端服务业引领产业发展格局，未来会有更多海内外高层次人才汇聚于此。二是鼓励市场配置人才资源。经过20多年的培育发展，上海浦东新区的人才服务业日臻完善，已经形成了民营、外资、国有等多主体的百花齐放、百家争鸣的人才服务市场格局，在上海浦东新区人才市场化配置方面发挥着关键作用。三是充分发挥政府政策在人才集聚中的引导功能。上海浦东新区坚持小政府、大社会的理念，20多年来，通过不断制定出台、优化完善各种人才政策，来积极推动海内外人才在浦东新区的集聚。在人才项目层面，先后制订出台了"1116"引才计划等。从实施效果看，说上海浦东新区的人才战略、人才政策取得了举世瞩目的成就毫不为过。四是高度重视高品质公共服务软环境和硬环境建设。家有梧桐树，引得凤凰来。上海浦东新区高度重视人才发展环境建设，尽最大努力解决好海内外优秀人才

所普遍关心的子女教育、医疗保障、住房建设等方面问题，解除其后顾之忧，令其安心创业兴业。

四　河北雄安新区人才战略规划制定的思考与建议

如果把深圳特区比作特区发展模式1.0版本的话，上海浦东新区就可以看作是特区模式的2.0版本，进而，河北雄安新区则可以视为我国特区建设模式的3.0版本。

河北雄安新区的人才聚集模式不同于深圳特区和上海浦东新区，河北雄安新区人才战略规划要走从政府主导到产业集聚再到市场主导这样的一个道路。之所以做出这样的判断是因为，河北雄安新区作为北京非首都功能疏解的主要承载地，无论是中央企业、公立大学、科研机构还是医疗机构等要有序疏解到雄安新区，都需要中央政府的主导。这也是雄安新区与深圳特区和上海浦东新区的不同之处。未来，河北雄安新区的人才战略规划，可以从以下几个方面着手。

（一）牢固树立人才是雄安新区发展的第一资源的理念

习近平总书记在党的十九大讲话中指出："人才是实现民族振兴、赢得国际竞争主动的战略资源。"河北雄安新区的人才战略，就是要以习近平总书记在党的十九大上的讲话精神为指导思想，把人才战略放到推动河北雄安新区发展、实现民族振兴、实现国家发展的高度来谋篇布局，树立建设"人才强区"的战略目标，把海内外优秀人才汇聚到河北雄安新区来。

（二）主动发挥政府在人才集聚和发展中的引导作用

从前面的分析可以看到，无论是深圳特区政府还是上海浦东新区政府，都在区域人才战略发展中扮演了重要角色。未来河北雄安新区的人才战略，应当在明确政府在人才战略中的角色定位的基础上，主动发挥政府职能，主动作为，制定更具前瞻性的人才战略规划，构建一套理念先进、科学可行、开放包容、持续优化的河北雄安新区人才政策体系。在此基础上，还要抓好雄安新区人才战略规划的落实工作，让人才政策的阳光普照大地，开创海内外优秀人才百花齐放、万马奔腾的大好局面。

（三）着力实现市场在人才集聚和配置中的主导作用

正如市场在资源配置中发挥决定性作用一样，市场也在人才要素的集聚和配置中发挥着决定性作用。河北雄安新区未来的人才战略规划中，要确立市场在新区人才集聚和配置中的主导作用，充分发挥市场的职能。具体来讲，可以从以下几个方面着手：一是积极发挥政府人才机构、公立人才市场等由政府来主导的机构在人才集聚和配置中的作用，通过为人才提供配套服务，解除人才的后顾之忧，实现人才与政府、与企业、与社会组织等的全方位无缝对接；二是积极鼓励和引导民营人才机构在人才集聚和配置中发挥关键作用，充分发挥其资源丰富、成本低廉和配置高效的专业特点和优势，让海内外人才更高效地集聚和配置到河北雄安新区各个领域；三是积极鼓励和引导外资人才机构到河北雄安新区创业兴业，充分发挥外资企业集聚、整合与配置全球人才资源的独特优势，鼓励外资人才机构引进河北雄安新区发展急需的世界顶级专业技术人才和经济管理人才等各路精英，一起投入到河北雄安新区建设的伟大事业中来；四是制定各种优惠政策，鼓励民营人才机构、外资人才机构以及人才领域创新创业者来河北雄安新区创业兴业，充分发挥社会力量在人才集聚和配置中的主导作用，为河北雄安新区发展奠定更加坚实、更加雄厚的人才基础。

（四）通过产业集聚来引领和带动人才集聚

一个区域的产业发展离不开人才，人才的发展也离不开产业。正所谓，人才兴则产业兴，产业兴则人才旺。我们已经看到，河北雄安新区未来的战略定位不同于深圳特区，也不同于上海浦东新区。那么，未来河北雄安新区的产业发展与人才集聚之间将走过一条什么样的路径呢？探寻这条路径还要从河北雄安新区的战略定位说起。

　　河北雄安新区的战略定位有二：一是第三个全国意义上的新区，二是北京非首都功能疏解的主要承载地。根据这两个战略定位，未来河北雄安新区的产业发展很可能的一条路径是：从基础设施建设产业为主导的阶段，到社会服务业发展为主导的阶段，再到高新技术产业和高端服务业发展为主导的阶段。首先发展起来的产业是基础设施建设相关产业，主要包括道路建设、住房建设、管网铺设、轨道交通建设、高速路网建设等，并且会逐渐形成一条以建设施工为核心的相关产业生态系统，因此，未来的河北雄安新区，对公路、铁路、地铁、机场、住宅、办公楼、商务楼等环评、设计、施工、监理、装修、维护等领域的专业技术人才和专业技能人才的需求量会非常大。在基础设施建设基本完成后，会有大批北京的央企、高校、科研机构、医疗机构等搬迁到河北雄安新区。在这个阶段，围绕这些机构提供相关服务的如衣食住行等中高端服务业将得到快速发展，对中高端社会生活服务业等领域的人才需求将逐渐增加。若干年后，将会有大批高新技术企业来到河北雄安新区创业兴业，这个阶段，对海内外高端专业技术人才、高级金融产业人才、经营管理高层次人才等的需求将会持续增长。总的看来，未来随着河北雄安新区发展所带来的三次产业浪潮，相伴而行的是三次人才浪潮。

（五）为人才发展营造国际一流品质的公共服务环境

　　众所周知，人才资源像其他资源一样，都是流动的。越是高端人才资源，其流动的范围越大，所创造的经济价值和社会价值也越大。那么，在国内外激烈的人才竞争中，河北雄安新区如何才能打赢人才争夺战呢？很重要的一点就是要为海内外各类人才打造一个国际一流品质的公共服务环境，种好"梧桐树"，才能"引得凤凰来"。具体来说，应着力做好以下几点：一是解决好子女教育问题。多措并举，为本土人才、海归人才和外籍人才的子女提供一个优质的教育发展环境。引进国内外知名学前教育机构、中小学，设立国办各个年龄段的学校，鼓励民营教育机构、外资教育机构等来河北雄安新区办学，解除海内外人才对子女教育的后顾之忧。二是解决好医疗保障问题。逐步建立一整套体系完善、水平一流、设施先进、服务优良的医疗卫生体系。引进一批国内知名公立医疗卫生机构，建设一批新的公立医院，引进若干民营医疗卫生机构，为河北雄安新区居民提供优质的医疗保障。借助河北雄安新区建设智慧新城的契机，鼓励社会力量借助"医疗＋互联网"模式为居民提供方便快捷的医疗服务。三是解决好住房问题。为海内外人才来河北雄安新区创业兴业提供舒适的居住环境。从目前中央释放的信号看，未来河北雄安新区的住房可能以租赁为主，也可能采取其他形式如租售合一等，按照习近平总书记的说法，房子是用来住的，不是用来炒的。这就需要采取各种举措，把海内外人才来河北雄安新区创业兴业的居住成本降下来，而不是要让新一代"雄安人"背负着沉重的房贷压力艰难前行。解决好住房问题，需要充分发挥政府的调控职能，坚决打击炒房炒地行为，发现一起打击一起。解决好住房问题，还需要充分发挥市场的职能，多建设些宜居宜业、居住舒适、环境优美、生活便利的小户型住宅，通过租赁或租售合一的模式提供给海内外人才。四是解决好行政管理问题。建设服务型政府不是一句空话，而是要实实在在地为居民提供优质、高效、便利的政府服务。要借鉴深圳特区和上海浦东新区在政府管理方面的先进经验，以及国外发达国家的先进做法，采取"小政府、大社会"的政府模式，突出河北雄安新区各级各类政府部门的服务职能，大力推行电子政务，积极探索互联网政务服务模式，为海内外人才、为雄安新区居民提供优质、高效和便利的政府服务。

参考文献

《中共中央、国务院决定设立河北雄安新区》，http：//news. xinhuanet. com/2017 - 04/01/c_ 1120741571. htm。

《2016 年河北经济年鉴》，中国统计出版社，2016。

2000 年、2005 年、2010 年、2015 年深圳市国民经济和社会发展统计公报，http：// www. sztj. gov. cn/。

《2016 年上海浦东新区统计年鉴》，http：//www. pudong. gov. cn/shpd/InfoOpen/ TongJiList. aspx？ SubjectId = 35022。

吴振兴：《深圳人才战略与发展路径选择初探》，《特区实践与理论》2006 年第 6 期。

罗振洲：《我国人才特区发展状况研究》，《第一资源》2012 年第 4 辑。

王琳、赵鹏飞：《创新之城、人才高地——人才强市战略构筑深圳发展新优势》，《人民日报》（海外版）2016 年 5 月 25 日。

张波：《不拘一格降人才——浦东新区高层次人才发展模式探究》（上），《浦东发展》2017 年第 1 期。

张波：《栽下梧桐树、引得凤凰来——浦东新区高层次人才发展模式探究》（下），《浦东发展》2017 年第 2 期。

《上海市城市总体规划（2015～2040）纲要》，上海市政府网站，2016 年 1 月 11 日。

《决胜全面建成小康社会　夺取新时代中国特色社会主义伟大胜利》（党的十九大报告），2017 年 10 月 18 日。

B.19
河北省科研人员收入分配
与激励机制研究

赵砚文 *

摘　要：　2016 年，河北省相关部门发布了《关于深化薪酬分配制度改革鼓励科技创新创造实施细则（试行）》等 16 个文件，这些政策的出台对激发科研人员创新潜能起到了一定的激励作用。笔者在省内高校调研时发现，多数科研人员的智力劳动和付出与其收入不完全相符，包括奖励性激励对创新的长期激励作用的政策缺位、内部分配机制不健全等。为了科学、持续地激发科研人员理论创新的热情，需要进一步完善科研人员的收入分配机制，通过收入分配政策的激励引导作用，让科研人员的智力劳动得到合理的回报。

关键词：　科研人员　收入分配　激励机制

科研人员作为研究机构和高校最重要的资源之一，其智慧及科研创新能力是一个国家和地区保持自身竞争优势的关键因素。为完善科研人员收入分配机制、激发科研人员创新创造积极性，2016 年 11 月 7 日，中央发布了《关于实行以增加知识价值为导向分配政策的若干意见》（厅字〔2016〕35号），就实行以增加知识价值为导向的分配政策提出了总体要求和实施意

---

* 赵砚文，河北省社会科学院人力资源研究所研究员，研究方向为人力资源管理与人才学。

见。2017 年 1～4 月，笔者受邀同河北省科技厅政策法规处的同志一起就"河北省科研人员收入分配与激励相关政策"做了一系列调研。本文在调研基础上围绕科研人员收入分配与激励问题做初步探讨。

一 收入分配的影响因素分析

（一）收入分配制度

收入分配制度是指劳动产品在社会主体中分割与配给的制度体系，从某种意义上说，收入分配制度是国家经济发展、政治文明、社会进步的基础制度。社会主义的收入分配原则是"各尽所能，按劳分配"，而"劳"字含义非常复杂，它不仅包括劳动者的劳动熟练程度、工作的复杂程度、承担岗位的职责、劳动强度，还应包括劳动者在进入劳动力市场之前的人力资本投入，以及进入劳动力市场后的工作经验积累等。一般来说，收入分配以这些要素为基准，按照劳动者实际完成的劳动定额、工作时间、劳动消耗等计付薪酬，或从市场交换中获取所得。多年以来，科研机构和高校收入分配制度是带有浓厚的计划经济色彩的国家管理工资体制，有明显的重资历、重身份特征。2006 年实行的事业单位收入分配制度的改革，完善了科研人员工资正常调整机制，科研机构和高校逐渐建立起以"岗位绩效"为核心的收入分配和激励制度。但是，改革后的收入分配制度还是无法摆脱国家机关工资制度的影响，即体制内的工资不能高于对应级别的公务员工资。这次收入分配制度改革，科研人员收入虽然有了一定提高，但并没有从根本上解决科研人员工资起薪点低的问题，也没有真正起到以"绩效"为标准的分配制度的良好激励作用，大多数科研人员的收入远未达到历史上曾经有过的水平，一个稳定的分配激励制度的建立还处于不断摸索的过程中。

本文研究对象是河北省属高校及科研机构的研究人员，这是一个较复杂的职业群体，是科研机构和高校发展的主体，科研人员生产的不是物品和服务产品，而是知识和专业人才以及对真理和科学规律的探究，这类"产品"

的产出很难像企业管理那样，通过计量、计时和验收产品质量等方式来调控收入分配。科研人员又被称为"弹性工作者"，他们的收入除工资、津贴和绩效外，还有课题收入、评审收入和兼职收入等。实际上，以生产精神产品为主要特征的研究人员，在收入分配制度的设计、实施、教学和科研质量监督上要比其他行业复杂得多，这也是笔者关注这一群体收入分配与激励的兴趣所在。

（二）收入分配的影响因素

1. 教育收益率和工作经验的影响

科研机构和高校的科研人员是接受过高等教育的高学历群体，相对于社会的其他行业群体来讲，这个群体的教育收益率并不高，仅从人力资源回报率看，其毛收益率是4.9%（世界平均水平为10%），低于全行业的教育收益率。科研人员受教育年限对其收入的影响也是极其微弱。工作经验（工作年限）虽然是人力资源的一个重要方面，可是，通过调研了解到，科研人员的资历不再是决定收入高低的重要因素，工作年限对收入的影响也是非常微弱的。高学历并不带来高收入，甚至有的高学历者收入还会更低一些。

2. 学术地位对收入的影响

科研人员的学术地位对其工资收入的影响最大，如果与行政职务交叉来看影响更是明显，有累积效应。从科研人员的专业技术职称分析，专业技术职称越高，其收入就越高，专业技术职称对收入的贡献最大。很显然，科研人员的学术地位是高收入最重要的影响因素。从相互作用分析，科研人员学术地位与行政级别的交叉效应也是显著的，这就意味着，如果科研人员学术地位高，又兼有行政职务，二者相互作用会产生一种累积效应，会进一步提高其在收入分配体系中的地位。

3. 行政职务对收入的影响

行政职务对收入的影响，一是表现在行政级别和职务越高，其收入就越高。相关资料显示，行政职务每提高一级大约增加6%的收入。二是表现在科研机构和高校的科研（教师）岗位和管理（非教师）岗位在工资收入方面并没有显著差别，这种收入分配模式也是行政化的一个特征。科研人员作为科研机构和高校的主体力量，其智力劳动并没有充分地在工资和收入中体现出来，这种过度行政化影响了科研人员的创新积极性。学术权力依附于行政权力，越有名气，获得的资源和机会越多，普通科研人员逐渐被边缘化，导致科研人员创新动力不足，不公平感也会由此而生。

4. 劳动投入对收入的影响

从工作投入看，科研人员想做好科研和教学工作，必须投入大量的时间和精力，但这些并不能在他们的收入中得到体现，工作时间多少与工资收入没有直接关系。而目前的量化考核机制对上课和文章质量又很难做出公正的考量，很多高校教师不愿意在教学上花费心思，但为评上职称却拼凑文章，教授不安心教课、不做科研者亦不鲜见。这种现象也表明目前职称评定机制的不合理。在河北经贸大学调研时，教师们反映，学校的"三无"（长期无科研项目、无论文、无经费）教授已不是个别现象。

二　科研人员收入分配的现状

（一）基本现状

1. 科研人员基本工资占比过低

目前，河北省属高校和科研机构执行的是岗位绩效工资制度，即 2006 年 6 月国家第四次工资制度改革后的工资制度，工资由基本工资和绩效工资两部分构成，其中基本工资由人社部制定，全国统一标准；基础绩效工资由省人社厅制定，省直单位统一标准；奖励绩效工资按人员核定总额，自主分配发放。2012 年起，河北省按事业编制人员人数和人均绩效工资水平核定部门的绩效工资总量，人均绩效工资包含基础绩效工资和奖励绩效工资。总的原则是，事业单位人均绩效水平不高于省直公务员津贴补贴水平的 2 倍。在河北大学调研中了解到，扣除社保和住房公积金，教师的人均年收入为7.5 万元。

美国芝加哥大学教育研究中心飞利浦·阿特巴赫教授和他的研究团队经过实证调研得出结论："中国高校教师月薪全球最低。"阿特巴赫教授还进一步指出，科研人员和教师的合理收入应该无须兼职，仅靠学术劳动所得就可以在本地区过上中等收入水平的生活。我们在 11 个地市调研中发现，石家庄、保定、廊坊等地房价持续升高，有限的工资收入使教师们在不断攀升的房价面前倍感压力，这种情况在青年教师身上尤为突出。

2. 科研人员内部收入差距较大

科研人员基本工资偏低，大部分收入来自项目经费，受个人能力、学科及社会资源等因素影响，只有部分科研人员能同时承担多项课题，所导致的一个结果就是在科研人员群体内部形成了较大的收入差距。以河北大学为例，青年教师年均收入是 5 万元，二级教授年均收入是 25 万元；研究专业方面，政府相关部门与企业的需求大多在经济社会发展密切相关的研究领域，很少涉及基础研究领域；个人发展方面，社会地位、知名度和人际关系等方面占优势的人员会同时负责、主持多项研究课题，大部分中青年科研人员只能参与一些课题的研究。科研人员收入可以概括"五多五少"：①接近经济活动者收入多，距经济活动远者收入少。②有行政资源者收入多，纯科研教学人员收入少。③有名望的人员（千人计划、特贴专家等）收入多，名望低的人员收入少。④职称高的人员收入多，职称低的人员收入少。⑤课题主持人收入多，课题组一般参加者收入少。

3. 河北省科研人员收入在全国处于偏低水平

据河北大学人事部门提供的数据，扣除社保和住房公积金，教师的人均年收入是 7.5 万元，而经济发展水平相当的省属高校，如山西大学、内蒙古大学、广西大学和郑州大学，教师人均年收入在 10 万元以上，河北省科研人员的收入如果与京津和经济发达省份相比差距更大。科技部人才中心 2014 年的一组数据表明，全国除个别省份外，科研人员平均收入多为当地人均 GDP 的 2 倍（河北省科研人员平均收入约为人均 GDP 的 1.7 倍）；中央科研院所研究人员人均年收入为 11.3 万元，地方科研院所研究人员人均年收入为 5.9 万元，前者明显高于后者。

4. 宏观的分配导向让科研人员感到不公平

一位教授在座谈会上说，影响科研人员积极性的原因"主要在社会，而不是学校"。他们认为，政府是社会财富的分配者，近些年的分配导向出现了偏差，使研究人员感到不平等和不公平。科研人员属社会中高学历群体，中青年学者基本都是博士，可是教育的投入和产出不成比例，高智力劳动的价值得不到应有的体现。一个博士毕业到科研机构或高校工作，每月的工资是 3000 多元，除去房租，消费窘迫，想过既体面又有尊严的生活几乎是不可能的。国家《教师法》规定，大学教师的平均工资水平应当不低于或者高于公务员的平均工资水平，并逐步提高。《国家中长期教育改革和发展规划纲要（2010～2020）》重申了这一条文。但是，这样的规定并未能切实落实。中国人事科学研究院院长吴江在全国人事人才研究理论与方法培训班（2017 年 8 月）上讲到，中国公务员平均年薪比事业单位人员平均年薪高出 1 万元。

（二）存在的主要问题

1. 部分科研人员智力付出得不到合理回报

省内调研中了解到，在一些与政府相关部门的决策咨询需求无直接关联的基础研究领域和大部分科研成果不能转化为现实商业利益的社会科学研究领域，科研人员中只有佼佼者能够申请和立项国家级、省级社科基金研究项目，多数科研人员没有委托研究项目的经费支持，这些人员的智力付出和贡献与其微薄收入不相匹配。这种收入分配基本格局背离了现代薪酬理论中的公平理论以及人力资本理论，高校的很多教师认为自己的职业还算体面，但是收入却不体面，也不公平。

2. 基础研究领域趋于弱化

由于科研人员收入水平与其研究领域密切相关，一些基础研究领域特别是人文学科，科研成果难以通过市场转化为经济效益，近几年这些研究领域的人员流失问题凸显，课题的申报数量和经费呈逐年下降趋势。河北大学 2014 年的社科项目经费是 2460 万元，2015 年是 1463 万元，2016 年是 1328

万元。河北经贸大学在 2014 年以前，每年科研经费能达到 1000 万元以上，而 2015 年和 2016 年的科研经费仅几百万元。由于学校项目资金少，科研绩效奖励跟发达省市高校相比差距较大，这些研究领域的优秀人才很多流向南方沿海城市和京津。高校如果不能吸引和留住这些专业人才，河北省基础研究领域的劣势将会日益突出。

3. 科研经费管理目标与现实相矛盾

一是经费管理规定与科研实际需求不符。主要体现在省财政支持的项目经费，一般要求在项目申请书和任务书中做出详细、具体的开支预算，准确地列出每一项支出金额，在课题研究过程中各项支出严格按照合同书管理，这种方法与科研的创新性要求不相适应。如河北省软科学研究项目的经费预算中，只列举了资料、会议、调研、劳务以及国际交流合作等科目，这种预算方法不可能包含科研活动实际发生的所有费用。此外，到了年底科研人员"为花钱而花钱"，脱离实际需要地购买设备和耗材等，造成科研经费使用的严重浪费。

二是科研人员要花费很大精力应付课题经费的报销。财务监管宽松时，课题负责人和课题组成员要想方设法搜集发票应付报账；财务监管严格时，课题负责人会想尽办法使课题经费报销符合各项管理规定，有时候要费尽心思为以前报销过的票据说明用途和明细。

三是参与研究的课题组成员不能支取劳务费的规定脱离实际。财务监管不严时，科研人员会搜集各种可以报销的票据来支取现金，以至于审计人员核查发票时得出"课题组成员一年 365 天都在开着车做调研"的推论；近年来严格规范财务制度后，科研人员从项目经费中获得收入的途径被相继封死，一方面变得没有申报课题的积极性，另一方面科研人员的实际收入水平也随之下降。

4. 目前的一些人才政策激励了少数人，冷落了大多数

近年来，河北省为引进高层次人才相继出台了一系列政策，各高校和科研机构也对符合标准的人才开出了优厚的条件。2017 年，河北师范大学和燕山大学等多所高校引进科研领军人才的年薪均在 90 万～160 万元，安家

费是 180 万~500 万元；引进优秀博士和科研拔尖人才年薪在 20 万~60 万元，安家费是 10 万~120 万元。除此之外，还有科研启动费和科研平台建设费，这些激励政策只在少数人身上发挥了作用。2016 年，河北大学具有专业技术职称的教师 1881 人，引进的高层次人才（年薪制和协议工资制）仅 31 人，占比 1.6%。省内相关部门在各类课题评审中也会向高层次科研人员倾斜，他们和其他科研人员有了更大的收入差距。

5. 青年科研人员收入偏低

随着科研机构和高校入职门槛不断提高，青年科研人员大多具有博士学位，入职后就是学院和研究所的骨干力量，承担着非常繁重的教学和科研任务，他们资历较浅，获得的各种资源有限，收入偏低，河北省属几所综合性大学文科青年教师的年收入约 5 万元，再加上购房、养老等需求，他们面临着较大的生活与工作压力。

三 国外科研人员收入分配与激励的启示

（一）日本

日本的科研人员薪酬很高，同其他行业相比属于高收入群体。据日本厚生劳动省 2014 年发布的统计数据显示，在全国 129 种职业中，教授的年均收入是 1295 万日元，排名第二；副教授的年均收入是 883 万日元，排名第四；讲师的年均收入是 733.5 万日元，排名第八。2014 年日本社会人均年收入是 415 万日元，教授的收入是人均收入的 3.1 倍，副教授的收入为人均收入的 2.1 倍。日本多数科研人员收入来自基本工资，只有少数人通过出版著作、讲课等活动获得一些额外的收入。日本的大学和研究机构在科研项目经费使用上有严格的规定，参加项目研究的成员不能从课题费中领取报酬。具体的管理方法也很细致，科研人员外出调研结束不用向财务部门提供住宿发票，财务人员会按照当地城市的住宿标准发给科研人员住宿费。为了证实调研活动的真实性，财务人员会对科研人员提供的当地交通工具的乘车凭证做认真核验。

日本的国立、公立和私立大学也对教师兼职做了明确规定，校方允许兼职的原则是在不影响本职工作的前提下。教师如有兼职意向，需要先向校方提出申请，经兼职审查委员会审查通过，校长认可方可兼职。科研人员如果不是在公益性极高的机构兼职，做其他兼职会被适度减薪。兼职人员必须定期、主动申报在外兼职取得报酬的情况，兼职审查委员根据申报的情况不定期进行审核。

（二）美国

美国的许多大学和国立研究机构科研人员实行的是年薪制（9 个月），根据地区和专业不同，科研人员年薪也不一样。根据美国高校教授协会（AAUP）薪金待遇的报告，2017 年，教授年均收入为 10.2 万美元，副教授年均收入为 7.9 万美元，助理教授年均收入为 6.9 万美元。科研项目经费使用方面规定，科研人员无论从事几个科研项目，他们从各项目中获得的收入总和不能超过其年薪（12 个月）。也就是说除了学校发的 9 个月工资之外，项目负责人可从经费中支付 3 个月的工资作为报酬。这种薪酬制度在发挥科研人员积极性方面起到了较好的激励作用。

美国大学对科研人员的校外兼职有较严格的审批制度，并根据可能发生的利益、责任冲突等情节进行分类管理。与本专业密切相关的校外兼职活动，要求科研人员如实申报就可以；科研人员的兼职活动如与本职工作发生中等程度利益冲突，要求科研人员申报并得到审查委员会审批，学校有相关规定进行约束和管理；科研人员的兼职活动如果占用工作时间和学校资源，发生较严重的利益冲突时，兼职活动是不被允许的。大学和科研机构的审批程序公开、透明，行政人员和教授都是被管理者，对科研人员的兼职期限也有严格规定。

（三）印度

印度作为发展中国家，科研人员的薪酬激励对我们有较好的启示。

印度公立科研机构的科研人员工资标准和福利待遇与国家公务员基本一致。2013 年印度国民人均月收入是 1.97 万卢比，科研人员的人均月收入是 5.5 万卢比，科研人员的月收入是人均月收入的 2.8 倍。财政部薪酬委员会对科研人员的薪酬有明文规定，根据不同的资历和年龄，科研人员薪酬分为若干等级，薪酬规定每十年更新一次。亚洲开发银行的一项研究结果表明，在 1981～2010 年间，中国和印度两国人力资本发展对人均 GDP 年均增长的直接贡献率分别是 2.4% 和 22%，这组数据之间的差距是巨大的。

上述三个国家科研人员的收入水平较高，他们的基本收入就足以维持体面的生活，科研人员的薪酬制度较为合理规范，在科研项目经费管理上也非常严格，不允许科研人员从科研项目经费中获取收入。

四　对策与建议

2017 年 9 月 13 日，河北省两办印发了《关于落实以增加知识价值为导向分配政策的实施意见》（以下简称《意见》），针对河北省科研人员的实际贡献与收入不完全匹配的问题，提出了明确的分配导向和实施细则，通过收入分配政策的激励引导作用，让科研机构、高校科研人员的智力劳动得到合理合法的回报。结合《意见》，笔者提出以下建议。

（一）优化以增加知识价值为导向的薪酬制度，逐步提高科研人员工资性收入

应借鉴上述国家的薪酬激励政策，结合河北省实际，逐步提高科研人员的工资性收入，使科研人员工资收入不仅与其智力付出和社会贡献相符，而且能维持较为体面的生活。科研人员的人均收入水平应为全社会人均收入的 2～2.5 倍。在保障中求激励，在稳定中求发展。从省财政的角度看，实际上是科研项目经费中支付给科研人员个人的那一部分劳务费，通过工资形式发给科研人员，财政总体上不会增加更多的开支。省内相关部门应按照两办

印发的《意见》精神，优化以增加知识为导向的薪酬制度，逐步建立科研人员工资增长的长效激励机制，保证基础性工资增长的比例与 GDP 增速同步，同时，根据上一年度通货膨胀水平实行动态调整。

此外，科研机构和高校对科研人员长期有效的激励，要依靠与工资收入挂钩的学术职称晋升、学术委员会的认同和个人学术能力的提高、各种社会荣誉称号的授予等，不能靠参与某一项课题研究就从中获得收入的短期激励。同时，科研成果转化的绩效应与发表论文、申报专利等一同纳入科研人员职称评审的考核体系中。建立在科学、合理、公正的学术考核评价机制基础上的长效激励能更好地体现以知识价值为导向的分配政策。

（二）建立科学规范的科研经费管理制度，发挥科研项目资金的激励引导作用

（1）科研机构和高校应制定财政性科研经费管理实施细则，不能用管理行政经费的办法来管理科研项目经费。同时，相关部门要建立符合科研创新规律的项目经费监管制度，客观看待历史原因造成的科研人员从项目经费中支取报酬的乱象，将科研项目经费的财务审计与其他行政性经费的审计区别对待，真正发挥好科研项目资金的激励引导作用。

（2）项目承担单位应制定劳务费预算管理办法。《意见》明确提出，劳务费预算不设比例限制，由单位和科研人员据实编制。增加科研项目经费中的劳务费列支范围，在项目经费预算合理前提下，项目负责人及主要研究人员经项目承担单位审核后均可开支劳务费，根据课题需要，项目负责人聘请的其他人员劳务费支出，由项目负责人根据其贡献大小合理确定。

（3）项目管理的重点应放在成果的验收上。目前的项目验收大多是项目承担单位根据项目委托方的要求聘请评审专家，成果验收过程中有走过场的现象。成果验收是科研项目管理中最重要的环节之一，课题结项和项目验收活动应由项目委托方负责安排和组织，科研成果质量不合格者必须返工，返工后仍不合格的要返还课题经费。

（4）为减轻科研人员的一些行政事务性负担，应适度简化科研项目经

费的支出管理。可以借鉴日本科研经费细致简单的管理方法，科研人员外出调研的住宿费按照当地城市的住宿标准发放，不需要用发票进行报销等。

（三）落实科研机构、高校收入分配自主权与完善用人主体的内部治理同步推进

一是建立与岗位职责目标相统一的收入分配激励机制。科研机构和高校按照职能定位和发展方向，以实际贡献为评价标准，合理调节研发、设计及教学等人员的收入分配关系，形成合理的智力劳动补偿激励机制。二是制定符合本单位实际的科研经费管理、业绩考核、绩效分配和科研成果奖励办法，绩效奖励要向做出突出贡献的科研人员倾斜，使收入分配与考核评价结果挂钩。三是用人主体内部收入差距要保持在合理范围。除科技成果转化收入外，应合理调节本单位内部各类岗位科研人员的收入差距，重新焕发大多数科研人员的创新活力。

完善高校和科研机构的内部治理，推进行政权和教育权、学术评审权的分离，重新合理分配资源，重塑和谐健康的机体。用西方流行的一句谚语就是"凡属上帝的归于上帝，凡属恺撒的归于恺撒"，学术的事务应交给以教授（研究员）为主体的专家负责。科研机构和高校的学术委员会应是最高学术权力机构，承担着学术决策、学术研究及学术成果同行评价的重要职责。另外，用人主体在学科设置、课题分配、薪酬分配和出国考察学习等方面的决策过程中要加强信息公开透明，尤其是财务信息公开，这样在经费的使用方面可以得到更好的监督和有效的管理。

（四）创新不同层次、不同岗位科研人员收入分配机制，形成合理的分配格局

2016 年，河北省相继出台了《关于深化薪酬分配制度改革鼓励科技创新创造实施细则》和《关于财政助推全省科技创新投入实施细则》等 16 个文件，不惜重金引进各类人才，同时也拉大了少数拔尖人才与众多科研人员

之间的收入差距。省内几所高校的人事部门人员反映，这两年引进的高层次人才与前几年招聘的年轻教师在收入上有了很大差距。因此，科研机构和高校应优化以增加知识价值为导向的收入分配结构，不断创新不同层次、不同岗位科研人员的收入分配机制。在探索实行年薪制的同时，使不同层次、不同岗位科研人员的收入水平保持渐进式平衡，弱化收入差距造成的逆向激励，这样可以保证收入分配体系的公平性和稳定性。

（五）根据不同创新主体的智力劳动特点，实行有针对性的分配政策

针对哲学社会科学研究人员，应以理论创新、决策咨询和社会影响作为评价依据来构建分配机制，科研机构和高校应设立哲学社会科学专项基金，在课题研究、学科建设、人才培养和平台建设等方面进行专项支持，提高社科研究人员的积极性。针对专职从事教学和科研的人员要提高基础性绩效工资在整个绩效工资中的比例。《意见》明确提出，在保障科研人员基本工资正常增长的基础上，稳步提高基础性绩效工资，加大奖励性绩效工资激励力度。针对科研人员开展的基础理论研究、教学方法和教学手段创新、教学资源开发等很少能创造额外收入的活动，都要在绩效工资中给予充分的考虑。建议对高层次人才比较集中的科研机构和高校，按相关规定适当提高绩效工资总量和绩效工资水平指导线。

（六）建立有效的激励机制，提高青年科研人员的工作积极性

青年科研人员收入偏低，生活工作压力较大，薪酬满意度较低。建议：一是提高青年科研人员入职的基本工资，并根据河北省各地市经济发展状况、市场需求等变化进行相应调整，建立一个更合理有效的薪酬增长机制，有效地调动他们的工作积极性，充分发挥其创造力。二是科研机构和高校要为青年科研人员建立通畅的职称晋升制度和科学的考核制度，发挥晋升和考核的激励作用，提升青年教师工作满意度。许多青年教师反映，除个人因素外，单位的用人机制和考评机制是影响他们工作积极性的重要因素。三是相

关部门及用人主体应创造各种机会，尽力解决青年学者工作和生活中的困扰，为他们积极投入科研工作提供有利的条件。

参考文献

《关于实行以增加知识价值为导向分配政策的若干意见》，中共中央办公厅、国务院办公厅（厅字〔2016〕35号）印发。

《关于落实以增加知识价值为导向分配政策的实施意见》，河北省委办公厅、省政府办公厅2017年9月13日印发。

李君甫、武斌：《大学教师的收入公平感研究》，《江苏高教》2015年第3期。

张义、吴瑞林：《高校专职科研队伍建设的现状及对策》，《中国高校科技》2017年第2期。

B.20
凝聚建设经济强省美丽河北、
实现中国梦的正能量

——关于河北社会主义核心价值观培育践行调研报告

王彦坤　包来军*

摘　要： 党的十八大以来，河北省开展"善行河北"主题道德实践活动，形成善心涌动、善意浓浓、善行如潮、善曲高奏、善果累累的局面；开展"美丽河北"主题宣传活动，动员全省人民共建美好家园；开展"中国梦·赶考行"宣传教育活动，建设涵育基地，推出先进典型，营造良好氛围，社会主义核心价值观在燕赵大地落地生根、开花结果。在新时代，河北将全面贯彻落实党的十九大精神，强化教育引导、实践养成、制度保障，发挥社会主义核心价值观对国民教育、精神文明创建、精神文化产品创作生产传播的引领作用，把社会主义核心价值观融入社会发展各方面，转化为人们的情感认同和行为习惯，在贯穿结合融入上下功夫，在落细落小落实上下功夫，在坚持不懈、久久为功上下功夫，在潜移默化中凝聚全省人民思想共识和价值追求，凝聚起建设经济强省美丽河北、实现"两个一百年"奋斗目标的强大正能量。

关键词： 河北　核心价值观　培育践行　落地生根

---

* 王彦坤，河北省社会科学院邓小平理论研究所研究员，研究方向为中国特色社会主义理论；包来军，河北省社会科学院新闻与传播学研究所助理研究员，主要研究方向为新闻传播学。

党的十八大以来，河北省按照中央决策部署，采取多种形式、多种措施全面推进社会主义核心价值观建设，教育引导人民群众培育和践行社会主义核心价值观，社会主义核心价值观正在燕赵大地落地生根、开花结果。面对全面建成小康社会乃至现代化的光明前景，河北省将全面贯彻落实党的十九大精神，以习近平新时代中国特色社会主义思想为指导，围绕统筹推进"五位一体"布局、协调推进"四个全面"战略布局，继续深化社会主义核心价值观培育践行，进一步激励人民群众将社会主义核心价值观内化于心、外化于行，为建设经济强省美丽河北、决胜全面建成小康社会，开启现代化建设新征程，实现民族复兴中国梦凝聚更加强大的正能量。

一 党的十八大以来，河北省全面推进社会主义核心价值观建设，社会主义核心价值观正在燕赵大地开花结果

河北古称"燕赵"，历史文化传统悠久，"将相和"和"风萧萧兮易水寒，壮士一去兮不复还"脍炙人口；红色文化资源丰富，西柏坡精神、唐山抗震精神永载史册。党的十八大以来，河北人民继承历史文化和红色文化优秀传统，适应时代发展，升华人民的精神境界和价值追求，全面推进社会主义核心价值观建设，社会主义核心价值观正在燕赵大地落地生根、开花结果。

（一）高度重视，构建核心价值观建设工作格局

2012年11月，党的十八大提出社会主义核心价值观"三个倡导"的主要内容。2013年12月，中共中央办公厅印发《关于培育和践行社会主义核心价值观的意见》。河北省委将培育和践行社会主义核心价值观摆在重要位置，全面决策部署，统筹深入推进，印发《关于广泛深入开展"善行河北"主题道德实践活动的意见》和《关于"中国梦·赶考行"宣传教育活动的安排意见》，推进"善行河北""中国梦·赶考行"活动，赋予了核心价值观建设强烈的燕赵特色。2014年5月，河北省委出台了《关于培育和践行

社会主义核心价值观的实施意见》《全省共产党员广泛参与志愿服务活动的意见》，对全省社会主义核心价值观建设做出全面部署；同时建立以共产党员为核心的志愿者社会服务体系，推动学雷锋活动常态化、"善行河北"长期化、志愿服务制度化，推动党员干部做核心价值观的模范践行者。2016年11月，河北省第九次党代会做出了"深化社会主义核心价值观建设"的决策部署，动员、引领、凝聚人民群众为社会主义核心价值观建设打造重要载体，开展新的践行实践。

按照省委决策部署，河北省各级党组织积极推动，宣传文化部门组织协调，各级各行业和社会各界广泛参与。各级党委有计划地进行专项研究，并结合实际采取有效措施，融入落实。省直各单位细化分工，形成合力。省委办公厅印发《任务职责分工方案的通知》，将《实施意见》继续细化为24个大项、71个小项，落实到64个省直部门；每项工作均明确关键责任单位。各牵头单位对任务贯彻实施负责，主要责任单位各负其责，协同配合，明确阶段性时间进度安排，形成工作推进计划，在河北掀起培育和弘扬核心价值观热潮。

作为牵头单位，河北省委宣传部多次召开全省培育和践行社会主义核心价值观工作调度会，及时推进专项工作。2016年伊始，省委宣传部制定《"美丽河北"主题宣传活动方案》《"美丽河北"推选展示活动实施方案》。各部门各单位因势利导，深化拓展"善行河北""中国梦·赶考行"宣教活动，启动"美丽河北"主题宣传活动。总体上看，河北社会主义核心价值观建设内容全面，层次清晰，责任明确，措施有力，进展有序，形成了全方位、多层次、有重点、分阶段培育践行工作格局，形成同频共振、同向同行的良好局面。

（二）创新载体，搭建核心价值观建设广阔舞台

1. 开展"善行河北"主题道德实践活动，形成善心澎湃、善意浓浓、善行涌动、善曲高扬、善果丰硕的大好局面

2012年2月，河北省启动"善行河北"主题道德实践活动，引导大众

在公共交往中乐于助人，在社会生活中诚实守信，在职业活动中敬业奉献，在家庭生活中孝老敬老。主要新闻媒体开设"善行河北"专栏专题，开办"河北好人网"，在新浪、腾讯开通"善行河北"官方微博；在公交车、出租车和广场、街头电子屏幕等投放公益广告和宣传标语，"善行河北"很快成为亮丽品牌。2013年2月，省委省政府印发了《关于广泛深入开展"善行河北"主题道德实践活动的意见》，要求在深化拓展中聚焦主题、融合融入，在全社会大力弘扬互助、敬业、勤俭、诚信、孝敬之风。2014年8月，启动"春雨行动"，在改善民生中落实核心价值观。

各部门各单位因地制宜、因势利导，落实"善行河北"。省卫计委等单位，开展了"修医德、强医能、铸医魂""善行河北·爱心助残"等系列活动。举办"春雨行动·牵手孤困女童"公益拍卖会，进一步向基层延伸开展"寻找我身边的雷锋"以及"善行功德榜""功德录""好人档案""好人公园"等活动。几年来，各地各部门层层评选推荐发布好人，形成了"好人天天见、好人处处有"的生动局面。2016年共评选出270个"河北好人"，特别是在抗击"7·19"特大洪灾中，连续发布120名"河北好人"。同时，组织主流媒体积极跟踪、深入挖掘，使"河北好人"事迹更加鲜明生动，并通过微博、微信公号和客户端向社会推送；利用各类宣传阵地为好人树碑立传，让好人精神时时可见、处处可寻；在全社会礼遇好人，营造让好人有好报的良好环境。河北省还安排经费专门用于慰问道德模范和"河北好人"，建立其集中休假疗养制度，引导各地广泛建立"好人后援"组织，为"河北好人"解除后顾之忧，有力地激发了人们的善思善念、善愿善行。时任中央政治局委员、书记处书记、中宣部部长刘奇葆到河北考察调研时，对"善行河北"道德主题实践活动给予了充分肯定。

2.开展"美丽河北"主题宣传活动，动员燕赵儿女共建美好家园

2016年初，河北省按照"唱响美丽河北、热爱美丽家乡、建设美丽家园"，开展"美丽河北"宣传，特别突出了23项"最美人物""最美景物"推选展示活动，旨在凝心聚力，激发大众热爱、建设河北的原动力。在前期宣传引导的基础上，省委宣传部通过组织群众推荐和个人自荐等方

式，逐级申报、遴选，优中选优；组织省主流媒体在重要时段、版面，大力传播；同时拓展挖掘相关事例，通过出版系列图书著作、举办专题会展等方式强化宣传成效。省第九次党代会明确提出要打造"美丽河北"品牌。

按照省委及省委宣传部的部署，各地各界普遍动员，积极参与，通过基层推选、社会各方评议、全面多渠道展示、全媒体深入宣传，营造了美丽河北的浓郁气氛。开展了"最美社区""最美文化广场""最美特色建筑"等具有鲜明特色的活动。通过宣传，李保国同志先进事迹、邯郸涉县后池村"当代愚公"集体等都产生了持久、广泛、深入的全国性影响。"最美志愿者、公交司机、残疾人、教师、交警"等接地气的"最美人物"广受赞誉。2016 年 12 月 14 日，成功举办"美丽河北"主题展演活动，营造了"美丽河北"人人可代言、行行可参与、天天可展示的良好氛围，传递了满满的正能量。出版"美丽河北"主题图书，做好"最美人物"和"最美景物"延伸宣传。2016 年 7 月，特大暴雨来袭，众多"最美人物"热忱参与抗灾救灾和灾后重建。"燕赵楷模发布厅""最美河北人发布厅"实时实地发布了 1 期"燕赵楷模"和 4 期"最美河北人"，40 多个先进人物（集体）有力地支援了抗洪救灾。

3. 开展"中国梦·赶考行"宣教活动，汇聚建设经济强省美丽河北强大力量

党的十八大以来，按照中央安排部署，河北充分利用"赶考精神"发源地的宝贵资源，印发了《关于"中国梦·赶考行"宣传教育活动的安排意见》《关于进一步深化"中国梦·赶考行"宣传教育的意见》，以"梦在心中路在脚下"为活动主题，在全社会弘扬"报国为民、实干奉献、开拓创新、艰苦奋斗"精神，开展"梦成于道、梦成于能、梦成于干、梦成于德"宣传教育，把"宏大叙事"的中国梦与"具体而微"的个人梦想结合，弘扬以"两个务必"为核心的西柏坡精神，引导人民坚定"赶考"意识，提高"赶考"能力，进一步坚定了河北人民理想信念，增强对国家层面价值目标的认知认同。

在宣传教育活动中，河北省着力阐释中国特色社会主义和中国梦的历史

底蕴、时代内涵、本质要求和实践路径。省委带头示范，连续 3 年举办弘扬"赶考"精神相关主题的学习座谈会。各地各部门结合实际，开展重走赶考路等活动，组织开展多层次、多形式的主题宣讲活动，通过领导干部带头讲、专家教授辅导讲、群众登台现身讲、先进典型巡回讲，讲好习近平总书记系列重要讲话，讲好核心价值观，讲好形势政策，讲好百姓故事。开展了四期"365 百姓故事汇"大型宣讲活动，让群众讲身边故事、听身边感动、看身边变化、悟身边道理。我们精心搭建群众乐于参与、便于参与的平台。党政机关以核心价值观为指导，争当百姓热爱的人民公仆，深入推进"中国梦·赶考行——省直当先锋""我是共产党员"等活动，强化行动自觉；教育系统在省属高校、中小学组织开展"中国梦·学子行"主题活动，推出青春故事会、青年励志报告会、青春大讲堂等活动，激发青年学生爱党爱国爱社会主义的热情；环保部门结合治理大气污染和实施绿色崛起战略，广泛开展"中国梦·绿色行"主题活动，着力提高公众参与环保事业的积极性；统战部门组织各民主党派、非公经济人士等参与"中国梦·赤子心"活动，凝聚智慧力量，传承政治薪火；工青妇等社会团体开展"中国梦·劳动美""中国梦·赶考行——企业在行动""中国梦·巾帼行"等主题活动，引导人民把智慧和力量凝聚到实现中国梦、加快建设经济强省美丽河北上来。

4. 建设涵育基地，创新社会主义核心价值观培育和践行载体

社会主义核心价值观涵育基地集认知认同与实践活动于一体，以"三个倡导"为核心，以地方优秀传统文化、乡贤文化、红色革命文化等为内容，以制度化为要求，以增强观众体验感为形式，命名建设专题展室、展馆、主题公园，作为涵育基地，使之成为培育核心价值观的载体。2014 年 10 月，河北省从实际出发，依托历史文化村镇、博物馆、公园广场等，开始建设核心价值观涵育基地，把优秀传统文化、本地的乡土乡贤文化、当代的红色革命文化作为基地主题，为广大群众认知认同社会主义核心价值观提供鲜活教材，推进社会主义核心价值观落细、落小、落实。

三年来，河北省试点先行、重点推进、全面实施，坚持"无中生有、

有中生新、新中生特"，创造性地开展建设工作，力求做好"符合实际"的乡土化阐释、打造"可亲可近"的生活化设计、实现"润物无声"的有机结合、创建"无缝对接"的网络新平台，充分利用这些园区传承和弘扬传统文化，设计活动载体，让群众通过涵育基地了解到故乡悠久灿烂的历史与先贤文化，增强对核心价值观的认同。景县董子文化园打造"可亲可近"的生活化设计，"张北好人馆"最大限度地体现人文景观和自然景观的有机结合，正定常山公园、定州市成语典故石雕文化广场、衡水内画艺术博物馆等成为休闲加修身的主题公园。我们坚持把涵育基地建设建好、管好、用好，积极引导各地合理规划涵育基地建设布局，在基础条件较好的、人流密集的地点或场所进行建设。2015年河北共建成了27个社会主义核心价值观涵育基地，2016年计划建设41个基地项目，实际投入建设76个。同时，狠抓基地管理，通过各种方式对建成的基地进行检查督导，确保涵育基地在教育引导、舆论宣传、文化熏陶、实践养成、志愿互动等方面切实发挥作用。经过两年努力，河北省涵育基地建设取得了推进社会主义核心价值观落细、落小、落实的显著成效，得到了中宣部的肯定，列入了河北省经济和社会发展"十三五"规划，成为河北省培育和践行社会主义核心价值观的重要举措，也是具有河北特点的培育和践行社会主义核心价值观的新路。

（三）典型示范，树立核心价值观建设旗帜标杆

一个典型就是一面旗帜。党的十八大以来，我们以社会主义核心价值观建设为统领，以"时代楷模"和"最美人物"发布厅为平台，以"寻找最美追梦人"活动为载体，紧密结合时代主题，多领域、多角度发掘群众身边的先进典型，先后推出一大批在全省乃至全国范围内立得住、传得开、有影响的重大典型。迄今为止，中宣部"最美人物"发布厅发布了河北最美职工齐名、"节约之星"河北省衡水市郭院村村民食堂、"节约之星"潘淑兰、见义勇为最美人物王俊旺、最美拥军人物高英等5名最美人物。中宣部还向全国推广了衡水滏阳小学传唱童谣的经验做法、保定学院西部支教毕业生群体的事迹。中宣部变革典型宣传方式后，河北在全国最早创建了"燕

赵楷模"发布厅和"最美河北人"发布厅，最早出台了"两厅"《实施办法》，下发了《关于开展命名学雷锋活动示范点和岗位学雷锋标兵活动的通知》。我们坚持典型宣传、多维联动，传统媒体与新兴媒体、集中宣传与经常性宣传相结合，使先进典型广为人知、家喻户晓；突出典型引领的实践导向，深度挖掘先进典型的光荣事迹和精神力量，进一步提升内在精神价值。值得一提的是，我们在 2016 年、2017 年分别推出李保国、塞罕坝林场两个重大典型，在全省广泛开展向李保国和塞罕坝林场学习的活动，产生深刻而久远的社会影响。

李保国同志，河北农业大学教授，献身于太行山区生态治理、群众脱贫奔小康。他每年深入基层 200 余天，绿化了 140 万亩荒山，带领 10 万农民脱贫致富。2016 年 4 月 10 日，58 岁时因积劳成疾突发心脏病去世。习近平总书记指出"李保国同志堪称新时期共产党人的楷模，知识分子的优秀代表，太行山上的新愚公"，号召"广大党员、干部和教育、科技工作者要学习李保国同志心系群众、扎实苦干、奋发作为、无私奉献的高尚精神，自觉为人民服务、为人民造福，努力做出无愧于时代的业绩"。河北省委决定做出开展向李保国同志学习的活动，要求各级党组织高度重视、精心组织、广泛开展活动。根据习近平总书记批示和省委决定，河北省各地以多种形式开展向李保国同志学习的活动。邢台市将李保国先进事迹列入全市农村干部培训学习课程。河北省委教育工委、省教育厅要求全省各级教育行政部门和各级各类学校积极组织学习会、讨论会、座谈会等多种学习活动，引导广大教师以李保国为榜样。河北农业大学校在官网、微信微博等平台开设了《身边的李保国》专栏。省科协联合邢台市委举办李保国科学精神研讨会，并向全省科技界发出《向李保国同志学习倡议书》。省扶贫办在全省组织开展"十大扶贫攻坚人物""十大社会扶贫典型"评选活动，以榜样的力量鼓舞斗志、激发动能，在全社会营造学习李保国同志的浓厚氛围。

塞罕坝机械林场是河北省国有大型林场。55 年来，塞罕坝人在自然环境和生活条件极其恶劣的情况下，艰苦创业，不懈奋斗，把莽莽荒漠变成了百万亩林海，凝聚了"忠于使命、艰苦创业、绿色发展"的塞罕坝精神。习近平总书记对此作出重要批示。2017年8月30日，中宣部、河北省委等单位在人民大会堂举办塞罕坝先进事迹报告会，刘云山同志出席并会见报告团成员。11月17日，中央文明办授予塞罕坝林场全国文明单位荣誉称号。中宣部组织中央媒体和省内媒体对塞罕坝进行了顶格宣传，河北省组织了大规模持续性集中宣传报道。

（四）教育引导，营造核心价值观建设良好氛围

党的十八大以来，河北省创新方式方法、拓展平台渠道，充分发挥新闻舆论的引导作用、理论阐释的解读作用、文艺作品的熏陶作用、社会宣传的养成作用，努力营造核心价值观无所不在、无时不有的浓厚氛围，使之融入日常生活，成为群众自觉遵守的行为准则。

1.舆论引导浓厚氛围，潜移默化久久为功

党的十八大以来，我们坚持社会主义核心价值观全媒体宣传、全栏目融入、全覆盖普及，宣传力度大、气场足、层次多、角度好，"24字"内容天天见、不断线、日日新。河北电台开办"992大家帮"、河北电视台"中华好诗词"等品牌栏目。河北文明网利用其影响力大、传播手段新、内容丰富全面的优势，不断增添核心价值观内容，增设相关栏目，"勤劳善良河北人"、"好人365"、"图说我们的价值观"、公益广告、志愿服务、道德模范等栏目成为涵育核心价值观的网络载体。"善行河北"官微是"善行河北"活动的短平快传播平台，用轻松活泼的网络语言，阐释主流价值观，引导更多网友加入到善行队伍中来。此外，河北好人网、河北好人微博、好人QQ群等一大批网络传播平台正用一点一滴的"微力量"培育和践行核心价值观。全省各级各类媒体形成合力、同频共振，营造了浓厚的舆论氛围。

2.理论阐释透彻通俗，提供培育践行参考

从2014年开始，河北省委宣传部、河北省社会科学院编撰蓝皮书《河北省社会主义核心价值观培育践行报告》，旨在全面考察河北培育和践行社

会主义核心价值观基本情况包括成绩及其经验、问题、原因，总结实践经验，探索建设规律，研究深化社会主义核心价值观建设的思路对策，为理论研究和工作实践提供参考借鉴，为省委省政府推进社会主义核心价值观培育践行提供决策参考，为推动河北省社会主义核心价值观培育和践行提供理论指导和智力支持。目前，《河北省社会主义核心价值观培育和践行报告》已经编撰出版 3 部，并纳入"河北发展蓝皮书"系列，其总报告每年"两会"时提供给省人大代表、政协委员参阅，开全国社会主义核心价值观蓝皮书编撰出版先河。我们还编撰了《社会主义核心价值观党员干部读本》《社会主义核心价值观 500 问》《社会主义核心价值观青少年读本》《社会主义核心价值观系列挂图》等。这些图书用大众认同、通俗透彻、有说服力的语言和生动活泼的表达形式阐释了核心价值观。

3. 文艺熏陶润物无声，雅俗共赏入脑入心

党的十八大以来，河北省积极引导广大文艺工作者做社会主义核心价值观的宣传者、倡导者、践行者，打造"文艺冀军"品牌，展示燕赵文化精神、文化气质。如创作核心价值观"24 字歌"等献礼作品，"中华优秀传统文化简明读本""中华优秀传统文化故事选编"丛书。戏剧《六世班禅》，广播剧《一个县委书记的担当》，歌曲《天下百姓》，图书"美德照亮人生"丛书、《梦想照亮生活——盲人穆孟杰和他的特教学校》等 11 部作品和《血战湘江》、电视剧《海棠依旧》《太行山上》，戏剧河北梆子《李保国》，广播剧《太行山上的新愚公》，歌曲《雪恋》《天下乡亲》等 7 部作品分别获第十三、十四届全国精神文明建设"五个一工程"奖。

广播剧《一个县委书记的担当》、纪实文学《朋友——习近平与贾大山交往纪实》等在全国产生广泛影响。《我的梦中国梦》入选中宣部向全国重点推荐的 20 首歌曲。大型情景音乐套曲《西柏坡组歌——人间正道是沧桑》、电视剧《刘邓和他们的战友》、广播剧《宴请》等优秀作品弘扬了红色太行精神和党的优良传统。与此同时，一大批影视登陆中央电视台综合频道、电视剧频道在全国公映，影视剧的"河北现象"和影视冀军突起，一批数量相当可观的具有鲜明的中国风格、中国气派和河北特色、

燕赵风骨的艺术与思想和谐统一的优秀作品问世，成为宣传中国共产党一心为民、执政为国、领袖风采和弘扬社会主义核心价值观以及唱响主旋律的时代精品。

4. 社会宣传潜移默化，营造良好践行环境

党的十八大以来，河北省用好用足创新各类社会宣传阵地，使社会主义核心价值观实践生活化、接地气。搭建"燕赵楷模""最美河北人""节约之星"发布厅，"我们的价值观、我们的赶考行"网上形势政策报告厅等；搭建一个榜、一个园、一个馆、一个厅、一个屏、一面墙、一个栏、一场舞、一个口、一个故事等"十个一"价值观工作载体；设"善行功德榜"；县级以上城市建"好人公园"；设区市建"时代楷模馆"、先进典型发布厅；在城乡主要街道、施工围挡设文化墙，张贴"图说我们的价值观"招贴画，编排举行体现核心价值观广场舞活动，在各城市主要出入口设公益广告牌，使核心价值观看得见、摸得着、离得近。征集传唱核心价值观主题童谣，利用学校课前"一分钟诵读"等形式、重大集体活动诵读传唱。衡水市滏阳小学百首童谣传唱核心价值观的做法得到刘云山、刘延东、李源潮、刘奇葆等中央领导同志肯定。我们向中小学生免费发放《"善行河北"好人故事》一书，开展"三节"（节水、节电、节粮）、"三爱"（爱学习、爱劳动、爱祖国）、"三勤"（勤奋学习、勤快劳动、勤俭爱国）教育实践活动。2015年和2016年，分别举行了河北省世界读书日系列读书活动"阅读在我身边"和"书香燕赵美丽河北"等主题系列读书活动，把全民阅读与建设美丽河北、与优良家风、与人民群众的道德培养有机结合起来，在增加人民文化知识和科学技术素养基础上，弘扬核心价值观。

（五）建章立制，形成核心价值观建设刚性导向

党的十八大以来，河北省把制度规划、政策出台、司法行政行为等都贯穿于核心价值观培育践行全过程，将核心价值观融入行业规范、乡规民约、市民公约、学生守则等规章制度之中，融入法治、社会、诚信体系建设全过

程；制定了社会信用体系的建设规划，信用信息数据库共享、公示平台；建立健全好人好报奖励机制，出台《关于帮扶生活困难道德模范实施办法》，将好人善报制度化，让"河北好人"登上媒体、走进百姓心田。完善志愿服务制度，省人大常委会制定《河北省志愿者服务条例》，建立志愿服务嘉许制度，调动志愿服务积极性。我们完善新闻发布制度，组织"推进社会主义核心价值观在河北落地生根"新闻发布会；建立完善省新闻职业道德监督机制，引导新闻工作人员全面践行。省教育厅印发《河北省未成年人思想道德建设工作测评体系（2016 年版)》，使中小学德育培育和践行社会主义核心价值观考核更加科学、规范，具体。省委省政府出台了《关于推进法治河北建设的实施意见》，省人大常委会出台《河北省法制宣传教育条例》，有效促进法治宣传教育的规范化发展。省委、省政府制定印发了《河北省文明单位管理暂行办法》《河北省文明单位管理办法》并进行了修订完善，制定《河北省文明单位测评体系》，加强文明单位创建工作动态、规范、制度化管理。

二　继续深化社会主义核心价值观建设，凝聚建设经济强省美丽河北、实现中国梦的强大正能量

经过全国人民的长期奋斗，中国特色社会主义进入新时代，处于"两个一百年"奋斗目标历史交会时期。在深化改革、开启现代化新征程上，河北省将全面贯彻党的十九大关于培育践行社会主义核心价值观的战略部署，以"中国梦"时代新人培育为起点，强化引导、实践、制度建设，发挥核心价值观对公民教育、精神文明培育、精神文化产品的指导作用，把核心价值观全面融入社会，转化为大众的情感共鸣和行为方式，在贯穿结合融入上下功夫，在落细落小落实上下功夫，在坚持不懈、久久为功上下功夫，使社会主义核心价值观在潜移默化中成为全省人民的思想共识和价值追求，成为建设经济强省美丽河北、实现民族复兴中国梦的强大正能量。

（一）重在深化，培育践行向社会和国家层面延伸

社会主义核心价值观"三个倡导"涵盖了国家、社会和公民三个层面的价值要求，是一个有机的整体。这些年来，我们培育和践行社会主义核心价值观，主要侧重从公民个人价值理想层面推进，开展了学雷锋志愿者服务、孝顺教育、诚信教育、勤劳简朴教育等各种形式的主题教育活动，传承良好的家风家教、校训校风、企业文化和乡贤文化，收到很好的社会效果。我们今后的努力方向，应当是在抓好公民层面的教育实践基础上，推动培育向国家层面和社会层面延伸，促进核心价值观建设向纵深发展。要结合贯彻落实党的十九大精神，围绕协调推进"四个全面"战略布局，以富强、民主、文明、和谐为基础，倡导自由、平等、公正、法治，找准工作抓手，设计活动，继续开展"善行河北"道德主题实践活动、"美丽河北"主题宣传和"中国梦·赶考行"教育实践，统筹开展"中国梦·学子行""中国梦·绿色行""中国梦·劳动美"等分众化实践，进一步引导大众追求国家层次价值目标和社会层次价值取向，激励干部群众更加积极地投身全面建成小康社会，实现国家富强、民主、文明、和谐的伟大实践。

（二）贵在行动，继续深入开展主题实践活动

我们将继续打造"善行河北""美丽河北"和志愿者服务品牌，深化中国特色社会主义宣教和核心价值观践行，落实好"中国梦·赶考行"活动，以品牌实践打造核心价值观新舞台。我们将立足各界实际工作和百姓日常生活，策划开展新的主题实践活动，打造新品牌，把核心价值观要求制度化、日常化、细节化。以"我们的节日"为主题，围绕清明、端午、中秋、春节等传统节日，开展缤纷多彩的公众活动；以"河北的特色"为主题，做好地域文化、优秀传统文化与核心价值观的衔接工作。要在实践中积极探索、总结升华，进一步充实内容、丰富载体、创新方式，使各项活动既连续一致，又生动新颖吸引人。我们还将进一步用好日常语言，坚持显性教育和隐性教育结合，把宣传教育的内容融入戏曲小品、民歌山谣、图书展览、影

视作品之中，以生活形象感染人、鼓舞人、激励人，推动基层宣传教育真正入脑入心。我们要激励鞭策党员干部坚持学在岗位、用在岗位、出成效在岗位，努力把坚定理想信念的要求体现到爱岗敬业的实际行动中，在履职尽责中促进宣传教育的实践转化，尽享人生出彩的机会。

（三）落在实践，搭建平台便于群众参与

核心价值观的培育践行是大众自我教育实践的活动，人民群众的参与程度决定这些活动的成效。要继续将文明城市、文明村镇、文明单位、文明校园、文明家庭创建作为核心价值观的重要载体。要深刻认识家庭生活在落实社会主义核心价值观上的重要地位，汲取中华优秀传统美德思想内涵，结合道德文明新要求，运用潜移默化、渗透熏陶等方式。在保证每个家庭和谐的同时，各个社区、村落应融合核心价值观内容及当地情况，制定邻里规则、村规民约，以实现乡里乡亲守望相助。要继续建设社会主义核心价值观涵育基地，广泛开展公益活动，打造一批具有公信力、影响力的舆论平台，展现人民群众时代精神风貌。要充分发挥主流媒体的微博、微信、公众号等新媒体的传播力，热情回应网民诉求，综合运用文字、视频、微记录等新媒体融合方式，提升"主流舆论话语"引导力，唱响网上思想文化主旋律，使互联网底色更加鲜亮，网络空间更加清朗。要加强以社会主义核心价值观为题材的影视剧包括微影视剧拍摄，讲好群众喜闻乐见的当代河北故事，继续提升河北影像传播的影响力。要放大宣传效应，善于运用网络发现和推介典型，增强示范引领作用，保证大众领会与传播核心价值观，增强感染力，让学好人、做好事在全社会蔚然成风。

（四）要在融入，良法善制昭示价值引领

培育和践行社会主义核心价值观，必须有法律政策刚性地约束和支撑。只有用法律政策划出边界、标明底线，才能使大众内心有尺度、行为有规则。要进一步将其融入法律政策，使法律为其服务。在核心价值观建设中，要尽可能使用法律武器，以正压邪，制止违背核心价值观的行为，鼓励符合

核心价值观的行为。各行各业的公约、行为准则是核心价值观建设的重要抓手。把核心价值观要求体现到市民公约、乡规民约、学生守则、行业规章、团体章程之中,使其像空气一样融入生活,指导大众日常行为。继续完善相关制度机制,进一步明确核心价值观培育践行的导向。要建立健全资金投入机制,将所需经费纳入相关政府财政预算,为宣传教育的阵地建设、教材建设、载体建设提供必要的财力支撑;要积极完善税收减免、公共服务、绩效考核等政策体系,充分调动社会各界参与的积极性、主动性和创造性;要建立健全道德规范、社会绩效评价机制;建立健全激励约束机制,对宣传教育活动中涌现出的模范人物、先进单位给予崇高的精神荣誉及相应的物质奖励,激励党员干部和人民群众释放更多践行社会主义核心价值观的正能量。

(五)成在坚持,锲而不舍深化核心价值观建设

古今中外,任何社会主流价值观念的确立都是一个长期的历史过程。资本主义社会凝练他们的价值观,经历了几百年;中国古代儒家的"仁义礼智信"价值观,经历了上千年。核心价值观培育和践行,也将是一个长期的过程。这项功在当代、利在长远的根本任务不可能立刻完成;要使核心价值观成为大众的行动自觉,任重道远。我们必须确立长期坚持思想,不断践行,不懈地宣教培育。要内化于心、外化于行,坚持面向大众,同时抓好公务员、公众人物、青少年等重点人群,推动全社会广泛持久践行。要利用手机移动互联网等新兴媒体,让网络宣传教育成为社会主义核心价值观建设新的主渠道。要用好大数据分析,无缝对接省内外各类平台,完整全面地呈现社会主义核心价值观建设运行情况和发展趋势,实现全媒体传播渠道融通共享、集中管理,推动社会主义核心价值观科学化、现代化、精准化建设。要强化队伍建设,着力提高核心价值观建设队伍的宏观谋划能力、实际调查能力、改革创新能力、探索规律能力,提高核心价值观建设水平。要抓住2022年与北京携手共同举办冬季奥运会的契机,集中清除笼罩在精神天空中的雾霾,营造一个文明和谐、健康有序的生活空间,让"美丽河北"真正展示河北省国民素质和社会文明程度不断提升的美好形象。

B.21
塞罕坝精神的时代内涵对培育和践行
社会主义核心价值观的意义

李鉴修*

摘　要： 塞罕坝精神集中体现在牢记使命、艰苦创业、绿色发展上，是中华民族刚健有为、自强不息精神的真实写照，主动诠释了社会主义核心价值观的本质要求，形成了培育和践行社会主义核心价值观的高峰和典范。

关键词： 牢记使命　艰苦创业　绿色发展

伟大的时代孕育伟大的精神，伟大的精神推动伟大的事业。塞罕坝精神的孕育和产生，有其特定的背景和内涵，承载着过往的历史精彩，启示着未来的发展道路，对培育和践行社会主义核心价值观意义重大而深远。

一　塞罕坝精神的孕育

塞罕坝位于河北北部山地与内蒙古高原的交接处，与浑善达克沙地接壤，地处河北省围场县内。地貌以高原和山地为主，海拔最高近2000米。这块土地的沧桑巨变，见证着塞罕坝精神的产生。

---

* 李鉴修，河北省社会科学院邓小平理论研究所研究员，研究方向为执政党建设、思想政治教育。

（一）塞罕坝精神在塞罕坝的涅槃中凸显

塞罕坝是蒙汉两种语言合璧的结晶，"塞罕"是蒙语，意为"美丽"；"坝"是汉语，意为"高岭"。"美丽的高岭"意味着，这是一个美好的、令人向往的地方。

在我国历史上的辽、金时期，这里森林茂密，水草丰美，鸟兽出没，气候温润，被称作"千里松林"，曾作为皇帝狩猎之所。但是，在经历了屈辱的鸦片战争之后，清王朝日薄西山，于1863年放开了对木兰围场的禁令。进入20世纪，中国战乱频仍，烽火连天，加之，日本侵略者多年掠夺滥伐和山火肆虐，原始森林毁灭殆尽，曾经"山川秀美、林壑幽深"的人间仙境和"猎士五更行""千骑列云涯"的壮观场面已不复存在。

到新中国成立初期，人们发现，在不足百年的时间里，"美丽的高岭"便梦碎荒原，退化为高原荒丘，沦落成苍凉大漠和乱石嶙峋的"大光顶子山"。没有了森林的保护和滋润，大地沙化，气温骤降，沙尘暴遮天蔽日地飘起来了。1956年，为改变生态恶化的状况，毛泽东同志提出"绿化祖国"的伟大口号。1962年林业部在调查研究的基础上，组建塞罕坝机械林场总场，开启了塞罕坝重生之旅。

历经55载，塞罕坝人用奇迹诠释了"美丽高岭"的真正含义。塞罕坝三代人接续奋斗，在这里播撒青春和汗水，克服重重困难，营造起万顷林海，"森林面积112万亩，草原面积20万亩，森林覆盖率达80%。……如果把人工林按一米的株距排开，可绕地球赤道12圈；如果把树木分给全国人民，平均每三人可以分到一棵树"[①]。因为这里的历史文化底蕴深厚，具有浓郁的满蒙民族风情，形成了国家一级旅游资源，成为著名的生态旅游景区，被誉为"河的源头、云的故乡、花的世界、林的海洋"。创造了极大的经济效益、生态效益和社会效益。

曾经，塞罕坝之美"殆非人力之所能为"。如今，塞罕坝之美"确属人

---

① 刘亮：《"绿色功勋"塞罕坝》，《经济日报》2017年8月6日。

力之所能为"。是人力，让塞罕坝奄奄一息；也是人力，让塞罕坝满血复活。这人力凝聚成了塞罕坝精神，诉说着岁月的沧桑，更见证着一个时代的阔步前行。

（二）塞罕坝精神产生在与自然条件抗争的艰苦生活中

在塞罕坝林场筹建之初，林业部为林场配备了一支高规格、精干的369人的创业队伍，他们来自全国18个省（区、市），平均年龄不到24岁，拉开了塞罕坝林场建设的大幕，也开启了对塞罕坝人理想和意志的严峻考验。一是自然条件恶劣。20世纪60年代的塞罕坝天气恶劣，寒冷、荒凉、闭塞。有数据显示：这里最低气温-43.3℃，年平均温度-1.3℃，年均无霜期64天，年均六级以上大风日数76天，当时有句谚语，"一年一场风，年始到年终"。二是生活艰苦。主要是缺食少房、交通不便。刚刚建场的塞罕坝只有少量房屋，大家无处栖身，就住仓库、车库、马棚，搭窝棚，挖地窖子；没有食堂，就在院子里支个棚子，架上几口大锅，露天吃饭；缺少粮食，就吃全麸黑莜面加野菜；缺少副食，多数时间只能吃咸菜，有时吃盐水煮莜麦粒，能吃上点盐水泡黄豆，就是难得的美味了。交通工具少，没有像样的公路，与外界联系不便。没有电，没有娱乐设施，没有闲暇时光，孤独和寂寞无时无刻不在挑战他们的心理极限。三是配套生活设施不全。没有学校，只能把库房当教室，临时抽调两名职工当老师。没有医院，只备有一些常用的解热、止痛药，只能小病挺着，大病送走。同时，野狼的出没，也让他们变得紧张和焦虑。

（三）塞罕坝精神产生在与失败的抗争中

创业初期，由于没有在高寒、高海拔地区植树育林的成功经验，1962年和1963年造林成活率极低，不足8%。连续的挫折和失败让塞罕坝人迷茫、绝望，认为塞罕坝是一片"死亡之海"，没救了。一时间"下马风"到处弥漫，刮得人心惶惶。1964年的春天，在认真实验、考察、摸索和实践基础上，塞罕坝人发现从其他地方调运来的苗木难以适应塞罕坝寒冷、干燥的气候，常因失水、伤热而枯萎。鉴于这种情况，他们尝试着自己育苗栽种，改进了传统的"遮阴育苗法"，第一次在高寒地区取得"全光育苗"成功，培育并掌握了"大胡子、矮胖子"等育苗技术，使育苗数量和产成苗数量有了保证，从根本上解决了苗木供应难题。同时，塞罕坝人励精图治、勇克难关，改良造林机械和植苗锹，创新了"三锹半"缝隙植苗法，植苗速度大大提高。1964年春天林场职工开展了"马蹄坑大会战"，3天时间里植树516亩，成活率达到96.6%。从此，塞罕坝开始了大规模造林，春秋两季皆可进行，大大提高了造林速度和效率。但是，林场的发展并非就此而一帆风顺，1977年，突如其来的"雨凇"，使57万亩林地遭受严重灾害，一夜之间，20万亩树木被压弯、压折，十几年的辛劳毁于一旦，林场损失过半；1980年，林场又遭遇了百年不遇的大旱，12.6万亩树木因缺水而枯死。塞罕坝人面对挫折没有沮丧、沉沦，他们重整旗鼓，从头干起，到1982年，林场超额完成造林任务，在沙地荒原上造林96万亩，其中机械造林10.5万亩、人工造林85.5万亩，总计3.2亿余株，保存率70.7%，创下当时全国同类地区保存率之最。林业部评价塞罕坝造林成效为"两高一低"，即成活率高、保存率高、成本低。①

半个多世纪以来，一代代塞罕坝人以矢志不渝、勇敢担当、艰苦创业、无私奉献的精神，使荒山现青翠、荒原变林海、沙丘披绿装，铸就了塞罕坝精神的丰碑。

二 塞罕坝精神的时代内涵

在50多年的奋斗历程中，塞罕坝林场的建设者们肩扛修复生态、保护生态的历史使命和政治责任，不惧艰难困苦，兢兢业业、无私奉献，以勤劳和智慧塑造了绿色奇迹，以苦难和辉煌熔铸了塞罕坝精神的丰碑。

---

① 李建：《绿色丰碑——塞罕坝机械林场艰苦奋斗植树造林的故事》，《河北经济日报》2017年6月28日。

党和国家领导人多次视察塞罕坝，并对塞罕坝事迹和经验进行总结、提炼和升华。2017年8月份，习近平总书记对河北塞罕坝林场建设者感人事迹作出重要指示，55年来，河北塞罕坝林场的建设者们听从党的召唤，在"黄沙遮天日，飞鸟无栖树"的荒漠沙地上艰苦奋斗、甘于奉献，创造了荒原变林海的人间奇迹，用实际行动诠释了绿水青山就是金山银山的理念，铸就了牢记使命、艰苦创业、绿色发展的塞罕坝精神。他们的事迹感人至深，是推进生态文明建设的一个生动范例。① 这是对塞罕坝精神的高度概括，揭示了塞罕坝精神的本质内涵和根本要求。

（一）牢记使命就是坚定自信的执着追求

面对自然灾害不断侵袭的严峻形势，塞罕坝人以使命担当挺起了民族的脊梁，他们把党和国家的需要当作实现人生价值的坐标，义无反顾，坚守和治理塞罕坝这个不毛之地。半个多世纪以来，三代塞罕坝人在履行"为首都阻沙源、为京津涵水源"的使命中，在极其恶劣的自然环境下不忘初心，坚定理想和信念，满怀美好憧憬，在急难险重的任务面前，勇于担当，任劳任怨，励精图治，用劳动和生命培育出了世界上面积最大的人工林，使茫茫荒原变成了绿绿的草原。这种精神彰显的正是对使命的忠诚，对信念的坚守和对理想的追求。

（二）艰苦创业就是不畏艰险的开拓创新

尽管世变时移，塞罕坝人不畏艰难、玉汝于成、干事创业的家国情怀始终没有变。艰苦奋斗体现在塞罕坝人身上，焕发出一种奋发有为、迎难而上、勇往直前的精神状态。塞罕坝的高寒、风沙，对人们的适应能力形成挑战，但塞罕坝人凭着顽强的毅力和越是艰苦越向前的精神，在当年异常恶劣的环境中，克服吃穿住行等挑战人生极限的困难，爬冰卧雪，以苦为荣、以

---

① 《习近平对河北塞罕坝林场建设者感人事迹作出重要指示》，http：//news. xinhuanet. com/politics/2017 −08/28/c_ 1121557749. htm，2017 年 8 月 28 日。

苦为乐，以严、实、细的工作作风，坚持科学规划和科技攻关，渡过了高寒地区育苗、造林等一系列技术难关，开创了林场绿色发展、延续性发展的成功道路，使塞罕坝精神"不驰于空想，不骛于虚声"。塞罕坝沧海变桑田，彰显了塞罕坝人不屈不挠，敢啃硬骨头，善拔硬钉子的意志和毅力，凝结着塞罕坝人攻坚克难、永不言败的信心和智慧，升华了塞罕坝人艰苦创业的精神境界。

（三）绿色发展就是优化生态，实现人与自然和谐共生的终极关怀

55 年来，塞罕坝几代人把个人选择与国家需要、个人追求与人民利益紧密结合起来，在生态文明建设的伟大实践中实现个人理想和人生价值，创造了巨大的经济效益、社会效益和生态效益，为可持续发展打下了坚实根基。"塞罕坝人为高寒荒原铺上了生命之颜，以绿水青山铸就了塞罕坝绿色发展传奇"[1]，以实际行动和美丽生态描绘着人与自然和谐发展的前景，诠释了绿色发展的价值意蕴。塞罕坝人的实践证明，"绿色发展是加快转变经济发展方式的重要方向和途径，是功在当代、利在千秋的伟大壮举"[2]。

三　塞罕坝精神的意义

塞罕坝人以大无畏的英雄气概和百折不挠的苦战精神，创造了一个人间奇迹，谱写了一部绿色史诗，提供了一个生态文明建设范例。塞罕坝精神深蕴着中国故事，彰显着民族的风采。

（一）塞罕坝精神是以爱国主义为核心的民族精神的有力体现

民族精神是一个民族漫长经历的历史积淀和升华，集中反映了民族的价

---

① 康振海：《以"塞罕坝精神"再造绿水青山》，《经济日报》2017 年 9 月 15 日。
② 康振海：《以"塞罕坝精神"再造绿水青山》，《经济日报》2017 年 9 月 15 日。

值理想和价值追求，它是一个民族区别其他民族的根本性标识，也是一个民族凝聚力和强大战斗力的内在基因，它渗透到民族的整个机体里，贯穿在民族的全部历史长河中。在5000多年的发展过程中，共同的历史记忆和价值认同把中华民族紧紧联系在一起，逐步形成了一整套优秀文化传统，就是以爱国主义为核心的团结统一、爱好和平、勤劳勇敢、自强不息的民族精神。这种民族精神是逐渐积累、不断丰富和发展的。中华民族深深扎根于中华大地丰厚的文化和历史的沃土之中，历经磨难而信念愈坚，饱尝艰辛而斗志更强，焕发着中华文明的勃勃生机。塞罕坝精神正是民族精神在新的历史条件下的具体体现和接续发展。55年来，塞罕坝人不管生存条件多么艰苦，都能以顽强的精神担当使命，辛勤劳动，努力开拓，不断进取，无私奉献。他们所有的牺牲、奉献、忠诚，铸成了一座座丰碑，体现的正是奋发图强、为国家建功立业的豪情壮志，体现的正是对至善理想和人生价值的执着追求，体现的正是中华民族在多灾多难中不屈不挠、人定胜天的大无畏革命精神和开拓创新精神。

（二）塞罕坝精神是培育和践行社会主义核心价值观的必然要求

培育和践行社会主义核心价值观，既强调"富强、民主、文明、和谐"国家层面的价值目标，也强调"自由、平等、公正、法治"社会层面的价值取向，还强调"爱国、敬业、诚信、友善"个人层面的价值准则。社会主义核心价值观构成了中华文明绵延传承的现实支撑，是社会道德风尚的"定盘星"。塞罕坝三代人用自己的青春与汗水不仅在高寒干旱、风沙蔽日、人烟稀少的荒漠建起了百万亩林海，更主要的是三代护林人形成了艰苦创业、以苦为乐的奉献精神。一代一代护林人在"献了青春献终身，献了终身献子孙"的无悔付出中，实现了他们对人生价值和社会理想的追求，用实际行动谱写了爱国、敬业、诚信、友善的最美的价值之歌，生动诠释了社会主义核心价值观的本质要求，形成了培育和践行社会主义核心价值观的典范和高峰，增强了人们对培育和践行社会主义核心价值观的思想认同，拓宽了培育和践行社会主义核心价值观的创新路径。

（三）塞罕坝精神是攻坚克难的强大动力

"艰难困苦，玉汝于成"，凝聚了中华民族内在理想信念和外在精神风貌，描绘了中华民族精神家园的底色，是最宝贵的精神财富，是中华民族勇于担当、接续奋斗、攻坚克难的强大"文化基因"。面对一次次造林失败，塞罕坝人不放弃、不气馁、不蛮干，依靠科技创新，攻克了高寒地区引种、育苗、造林等一系列技术难关，创造出一个个营林技术的新突破和新奇迹，多项科研成果获国家级奖励，5项成果达到国际先进水平。塞罕坝人躬身实践的绿色传奇，拓展了人们的视野，为开辟生态优先、绿色引领的发展新路提供了取之不尽、用之不竭的有益启示和借鉴，令人振奋，催人奋进。

（四）塞罕坝精神是实现中华民族伟大复兴的有力思想支撑

"江河万里总有源，树高千尺也有根。"建设生态文明，实现美丽中国，是中国特色社会主义事业"五位一体"总体布局的重要内容，是实现中华民族伟大复兴中国梦的必由之路。正如习近平总书记所指出的那样，"生态兴则文明兴，生态衰则文明衰"。在当下中国，保护和修复生态，既是当务之急，更是长久之计，是"天人合一"发展思想的现实体现，是实现人与自然和谐共生的客观要求，是美丽中国建设的题中之义。我们用几十年的时间走完了发达国家几百年走过的发展历程，我国经济社会发展取得了举世瞩目的巨大成就和历史性的深刻变革，积累了丰富的发展经验，蕴藏着强大的理论创造活力、故事言说动力和思想思辨潜力。毫无疑问，发展的代价就是付出了很大的环境和资源成本。改革开放以来，特别是党的十八大以来，我们对生态文明建设的认识、对中国特色社会主义建设规律的把握，达到了一个前所未有的新高度，进入了一个新时代。塞罕坝的绿水青山构筑了一个绿色的梦，塞罕坝精神内涵升华了人们的思想愿景。"只有把绿色作为发展底色，把生态环境保护放在更加突出的位置，像保护眼睛一样保护生态环境，像对待生命一样对待生态环境，坚决摒弃一切破坏生态环境的发展模式，坚决摒弃以牺牲生态环境为代价换取一时经济增长的做法，推动形成绿色发展方式和生活方式，才能实现经济社会发展与生态环境保护的共赢，才能既有绿水青山又有金山银山"，① 为实现中华民族伟大复兴奠定坚实思想基础。

四 弘扬塞罕坝精神，把培育和践行社会主义核心价值观落到实处

在党的十九大报告中，"坚持人与自然和谐共生"被确定为"构成新时代坚持和发展中国特色社会主义的基本方略"之一。习近平总书记在党的十九大报告中指出，"建设生态文明是中华民族永续发展的千年大计"②。推进我们的事业，就要把塞罕坝精神融入社会主义核心价值观培育和践行全过程，牢固树立绿水青山就是金山银山的理念，"形成绿色发展方式和生活方式，坚定走生产发展、生活富裕、生态良好的文明发展道路"③。

（一）把塞罕坝精神转为动力

塞罕坝精神不仅是艰苦奋斗的真实写照，更是生态文明建设的典型示范。只有把塞罕坝精神转化为思想的自觉和行动的力量，融化在价值观的培育和践行中，才能推动生态文明建设再上新台阶。一要聚焦实现执政理念和执政方式的新超越。实现国家治理体系和治理能力现代化，是全面深化改革的现实课题，其中重要的一个方面，就是提升国家生态环境治理能力，实现经济社会发展与资源环境承载能力相协调。要立足于全面、协调、可持续发展的宽广视野和远景规划，致力于全面的系统的改革和改进，形成总体效应，取得总体效果。二要大力加强环境保护路径的探索和创新。要以史为鉴，让历史的经验和教训照亮前行的道路，绝对不能为了一时的经济增长而

---

① 《生态文明建设范例》，《河北日报》2017 年 8 月 5 日。
② 《党的十九大报告辅导读本》，人民出版社，2017，第 23 页。
③ 《党的十九大报告辅导读本》，人民出版社，2017，第 23～24 页。

牺牲资源和环境。要从建设生态文明的高度更新理念，关注环境，认识本质，实现经济结构、生产方式和生活方式的美丽转身。要加强战略思维，制定宏观规划，做好顶层设计，理顺生产、流通、分配、消费等方面的关系，以完善的法规体系，构建激励与约束相辅相成的环境保护长效机制。要以塞罕坝精神提升思想自觉和行动自觉，提高问题意识，增强战略定力，以创新的环境保护思路和方法，为生态的修复和生息开辟路径，促进人与自然和谐共生。三要拓宽改善民生的崭新渠道。生态环境是民生需求的重要内容，保护生态环境是增进民生福祉的客观需要。弘扬塞罕坝精神，要"以对人民群众、对子孙后代高度负责的态度和责任，真正下决心把环境污染治理好、把生态环境建设好，努力走向社会主义生态文明新时代，为人民创造良好生产生活环境"①。让中华大地天更蓝、山更绿、水更清、环境更优美。让人民群众拥有更多生态文明获得感和幸福感。

（二）以新理念引领新发展

习近平总书记指出："人与自然是生命共同体，人类必须尊重自然、顺应自然、保护自然。人类只有遵循自然规律才能有效防止在开发利用自然上走弯路。"② 塞罕坝的范例意义，就在于抓住了优化生态的"牛鼻子"，廓清了发展理念问题。在绿色发展理念中，环境就是民生，青山就是美丽，蓝天也是幸福。绿色发展的价值追求，不是给后人"丢"烂摊子，而是给后人留宝贵文化遗产。一要在塞罕坝精神的鼓舞下，在塞罕坝奇迹引发的热潮中，坚守生态文明建设，献身祖国绿色发展，把塞罕坝的精神火种传播到神州大地生态文明建设的火热实践中，努力开创社会主义生态文明新时代！二要按照生态系统的整体性、系统性及其内在规律，把握好寻找新动能和处理老问题之间的度，进一步搞清楚部分与整体、当前与长远的关系，统筹考虑山水林田湖草，进行整体保护、系统修复、综合治理。三要实现改革、发

---

① 《习近平谈治国理政》，外文出版社，2014，第208页。
② 《党的十九大报告辅导读本》，人民出版社，2017，第49页。

展、稳定和保护之间的平衡协调。以绿色发展理念培育生态文化，涵养生态道德，标定价值追求，推进生态价值和绿色价值教育常态化，促进人与自然、经济发展与社会和谐、生态环境与人文建设等良性互动、协调并进，开创一条生产发展、生活富裕、生态良好的文明发展道路。

（三）以实干成就梦想

塞罕坝人凭着"牢记使命，艰苦创业"的思想斗志，"绿色发展，科学求实"的不懈追求，"前人栽树，后人乘凉"的高尚情操，"愚公移山，再造山河"的执着信念和"抓铁有痕，踏石留印"的务实作风，探索出生态文明建设的道路，为实现美丽中国的梦想迈出了坚实的步伐。学习弘扬塞罕坝精神，就要坚定信心，勤奋务实，一步一个脚印地把美好蓝图变为现实。一要大力变革生产生活方式。切实把生态文明的理念、原则、目标融入经济社会发展的各个方面，贯彻到全部活动和各项工作中，大力倡导尊重自然，保护生态，让人们养成爱护环境、节约资源、节俭生活的习惯，从我做起，形成自觉。二要着力解决环境治理方面的突出问题。要聚焦全面决胜小康的瓶颈制约和发展短板，加大在政策出台、投资保护、维护群众发展利益方面的工作力度，持续打好雾霾治理、水土污染防治攻坚战和持久战，抓好天然林保护、湿地保护与恢复等工程；要坚持全民共治、源头防治，深入实施山水林田湖草生态保护和修复工程，实现天蓝、地绿、水清，还自然以宁静、和谐、美丽。三要把握生态建设发展规律。坚持预防为主、守住底线，推动转方式、调结构，积极实施主体功能区战略，从布局和结构上守住生态环保底线。要抓住绿色转型机遇，推进能源革命，加快能源技术创新，实现绿色循环低碳发展。

（四）坚持一张蓝图绘到底

推进生态文明建设既不能一蹴而就，也不会一劳永逸。弘扬塞罕坝精神，就要以信仰信念为基础，看准了的，就要咬定青山不放松，一张蓝图绘到底，善始善终，善作善成。一要有"功成不必在我"的思想境界，在治理环境污染、推进生态修复上，像铺路石那样甘为发展铺路，对历史负责、为现实服务、替未来着想，不计较一时之得失，不以 GDP 论英雄，为人与自然和谐共生任劳任怨，孜孜以求，为共建生态良好美好家园夯实基础，积沙成塔、集腋成裘、积流成海。为子孙后代留下天蓝、地绿、水清的生产生活环境。二要有"抓铁有痕、踏石留印"的落实举措。"空谈误国，实干兴邦"，深入扎实搞好生态建设，解决好生态治理难题，是解决调结构、去产能、治雾霾等工作的重点，是推进供给侧结构性改革的有力抓手和努力方向，要坚持高标准、严要求，专心致志、全身心地投入。在难题面前，敢闯敢试、敢为人先。善于发现问题、善于创新方法、善于解决问题，知难而进不言难、迎难而上不畏难、攻坚克难不避难，不断在打造美丽中国进程中迈出坚实步伐。三要以"钉钉子"精神一茬接着一茬干。干事业，贵在坚持，难在坚持，成在坚持。要拿出恒心和毅力，以"千磨万击还坚劲的韧劲、不达目的不罢休的狠劲"，继往开来，接续奋斗，持之以恒，抓紧"接力棒"，跑好"接力赛"。对于必须要走的路、要爬的坡、要过的坎，要有拾级而上、跨越赶超的恒心和毅力，要有科学谋划，有实施方案、有具体措施、有解决办法；有时间表、路线图、责任书，不断开创生态文明建设和经济社会发展新局面。四要建立稳定而长效的体制机制。要进一步健全完善制度，为生态文明建设提供法治保障。要加强对生态文明建设的总体设计和组织领导，实施重要生态系统保护和修复重大工程，优化生态安全屏障体系。"要完善天然林保护制度，扩大退耕还林还草。严格保护耕地，扩大轮作休耕试点，健全耕地草原森林河流湖泊休养生息制度，建立市场化、多元化生态补偿机制。……要构建国土空间开发保护制度，完善主体功能区配套政策，建立以国家公园为主体的自然保护地体系，坚决制止和惩处破坏生态环境行为。"①

---

① 《党的十九大报告辅导读本》，人民出版社，2017，第51页。

案 例 篇

Reports of Case Studies

B.22

政府主导抓落实，笃行攻坚抓关键

——唐山市路南区"村转社区"经验总结

李会霞*

摘　要： 城中村拆迁改造目前已经成为城市建设的"第一难题"，然
而唐山市路南区在对西北片区进行整体拆迁中，不仅成功解
决了这一难题，而且创造了河北省单次拆迁规模最大、安置
居民最多、拆迁时间最短的纪录。本文系统总结了唐山市路南
区"村转社区"的成功经验和有益启示，以期为其他地区同类
工作的开展提供可借鉴、可复制的典型经验和有益启示。

关键词： 村转社区　转融结合　市民化　均等化

---

* 李会霞，河北省社会科学院经济研究所、河北省文化研究中心副研究员，主要研究方向为区
域经济、产业经济和公共政策等。

在唐山，南湖生态城是这座"凤凰之城"的亮丽名片，这里有闻名遐迩的世博园，有风景如画的迷人景观，也有着超高的人气、聚财旺气。可是，谁能想到，几年前这里还散落着低矮脏乱的城中村，还是无人问津的采煤沉陷区。在它堪称凤凰涅槃的华丽转身过程中，路南区"村转社区"的创新之举，成为其中不得不令人翘指的精彩华章。

2010 年初，为加快推进新型城镇化、优化城市功能、大力提升城市形象，唐山市委、市政府下决心对南湖西北片区 7.9 平方公里的区域进行整体拆迁改造，共涉及 19 个村庄，搬迁 23078 人，一座容纳 140 栋楼房、20384套住宅，配套齐全、生态宜居的现代化新型社区便矗立在南湖西畔。并在此基础上，从 2014 年 9 月以来，市区两级政府对已完成改造回迁的 19 个村庄，整体开展了"村转社区"工作，初步实现了从村庄到社区的幸福嬗变，为其他地区同类工作的开展提供了可借鉴、可复制的典型经验。

一 典型经验

（一）规划引领，情系百姓，建设"幸福宜居"新家园

城中村拆迁改造目前已经成为城市建设的"第一难题"，但唐山市路南区在对西北片区进行整体拆迁中，不仅成功解决了这一难题，而且创了河北省单次拆迁规模最大、安置居民最多、拆迁时间最短的纪录。

1. 规划先行，打造一流回迁社区

拆迁伊始，路南区委区政府就以长远眼光和国际标准，公开遴选了六家特级和甲级资质单位，同时，采用先进的设计理念，统一规划、组团开发，高标准、高品位建成容纳 140 栋楼房的生态宜居社区。一是生态健康，舒适宜居。回迁社区以建设唐山首席运动养生社区为定位，规划建设了五大运动养生馆、3 万平方米的大型活动广场以及 2 公里塑胶慢跑花径；社区外建设了四条 50 米宽的绿化长廊、20 万平方米的园林绿化。二是配套完备，满足需求。社区在设计之初就按照超国家 A 级标准，配套规划了 1 所中学、3 所

小学、4所幼儿园和社区服务中心、文化活动中心、托老所、多处社区卫生服务站、银行、邮局、派出所等公共服务场所。三是交通便捷，方便出行。社区外围，配套建设了学院路、西电路、迎宾大道等多条主干道；社区内部，总里程14公里的"三纵七横"市政路网覆盖全域。村民彻底告别了低矮、破旧、拥挤的旧平房，住上宽敞舒适的新楼房，几代人"高楼大厦，楼上楼下"的梦想，终于成为现实。刘小均是岳各庄的居民，过去由于自家宅基地较小，住房十分紧张，甚至连儿子成家都受到了影响，这次拆迁改造他家分到了四套房，彻底解决了困扰一家人的大难题。同时，统一规划改后节约的大量土地为城市发展特别是南湖生态城建设提供了宝贵的发展空间，在这片土地上已经建起了闻名遐迩的世博园，兴起了以南湖为中心的新商圈，过去边缘化的旧路南，变成了依托南湖、广厦林立、设施齐全、市民宜居的花园式新城区，成为城区经济发展的重要板块。

2. 情系百姓，确保群众切身利益

一是认真听取群众意见。补偿安置政策是否得到群众认可，直接影响拆迁工作的推进，路南区坚持把拆迁群众的利益放在首位，每家每户征求意见，尽力满足群众的合理诉求，全力保障群众利益。二是坚持公开公平原则。落实拆迁政策时，路南区始终坚持公平公开原则，让群众放心满意。及时公开拆迁法规政策、拆迁补偿标准、拆迁完成时间，统一政策、标准、口径，"一把尺子量到底"，坚持程序一步不缺，履行程序一步不错，政策之内不走样，政策之外不变通，并设立举报箱、接待岗，全面接受群众监督。三是确保群众工作做细。实施拆迁时，路南区组织千名党员干部，成立综合协调、协议签订、动迁拆迁等28个工作小组，吃住在村，一户一户做工作。顶着风雪、冒着严寒为拆迁群众联系房源，办理低保，申请廉租房，用耐心细致的工作作风和工作态度感染、打动群众，让群众发自内心地支持拆迁。

（二）彻底改制，不留死角，构建"村转社区"新体制

路南区委、区政府从工作伊始便立足长远，确定了"彻底打破现状、组建新型社区"的工作思路，确保改制一步到位、一次成功，不留后患。

1. 打破界限、新建社区，夯实改制工作基础

路南区"村转社区"工作涉及 19 个村，2012 年回迁时各村都已打破原村界限，回迁住房交叉安置，如还按照原村设置，一村改一居很难实现。经研究，路南区大胆创新，按照"边界分明、规模适度、居民认同"的要求和便于服务管理、便于居民自治的原则，打破原有村庄界限，在组团化、条块化分割的基础上，按地域科学合理地划分社区，组建了惠民道、梁家屯路 2 个街道办事处和 14 个新社区。

2. 公开选拔、统一培训，培养基层骨干力量

新社区成立，人员配备是关键，为使新建社区服务管理水平达到高标准，街道面向社会公开招聘社区工作者，经过街道领导小组对应聘者的综合考察，现共录用 130 名大专以上学历青年成为社区工作者。同时，街道高度重视社区工作者能力的培养，通过举办社区职能、政策法规、网格化管理、宣传活动、志愿服务等多方面业务培训，使工作人员在不断学习中提升综合素质，完善服务质量，成为岗位能手，全力打造高标准、高素质社区服务队伍。

3. 预留场所、建设阵地，真正实现便民利民

新社区挂牌成立后，阵地建设一马当先，打造特色社区服务中心提上重要日程。按照中央、省、市文件规定，街道与南湖房地产协商，由开发商为新建的 14 个社区提供总面积为 7953.19 平方米的社区办公和服务用房，平均每个社区办公用房达到 568.1 平方米，作为社区服务中心。同时，区政府为每个社区拨付了 10 万元作为开办经费和每年 2 万元的办公经费。各社区服务中心均设有接待厅即便民服务中心，按网格划分为若干服务窗口，为居民群众提供民政、计生、劳动保障、党组织关系转接、安全生产等"一站式服务"，真正实现小事不出社区就能办理。此外，社区还分别配有党员活动室、图书阅览室、信访调解室、棋牌室、老年活动室等功能多样、特色鲜明的活动室，满足社区居民的各种需求，最大限度地为居民提供活动场所。

4. 依法推进、彻底移交，全面纳入城市管理

依法制定撤销村两委工作方案，同时，根据《关于"村转社区"所涉

及村相关事务移交社区办理的通知》和《关于加快推进村委会改为居委会工作的指导意见》等文件规定，将原村两委的基层党建工作和社会事务管理职能全部移交社区两委，不再对原"村两委"换届选举，并在适当时机撤销原行政村。同时，街道各相关职能科室积极与原"村两委"沟通，对整个移交过程进行全程督导，仅仅历时 2 个月，就完成了计划生育、社会保障、党务工作等行政职能的全部交接，新社区各项事务正常运转，真正实现由村委会治理向社区居委会治理转变，全面纳入城市管理体系。

（三）以人为本、公正公开，确保"集体社员"新福利

在推进"村转社区"的工作中，原村"三资"的处理关系着村民的切身利益。为妥善处理各村集体资产，完善经济管理，路南区始终坚持"以人为本、公正公开"的原则，全力做到"三公开""三公正"，对回迁后的19 个村庄整体实施了农村集体经济组织股份制改造，成立了村级集体经济股份合作社。

1.信息公开，认定公正

为了让村民充分认识合作社的含义和组建程序，街道和村合作社筹建领导小组在工作伊始就开始入户宣传，并发放"建设"明白纸，发动居民积极参与建设工作。同时，以村民代表会议表决方式确定具有投票资格的家庭标准，严格对照标准认定，并将核定符合标准的家庭名单进行公示。

2.环节公开，结果公正

在确定社员资格和选举产生董事会等环节，全部做到公开进行，不遮不掩。社员资格界定由街道指导各村起草《社员资格认定办法》，经村民会议表决通过后，进行社员资格界定。董事会成员由超过 2/3 具有投票资格的家庭户代表参加投票，按照"一户一票"的方式选举产生，选举分为选举候选人和正式选举两步完成，每次选举实行无记名投票、公开计票的方法。所有环节均由街道全程督导并欢迎居民现场监督，各项环节所得结果，全部予以公示。

3. 社务公开，管理公正

合作社组建后，始终坚持民主监督，采用社务公开制度透明运作，使社员清楚集体资产管理，同时强化董事会责任制，公平处事，不谋私利，确保集体资产经营运转安全有效，充分保障社员利益。以马庄村为例，"村转社区"和股份制改革后，拥有集体资产 600 万元、商铺 5 间、社员 1300 名，社员除了享受城镇居民待遇外，还能享受每人每年 2000 元的股权分红，确保了村集体社员的福利待遇。

（四）促进公平、实现均等，构筑"社会民生"新保障

推进城市文明和公共服务向社区延伸，促进公平、实现均等是"村转社区"工作的重要内涵和关键。路南区坚持把改善民生放在首位，积极推进教育、医疗、就业等公共服务市民化、均等化，从多方面为居民提供保障，确保失地农民长远生活无忧，安心融入城市生活。

1. 积极完善社保体系，实现社会保障均等化

拆迁改造前，各村村民虽然也享受"新农合"，但它的报销比例、报销额度远远低于"城镇医保"；而养老方面，村里 60 岁以上的老人每人每月只能领 80 元的基础养老金。"村转社区"后为提高居民生活保障，各社区全面落实新社区居民养老保险和医疗保险政策，确保符合条件的居民全部加入城镇职工养老保险和医疗保险，目前，60 岁以上的老人每人每月都能领到 1000 多元的养老金，"城镇医保"也已基本实现全覆盖，真正实现了"老有所养、病有所医"。此外，为给社区困难群众提供基本生活保障，社区还按照"应保尽保"的要求，将符合条件的村民都纳入城镇居民低保之内。

2. 全面改善教育环境，实现公共教育均等化

拆迁之前的 19 个村共有郑各庄小学、岳各庄小学、将军坨小学三所学校，教学设施简陋，教室都是平房，到了冬天孩子们还得自己生火取暖。"村转社区"后，现已建成两所小学、一所配套中学——唐山市第 26 中学，还有一所小学正在施工中，不仅教室宽敞，而且空调、暖气等设施齐全，教

学环境和质量都有了很大的改善，真正实现了公共教育的市民化和均等化。

3. 大力拓宽就业渠道，实现居民就业均等化

由于"村转社区"居民失去土地后，重新择业的困难要比城市居民大得多，因此，路南区委区政府自工作伊始，就致力于提高村民的就业技能，改善就业环境，拓宽就业渠道，确保农民失地后能自食其力。一方面，积极做好宣传教育，使居民转变就业观念，真正认识到从"村民"转变为"居民"后的就业特点，转变"等"和"靠"的消极思想，自觉提高自身素质，主动加入到城市就业的竞争行列。另一方面，积极完善劳动就业培训体系和服务管理体系，定期"请进来"，聘请各种行家里手为居民开展免费的劳动技术培训；定期"走出去"，积极与企业建立用工联系，抢占就业先机，扩大就业信息来源，并建立劳动服务站和劳动力就业信息库，服务于社区居民。此外，各社区还根据自身特点，积极创造适合失地农民就业的工作岗位，如社区物业维修、绿化、保洁、安保等，全力拓宽农民就业渠道，帮助农民就业。

（五）提升素质、加快融入，实现"村民－市民"新转变

由于"村转社区"居民普遍不具备市民的文化素养和社区参与意识，因此市民化意愿和能力都相对较弱。路南区委区政府在推动"村转社区"工作中，一直把提高居民的自身素质，特别是精神文化素质和社区参与素质作为增强居民归属感和认同感，促使其城市化的重要抓手。

1. 从思想观念上培育居民社区意识

强化宣传教育，借助各种宣传阵地，如入户宣传、召开座谈会等形式，引导社区居民从思想上转变观念，抛弃原有的小农意识，培育适应现代城市生活方式的意识，使其逐渐适应城市化的生活节奏，主动接受现代城市文明和城市文化生活，最终实现个体城市化。

2. 从行为上引导居民参与社区事务

由于"村转社区"型居民多数缺乏社会自主性，参与社区事务的意识十分淡薄，因此，在实际工作中路南区委区政府，一方面要充分发挥居委会

的组织和引导作用，搭建社区协商议事平台，组织和带动一批人积极参与社区事务决策，使其敢于发表意见、愿意发表意见，逐渐培养居民参与社区事务的热情。另一方面，积极搭建图书室、棋牌室、排练室、健身房等社区文化平台，同时组建社区合唱团、舞蹈队等各种社区文化队伍，开展丰富多彩的文化教育、文艺宣传等活动，增进居民交往，以活动聚人心，使民从心理上接受城市社区文化，更新观念，最终顺利实现从"农民"到"市民"的转换。

二　有益启示

（一）以人为本是前提

路南区"村转社区"工作之所以能够快速、顺利推进，根本在于区委区政府始终坚持"以人为本"的原则，为"村转社区"居民谋幸福、谋福利，因此，得到了群众的一致拥护和支持。一方面，坚持以人民为中心，以普惠性、均等化、可持续为方向，改善民生、提高福祉，努力提高人民群众的获得感、公平感和幸福感；另一方面，充分发扬人民民主，在动员部署、建章立制、机构选举等各个环节，充分征求村民意见，采用户决制的办法，进行实名票决，始终做到民主、公平、公正、公开。

（二）政策法律是保障

"村转社区"是一项系统复杂的工作，离开法律保证、政策支持和规范管理将难以开展和继续。路南区委区政府从这项工作伊始就严格依法办事，规范操作，严格按照《村民委员会组织法》《城市居民委员会组织法》等有关法律法规规定，精心组织，依法推进。并根据工作需要，针对关键步骤和环节进一步制定了规范的政策和制度，先后出台了《关于在已完成城中村改造村开展村转社区工作的实施意见》《关于惠民道、梁家屯路办事处成立社区居委会的意见》《关于在惠民道、梁家屯路街道新组建社区建立社区党组织的意见》《关于"村转社区"所涉及村相关事务移交社区办理的通知》等多项文件，真正做到了有章可循、有据可依。

（三）转融结合是关键

"村转社区"居民的城市化不仅是居住条件和户口身份的城市化，而且是推动社区居民思想观念、工作方式、生活方式、行为习惯等与城市环境的快速"融合"，实现生活方式的城市化。路南区委区政府在工作伊始，便确立了"稳转快融、转融结合"的工作方针，在全面改造村民居住环境和基础设施，确保平稳改造、平稳回迁的同时，一直十分重视培养"村转社区"居民的市民意识，通过强化宣传教育和社区文化建设等方式，迅速增进居民对社区和城市的认同感和归属感，提升融合度，真正实现了空间城市化与村民城市化的同步发展和"稳转快融、转融结合"，成为全省"村转社区"工作的典范。

B.23
打造最优营商环境的河北模式：
问题与对策*

郭晓杰**

摘　要： "营商环境就是生产力"，如何以优化营商环境之手推动河北转型升级，在区域竞争中"企稳回升"，是个具有重要现实意义的问题。本文指出河北省营商环境现存的深层次问题，比如评价体系缺失、政府帮扶能力不足、部门利益协调机制不完善等，并在此基础上提出：加快建立"冀版"营商环境评价体系；深化行政审批制度改革，比如改变行政审批事项下放绩效考核标准，努力打造"全生命周期"政务服务等；增强政府部门帮扶企业的意识和能力，比如服务前置化、帮扶制度化、激励动态化等；创新政务服务形式和内容；建立完善部门利益协调机制，比如可尝试建立"强力首脑＋中心机构＋首席执行专员"的协调机制等。

关键词： 营商环境　利益协调　河北模式

近年来，营商环境对于民间投资重要影响日益凸显，甚至起着决定资本去向的关键作用，原因在于营商环境优化更有助于民间投资的进入和扩张，

　＊　本研究报告系2017年省社会发展研究课题"营商环境、民间投资与河北经济转型发展"（课题编号：201703020205）的研究成果。
　＊＊　郭晓杰，河北省社会科学院经济研究所副研究员，主要研究方向为区域经济、产业经济。

从而推动区域经济快速发展。根据世界银行发布的《2017 年营商环境报告：人人机会平等》显示，全世界有 137 个经济体实行了关键性的营商改革，使得中小企业成立和运营更加容易。重视营商环境、开展优化营商环境改革已成为全球各经济体的普遍共识。相比于排位靠前的国家，中国的营商环境属于中等偏上水平。世界银行报告指出，2016 年中国在全球营商环境排第78 位，比 2015 年提高了 6 个位次，但具体到不同评价项目水平各异，比如中国在执行合同方面排在全球第 5 位，在登记财产、办理破产和获得信贷方面分别排在第 42、第 53 和第 62 位，而在跨境贸易和获得电力等方面甚至分别排在第 96 和第 97 位。① 因此，中国要想在全球激烈竞争中胜出还需不断对投资环境、营商环境进行深入改革，将营商环境对促进区域经济发展的重要作用上升到基本经济关系的高度，正如李克强总理提出的"营商环境就是生产力"。

近年来，河北大力推进化解过剩产能，推动产业结构调整和经济转型升级，这对于河北长远发展而言有着积极的重要意义。但短期内既要面临着爬坡过坎的困难，又要面对日益激烈的区域竞争。因此，如何顺利实现转型升级，如何在日益激烈的区域竞争中"企稳回升"，关键要在打造最优营商环境方面下"大力气"、花"真功夫"。

一　现有文献研究

自 2008 年以来我国经济开始进入新常态，既是经济发展规律的现实反映，又与全球进入新工业革命阶段相叠加。这注定了要想在未来区域竞争中获胜必须转变发展思路，即从传统粗放发展向现代集约发展转变，从以重基础设施为代表的"硬件"建设到以营商环境为代表的"软实力"培育转变。因此，近年来学术研究层面对于营商环境的研究热度不断攀升，从 2011 年

---

① 陈召强：《保护少数投资者得分过低，全球营商环境中国排 78》，http：//www.sohu.com/a/117704786_379992。

到 2016 年相关研究文献数量从 66 篇增加到 845 篇。为了保证文献质量，本文将搜索范围限定在核心期刊内，筛选出上百篇相关研究。通过对这些文献资料的梳理可以发现，关于营商环境的研究经历了一个从理论阐释到现实应用的过程。

早期的一些学者（魏潾，2004）对营商环境的内涵、作用方式、影响程度等进行了学理上的探讨，认为营商环境本身就是一个复杂的社会系统，而且组成系统的各部分相互影响，尤其指出营商环境影响分为刚性部分和弹性部分，要重视软环境的"硬化"现象。随着营商环境的重要性日益提高，学界的研究视角不断多元化。从经济发展角度看，董志强等（2012）以世界银行集团提供的营商环境数据检验了营商制度软环境与经济发展的关系，结果表明良好的营商软环境对区域经济发展有显著的促进作用，进而验证了"制度至关重要"假说，指出不断改善制度和政策质量，营造好的营商环境是促进经济发展的重要路径。从对企业影响角度看，好的营商环境不仅有助于企业的成长，也对企业绩效发挥着作用，比如曾国平等（2014）通过构建营商环境及企业成长力要素体系重点研究了营商环境对科技型小微企业成长力的作用机理；也有一些学者（谢海东，2006）利用统计数据对营商环境与民营企业经营绩效的相差关系进行了实证分析，研究表明营商环境优越的地区，民营企业获得了更高的经营绩效，尤其是融资政策影响力最强。从外贸角度看，史长宽等（2013）利用我国 30 个省级横截面数据考察营商环境对进口的影响，研究指出各省营商成本相差较大，且东部地区差异要小于中西部地区，并表明相比于其他成本，外国商业机构在华注册开业时间长短对进口有显著影响。

一般来讲，营商环境是一种主观体验，如果不能予以量化则很难进行比较、分析和判断，因此在众多研究营商环境的文献中有一大类开展了此项工作，即构建营商环境指标体系。从全球范围来看，目前权威性和认可度都比较高的评价体系是由世界银行编制的企业营商环境指标体系（Doing Business），至今已发布 14 期，指标构成也从最初的 5 项逐步完善到如今的 11 项。张波（2006）曾对世界银行的企业营商环境指标进行过深入分析，从起源到数据产生过程，再到各经济体营商环境指标排名比较，发现营商环境指标排名与国家经济水平有比较高的正相关性，尤其深入分析了中国企业营商环境指标现状及提升指标排名的思路。马永红等（2006）将营商环境指标分为直接环境和间接环境两大块，前者包括了基础设施、劳动力、资本、技术等环境，后者包括政策法律、社会服务、经济、产业等环境，从指标构成来看这一研究属于广义营商环境指标体系，对当前现实的适用性有局限。近期的一项研究（杨涛，2015）通过因子法构建了一个包含3个一级指标和18个二级指标的营商环境指标体系，并用鲁苏浙粤四省数据进行比较分析，为探寻区域经济差异、改善区域经济发展环境提供了参考依据。

二 河北省营商环境存在的深层次问题

近些年，河北省将"去产能、调结构"作为谋求区域经济转型升级的重要抓手，但对于一个重化工业基数比较大的省份而言，在转向调头过程中面临着诸多困难。在此背景下，河北省依旧汇聚力量，寻找发展突破口，其中在优化营商环境方面出台了不少政策，也取得了不错的成绩，比如"六证合一、一照一码"和"两证整合"这两项改革均提前完成，市场主体数量大幅增长，截至2016年全省新增市场主体102.4万户，同比增长38.64%，平均每天新增2806户，增速位居全国第一。到2016年底，全省市场主体总量达到405.8万户，跃居全国第7位。[①] 但与发达省份相比，就民众对政府服务日益多元的需求而言，河北省当前的营商环境还不够优化，一些深层次问题亟须解决。

1. 缺少适合省情的营商环境评价指标体系

概括来说，营商环境是指伴随企业活动整个生命周期（开办、营运到结束）的各种周围境况和条件的总和。如何分出好坏、优劣需要一套适宜

---

① 《2016年河北省市场主体数量增速全国居首》，《河北日报》2017年1月15日，http：// hb. jjj. qq. com/a/20170115/007069. htm。

的评价体系，用以看到差距、查找原因、提出措施，最终形成正反馈机制。如前所述，目前国际上比较权威的是世界银行每年公布的"企业营商环境报告"，对全球190个经济体营商效率进行排名。国内已经有省份先行先试，江苏省开展对标行动，制定了"江苏版"评价体系。相比之下，河北省依然缺少适合本省省情的营商环境评价体系，对改革的重点、难点不清楚，使得营商环境优化改革碎片化，易走入重数量轻质量、重形式轻内容的误区，无法形成改革的合力。

2.市场主体发展质量与发达省份还有差距

商事制度改革是优化营商环境的重要抓手，而衡量商事制度改革成效的主要指标就是市场主体发展质量。相比于发达省份，河北市场主体发展质量还不强，主要表现在以下几个方面。

第一，总量不足。截至2016年底，河北省市场主体为405.8万户，而同期的广东、江苏、浙江分别为896.63万户[①]、698.18万户[②]、528.6万户[③]，邻近的山东省则达到710万户[④]。万人创业率差距较大，用市场主体或企业总量与人口数量相比计算万人创业率，2016年河北平均每万人创办市场主体543户，而同期浙江、广东、江苏、山东分别为950户、826户、875户和721户；河北每万人创办企业134户，广东为324户、浙江为302户、江苏为313户、山东为194户。第二，市场主体实力偏弱。到2016年，河北实有市场主体注册资本（金）相当于广东的27.5%、浙江的56%、江苏的37.3%和山东的61%。企业占比较低。河北省实有企业户数占市场主体总量的24.7%，广东、浙江、江苏分别为39.2%、31.8%和35.8%。

3.部门主动帮扶企业的能力不够、动力不足

十八大以来，建设人民满意的服务型政府一直是中央大力推动的重要事

---

① 广东省工商管理局政务公开，http：//www.gdgs.gov.cn/publicfiles/business/htmlfiles/gdgsj/jggk/201701/61464.html。

② 江苏工商网，http：//www.jsgsj.gov.cn/baweb/show/sj/bawebFile/1912250.html。

③ 浙江统计信息网，http：//tjj.zj.gov.cn/tjxx/tjjd/201701/t20170122_190854.html。

④ 大众网，http：//sd.dzwww.com/sdnews/201702/t20170223_15583226.htm。

项，河北省在这方面也做了不少工作，取得了一定成效，但离人民满意还有不小的差距，有时甚至出现政府宣传与群众感受截然相反的现象。比如，近几年推广的"互联网＋政务服务"立足方便群众，但由零点有数集团开展的便利度调研显示，河北省在企业注册登记方面群众体验得分列全国后十位。出现这一现象背后深层次原因在于：第一，部门主动帮扶企业的能力不够。一些干部对于市场经济了解不多，相关知识陈旧，缺少主动学习精神，对于企业运行过程中遇到的最迫切问题难以提供有效帮助。第二，部门主动帮扶企业的动力不足。过多考虑部门利益、个人利益，推动地方经济发展的自觉意识不足，使得一些政府官员没有主动帮扶企业的积极性，对于企业的困难不作为、怕作为。甚至个别部门依然存在吃、拿、卡、要现象，引得企业怨声载道。

4. 政务服务形式单调刻板，缺少创新

随着以互联网为代表的现代技术在政府服务中的大量使用，河北省政务服务经历了传统纸质、线上线下混合、完全线上的阶段，其中也涌现出一批典型经验，比如保定的"网上办事大厅"、肃宁的"四级服务平台"。但相比于发达省份而言，河北省当前政务服务形式偏单调刻板，仅仅使用了互联网形式，缺少在内容、体验上的创新。图1、图2分别为河北省某市网上办事平台和杭州市网上办事大厅，相比之下，发达省份的"互联网＋政务服务"形式更生动、清晰。

图1 河北某市网上办事平台

5. 部门利益协调机制还不完善

优化营商环境是个系统工程，改革进程中必然涉及多部门利益冲突，集中表现出来的现象就是部门之间政策"打架"时有发生，广大市场主体甚至政府部门都对政策衔接不畅问题反响强烈。这背后最根本的原因在于河北

图2　杭州市网上办事大厅

省部门利益协调机制还不完善。虽然当前也有几种比较常见的部门协调机制，比如领导小组、议事协调机构、联席会议等，但真正用于营商环境的部门协调机制还没有建立。

三　政策建议

1. 建立"冀版"营商环境评价体系

营商环境是一个地区经济软实力的重要体现，也是提升竞争力的重要内容。如何评价一个地区营商环境优劣则需要一套全面、科学的评价指标体系。世界银行自2003年首次发布《全球营商环境报告》至今已14年，评价指标不断增加，体系日益完善，代表着当前最先进的评价标准。因此，河北省要加快启动对标行动。首先，借鉴世行标准对河北省开展营商环境试评价和全域评价，在此方面江苏已经走在前面；其次，根据评价中出现的问题进行总结分析；最后，在评价基础上，立足河北省省情，加紧制定出台"冀版"营商环境动态评价体系。

2. 深化行政审批制度改革，提升市场主体质量

行政审批制度改革是优化营商环境的重点所在和主要抓手。但随着改革

进入"深水期""攻坚期"，改革前期的政策边际效应正日益减弱，一些深层次问题不断出现，因此要对现有制度进行深化、细化和优化。一要改变行政审批事项下放绩效考核标准，从"唯数量"到"重质量"，消除为基层所诟病的"责权不匹配""僵尸事项"等现象；二要加快推广"互联网＋政务服务"，以互联网技术为手段整合部门政务资源，全程网上审批，推动部门间数据共享，通过制度管理科局、部门权力，实现审批最优化，让"数据跑"代替"百姓跑"，实现服务"零距离"；三要努力打造"全生命周期"政务服务，处于生命周期不同阶段的企业会遇到不同困难，现有审批制度改革多集中在企业设立和投资环节，还属于企业发展的第一步，后续如何为企业实现健康、持续发展提供服务还需要加快改革。四川成都龙泉驿区按照创业起步、行业准入、日常运营、发展融资和难题解决五个阶段设立主题区，使得有不同需求的企业都可得到帮助。

3. 增强政府部门主动帮扶企业的意识和能力

政府部门主动帮扶企业不仅是政府与民众构建良好关系的体现，更代表了政府治理从主导型向服务型的转变。如何增强政府部门帮扶企业的意识和能力则需要从以下几个方面着手。

首先，服务前置化。加强学习培训，通过考察、培训班、讲课等形式增加政府从业者的市场经济通识，树立现代治理理念，尤其是强化为民情怀和自觉推动发展地方经济的意识；日常工作中把对企业的服务前置，从等着去服务向主动去服务转变，从而提升时间效率，让企业满意。比如，保定莲池区科技局除了日常拜访企业常态化之外，还将相关优惠政策信息有针对性地提供给企业，解决了政策供需之间的信息不对称问题。

其次，帮扶制度化。建立企业帮扶工作长效机制，鼓励县（区）公布区域企业帮扶工作要点，制订帮扶工作方案，开展精准帮扶，通过定期走访、信息反馈、问题交办、联席会商、阶段总结、督察问责等帮扶工作机制，实现企业帮扶工作制度化。

最后，激励动态化。为了促使政府部门人员将帮扶企业内化于心、外化于形，政府将帮扶企业列入日常考核之中，作为晋升、评级的重要参考依据。同时将内部监管与社会监督相结合，鼓励企业、民众实施监督权，并对民众反映强烈的问题及时采取措施并实时公布处理过程及结果。

4. 创新政务服务形式和内容

根据国家行政学院近日公布的《省级政府网上政务服务能力调查评估报告（2017）》显示，河北省网上政务服务能力综合排名列全国 32 个省级政府（包括新疆生产建设兵团）中的第 27 位。在此严峻形势下，河北省要积极对标先进，下大力气提升河北省网上政务服务能力。建议从以下几个方面着手。

首先，要完善网上政务服务内容，实现民众全生命周期服务，正如浙江政务服务网所示"伴你一生大小事"；其次，要打造便捷、智能、生动的网上政务服务形式，从而提高搜索效率，降低时间成本；最后，要加快省级平台覆盖层级纵向延伸，实现全省"一张网"，从根本上解决非同源多平台提供服务的问题，浙江、广东、贵州已实现省、市、县、乡四级覆盖，两级及以上覆盖的有 11 个省份，河北省还仅处于省本级部门覆盖。

5. 建立完善部门利益协调机制

随着社会经济发展，公众对政府服务提出更高诉求，而部门间关系协调质量直接决定了政府供给公共服务产品的效率与能力。营商环境优化改革的深入推进必然离不开部门利益协调长效机制的建立和完善。

在当前所处的改革阶段，可以借鉴 OECD 国家在建立和拓展横向协调方面所采取的核心执行力形式，即"强力首脑 + 中心机构 + 首席执行专员"。无独有偶，肃宁县在构建"四级政务服务平台"过程中为协调部门利益所采取的形式与此类似，即由县一把手亲自挂帅，任命具有纪委背景的干部具体负责，组建专门机构就上网审批项目清单开展逐部门、逐事项约谈，签订责任状，规定入网时限，最终实现了审批事项全部入网。

就省级层面而言，在条件具备之时可借鉴辽宁做法，成立省级层面的营商环境建设专门机构。由党政一把手担任领导，省直部门和地市主要负责人为成员，统筹组织推动全省营商环境建设工作。

当然，大部制改革取得更大突破，以及民众对公共服务诉求可以制度为保障，则将对部门协调机制形成一种"倒逼"，使得"伙伴关系"成为部门协调的理想方式，这在政府发展相对成熟的国家已然成为主要方式。

参考文献

魏潾：《关于经济软环境的基本理论研究》，《学术研究》2004 年第 9 期。

董志强、魏下海、汤灿晴：《制度软环境与经济发展——基于 30 个大城市营商环境的经验研究》，《管理世界》2012 年第 4 期。

曾国平、温贤江：《软环境对科技型小微企业成长力作用机理研究》，《科技进步与对策》2014 年第 5 期。

谢海东：《投资经营环境对民营企业绩效的影响：理论与实证》，《经济经纬》2006 年第 3 期。

史长宽、梁会君：《营商环境省际差异与扩大进口——基于 30 个省级横截面数据的经验研究》，《山西财经大学学报》2013 年第 5 期。

张波：《企业营商环境指标的国际比较及我国的对策》，《经济纵横》2006 年第 10 期。

马永红、李柏洲、刘拓：《中小型高科技企业成长环境评价体系构建研究》，《科学管理研究》2006 年第 3 期。

杨涛：《营商环境评价指标体系构建研究——基于鲁苏浙粤四省的比较分析》，《商业经济研究》2015 年第 13 期。

S 基本子库
SUB DATABASE

中国社会发展数据库（下设 12 个子库）

全面整合国内外中国社会发展研究成果，汇聚独家统计数据、深度分析报告，涉及社会、人口、政治、教育、法律等 12 个领域，为了解中国社会发展动态、跟踪社会核心热点、分析社会发展趋势提供一站式资源搜索和数据分析与挖掘服务。

中国经济发展数据库（下设 12 个子库）

基于"皮书系列"中涉及中国经济发展的研究资料构建，内容涵盖宏观经济、农业经济、工业经济、产业经济等 12 个重点经济领域，为实时掌控经济运行态势、把握经济发展规律、洞察经济形势、进行经济决策提供参考和依据。

中国行业发展数据库（下设 17 个子库）

以中国国民经济行业分类为依据，覆盖金融业、旅游、医疗卫生、交通运输、能源矿产等 100 多个行业，跟踪分析国民经济相关行业市场运行状况和政策导向，汇集行业发展前沿资讯，为投资、从业及各种经济决策提供理论基础和实践指导。

中国区域发展数据库（下设 6 个子库）

对中国特定区域内的经济、社会、文化等领域现状与发展情况进行深度分析和预测，研究层级至县及县以下行政区，涉及地区、区域经济体、城市、农村等不同维度。为地方经济社会宏观态势研究、发展经验研究、案例分析提供数据服务。

中国文化传媒数据库（下设 18 个子库）

汇聚文化传媒领域专家观点、热点资讯，梳理国内外中国文化发展相关学术研究成果、一手统计数据，涵盖文化产业、新闻传播、电影娱乐、文学艺术、群众文化等 18 个重点研究领域。为文化传媒研究提供相关数据、研究报告和综合分析服务。

世界经济与国际关系数据库（下设 6 个子库）

立足"皮书系列"世界经济、国际关系相关学术资源，整合世界经济、国际政治、世界文化与科技、全球性问题、国际组织与国际法、区域研究 6 大领域研究成果，为世界经济与国际关系研究提供全方位数据分析，为决策和形势研判提供参考。

法律声明

"皮书系列"（含蓝皮书、绿皮书、黄皮书）之品牌由社会科学文献出版社最早使用并持续至今，现已被中国图书市场所熟知。"皮书系列"的相关商标已在中华人民共和国国家工商行政管理总局商标局注册，如 LOGO（ ）、皮书、Pishu、经济蓝皮书、社会蓝皮书等。"皮书系列"图书的注册商标专用权及封面设计、版式设计的著作权均为社会科学文献出版社所有。未经社会科学文献出版社书面授权许可，任何使用与"皮书系列"图书注册商标、封面设计、版式设计相同或者近似的文字、图形或其组合的行为均系侵权行为。

经作者授权，本书的专有出版权及信息网络传播权等为社会科学文献出版社享有。未经社会科学文献出版社书面授权许可，任何就本书内容的复制、发行或以数字形式进行网络传播的行为均系侵权行为。

社会科学文献出版社将通过法律途径追究上述侵权行为的法律责任，维护自身合法权益。

欢迎社会各界人士对侵犯社会科学文献出版社上述权利的侵权行为进行举报。电话：010-59367121，电子邮箱：fawubu@ssap.cn。

社会科学文献出版社